KB192768

Social Welfare
and
Cultural Diversity

사회복지와
문화다양성

김혜영 · 신영화 · 김성경 · 임원선 · 최소연 · 임은의 · 홍나미
전혜성 · 이민영 · 이은진 · 유진희 · 박지현 · 양경은 공 저
한국다문화복지학회 편

학지사

🌱 머리말

　인류는 서로 다른 문화와의 접촉과 교류를 통해 진화하고 발전해 왔다. 한 사회 내의 다양한 인종, 문화에 대한 존중과 인정은 그 사회의 선진성을 나타내는 지표라고도 할 수 있다.

　21세기는 인구의 국제이동과 세계화의 가속화로 전 지구적 차원에서 이주자가 급격히 증가하고 있다. UN에 의하면 2000년 1억 5천만 명에서 2010년 2억 1천만 명으로 늘어나 세계 인구 33명 중 1명은 이주자라고 한다. 이처럼 전 세계 대부분의 국가에서 이주자의 이입과 이출이 증가하는 추세이며, 한국도 예외가 아니다. 2020년 현재 우리나라에 거주하고 있는 외국인 주민은 222만 명으로, 전체 인구의 4.3%를 차지하여 이른바 다문화사회로 진입하였다. 다문화사회에서는 다양한 소수집단의 인권을 보장함과 동시에 상호협력을 바탕으로 발전적 사회통합을 이루어 내는 것이 주요 과제이다.

　최근 사회복지 현장에서도 다양한 인종 및 문화 배경을 가진 아동, 청소년, 가족을 만나 실천하게 되는 경우가 점차 많아짐에 따라 실무자는 문화다양성에 대한 폭넓은 이해는 물론 문화역량을 갖추는 것이 필수적이라 하겠다.

　이러한 맥락에서 '사회복지와 문화다양성'은 2018년 5월 2일 「사회복지사업법 시행규칙」 개정에 따라 사회복지학 법정 선택교과목으로 승격되었다. 1998년 동법 시행규칙에서 사회복지학 전공교과목을 명시한 이래 20년 만에 개정되면서 이 교과목을 법정화한 것은 변화하는 사회현실을 잘 반영한 것이라 볼 수 있다.

　이 책은 2009년 창립된 한국다문화복지학회(전 한국다문화가족학회)의 임원으로 활동해 온 교수진이 공동집필하였다. 다년간 학술대회를 개최하면서 결혼이주여성과 그 가족, 북한이탈주민, 외국인 노동자, 중도입국청소년 등 다문화와 관련된 다양한 주제를 다루어 왔다. 학회는 그동안 축적된 역량을 기반으로 교재 집필의 필요성을 인식하고 2019년 초반, 집필을 위한 첫 모임을 가진 이래 2년에 걸쳐 수차례의 집필 회의를 통해 검토와 수정을 거듭한 후 초판을 내기에 이르렀다.

저자들이 주력한 점은, 첫째, 한국사회복지교육협의회의 최신 교과목 지침서의 제안에 충실히 따르면서 동시에 현실에 대한 정확한 반영과 미래지향적 비전을 함께 제시하고자 하였다. 둘째, 다문화실천에 대한 이해를 돕기 위해 다문화 대상별 상담과 사례관리의 이론은 물론 실제 사례를 통해 자세하게 설명하고자 하였다. 셋째, 각 장 끝의 '생각해 봅시다' 코너를 통해 내용에 대한 심화학습을 촉진하고자 하였다.

이 책은 총 5부 13장으로 구성되어 있다. 제1부는 '다문화 사회복지 개관'으로 1~2장, 제2부는 '다문화 사회복지정책'으로 3~4장, 제3부는 '다문화 사회복지 실제'로 5~9장, 제4부는 '주요 대상별 다문화 사회복지 분야'로 10~12장, 제5부는 '다문화 사회복지의 향후 과제'로 13장을 구성하였다.

제1부에서는 문화다양성과 다문화사회의 등장배경과 이론들을 소개하면서 다문화사회에 대한 개괄적 이해를 돕고자 하였다. 제2부에서는 외국의 다문화정책과 한국의 다문화정책에 대해 소개하였다. 제3부에서는 문화역량과 다문화 사회복지실천에 대한 이해를 바탕으로 가족상담, 아동·청소년 상담, 사례관리 등 현장에서 직접 활용할 수 있는 지식과 기술을 익히기 위해 영역별 접근방법과 실제 사례를 소개하였다. 제4부에서는 결혼이주민, 외국인 근로자, 북한이탈주민에 대한 이해와 각 대상별 지원 정책 및 서비스 실태를 파악하고 사회통합을 위한 제언을 하였다. 마지막 제5부에서는 다문화 사회복지교육, 다문화 사회복지실천, 다문화 사회복지정책의 각 영역별 향후 발전과제를 제시하였다.

집필진은 목차 순에 따라 1장 '문화다양성과 다문화사회에 대한 이해'는 김혜영 교수, 2장 '다문화 사회이론'은 박지현 교수, 3장 '외국의 다문화정책'은 양경은 교수, 4장 '한국의 다문화 사회통합 정책'은 임은의 교수, 5장 '문화역량'은 최소연 교수, 6장 '다문화 사례복지실천'은 김성경 교수, 7장 '다문화가족의 가족상담'은 전혜성 교수, 8장 '다문화가족 아동·청소년 상담'은 홍나미 교수, 9장 '다문화 사례관리'는 신영화 교수, 10장 '결혼이주민과 사회복지'는 유진희 교수, 11장 '외국인 근로자와 사회복지'는 이은진 교수, 12장 '북한이탈주민과 사회복지'는 이민영 교수, 13장 '다문화 사회복지의 과제와 전망'은 임원선 교수가 집필하였다.

　이 책이 사회복지를 전공하는 학생들은 물론 사회복지 현장에서 활동하고 있는 실무자들을 위한 지침서로도 활용될 수 있기를 기대한다.

　마지막으로, 긴 집필 시간을 묵묵히 기다려 주시고 이 책에 대해 많은 기대와 아낌없는 지원을 해 주신 학지사 김진환 사장님께 진심으로 감사드리며, 편집부 여러분의 노고에도 감사의 마음을 전한다.

2021년 2월
저자 일동

차례

머리말 _ 3

제1부

다문화 사회복지 개관

제2부
다문화 사회복지정책

제3부
다문화 사회복지 실제

제4부

주요 대상별 다문화 사회복지 분야

제5부
다문화 사회복지의 향후 과제

제1부

⋮

다문화 사회복지 개관

제**1**장

문화다양성과 다문화사회에 대한 이해

다문화사회를 논의하기에 앞서 '문화와 문화다양성이란 과연 무엇인가?'에 대해 정의 내릴 필요가 있다. 이 장에서는 문화 및 문화다양성의 개념을 이해하고, 다문화사회의 등장배경이 되는 국제이주와 세계화에 대해 알아본다. 또한 서구사회에서 사회통합 원리로 다문화주의를 채택할 수밖에 없었던 그 역사적 배경에 대해 살펴본다. 마지막으로 한국사회의 다문화인구 현황과 다문화 사회복지 현황을 개략적으로 소개함으로써 전반적인 이해를 돕고자 한다.

1. 문화와 문화다양성의 개념

문화(culture)란 일상생활에서 매우 흔히 언급되고 있지만 구체적으로 무엇을 의미하는가에 대해 정의 내리는 것은 쉽지 않다. 문화의 사전적 의미는 '일반적으로 한 사회의 주요한 행동양식이나 상징체계'로 인간이 주어진 자연환경을 변화시키고 본능을 적절히 조절하여 만들어 낸 생활양식과 그에 따른 산물들을 모두 문화라고 일컫는다(위키백과).

어원적으로 살펴보면, '문화(culture)'라는 단어는 '경작하다' '육성하다' '숭배하다'를 의미하는 라틴어 'colore'에서 유래하였다. 다시 말해, 문화는 인간이 자신에게 본래 주어진 자연적인 본성을 확장하고 뛰어넘기 위해 벌이는 모든 종류의 노력과 그 결과라고 할 수 있다. 따라서 문화는 후천적으로 습득되는 것이고 사회와 분리하여 생각할 수 없다. 또한 개개인의 삶에 있어서 단한 순간도 자신이 속한 문화의 영향을 받지 않을 때는 없다고 볼 수 있다.

미국 인류학자 크뢰버(Kroeber)와 클럭혼(Kluckhohn)은 문화에 관련된 기존의 연구 결과들을 총망라하여 다음과 같이 정리하였다(김완균, 2005 재인용). 문화란, "첫째, 한 민족의 총체적인 생활방식, 둘째, 자신이 살고 있는 집단에서 물려받는 사회적 유산, 사고와 인지, 신념의 특정한 방식, 추상적인 행동양식, 셋째, 특정 집단 공동체의 경험의 저장고, 반복해서 되풀이되는 삶의 문제에 관한 표준화된 대응방식 체계, 넷째, 후천적으로 습득한 행동, 주변 환경 및 주변인들에 적응하기 위한 일련의 기술체계, 다섯째, 역사의 축적물" 등 다양하게 설명된다.

결론적으로 문화는 인간이 사회의 일원으로서 습득한 지식, 믿음, 예술, 도덕, 법률, 풍습, 능력, 습관 등을 포괄하는 복합체로서 사회구성원에 의하여 습득, 공유, 전달되는 표준화된 행동양식이나 생활양식의 과정이라고 정의 내릴 수 있다.

문화다양성(cultural diversity)이란 다양한 민족집단이 자기 고유의 문화적 정체성을 보유하면서 사회와 공존하거나, 모든 사회구성원이 공유하는 문화를 보전하면서 다양한 민족집단 간의 상호작용을 표방하는 것을 말한다. 또한 언어나 의상, 전통, 사회를 형성하는 방법, 도덕과 종교에 대한 관념, 주변과의 상호작용 등 사람들 사이의 문화적 차이를 포괄하는 개념이다(최명민 외, 2009). 따라서 문화다양성은 자신에게 고유한 것과 낯선 것, 즉 자신의 문화 혹은 타인의 문화와 관련된 가치중립적이며 상대적인 시각을 지칭하는 개념이라 할 수 있다.

한편, 문화다양성을 바라보는 입장은 다양하다(Bernier, 2002: 최혜지 외, 2013 재인용). '문화다양성'이라는 용어가 전 세계에 존재하는 문화집단의 정체성을 의미하며, 각각의 문화집단은 언어, 종교, 민족성, 역사 등의 고유한 특성에 의해서 결정되는 독특한 정체성을 가진다고 보는 견해가 있다. 이보다 넓은 의미로 보는 입장에서는 각 문화집단의 독특한 정체성뿐 아니라 '생활양식의 다원성이라는 차원에서 의식주 생활, 사회생활, 종교생활 등을 어떤 방식으로 해 나가느냐'라는 생활 모습까지 포함시키고 있다.

2. 다문화사회와 다문화주의의 등장배경

1) 다문화사회의 등장배경

다문화사회란 다인종ㆍ다문화사회 또는 다민족ㆍ다문화사회를 의미하는 것으로 한 사회 내에 여러 인종 또는 민족이 함께 어울려 사는 사회를 말한다. 다시 말해, 동일한 혈통과 문화를 추구하는 단일문화에 또 다른 문화들이 통합되어 여러 문화가 공존하는 상태이므로 문화다양성이 한 사회 내에 광범위하게 확산되어 있다고 볼 수 있다.

일반적으로 국제적 차원에서 자원 및 인적 교류가 활발해지고 다인종ㆍ다문화 사이의 공존과 접촉 빈도가 늘어나면서 다문화사회에 진입하게 된다.

　　다문화국가에 대비되는 단일민족 국가는 역사적으로 볼 때 근대사회 이후에 등장한 것으로 역사, 언어, 종교를 공유하는 민족집단을 옹호하기 위한 정치적 단위이다. 그러나 사실상 순수한 민족국가는 거의 없었고 대부분 다민족, 다인종이 혼합된 다문화국가라고 할 수 있다(엄한진, 2006).

　　특히 1990년대부터 세계는 이데올로기에 의한 지역 구분을 벗어나 국가 간 경계를 넘는 물적·인적 교류의 확대로 탈국가 현상이 가속화되고 있다. 정보기술의 발달은 지역적인 거리나 국경을 무의미하게 만들었고, 신자유주의 시장경제의 파급과 개방화는 세계화를 초래하였다. 세계는 바야흐로 정보와 자본, 노동력이 국경을 자유롭게 넘나드는 다문화시대로 전환되고 있다. 다음에서 다문화사회의 배경이 되는 국제이주 역사와 세계화에 대해 살펴보기로 한다.

(1) 국제이주

　　인류의 집단이주는 국가와 민족의 개념이 존재하지 않았던 원시 수렵·채집사회에서부터 존재하였다. 역사상으로 나타난 민족의 대이동으로는 4~5세기 게르만족의 이동, 7~8세기 노르만족의 이동, 1620년 영국에서 국교주의 탄압을 피해 신대륙으로 건너간 청교도들의 이동 등을 들 수 있다.

　　1500년대 유럽의 탐험가들은 아메리카와 아프리카 대륙을 발견하고 식민지를 개발하였다. 이 시기의 유럽의 정치·경제 권력자들은 상품공급처를 확보하고 전략적 지역을 지배하기 위해 경쟁하였다.

　　17세기 근대국가 탄생 이후 상업 행위와 국가 간의 무역을 위한 이주가 시작되었고 제국주의 식민지 개척은 식민지와 지배국가 인구집단 상호 간의 대규모 이주를 초래하였다. 즉, 새로운 식민지 개척에 따른 노동력 부족 현상은 노예무역이라는 형태의 국제이주로 나타났다. 15~19세기 초까지 아프리카 흑인 2천만 명이 노예로 매매되어 카리브해 남부 및 미국으로 수송되었다.

　　아시아에서는 중국인의 국제이주가 많았는데, 중국에서 태어나 다른 나라에 정착한 사람들은 '화교'로 불린다. 이들은 한국, 동남아시아, 미국, 일본, 영국, 호주, 러시아 등에 거주하고 있으며 그 수는 약 4천만 명으로 추정되고 있다(위키백과, 2019).

제2차 세계대전 이후, 전후 복구가 이루어진 유럽에서 노동력 부족 현상이 나타나고 무역이 활발해지면서 저개발 국가 출신의 외국인 근로자들을 적극적으로 수용하였다. 1960년대 우리나라도 서독과 '한독근로자채용협정'을 맺었고 주로 광부와 간호사들이 일하기 위해 대거 건너갔으며, 1970년대는 중동 건설 현장으로 뛰어들었다.

1960~1970년대 초에는 서유럽으로의 이주가 많았지만, 1970년대 두 차례의 세계 석유파동과 국제경제 불황은 이주정책에 영향을 주었다. 침체된 경제로 자국의 실업난을 해결하기 위해 유럽 국가들은 초청 노동자 프로그램을 중단하였다. 미국, 캐나다, 호주에서도 제한적인 이주민 선발제도를 도입하여 사회적응력이 높은 자를 중심으로 자국에 유입시키고 있다(이성순 외, 2017).

21세기는 전 지구적 차원에서 이주자가 급격히 증가하고 있는 추세이다. 2000년 1억 5천만 명에서 2010년 2억 1천만 명으로 증가하여 세계 인구 33명 중 1명은 이주자로 밝혀진 바 있듯이(UN 경제사회국, 2013) 전 세계 대부분의 국가는 이주자의 이입과 이출의 증가를 경험하고 있다. UN에서는 이와 같은 국제이주의 배경에 대해 경제적·인구학적·문화적·지리적 요인을 들고 있지만(조원탁 외, 2019), 인구이동에 관한 원리가 명확하게 확립되어 있는 것은 아니다. 사실상 국제이주의 배경에는 사회적·경제적·정치적·문화적 측면의 많은 요인이 복합적으로 맞물려 있다.

(2) 세계화

세계화란 여러 가지 의미가 있지만, 기본적으로 사람들의 의식이나 행동이 한 나라의 국경을 초월하여 전 세계를 무대로 나타나는 것을 말한다.

과거에 생활의 기본 영역이었던 주권 국가의 기능이 약화되고 인간들의 삶의 공간이 전 지구적·전 세계적으로 확장되고 있다. 생산물과 서비스의 국제적 이동은 물론이거니와 생산요소와 지적재산권, 사람들의 생활권역이 세계적으로 확대되고 있다. 이러한 세계화로 인해 세계의 상호의존성이 증대하고 지구공동체적 상호협력이 요구되는 동시에 상호 간의 경쟁도 심화되고 있다.

제2차 세계대전 이후 세계를 양분시켰던 냉전체제의 종식은 생활공간이 지구의 반만이었던 것을 전 지구적으로 확대시키는 결과를 가져왔다. 특히 경제 분야에 있어서 상호의존성이 더욱 깊어졌다. WTO 출범과 국지적으로 체결되는 FTA의 영향은 이러한 현상을 잘 보여 주는 단적인 예이다. 이와 함께 정보기술혁명으로 인한 위성통신과 월드와이드웹(WWW), 인터넷의 보급은 세계화를 급속하게 진행시키는 데 기여하였다.

21세기 신자유주의 국제경쟁시대에 가속화되고 있는 다인종·다문화 국가는 자본과 노동의 세계화에 따른 것으로서 경제적 이해관계가 그 중심에 있다고 볼 수 있다.

(3) 서구의 다문화사회 진입 배경과 현황

서구 국가들의 다문화사회 진입은 국가별로 차이가 있다. 서구에서 다문화사회를 주도하고 있는 국가들은 이민을 받아들이고 있는 영미 계통의 국가들이다. 이들 국가로의 이민은 일정 정도의 자격요건을 갖춘 가족 단위의 집단이주라고 할 수 있다.

1960년대부터 1980년대에 걸쳐서 유럽, 북미, 오세아니아의 선진 자본주의 국가들은 자국의 노동력 부족 문제를 해결하기 위해 아프리카, 아시아, 라틴아메리카의 개발도상국들로부터 노동이민자들을 흡수하였다. 비서구 출신 이민자들의 급속한 유입은 거주국의 인구학적 변화뿐 아니라 경제, 정치, 사회, 문화, 심지어 국가정체성에까지 지대한 영향을 미치게 되었다.

1989년 베를린 장벽의 붕괴와 1991년 구소련의 해체를 기점으로 미국, 캐나다, 호주 등을 포함하여 대부분의 서구 국가는 급속한 경제적·정치적·사회문화적 세계화(globaliztion)와 세계적 차원의 인구이동 및 사회구조의 변화를 경험하고 있다. 대부분의 서구 국가들은 출산에 의한 인구의 자연 증가가 거의 멈춘 상태이며 이에 따른 노동력 충원을 위해 상대적으로 인구 증가 속도가 빠른 제3세계 국가로부터 다수의 이민자를 수용할 수밖에 없는 상황이었다.

〈표 1-1〉에서 볼 수 있듯이 이주노동자의 유입에 의해 다인종사회로 진입한 독일, 그리고 식민지 국가 출신들의 이주에 의해 다문화사회가 된 영국

표 1-1　인구의 국제이동에 따른 다인종사회로의 진입 유형

유형	사례	비고
이주노동 (contract worker)에 의해 다인종사회로 진입	독일 (사회통합적 다문화주의)	• 1960년대 스페인, 그리스, 터키, 포르투갈 출신의 노동자를 방문노동자 형식으로 초청 • 1973년 방문노동자정책을 포기했지만 가족 초청 등의 형식에 의해 독일에 거주하는 소수 인종집단은 지속적으로 증가하여 4백여만 명에 이름
이민 (immigration)에 의해 다인종사회로 진입	미국, 캐나다, 호주(다원적, 다문화주의)	• 부족한 노동력을 메우기 위해 전 세계로부터 다양한 인종의 영구적 이민을 확대 • 캐나다는 영국 문화에의 동화를 강요하다가 프랑스계의 퀘벡분리주의 등장 이후 '이중 문화주의' 입장 견지 • 호주도 1973년 '백호주의'를 포기한 이후, 비유럽 이민자들이 급증하고 특히 1988년과 1989년에는 전체 인구 증가의 54.4%를 이민인구가 차지
구 식민지와 후기 식민주의 상황에 의해 다인종사회로 진입	영국, 프랑스 (사회통합적 다문화주의)	• 구 식민지 국가 출신들이 이주 • 프랑스 이민자의 대부분은 무슬림이며 이민자의 22%가 알제리 출신 • 영국은 개방정책을 펴오다 1962년 이후 이민을 엄격히 제한하지만, 다양한 형태의 이민으로 현재 영국 인구의 7.85%가 소수 인종집단

출처: 임형백(2009), p. 168.

과 프랑스는 모두 사회통합적 다문화주의를 지향하고 있다. 한편, 전 세계로부터 다양한 인종의 영구적 이민을 통해 다인종·다문화사회를 이룬 미국, 캐나다, 호주 등은 다원적 다문화주의를 표방하고 있다.

2) 다문화주의의 개념과 등장배경

(1) 다문화주의의 개념

다문화주의(multiculturalism)라는 용어는 학자마다, 또 국가마다 여러 상황에 따라 다양한 의미로 사용되고 있다. 다문화주의는 한 국가 내 다양한 인구학적 현상 자체를 의미하는 것에서부터 그 현상을 해결하기 위한 정책적 노력, 나아가서는 지향해야 할 가치나 이념을 의미하는 것까지 실로 광범위한 테두리에서 정의되고 있다(강휘원, 2007; 박진경, 2010; 원숙연, 2008).

서구사회에서 처음으로 다문화주의를 국가정책으로 채택한 캐나다는 "다문화주의란 ① 인종·민족·문화적으로 다원화된 인구학적 현상, ② 사회문화적 다양성을 긍정적으로 인식하고 가치 있게 여기고 존중하려는 사회적 이념, ③ 사회문화적 다양성을 보호하고 인종, 민족, 국적에 따른 차별과 배제 없이 모든 개인이 공평한 기회에 접하도록 보장하는 정부 정책과 프로그램이다."라고 정의 내리고 있다(Tropper, 1999: 윤인진, 2008 재인용).

다문화주의는 협의의 개념과 광의의 개념으로 구분할 수 있다. 협의의 개념에서는 문화다양성 현상이나 철학, 이념을 실천하기 위한 국가정책, 즉 다문화정책(multicultural policy)을 의미한다(박진경, 2010). 다시 말해, 다인종·다문화 주체들의 삶의 권리에 대한 제도적 보장을 비롯하여 사회평등 보장, 구조적 불평등과 차별을 극복하여 사회통합을 이루기 위한 방법들을 말한다.

광의의 개념은 문화적 다수집단이 소수집단의 문화를 존중하고 그 지위를 동등한 것으로 인정하는 '다양성에 대한 인정의 정치(politics of recognition)'이다. 여기에는 다문화정책뿐 아니라 철학과 이념 등 사회문화적 인프라가 모두 포함된다.

최근 다문화주의에 대한 정의는 더욱 확대되어 국가나 인종, 민족 등의 거시적인 차원을 넘어서 사회 내의 소외계층이나 소수인종 또는 세대 간 갈등과 성 역할의 차이 등과 같은 미시적인 문제들까지 포함하는 광범위한 주제들로 확장되고 있는 추세이다(임형백, 2009).

(2) 다문화주의의 등장배경

다민족·다문화 사회에서의 가장 중요한 고민은 여러 인종적·문화적 집단을 어떻게 통합해 갈 것인가에 관한 것이다. 통합의 이슈는 크게 동화주의 대 다원주의의 이분적 논리로 이루어져 왔다(조옥라 외, 2006).

동화주의(assimilation)는 '다양한 민족적·인종적 배경의 사람들이 제약에서 벗어나 더 큰 사회에서 상호작용하게 되는 과정'이다. 그리고 민족집단의 구성원들이 자기 고유의 문화를 포기하고 주류문화로 흡수되어 문화적으로 동질성을 가지는 것을 의미한다. '용광로(melting pot)' 효과로 불리는 동화주의는 1960년대까지 미국사회 이민정책의 중요한 과제로 인식되었다. 미국에서 1820년과 1970년 사이에 주로 유럽 국가에서 4,500만 명이 넘는 이민자들이 미국에 들어왔고, 새로이 도착한 대다수의 사람은 자신의 고유문화를 포기하고 앵글로계 미국인의 삶의 방식을 받아들였다고 한다(김혜영 외, 2020).

다문화주의(multiculturalism)라는 용어는 다민족, 다인종으로 구성되어 있는 사회에서 다양한 인종의 문화에 대한 상호존중과 관용을 지칭하는 태도로, 1957년 스위스에서 사용하기 시작하였고, 그 후 캐나다 등 서구사회에서 사용하기에 이른다.

1965년 캐나다 이중언어주의와 이중문화주의 위원회(The Canadian Commission on Bilingualism and Biculturalism)의 보고서에서 캐나다 사회 내의 다양한 사람을 대표하기 위해 다문화주의라는 용어를 사용하였고, 서구 국가들 중 처음으로 다문화주의를 국가정책으로 채택하였다. 원래 의도는 캐나다 퀘벡주의 프랑스계 캐나다인들의 분리 독립 움직임을 차단하고자 채택한 정책이었으나 이후 소수 인종집단의 문화보호와 평등한 기회를 확장하는 방향으로 전개되었다(김혜영 외, 2020).

미국에서는 1990년대에 이르러 이주민이 전체 인구의 12%를 육박하면서 노동시장이 불안정해졌고, 1992년에 발생한 LA사태[1]로 인해 인종갈등이 심화되었음을 인식하게 되면서 다문화를 인정하자는 목소리가 높아지기 시작하였다(박은정, 2007). 이때부터 다문화·다인종 소수자들에 대한 '용광로' 정책을 포기하고 다원주의적 다문화정책을 실행하고 있다.

1990년대 이후 다문화주의는 미국뿐만 아니라 호주, 유럽의 여러 국가로 확산되었다. 이들 국가에서는 소수민족과 원주민 그리고 소수 인종·문화 집단들의 요구와 압력이 점차 증가함에 따라 이들의 문화적 생존과 정체성을 인정해 주는 한편, 자유주의 정치질서의 안정성을 도모할 수 있는 방편으로 다문화주의를 채택하게 된 것이다(Kimlicka, 2005: 김비환, 2007 재인용).

다시 말해, 비서구 출신 신규 이민자들의 급증으로 인한 인구학적 변화와 이들에 대한 다수집단의 인종 편견과 차별로 인한 소수 인종집단의 사회 부적응 문제, 다수-소수 인종집단 간의 사회갈등과 분열의 문제를 다문화주의라는 이념과 정책을 통해 해결하고자 하는 배경 속에서 다문화주의가 등장하게 된 것이다(윤인진, 2008). 이제 다문화주의는 영미권 사회의 이민자 및 소수 집단의 사회통합 원리로 자리잡게 되었다.

지금까지 살펴본 서구 다문화주의의 등장배경에 대해 다음과 같이 정리해 볼 수 있다.

• 선진국의 저출산과 고령화로 인한 이주노동자의 유입

---

1) 흑인 로드니 킹이 LA에서 과속운전을 하다 도주하던 중 백인경찰 4명으로부터 심한 구타를 당하고, 재판에서 배심원단이 경찰에 대해 무죄판결을 내린 사건으로 인해 LA폭동이 발생하여 3일간 54명이 사망하고 한인상가가 집중공격의 대상이 되었음.

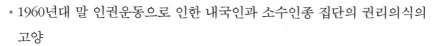

- 1960년대 말 인권운동으로 인한 내국인과 소수인종 집단의 권리의식의 고양
- 냉전의 종식으로 지정학적 안전의 확보와 그로 인한 소수 인종집단을 억압하거나 통제할 필요성의 감소
- 자유민주주의에 대한 광범위한 합의와 지지

3. 한국의 다문화인구 현황과 다문화 사회복지

1) 다문화인구 출현과 현황

한국은 동일한 언어와 문화, 혈통을 가진 단일민족으로서 외세의 수많은 침략이 있었음에도 불구하고 고유의 문화와 정체성을 유지해 온 민족이라는 자긍심을 강조해 왔다. 그러나 한국전쟁으로 인해 참전용사 등 외국인과 한국인 사이에 아동이 탄생하였고, 비록 소수 인원이긴 하지만 이 시기부터 다문화인구가 출현하기 시작하였다.

한국의 혼혈인은 크게 세 집단으로 나눌 수 있다. 첫 번째 혼혈집단은 1950~1960년 사이에 재한 미군(혹은 다른 국가의 군인)과 한국 여성 사이에서 태어난 혼혈 아동이다. 이 혼혈집단은 한국사회에서 오랫동안 함께 해 왔지만 사회적 차별과 무관심으로 제대로 한국사회에 편입하지 못하여 미국으로 이민을 간 경우가 많았다. 두 번째 혼혈집단은 베트남과 필리핀 등지에 살고 있는 한국계 혼혈인들로서 베트남전쟁 당시 참전한 한국 군인과 현지인 여성 사이의 혼혈인이다. 한국인과 베트남인 사이의 혼혈인인 라이따이한은 약 5천 명에서 2만 명 정도로, 한국인과 필리핀인 사이의 혼혈인인 코피안은 약 3천 명 정도로 추산되고 있으나 정확한 수는 알려져 있지 않다(오경석 외, 2007). 세 번째 혼혈집단은 흔히 코시안으로 불리는 국제결혼이민자와 한국인 혹은 이주노동자 사이의 자녀들이다.

한국은 실정법상 '정주허용금지 원칙'을 고수하며 이민을 받아들이지 않는 국가이므로 가족단위의 이민은 극히 제한적이다. 따라서 한국에서는 농촌에서의 국제결혼이민자가 다문화사회의 주된 원인이 되고 있고, 도시에서의 저임금 외국인 노동자의 단기 거주, 탈북민 등이 다문화사회의 또 다른 원인이 되고 있다(임형백, 2009).

[그림 1-1]에서 볼 수 있듯이 우리나라 거주 외국인 주민은 지속적으로 증가추세에 있다.[2] 여기에는 국제결혼가정(한국인과 외국인 간 결혼 가족), 외국인근로자가정(외국인만으로 구성), 유학생, 외국국적동포, 화교, 새터민가족 등 다양한 유형이 포함된다.

(단위: 만 명)

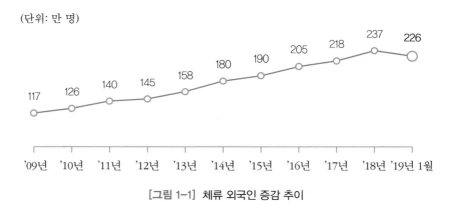

[그림 1-1] 체류 외국인 증감 추이

2017년 국제결혼, 귀화 등을 통한 다문화가구는 약 31만 9천 가구로 2016년(약 31만 6천 가구)에 비해 3천 가구(0.9%) 증가하였다. 전체 혼인 중 다문화 혼인의 비중은 8.3%, 전년 대비 0.6%p 증가한 것으로 다문화 혼인의 유형은 외국인 아내(65.0%), 외국인 남편(19.6%), 귀화자(15.4%) 순으로 많은 것으로 나타났다. 전년 대비 외국인 아내와의 혼인은 0.1% 감소, 귀화자 혼인은 4.0% 증가한 것이다.

---

2) 임원선(2019). 한국사회복지학회 춘계학술대회 발표자료.

통계청이 발표한 장래인구추계 자료를 다문화가구 구성별로 살펴보면
(〈표 1-2〉 참조), 내국인(출생)+외국인(결혼이민자)으로 이루어진 가구가 11만
5,876가구로 가장 많으며, 내국인(출생)+내국인(귀화)으로 이루어진 가구
는 7만 5,957가구, 내국인(귀화)만 포함된 가구는 5만 7,842가구이다.[3]

표 1-2 다문화가구 구성별 인구추계

계	2017년	2016년
	318,917	316,067
내국인(귀화)	57,842	47,004
내국인(출생)+내국인(귀화)	75,957	77,702
내국인(출생)+외국인(결혼이민자)	115,876	115,786
내국인(출생)+다문화자녀	26,210	27,759
내국인(귀화)+외국인(결혼이민자)	14,284	14,387
기타	28,748	33,429

출처: 통계청 홈페이지.

한편, 다문화가족의 유형에 대해서는 학자들마다 견해 차이가 있다. 즉,
국제결혼가정, 외국인근로자가정, 북한이탈주민 등을 포함하는 것으로 규정
하기도 하고(서혁, 2007), 국제결혼을 통해 형성된 가족에 국한하여 지칭하기
도 한다(설동훈 외, 2006). 이 책에서는 결혼이민자, 외국인 근로자, 북한이탈
주민을 중심으로 현황을 살펴보고자 한다.

(1) 결혼이민자

결혼이민자 체류 현황의 연도별 증감 추이를 보면 〈표 1-3〉과 같이 2014년
을 기준으로 점차 증가하고 있음을 볼 수 있다. 2019년 1월 기준 15만 9,745명

---

3) 다문화 가구원의 수는 2017년 기준 총 96만 4천 명임.

표 1-3 **결혼이민자 연도별 증감 추이** (단위: 명)

연도	2014년	2015년	2016년	2017년	2018년	2018년 1월	2019년 1월
인원	150,994	151,608	152,374	155,457	157,418	155,876	159,745
전년 대비 증감률	–	0.4%	0.5%	2.0%	1.3%	–	2.5%

표 1-4 **결혼이민자 국적별 · 성별 현황(2019. 1. 31. 기준)** (단위: 명)

구분 \ 국적	계	중국	한국계	베트남	일본	필리핀	캄보디아	태국	몽골	기타
전체	159,745	58,854	21,992	42,620	13,769	11,859	4,495	4,461	2,447	21,240
	(100%)	(36.8%)		(26.7%)	(8.6%)	(7.4%)	(2.8%)	(2.8%)	(1.5%)	(13.3%)
남자	26,997	12,788	7,578	2,238	1,230	423	230	96	147	9845
	(16.9%)									
여자	132,748	46,066	14,414	40,382	12,539	11,436	4,265	4,365	2,300	11,395
	(83.1%)									

출처: 법무부 출입국 · 외국인정책본부 홈페이지.

으로 2014년에 비해 2.5% 증가한 것으로 집계된다.

결혼이민자(국민의 배우자) 체류 현황을 국적별 · 성별로 보면, 〈표 1-4〉와 같이 2019년 1월 기준 중국(한국계 포함), 베트남, 일본, 필리핀, 캄보디아, 태국, 몽골 순으로 분포하고 있음을 볼 수 있고, 전체 15만 9천 745명 중에서 여자가 13만 2천 748명(83.1%)으로 남자보다 절대적으로 많다.

결혼이민자 체류 현황을 거주 지역별로 보면, 〈표 1-5〉와 같이 2019년 1월 기준 경기, 서울, 경남, 인천, 충남, 경북, 부산, 전남, 전북, 대구, 충북, 강원, 대전, 광주, 울산, 제주 순으로 분포하고 있음을 볼 수 있다.

이와 같이 국제결혼이민자가정이 꾸준히 증가하고 있지만, 한국사회의 보수성은 한국인과 결혼한 이주여성의 자녀를 '코시안'으로 부르며 이들의 고유한 문화와 정체성을 인정하기보다는 한국 주류 사회문화에 일방적으로 동화

표 1-5	결혼이민자 거주 지역별 현황(2019. 1. 31. 기준)[*]						(단위: 명)	
계	경기	서울	경남	인천	충남	경북	부산	전남
	47,147	27,607	10,356	10,324	9,160	8,026	7,298	6,627
159,745	전북	대구	충북	강원	대전	광주	울산	제주
	6,032	5,385	5,223	3,639	3,385	3,530	3,394	2,612

출처: 법무부 출입국 · 외국인정책본부 홈페이지.

시키려는 자세로 나타나고 있다(윤인진, 2008; 최혜지 외, 2013).

최근 결혼이민자 · 귀화자를 대상으로 한 전국다문화가족실태조사(여성가족부, 2016)[4]에서 드러난 바와 같이 다문화인구에 대한 편견은 여전히 존재하고 있다. 결혼이민자 · 귀화자의 사회적 관계에서 '집안에 어려움이 있을 때나 일자리, 자녀교육과 관련해 의논하거나 몸이 아플 때 30% 이상이 필요로 하는 사회적 관계를 갖고 있지 않는 것'으로 나타났다. 이는 2012년 조사 결과에 비해 오히려 비율이 증가하여 사회적 소외가 심화되는 양상을 보이고 있다. 또한 한국인과 사회적 관계를 맺고 있다는 응답도 대폭 감소하여 한국 거주기간이 증가하고 한국어 구사능력이 좋아지고 있음에도 한국인과의 사회적 관계가 위축되는 양상을 보이고 있다. 사회적 차별을 경험한 비율은 40.6%로 2012년 41.3%에 비해 0.7% 낮아졌지만 여전히 상당수가 차별을 경험하고 있다. 차별을 경험한 장소로는 직장이 가장 심각하였고, 다음으로 공공기관, 학교, 보육시설의 순으로 나타나 공적 영역에서의 차별 문제를 해소하기 위한 노력이 필요하다는 것을 보여 주고 있다.

(2) 외국인 근로자

국제노동기구(International Labor Organization: ILO)에서는 외국인 근로자를 이주노동자라는 용어로 사용하고 있다. 또한 국제노동기구협정 제43호 4의

---

4) 표본가구 2만 7,120가구 중 1만 7,100명, 약 63.1%가 응답을 완료한 조사

제11장 1조를 통해 이주노동자를 "자국적이 아닌 다른 나라에서 보수활동에 종사하는 것이 예정되어 있거나 현재 종사하고 있거나 또는 종사하여 온 자"라고 정의 내리고 있다.

우리나라의 「외국인근로자의 고용 등에 관한 법률」 제1조는 외국인 근로자를 "대한민국의 국적을 가지지 아니한 자로서 국내에 소재하고 있는 사업 또는 사업장에서 임금을 목적으로 근로를 제공하고 있거나 제공하고자 하는 자"라고 정의하고 있다. 체류기간이 초과하여 취업이 허가되지 않은 미등록 근로자인 '불법체류 외국인 근로자'들도 넓은 의미에서 외국인 근로자에 속한다.

2019년 10월 기준 외국인 근로자의 규모는 248만 1,565명이고, 이 중 「출입국관리법」 및 「외국인고용법」 등 법적 요건을 결하여 불법체류자 신분이

표 1-6 외국인 근로자 현황

연도	총 체류자	불법체류자	불법체류율
2007	1,066,273	223,464	21.0%
2008	1,158,866	200.489	17.3%
2009	1,168,477	177,955	15.2%
2010	1,261,415	168,515	13.4%
2011	1,395,077	167,780	12.0%
2012	1,445,103	177,854	12.3%
2013	1,576,034	183,106	11.6%
2014	1,797,618	208,778	11.6%
2015	1,899,519	214,168	11.3%
2016	2,049,441	208,971	10.2%
2017	2,013,779	215,875	10.5%
2018	2,367,607	355,126	15%
2019년 10월	2,481,565	385,880	15.5%

출처: 법무부(2020).

되어 있는 자는 38만 5,880명에 달하고 있다. 그동안 꾸준히 감소해 왔던 외국인 근로자의 불법체류율이 2018년부터 다시 증가하고 있는 추세이다(〈표 1-6〉 참조). 불법체류자는 관련 법률상의 법적 요건을 충족하지 못하여 신분상 불안정한 상태에 머물고 있으며 산업 현장에서 근로조건은 매우 열악한 것으로 나타나고 있다(조규식, 이선희, 2017).

(3) 북한이탈주민

탈북민 혹은 새터민으로 불리는 북한이탈주민은 한국에 약 3만 3천 명 정도 거주하고 있다. 북한이탈주민은 북한의 식량사정 악화를 계기로 1990년대

표 1-7 북한이탈주민 현황

연도	합계	남	여	여성 비율
~2006	9,727	3,945	5,782	59%
2007	2,554	573	1,981	78%
2008	2,803	608	2,195	78%
2009	2,914	662	2,252	77%
2010	2,402	591	1,811	75%
2011	2,706	795	1,911	71%
2012	1,502	404	1,098	73%
2013	1,514	369	1,145	76%
2014	1,397	305	1,092	78%
2015	1,275	251	1,024	80%
2016	1,418	302	1,116	79%
2017	1,127	188	939	83%
2018	1,137	168	969	85%
2019	1,047	202	845	80.7%
2020년 9월	195	64	131	72.1%
누계	33,718	9,427	24,291	72%

출처: 남북하나재단(2020).

중반부터 꾸준히 증가하기 시작하였다. 2006년까지의 누적 인원은 9,727명으로 집계되었다. 이후 해마다 증가하여 2009년 2,914명으로 정점을 찍은 다음 조금씩 감소 추세를 보이고 있다(〈표 1-7〉 참조). 여성의 입국 비율은 1990년 이전에는 7%에 불과하였으나, 1997년 35%, 2000년 42% 등 꾸준한 증가추세를 보이다가 2002년을 기점으로 남성의 입국 비율을 훌쩍 넘어섰다.

북한이탈주민은 난민, 이주민, 소수자, 동포, 민족 등 다중정체성을 가지고 있다는 점에서 국제결혼이민자, 외국인 근로자와 구별된다. 하지만 이들 역시 이주배경을 가진 사람들이고 새로운 체제에 적응해야 할 과제를 갖고 있다는 점에서 이민자로 볼 수 있다(윤인진, 2019). 탈북하는 과정에서 많은 고초를 겪고 어렵게 한국에 들어왔지만 사회체제의 차이에 따른 이질감, 문화적 충격 등으로 인해 우리 사회에 적응하는 것이 쉬운 일은 아니다.

정부는 외국에 체류하고 있는 북한이탈주민이 한국행을 희망하는 경우 인도주의와 동포애 차원에서 전원 수용한다는 원칙하에 국내법과 UN난민협약 등 국제법에 부합되게 이들을 일시적으로 보호 수용하고 있다.

2) 다문화 사회복지 현황

우리나라의 다문화복지 정책과 서비스 실태에 대해서는 제4부 '주요 대상별 다문화 사회복지 분야'에서 자세하게 소개할 것이다. 따라서 이 장에서는 관련 법률과 서비스 전달체계에 대해 간략하게 살펴보고자 한다.

한국사회의 다문화 현상은 앞에서도 언급한 바대로 한국전쟁으로 인해 참전용사 등 외국인과 한국인 사이에 혼혈아가 탄생한 것으로부터 출발한다. 이들 혼혈아동에 대한 관심과 지원은 외원단체들이 먼저 시작하였다. 대표적으로 펄벅재단에서 설립한 '소사희망원'은 혼혈인의 성공적인 한국 정착이라는 이상과 신념으로 기획된 것이다. 펄 벅(Pearl Buck)은 소수자에 대한 편견과 차별이 없는 사회를 꿈꾸었고 혼혈아들이 태어난 곳에서 살아갈 수 있어야 한다는 생각이 확고하였다(송도영, 임도영, 임재윤, 이진우, 2018). 그 당시 한국정부에서 혼혈아에 대한 적극적인 해외입양을 추진하였던 것과 사뭇 대비된다.

1990년대부터 외국인 이주노동자들과 결혼이주여성의 수가 급격히 증가함에 따라 다문화주의에 대해 논의하기 시작하였고 정부 차원에서 본격적으로 다문화정책을 추진하였다.

2000년대에 들어와 정부는 「외국인근로자의 고용 등에 관한 법률」(2003. 8. 16.), 「재한외국인처우기본법」(2007. 5. 17.), 「결혼중개업의 관리에 관한 법률」(2007. 12. 14.), 「다문화가족지원법」(2008. 3. 21.) 등을 제정하여 외국인 근로자와 결혼이민자 지원에 관한 법적 근거를 마련하고 지원대책을 강구하였다. 결혼이민자 지원 소관 중앙부처는 여성가족부이지만 고용노동부, 법무부, 보건복지부 등에서도 한국어교육, 한국생활 적응, 의료지원 등 각종 서비스를 제공하고 있다.

국제결혼을 통해 한국으로 이주한 여성과 그 가족에 대한 서비스는 2006년 결혼이민자가족지원센터라는 명칭으로 전국에 21개소가 설치되었다. 이후 2008년 제정된 「다문화가족지원법」에 의거하여 다문화가족지원센터로 명칭을 바꾸고 2008년도 80개 센터, 2014년도 217개소를 설치 · 운영하는 등 비약적인 확대성장을 하였다. 2010년 여성가족부에서 생애주기별 맞춤형 지원 강화대책 발표 등 다문화가족의 복지 향상을 위해 적극적인 노력을 시도해 왔다. 하지만 2014년도에 수적으로 정점을 찍은 다음 2015년부터 건강가정지원센터와 다문화가족지원센터를 통합 · 운영하도록 정책 노선을 수정하였다. 이에 따라 2020년 현재 전국적으로 건강가정지원 · 다문화가족지원센터가 통합 · 운영되는 곳이 183개소, 다문화가족지원센터 단독으로 운영되는 곳이 44개소이다. 이 센터에서는 한국어교육, 취 · 창업 지원, 상담, 사례관리 등 다양한 프로그램을 통해 정착지원을 하고 있다.

한국외국인노동자지원센터는 「외국인근로자의 고용 등에 관한 법률」에 의거하여 2004년 12월 외국인 근로자의 인권신장과 복지증진을 위해 고용노동부가 설립하고 한국산업인력공단이 관리 · 감독하며 (사)지구촌사랑나

눔이 수탁하여 운영하고 있다.[5] 이 센터는 전국적으로 10여 개의 지역센터로 운영되고 한국어교육은 물론 임금체불 등과 같은 어려운 문제들을 해결하기 위한 법률상담, 문화행사 지원 등 여러 가지 서비스를 제공하고 있다.

북한이탈주민의 지원대책으로 정부는 안정적 정착을 위해 1997년 제정한 「북한이탈주민의 보호 및 정착 지원에 관한 법률」에 근거하여 통일부 산하기관인 남북하나재단에서 다양한 지원을 하고 있다. 그중에서 최근 '착한지원(着韓支援)'이 대표적이다. ① 조기 정착−입국 시 정착지원금, 하나센터 운영, 취업역량 강화(사회적 기업 지원), 영농정착, 창업지원 등, ② 의료・건강−생활안전 건강, 쉼터 및 그룹홈 설치, ③ 청소년 교육・보호시설 지원−학교적응(대안교육), 방과 후 방임 예방, 맞춤형 교육, ④ 통일미래 리더 육성−진로・진학 지도 강화, 예비대학 운영, 대학생 리더 육성, 하나센터 운영을 통한 탈북 학생 전담 코디네이터제 등이 있다. 또한 동법 제22조 제3항 및 제30조 제4항에 근거하여 2011년부터 매년 북한이탈주민실태조사를 실시하여 이를 통해 북한이탈주민 정착 현황을 파악하고 관련 정책과 사업지원을 하고 있다.

정부의 다문화정책은 저출산・고령화로 인한 노동력 부족 문제의 해법으로서 외국인 인구의 수용 및 관리라는 측면에 초점이 맞추어져 출범하였다. 인구정책으로 추진되었음에도 불구하고 정부의 다문화정책은 제도와 인프라 구축 그리고 다문화라는 용어의 사회적 확산과 다문화주의 담론의 주류화라는 면에서 단기간에 괄목할 만한 성과를 만들어 냈다. 하지만 한국의 관주도형 다문화정책은 이주자들의 요구와 상관없이 진행되고 있다는 것이 문제점으로 지적되고 있다(오경석 외, 2007). 또한 결혼이주여성은 사회통합의 대상으로 여기는 반면, 외국인 근로자는 노동력 제공을 위해 단기체류 후 귀환해야 할 존재로 간주되므로 근로자 자신과 그 자녀들의 사회적 권리에 제약이 따른다. 이처럼 대상자별 이분화된 관리・통제는 다문화주의의 이념과

---

5) 한국외국인노동자지원센터(http://www.migrantok.org)

는 배치된다고 볼 수 있다.

다문화사회에서의 가장 중요한 과제는 다양한 집단의 인권을 보장함과 동시에 이들이 조화롭게 사회통합을 이루고 국가사회 발전의 원동력이 될 수 있도록 하는 것이다. 앞으로 점차 증가할 것으로 예상되는 결혼이민자와 자녀, 외국인 근로자, 북한이탈주민 등 사회문화적 소수자에 대해 다문화주의 관점에서의 사회복지에 대한 논의는 지속적으로 이루어져야 할 것이다.

요약

문화는 인간이 사회의 일원으로서 습득한 지식, 믿음, 예술, 도덕, 법률, 풍습, 능력들과 습관을 포괄하는 복합체로서 사회 속에 표준화된 행위양식으로 사회구성원에 의하여 습득, 공유, 전달되는 행동양식이나 생활양식의 과정이다. 문화다양성은 자신에게 고유한 것과 낯선 것, 즉 자신의 문화 혹은 타인의 문화들과 관련된 가치중립적이며 상대적인 시각을 지칭하는 개념이다.

오늘날 전 지구적 차원에서 이주자가 급격히 증가하고 있다. 2000년 1억 5천만 명에서 2010년 2억 1천만 명으로 증가하여 세계 인구 33명 중 1명은 이주자(2013, UN 경제사회국)로 밝혀진 바 있듯이 전 세계 대부분의 국가는 이주자의 이입과 이출의 증가를 경험하고 있다. 국제이주와 세계화에 의해 서구 국가들이 다문화사회로 진입하게 되었다. 국제이주의 배경에는 사회적·경제적·정치적·문화적 측면의 많은 요인이 복합적으로 맞물려 있다. 세계화란 기본적으로 사람들의 의식이나 행동이 한 나라의 국경을 초월하여 전 세계를 무대로 나타나는 것을 말한다. 과거 생활의 기본 영역이었던 주권 국가의 기능이 약화되고 인간 삶의 공간이 전 지구적, 전 세계적으로 확장되고 있다.

광의의 다문화주의 개념은 문화적 다수집단이 소수집단의 문화를 존중하고 그 지위를 동등한 것으로 인정하는 다양성에 대한 인정의 정치(politics of recognition)이다. 여기에는 다문화정책은 물론 철학과 이념 등 사회문화적 인프라를 모두 포함한다. 서구사회에서는 비서구 출신 신규 이민자들의 급증으로 인한 인구학적 변화와 이들에 대한 다수집단의 인종편견과 차별로 인한 소수 인종집단의 사회부적응 문제, 다수−소수 인종집단 간의 사회갈등과 분열의 문제를 다문화주의라는 이념과 정책을 통해 해결하고자 하는 배경 속에서 다문화주의가 등장하였다.

한국은 동일한 언어와 문화, 혈통을 가진 단일민족으로서 외세의 수많은 침략에도 불구하고 고유의 문화와 정체성을 유지해 온 민족이라는 자긍심을 강조해 왔다. 그러나 한국전쟁으로 인해 참전용사 등 외국인과 한국인 사이에 혼혈아가 탄생하였고 비록 소수 인원이긴 하지만 이 시기부터 다문화사회가 시작되었다고 볼 수 있다.

오늘날 농촌에서의 국제결혼이민자가 다문화사회의 주된 원인이 되고 있고, 도시에서의 저임금 외국인 노동자의 단기 거주, 탈북민 등이 다문화사회의 또 다른 원인이 되고 있다. 2000년대 들어와 정부는 본격적으로 다문화정책을 추진해 왔다. 다문화정책은 저출산·고령화로 인한 노동력 부족 문제의 해법으로서 외국인 인구의 수용 및 관리라는 측면에 초점이 맞추어져 출범하였다. 인구정책으로 추진되었음에도 불구하고 정부의 다문화정책은 제도와 인프라 구축, 그리고 다문화라는 용어의 사회적 확산과 다문화주의 담론의 주류화라는 면에서 단기간에 괄목할 만한 성과를 만들어 냈다. 하지만 한국의 관주도형 다문화정책은 이주자들의 요구와 상관없이 진행되고 있다는 것이 문제점으로 지적되고 있다. 또한 결혼이주여성은 국민으로 사회통합의 대상으로 여기지만 외국인 근로자는 노동력 제공을 위해 단기 체류 후 귀환해야 할 존재로 간주하므로 근로자 자신과 그 자녀들의 사회적 권리에 제약이 따른다. 이처럼 대상자별 이분화된 관리·통제는 다문화주의의 이념과는 배치된다고 볼 수 있다.

　　다문화사회에서의 가장 중요한 과제는 다양한 집단의 인권을 보장함과 동시에 이들이 조화롭게 사회통합을 이루고 국가사회 발전의 원동력이 될 수 있도록 하는 것이다. 앞으로 점차 증가할 것으로 예상되는 결혼이민자와 자녀, 외국인 근로자, 탈북민 등 사회문화적 소수자에 대해 다문화주의 관점에서의 사회복지에 대한 논의는 지속적으로 이루어져야 할 것이다.

생각해 봅시다

1. 다문화주의의 개념을 광의와 협의로 구분하여 정의해 보자.
2. 서구 국가별 다문화사회 진입배경의 차이점에 대해 논의해 보자.
3. 교실에서 소집단 토론방식으로 문화다양성에 대한 인식, 다문화인에 대한 의견 등을 논의하고 발표해 보자.
4. 국제결혼이주자, 외국인 근로자, 북한이탈주민 관련 현황을 조사하여 문제점과 개선방안을 논의해 보자.

참고문헌

강휘원(2007). 한국의 중앙정부 및 지방자치단체의 다문화정책. 평택대학교 다문화가족센터 학술대회 자료집, 67-91.

국민일보(2018. 4. 2.). 급변한 세계 인구 이동… '아시안 드림' 시작됐다. http://news.kmib.co.kr/article/view.asp?arcid=0923926516

김비환(2007). 한국사회의 문화적 다양화와 사회 통합: 다문화주의의 한국적 변용과 시민권 문제. 법철학연구, 10(2), 317-348.

김완균(2005). 문화의 개념과 이해에 관한 연구. 독어교육, 33, 385-405.

김혜영, 석말숙, 최정숙, 김성경(2020). 사회복지실천론(제3판). 경기: 공동체.

남북하나재단(2020). 2019 북한이탈주민 정착실태조사.

박은정(2007). 외국인 노동자의 사회적 문제. 미국 어디까지 수용? 국제지역정보. 서울: 한국
　　외국어대학교.

법무부(2020). 출입국외국인정책 통계월보. 2019, 10월호, 22면.

송도영, 임근영, 임재윤, 이건우(2018). 소사희망원의 종합적 역사복원을 위한 방향성 연
　　구. 글로벌다문화연구원.

심한식(2016). 탈북민 3만 명 시대의 자립적 삶과 통일준비. 전남대학교 세계한상문화연
　　구단 국내학술회의, 55-60.

엄한진(2006). 전 지구적 맥락에서 본 다문화주의 이민논의-동북아 다문화시대 한국사
　　회의 변화와 통합. 동북아시대위원회 용역과제 최종보고서, 45-75.

오경석, 김희정, 이선옥, 박홍순, 정진헌, 정혜실, 양영자, 오현선, 류성환, 이희수, 강희
　　복(2007). 한국에서의 다문화주의: 현실과 쟁점. 경기: 한울.

윤인진(2008) 한국적 다문화주의의 전개와 특성: 국가와 시민사회의 관계를 중심으로.
　　한국사회학, 42(2), 72-103.

윤인진(2019). 탈북민의 사회통합 모델과 통합실태. 문화와 정치, 61-92.

임형백(2009). 한국과 서구의 다문화 사회의 차이와 정책 비교. 다문화사회연구. 2(1),
　　161-192.

조규식, 이선희(2017). 미등록 외국인근로자 실태 및 노동법상 문제점. 법이론실무연구,
　　5(2), 31-57.

조옥라, 박재묵, 설동훈, 신광영, 이송희, 이은주, 정민자, 조은, 조희금, 최병두(2016).
　　다문화개방사회를 위한 사회정책연구. 빈부격차차별시정위원회 연구과제보고서.

최명민, 이기영, 최현미, 김정진(2009). 문화적 다양성과 사회복지. 서울: 학지사.

최혜지, 김경미, 정순둘, 박선영, 장수미, 박형원, 배진형, 박화옥, 안준희(2013). 사회복
　　지실천론. 서울: 학지사.

Bernier, I. (2002). 문화적 다양성에 기초한 새로운 국제기구의 창설. 문화과학, 31.
　　Unpublished.

Kluckhohn, C., & Kroeber, A. (1993). Kultur. In H. Bausinger et al (Eds.), *GrundzÜge
　　der Volkskunde*. 3 (pp. 17-80). Aufl. Darmstadt.

Kymlicka, W. (2005). Liberal multiculturalism. In Kymlicka & Baogang (Eds.), *Multiculturalism in Asia* (pp. 31–36). Oxford: Oxford University Press.

Troper, H. (1999). Multiculturalism. In P. R. Magocsci (Ed.), *Encyclopedia of Canada's peoples* (pp. 997–1006). Toronto: University Of Toronto Press.

법무부 출입국 · 외국인정책본부 https://www.immigration.go.kr

통계청 kostat.go.kr

한국외국인노동자지원센터 http://www.migrantok.org

제 **2** 장
· · · · · · · · · ·

다문화 사회이론

이 장에서는 다문화 사회이론 중 문화 관련 주요 개념을 알고자 한다. 문화 접촉, 문화변용(접변), 문화적응에 대한 개념을 이해하고 사례를 중심으로 그것의 적용 전략을 구체화하고자 한다. 그리고 다문화 사회이론과 관련하여 다문화주의에 대한 현상적 이해와 분석을 통한 이론적 논의를 중심으로 동화주의, 다원주의, 인종·민족기반 차별이론의 개념을 균형적으로 이해하고자 한다.

1. 문화 관련 주요 개념

1) 문화접촉

서로 다른 문화적 배경을 가진 인구집단과 집단이 만나게 되는 상황을 문화접촉(cultural encounter)라고 한다. 이러한 접촉은 직접접촉과 간접접촉으로 나눌 수 있다. 직접접촉은 지리적 이주에 의한 문화의 접촉 혹은 신체의 물리적 이동이나 대면적 만남 등을 의미한다. 간접접촉은 직접적인 지리 이동 없이 외국 문헌의 전달, 생활용품의 교류, TV · 라디오 · 영화 등 매스미디어의 문화 매체로서의 교류 및 의사소통 매체를 통한 교류 등으로 이루어지는 것을 포함한다.

문화접촉은 크게 문화 (내) 접촉(culture encounter) 또는 문화 간 접촉(intercultural encounter)의 두 가지 범주로 나눌 수 있다. 문화적으로 다양한 하위집단을 가진 다문화사회의 구성원들 간에 이루어지는 사회 내 접촉과 한 사회의 사람이 일이나 여행, 유학 등의 일정한 목적을 가지고 다른 나라에 갔을 때 발생하는 사회 간 접촉으로도 나눌 수 있다.

또한 문화접촉은 내향적(inward) 접촉과 외향적(outward) 접촉으로 나눌 수 있는데(최명민, 이기영, 김정진, 최현미, 2015), 이는 문화접촉의 주체와 대상 간의 관계에서 누가, 어떻게 이동하여 접촉하는가에 따라 구분된다. 내향적 접촉은 주체의 생활공간 속으로 타 문화권의 대상이 유입됨으로써 새로운 문화를 접촉하게 되는 것이다. 외향적 접촉은 주체가 자신의 거주 혹은 생활공간에서 이동하여 다른 곳에서 새로운 문화권의 대상을 접촉하는 것이다.

문화 간 접촉에 대한 연구는 대부분 사회 간 접촉에 집중되어 있다. 이는 교통수단의 발달과 산업, 교육, 여가 활동 등의 세계화로 유학생, 외국인 여행자, 해외파견자, 외국인 노동자 등 사회 간 접촉이 엄청나게 증가하는 추세에 따른 것이다.

표 2-1 문화접촉 개념

구분	문화접촉	
물리적 접촉(encounter)	간접접촉	직접접촉
사회적 접촉(하위문화, 타 문화)	문화 (내) 접촉	문화 간 접촉
이동성 접촉	내향적 접촉	외향적 접촉

2) 문화변용

자신들의 모국문화를 기반으로 새롭게 접촉하는 문화를 어떻게 수용하는가와 같은 문화변용(acculturation)은 중요하게 다루어지고 있다. 문화변용은 이질적인 문화를 가진 두 사회가 지속적이고 직접적인 접촉을 통해 서로가 가지고 있는 문화에 변화를 일으키는 현상이다. 서로 다른 문화를 지닌 개인이나 집단이 자신의 원문화뿐만 아니라 새로운 문화와의 지속적이고 직접적인 접촉을 통해 양쪽의 문화를 받아들이면서 변화해 가는 과정이다(Berry, 1990). 즉, 문화적 변화는 양쪽 모두에서 일어날 수 있으나 실제로 문화변용은 어느 한 집단에 더 많은 변화를 유도하는 경향이 있다(최명민 외, 2015; Berry, 1990). 이주, 식민지화 혹은 다른 형태의 문화적 교류의 결과로 한 가지 문화적 맥락에 익숙해진 개인이 어떻게 새로운 문화적 맥락에 적응하는가를 설명해 주는 것이다. 이러한 경험에서 대개 집단 차원에서의 문화적 변화를 의미하며, 심리적 문화변용(psychological acculation)과 적응(adaptation)은 문화변용 안에서의 심리적 변화와 궁극적 결과를 설명하기 위해 문화변용의 경험이 중요하다(최명민 외, 2015; Berry, 1980; Graves, 1967).

여러 다양한 문화적 배경을 가진 사람들이 한 사회로 들어와서 함께 살고 있는 다문화사회를 기반으로 한 문화변용의 과정은 문화다양성을 전제로 한다(Berry & Sam, 1997). 이러한 다원적 사회에서는 집단 간에 사회적 힘(power, authority)의 차이가 존재하고, 이러한 힘의 차이에 따라 주류집단(mainstream, majority group)과 소수집단(minorities group) 혹은 우세집단

(dominant group)과 비우세집단(non-dominant group)으로 나뉜다. 한국에서는 한국인과 한국인 외의 동남아시아권의 외국인 근로자 집단과 결혼이민자 집단 등이 문화적 소수집단이 될 수 있다.

문화변용의 단계를 살펴보면 다음과 같다. 첫째, 피상적 수준이다. 지배 문화적 사실과 역사를 학습하고, 본래 자신의 문화적 사실을 잊어버리는 단계이다. 둘째, 중간 수준으로 언어 선호 사용이 뚜렷이 나타나며, 친구, 이웃, 배우자 민족성 선택, 자녀 이름 짓기에서 선호문화를 적극적으로 활용하는 단계이다. 셋째, 유의미 수준이다. 선호문화 세계관과 상호작용 유형을 형성하는 개인의 신념과 가치 기준이 변화하는 단계이다. 이중문화 역량(bicultural competence)을 통해 형성되며, 다양한 문화적 요소와 역동에 의해 발달한다.

문화변용의 상황이 발생했을 경우 모든 집단과 개인은 똑같이 생각하거나 행동하지 않고 주어진 조건에 따라 다양한 방식으로 대응한다. 이러한 대응방식을 문화변용 전략이라고 한다(Berry, 2003). 베리(Berry)는 두 가지 차원에서 고유한 문화정체성을 유지하는 전략과 주류사회 문화수용 여부에 기반을 둔 이주민의 문화적응 상황으로 나누었다. 문화변용 전략은 문화접변을 겪는 모든 사람이 직면하는 상황들에 따라 달라질 수 있다. 상황에 따른 자신들의 집단에 대한 지향과 다른 집단에 대한 지향의 차이로부터 나온다. 자신들의 문화적 정체성과 특성을 유지하는 것은 자신들의 전통적인 문화와 정체성에 대한 선호이고 주류사회 문화수용은 다른 민족집단들과 더불어 보다 큰 전체 사회에 접촉하고 참여하는 것에 대한 선호이다. 이러한 두 가지 이슈에 대한 지향이 각각 긍정적이냐 또는 부정적이냐에 따라 구분하여 서로 교차시켰을 경우 문화접변 전략은 네 가지로 나뉠 수 있다. 이러한 전략은 또한 대상집단이 주류집단이냐 비주류집단이냐에 따라 다른 양상을 보일 수 있다([그림 2-1] 참조).

비주류집단의 관점에서 자신의 문화정체성을 유지하기를 원하지 않고 대신 다른 집단들, 특히 주류집단의 문화와 일상적인 상호작용을 갖기를 원하

이슈 1: 전통적인 문화와 정체성의 유지

이슈 2:
다른 집단들과의
관계(접촉과 참여)
모색

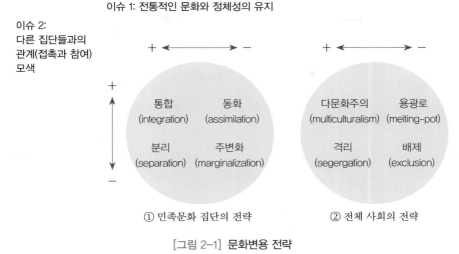

① 민족문화 집단의 전략   ② 전체 사회의 전략

[그림 2-1] 문화변용 전략

출처: Berry (2005).

는 사람의 문화접변 전략은 동화(assimilation)이다. 동화 전략을 택한 이주민들은 자신의 전통적 문화를 포기하고 정착지의 주류집단 사회와 문화에 빠져들어 가 버린다. 이와는 달리 자신의 고유한 문화를 지니는 것에 가치를 두면서 동시에 다른 집단들이나 주류집단과의 상호작용을 꺼리는 사람들의 문화접변(변용) 전략은 분리(segregation)이다. 분리 전략을 택한 이주민들은 주류집단 사회에의 참여를 피하고 대신 자신들의 집단과 고유한 문화 안에 머물려고 한다. 한편으로, 자신의 고유한 문화를 유지하는 동시에 다문화사회 시민교육을 받으며, 다른 집단들이나 주류집단과의 일상적인 상호작용에도 관심을 가지는 사람들의 문화접변 전략은 통합(integration)이다. 통합 전략을 택한 이주민들은 어느 정도의 문화적 통합을 유지하면서 동시에 한 민족문화 집단의 구성원으로서 보다 큰 전체 사회의 네트워크에 일부로 참여하려고 노력한다. 마지막으로, 자신의 고유한 문화적 전통을 유지하는 것에도 관심이 없을 뿐만 아니라 다른 집단 사람들과 관계를 맺는 것에도 관심이 없는 사람들의 문화접변 전략은 주변화(marginalization)이다. 주변화 전략을 택한 이주민들은 자신들의 문화와 주류집단의 문화를 다 받아들이지 않거나

표 2-2 문화변용 전략

차원 2 \ 차원 1		문화적 정체성 특성	
		유지함	유지하지 않음
주류사회 문화	수용함	통합(integration)	동화(assimilation)
	수용하지 않음	분리(segregation)	주변화(marginalization)

출처: 최명민 외(2015); Berry(1980, 1997).

새로운 주류집단 문화의 긍정적 수용과 관계 유지

원래 고유문화에 대한 정체성 유지		예	아니요
	예	통합 (중국, 일본, 태국, 베트남 출신 여성)	분리 (우즈베키스탄, 인도네시아 출신 여성)
	아니요	동화 (해당 없음)	주변화 (해당 없음)

[그림 2-2] 문화변용 전략의 국내 사례

출처: 김광수(2017).

거부한다.

앞의 관점은 개인이 어떤 문화변용을 선택할 것인가에 대한 자유가 주어졌을 때 비주류집단 사람들에게서 나타날 수 있는 것이다. 하지만 주류집단이 특정한 문화접변 전략을 강요하거나 또는 비주류집단 사람들이 어떤 문화변용 전략을 선택할 것인가에 대해 영향력을 행사하는 경우도 있다.

문화변용 방식의 선택에서 주류집단이 주도적인 역할을 하는 이 같은 상황에서 문화변용 전략은 다른 차원으로 정의될 수 있다. 먼저, 주류집단이 비주류집단에게 동화되기를 요구하는 문화접변 전략은 용광로(melting-pot)이다. 주류집단이 비주류집단에게 분리를 강요하는 문화접변 전략은 격리(segregation)라 불린다. 주류집단에 의해 강요된 주변화는 배제(exclusion)

문화접변 전략이다. 마지막으로, 모든 다양한 민족문화 집단을 포함하는 전체 사회의 특징으로 다양성을 수용하는 문화접변 전략은 다문화주의(multiculturalism)이다.

그러나 이러한 문화변용의 과정은 개인에게 발전적이고 긍정적인 측면을 가져오기도 하지만, 개인의 정체성, 통합성, 대처능력의 상실 등 부정적인 측면을 불러오기도 한다. 과정 안에서 경험되는 문화갈등은 자신의 행동 유형의 변화를 쉽사리 이루지 못하게 되는 경우를 의미하는 용어이다. 문화갈등은 더 세부적으로 문화충격(culture shock) 혹은 문화변용 스트레스(acculturation stress)로 경험된다. 문화충격은 문화변용 스트레스보다 일반화된 개념이고 사회 현상으로 주로 사용되지만, 심리학적 측면에서는 문화변용 스트레스 개념이 더 선호된다. 이는 환경적 스트레스 요인에 반응하여 심리 문화적응 과정 안에서 극복될 수 있으나 아주 어려운 상황으로 정신병리 증상(psychopathology)이나 정신질환적(mental health) 측면으로 보아야 하는 상황도 발생한다. 이 경우는 문화변용의 대응이 개개인마다 차이가 있으며 개인의 능력을 초과하는 경우이며 임상 우울증상(clinical depressive symptom)이나 무능 불안증상(incapacitatating anxiety symptom)의 심리 · 정신적 문제로 발전한다(최명민 외, 2015; Berry & Sam, 1997).

3) 문화적응

문화적응이란 문화적으로 상이한 배경을 지닌 개인이나 집단이 지속적인 상호작용을 할 때 발생하는 문화적 양상의 변화를 포괄하는 개념(Redfield, Linton, & Herskovits, 1936)으로 원래부터 지니고 있던 모국문화와 한국문화가 서로 접촉하며 생기는 사고방식 및 생활양식 등 문화적 양상의 총체적 변화를 일컫는 개념이라 할 수 있다.

문화적응은 정서적 · 행동적 · 인지적 측면을 포함한 개인 수준에서의 변화로 개념화되었다(Berry, 1997). 그레이브스(Graves, 1967)는 집단 수준의 현상으로서의 심리적 문화적응을 구분하였다. 문화적응(acculturation)과 개인 수준의 현상으로서의 심리 문화적응(psychological acculturation)을 구분하였다. 문화적응이라 함은 새로운 문화를 접함으로써 나타난 집단의 문화적 변화를 말하고, 심리 문화적응은 개인의 심리에 일어나는 변화를 일컫는다.

또한 문화적응은 심리적응과 사회문화 적응으로 구분되기도 한다. 심리적응은 일련의 내적 심리적 결과를 말하는 것으로서 인성적 · 문화적 정체성의 명확한 감각을 갖추게 되는 것으로 건전한 정신건강 상태를 유지하는 것과 새로운 문화에서 개인적 만족을 얻게 되는 것 등을 포함한다. 이는 스트레스와 정신병리적 접근에서 분석이 가능하다. 사회문화 적응은 외적 · 심리적 결과로서 일상적 문제, 특히 가족생활, 직장, 학교 등에서의 문제를 처리할 능력을 갖게 되는 것을 말한다(최명민 외, 2015; Berry & Sam, 1997). 이는 사회기술의 관점에서 가깝게 연관되어 분석된다.

문화변용 과정에 대하여 이론적 틀(Berry & Sam, 1997)을 기반으로 살펴보면, 개인의 이주 후 적응(adaptation)에는 출신사회의 요소와 정착사회의 요소가 영향을 미친다. 또한 집합적 차원의 변화(정치적 · 경제적 · 사회적 구조)

집단 수준	개인 수준	
출신사회	문화변용 전 기존 조절요소	
집단 문화변화	심리 문화변용 행동적 전이 문화변용 스트레스 정신병리	심리적응 사회문화 적응
정착사회	문화변용 중간 발생하는 조절요소	

[그림 2-3] 문화변용 과정 틀
출처: 최명민 외(2015); Berry & Sam (1997).

가 발생하고, 이러한 변화는 개인 수준의 문화변용 경험에 의해 행동 전이, 심리 스트레스, 정신병리 현상으로 일어날 수 있다. 이러한 심리 문화변용은 개인의 심리적응과 사회문화 적응으로 이끌고 간다.

　문화적응에 대한 초기 연구에서 문화적응은 정착지의 문화에 적응해 나가는 단일 차원적 개념으로 이해되었지만 이후에는 정착지의 문화와 모국문화인 원문화가 독립적으로 상호작용한 결과 발생하는 변화로 이를 이해하는 이중차원 모델이 문화적응 연구에서 널리 적용되고 있다(Berry, 1997; Cabassa, 2003). 이중차원 모델은 이민자들의 새로운 문화권에서의 적응과정을 그들이 본래부터 지니고 있던 모국문화와 정착지의 새로운 문화가 일상생활 속에서 상호작용하며 조정과 통합 과정을 거쳐 문화적 양상에 있어 새로운 균형을 이루어 가는 과정을 설명한 것으로, 정착지문화 적응과 모국문화 유지의 두 차원이 상호 배타적이지 않으며 독립적인 형태로 개인의 문화적응 과정을 주도해 나가는 것이다. 예를 들어, 결혼이주여성의 한국생활 적응과정이 한국문화에 잘 적응하면서도 동시에 모국문화의 강점과 전통을 일상생활 가운데 조화롭게 잘 통합시켜 나갈 수 있는 문화적응 양상으로 전개되는 것은 동화보다는 상호통합을 지향하는 바람직한 형태의 문화적응에 초점을 두었다고 할 수 있다.

2. 다문화 사회이론

1) 동화주의

　파크와 버제스(Park & Burgess, 1921)는 미국으로 온 이민자는 접촉-경쟁-화해-동화의 네 과정을 경험하면서 주류사회로 동화하며 정착하는 과정을 경험하면서 미국 주류사회로 동화하며 미국사회에 정착한다는 이론을 제시한다. 동화주의는 1920년대에 상당히 진보적인 이론이었다. 백인우월주의가 학자에 의해 과학적으로 입증되고 정당화되던 20세기 초 미국사회에서 문화적 동화를 통하며 주류에 편입할 수 있다는 이론은 당시 파격적인 것이었다. 즉, 인종적으로 백인은 우월하며 흑인과 아시아인 등의 비백인은 열등한 인종이라는 사회적 통념을 깨는 진보적인 이론이었다. 그러나 유럽계 이민자들은 동화를 통하여 미국인, 즉 백인화가 가능했으나 동화주의는 비유럽계 이민자들이 주류사회로부터 배척받아 동화가 불가능했다는 역사적 과정을 설명하지 못한다는 문제점이 있다. 그렇지만 동화주의는 미국사회에서 가장 잘 알려진 이론이며 이민자들이 추구해야 할 과정을 잘 제시하고 있는 모델로 받아들여지고 있다.

문화 동화주의는 여러 민족의 문화가 상호 공존하는 대신, 주류문화(권력집단)가 비주류문화(권력 소외집단, 사회적 약자)를 완전히 흡수하는 상황을 지칭한다. 문화동화 현상이 심화되면, 비주류ㆍ소수민족 집단의 구성원들이 원래 자신의 민족ㆍ문화적 정체성을 상실하는 결과에 이를 수 있다. 그 예로는 아메리칸 토착 인디언이 미국 주류문화에 흡수되는 것을 들 수 있다. 또한 1970년대 미국으로 이주한 한인 이민자는 대부분 자녀에게 주류사회 동화를 추구하는 교육을 시켰다. 즉, 한국어, 한국의 문화, 역사를 가르치기보다는 미국인으로 살아가도록 영어교육과 미국화 교육을 추구했다.

동화주의는 전통적으로 전통적 동화이론과 용광로이론(melting pot)으로 분류할 수 있다. 첫째, 전통적 동화이론은 하위문화 혹은 소수문화에 속한 개인과 집단은 그들의 생활방식, 관습, 가치, 언어 등을 포기하고 지배문화를 채택ㆍ습득한다. 전통적 동화이론이 전제하는 것은 지배문화의 우월성이다. 그러나 동화이론도 그 당시에는 진보적 이론이었다. 즉, 아시아인 등이 미국사회에 동화될 수 있다는 전제를 가졌다는 점에서 이전의 이론과는 다르다고 할 수 있으며, 아시아인이 미국사회의 일원으로 변화할 수 있다는 점을 강조하였다(최현미 외, 2008). 둘째, 여러 문화의 상호작용으로 말미암아 기존의 문화들이 융화되어 하나의 새로운 문화가 출현한다는 것이다. 용광로이론은 이주민이 원주민에 동화되어 그 본연의 민족정체성을 상실하여 철이 용광로에서 녹아 다른 철이 되는 것과 같은 이론이다.

이민사회의 동화를 설명하는 주요한 사회학적 패러다임으로 이는 한국의 다문화사회 안에서도 설명할 수 있다. 한국의 다문화주의는 '문화 동화주의 관점(cultural assimilationist perspective)'을 강하게 내포하고 있다. 그리고 이 동화주의 접근방식은 앞서 언급한 '민족 국가주의'와 효과적으로 결합하고 있다. 제시된 사회통합의 구심점은 여전히 '우리 한국'의 고유한 전통문화와 가치규범이다. 한국에 막 도착한 국제 이주민들에게 '한국에서 적응하기 위해 외국인이 취해야 할 행동'의 전형을 암시하며, 실제로 이러한 역할 행동은 각 지역의 외국인들에 의해 모방되고 재생산된다. 글로벌 다문화 한국에서 국가가 주도한 다문화주의 정책은 여전히 동화주의 관점에 치우쳐 있으며, 주류사회가 고안한 소수민족에 대한 '좋은 시민'의 가상적 이미지를 지속적으로 재생산하였고, 그 과정에서 민족 국가주의적 요소가 부활하고 있으며, 시민성의 계층화 현상이 새롭게 등장하였다(김광수, 2017).

2) 다원주의

다원주의는 백인 주류사회 동화를 추구하는 동화이론을 거부하며 이민자들이 각자 고유의 언어와 문화, 정체성을 유지하면서 미국사회에 이바지할 수 있다는 모델이다. 다원론은 흔히 샐러드 볼 또는 오케스트라로 표현되기도 하는데, 각각 고유의 형태를 유지하면서 섞으면 맛있는 샐러드가 되는 것과 마찬가지로 각 인종·민족이 각자의 특성을 유지하면서 미국사회에 기여할 수 있다는 것이다. 오케스트라의 경우도 마찬가지이다. 오케스트라를 형성하는 각 악기들은 고유의 소리를 내지만 지휘자의 지휘봉에 맞추어 화음을 이루면 아름다운 오케스트라 협연이 된다. 따라서 다인종·민족사회인 미국에서 각 인종·민족은 서로의 이익추구와 협조를 통해 조화를 이루면서 다원화사회를 형성할 수 있다는 것이다.

문화다원주의는 모든 사회구성원이 자신의 고유한 민족적·문화적 정체성을 유지하면서 동등하게 상호작용하는 관점을 중시하며, 각자의 민족적·문화적 정체성과 관련 지식(예: 언어·문화적 관습 지식)이 다문화사회를 살아가는 데 이점으로 작용하는 사회를 지향한다. 다문화사회의 문화갈등을 해결하기 위한 방안으로서 '다름'과 '차이'의 장점을 깨닫고, 문화다양성과 공존의 가치를 공통적으로 강조한다는 점에서 문화다원주의의 가치를 부분적으로 지지하는 경향을 보인다.

다원주의에는 두 가지 기본적인 유형이 존재한다. 하나는 문화적 차원의 다원주의이고, 다른 하나는 구조적 차원의 다원주의이다. 문화적 다원주의는 민족집단이 자신의 종교, 신념, 관심, 태도 및 생활습관 등을 유지하면서도 다른 집단의 것을 공통적으로 지니고 있는 것을 말한다. 구조적 다원주의는 자신들의 사회 구조와 제도를 가지고 있으면서 다른 집단과 서로의 것을 공유하는 것을 말한다.

문화다원주의(cultural pluralistic) 관점은 모든 사회구성원이 자신의 고유한 민족적·문화적 정체성을 유지하면서 동등하게 상호작용하는 관점을 의미한다. 인종 및 민족 집단 간의 차별 및 갈등이 없는 평등한 상태의 존재를 존중하는 매우 이상적인 유형의 상황을 의미하는 경우가 많다. 다원주의 사회는 문화적·사회적 이질성(heterogeneity)에 기반하고 있지만, 반드시 집단 사이의 높은 장벽과 심각한 갈등을 일으키지는 않는다. 각 집단은 자신의 고유한 특성을 지키고 정체성을 발전시키면서 사회적 배제 없이 사회의 풍부함에 일조하기도 한다(최명민 외, 2015).

다문화주의(multiculturalism)는 다원주의(pluralism)에서 발전한 이론이라 할 수 있다. 다원주의가 각 문화를 인정하되 각 문화가 알아서 스스로를 존중하라는 다소 방관자적인 태도를 보이는 것이라면, 다문화주의는 문화 간의 적극적인 존중을 중시하는 관점이라 할 수 있다. 또한 다원주의는 동화주의와 함께 이민자들이 존재하는 사회의 정책적 기조가 되고 있다. 예를 들어, 미국사회에서의 이민자에 대한 정책에서 동화주의 정책과 다문화주의 정책이 공존하는가 하면, 과거 프랑스의 이민정책은 동화주의에 근거하고 있다.

다문화주의의 다양한 의미를 살펴보면 다음과 같다. 첫째, 어느 한 국가나 사회 속에 다양한 문화가 공존하는 현상을 규정하는 것으로서의 다문화주의이다. 특히 새로운 음식, 옷, 음악, 학문과 같은 것들의 도입을 강조한다. 이것은 문화전파, 문화창조 등에 이바지할 수는 있지만, 소수문화권 사람들에 대한 진지한 성찰과 배려와는 거리가 있다. 둘째, 공공정책의 배경으로서의 다문화주의이다. 이것은 국가나 소수문화권 사람들의 일정한 문화적 권리를 공공 정책과 제도, 특히 교육이나 복지 등의 분야를 통해 보장하는 것이다. 그리고 인종이나 민족에 대한 차별을 금지하도록 하는 법을 만들어 시행하기도 한다. 셋째, 소수집단의 정치적 결사와 행동의 배경으로서의 다문화주의이다. 소수집단은 자신들의 문화정체성을 유지하기 위해 특수한 권리나 특별한 배려를 주장하게 되고, 이를 위해 조직을 만들어 집단적인 요구를 하기도 한다. 특히 종교와 언어에 있어서 이러한 요구가 많다. 넷째, 철학적·학문적 논의로서의 다문화주의이다. 여기서는 기존의 민족국가 중심의 문화 이해 관행에 대해 비판하면서 포스트모던적 경향과 함께 소수집단이 주체적으로 권리를 향유할 수 있어야 한다는 입장을 편다. 다섯째, 시장에서 더욱 많은 이익을 얻기 위한 수단으로서의 다문화주의이다. 다양한 문화를 이해하고 그 차이를 고려하는 것인데, 이것은 각 문화권의 사람들의 특성에 맞는 재화와 서비스를 제공하는 것이 기업에게는 이익이 되기 때문이다.

다문화주의가 민족과 인종을 기준으로 하는 집단의 존재와 상호작용에 초점을 맞추는 것이지만, 이 책에서는 한국사회의 다문화 현상에 초점을 맞추고 논의의 범위를 국적, 민족, 인종 차원에 국한하여 의미를 부여하고자 한다.

3) 인종·민족기반 차별이론

인종주의는 한 인종이 다른 인종보다 우월하여 다른 열등한 혹은 하위 인종을 압도한다는 인식에 따른 것이다. 여기서 우월성은 유전자 구조, 지능,

피부색, 성격, 다른 관련 이유를 기반으로 한다. 인종주의는 개인, 가족, 집단, 사회에서 학습되고, 편견과 같은 부정적인 정서와 개인적 · 제도적 · 문화적 차별 행위의 작용 · 반작용으로 심화되는 하나의 편향성이다(최명민 외, 2015; Lum, 2003). 인종에 대한 편견과 민족중심주의와는 다르게 열등하다고 낙인찍힌 인종집단에 대하여 개인적으로 혹은 사회제도적으로 전체 사회의 지지를 업고 억압적인 힘을 행사하는 것이다. 인종주의는 다른 민족과의 공존 경험이 충분히 긴 상황에서 이들에 대한 구조적이고 체계적인 거부감을 말한다. 이는 제노포비아(xenophobia)와 인종차별과는 다른 관점으로 구별될 수 있다. 다른 민족과의 접촉 경험 부족에서 오는 원초적인 차원의 거부감 내지는 두려움을 나타내는 것이다. 예를 들면, 다문화사회 내의 한국사회에서 역시 단일민족, 즉 순혈주의를 강조하는 것은 인종주의적 관점에서는 인종차별에 해당할 수 있는 것이다.

미국사회에서 한 개인이 어느 인종으로 구분되느냐는 정치적 과정으로 결정된다는 인종주의는 미국사회의 본질을 인종형성 과정으로 규정짓고 있다. 이는 인종차별 정책을 고수해 온 미국사회에서 인종차별주의를 극복하기 위해서 인종차별의 장벽이 없어지고 있다는 것을 보여 주는 구체적인 자료가 필요하기 때문이다(최현미 외, 2008). 이에 민족정체성 이론은 1970년대부터 이론화되기 시작하였다. 민족정체성은 '상징 공동체'이며, 정체감과 충성심을 만들어 내는 민족 권력이라 설명할 수 있다. 각 이론들은 서로 다른 용어를 사용하고 강조하는 부분이 조금씩 다르지만, 공통적으로 소수집단을 유색인종의 억압, 인종차별 그리고 주변화와 관련하여 이해하고자 한다.

수(Sue, 1999), 수와 수(Sue & Sue, 1990)의 인종 · 문화정체성 발달모델을 살펴보면, 다수 지배문화와 자기문화에 대해 내재화된 수치감과 당혹감을 경험하며, 인종차별과 억압을 직면하면서 자기문화 집단의 긍정적인 면에 관심을 가진다. 기존의 신념과 사고방식에 도전함으로써 소수집단의 관점을 지지하고 사회의 지배가치를 거절한다. 이러한 과정이 심화됨에 따라 긍정적 자기정의의 필요성을 가지며, 마지막 단계에서는 자기문화의 독특성, 자

[그림 2-4] 인종정체성 발달 단계

출처: 박순철(2011).

기 자신, 타 소수집단 그리고 타 문화의 선택적 측면을 통찰할 수 있는 '내적 안정감'을 개발한다. 또한 개인은 인종차별 압박과정을 통해서 더욱 내면화되고, 통합적이고 만족스러운 자아감을 얻으며, 이것을 '인종적 자아실현'이라고 한다(Thompson & Carter, 1997). 이는 두 문화 간 억압적 관계의 개념에서 자신을 이해하려고 애쓰면서 순응, 부조화, 저항 및 몰입, 자기성찰, 통합적 인식의 5단계 발달과정을 겪게 된다.

앞의 이론들에서 공통적인 것은 소수집단이 열등하다고 전제하는 주류사회의 편견은 소수집단의 사람에게 내재화되고, 그것을 극복하고 긍정적 민족정체성을 가질 때 이중문화 갈등과 긴장을 해결할 수 있는 것이다.

4) 이중문화 정체성의 다원적 상호교류 모델

챙(Cheng, 2005)은 이중문화 사회화를 개인이 속해 있는 상황과 개인의 역사성을 고려하여 이해하였다. 개인이 어떤 문화적 가치를 선택하는지는 상황과 때에 따라 다를 수 있다. 민족적 가족문화(ethic family culture)의 규범과 가치와 다수문화의 규범과 가치에 얼마나 고착화되어 있는가에 따라 문화적응의 다양한 가능성이 나타날 수 있다. 예를 들어, 양쪽 문화 모두에 고착 정도가 높은 경우, 양쪽 문화 모두에 고착 정도가 낮은 경우, 어느 한쪽에만 고

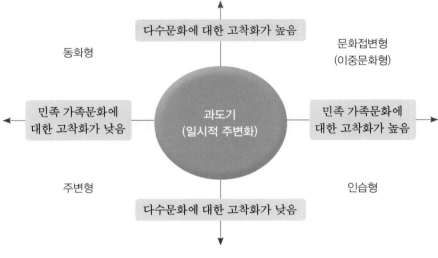

[그림 2-5] 이중문화 정체성의 이차원 모델

출처: 최현미 외(2008), p. 59.

착 정도가 높은 경우 등이 나타날 수 있고, 가능성은 시간이라는 연속선상에서 이해될 수 있다.

이중문화 정체성은 인습 적응, 주변 적응, 동화 적응, 이중문화 적응으로 단계화할 수 있다.

첫 번째 단계는 인습 적응이다. 민족 가족문화에 대한 고착화가 높고, 다수의 문화에 대한 고착화가 낮은 특징을 가지고 있다. 일반적으로 1세대 이민자들에게 나타나며 모국의 문화, 관습, 종교, 언어 등을 답습한다. 이때 민족정체성이 강하게 나타난다. 가족에서 습득한 적응 기술을 양육 시스템과 지속 시스템에서 사용할 수 있다.

두 번째 단계는 주변 적응이다. 민족 가족문화와 다수문화 둘 다 고착화가 낮은 특징을 나타낸다. 다수문화와 자기문화 사이에서 갈등하며 갈등을 해결하기보다 두 문화를 모두 거부한다. 주변적 적응에 속하는 사람들은 양육 시스템과 지속 시스템 모두 적응 기술을 가지고 있지 않다.

세 번째 단계는 동화 적응이다. 이는 민족 가족문화에 대한 고착화가 낮음에도 불구하고 다수문화에 대한 고착화가 높은 특징을 나타낸다. 일반적으로 학교와 같은 사회화 기관에 속해 있는 경우 소수집단은 다수 규범과 가치에 노출되고 다수문화에 맞는 적응 기술을 습득하고 습득 정도가 평가된다. 이와 같은 문화변용(문화접변) 과정에서 일부는 지속 시스템의 규범만을 가치 있게 생각하고 양육 시스템의 규범은 결함이 있는 것으로 혹은 열등한 것으로 간주하고 거부한다. 또는 주류문화에서 성공하기 위해서는 문화동화가 필수적이라 생각하고 선택한다.

네 번째 단계는 이중문화 적응이다. 민족 가족문화와 다수문화를 모두 습득하여 문화적으로 통합된 경우이며 이중문화 적응 기술, 이중문화 역량 그리고 이중문화 정체성, 양육 시스템과 지속 시스템 각각에 맞는 적응 기술을 가지고 있다. 즉, 언제 어떤 기술을 써야 하는지 알고 있다.

한 가족에서도 다양한 적응 형태가 나타난다. 조부모와 부모는 인습형 형태에 가깝지만, 자녀는 동화형과 이중문화형을 보인다. 일반적으로 문화 형태 안에서의 세대 간 차이와 갈등을 경험할 가능성도 있다.

이중문화와 사회화를 좀 더 심도 있게 이해하기 위해서는 민족성, 인종계층, 과도적 주변화와 시연속성 개념이 언급되고 있다. 성, 인종(민족성), 계층의 개념은 독립적으로 다루어질 수 없으며, 인종계층(ethclass)은 민족성, 사회계층의 통합적 개념이라 할 수 있다(Amott & Matthaei, 1991; Gordon, 1999). 과도적 주변성은 자아동조적(ego synotonic)이면서 사회적 허가를 충족시키는 행동과 정체성을 채택함으로써 해결하며 청소년 시기에 혼히 볼 수 있다. 하지만 소수민족의 아동기 · 청소년은 성인이 되기까지 이중문화의 경험을 통해 정체성을 만들어 가는 과도기를 거치며 성장한다. 이때 생리학적 · 감정적 변화를 통하여 이중문화의 긴장을 겪는 소수집단의 청소년은 일시적 메커니즘으로서 과도기적 상황에 머물러 있고 싶어 한다. 과도기적 상황을 넘지 못할 경우 다수문화의 주변적 적응의 상태에 머물 수 있다.

요약

　　문화접촉이란 문화적으로 다양한 하위집단을 가진 다문화사회의 구성원
들 간에 이루어지는 사회 내 접촉과 한 사회의 사람이 다른 나라에 일이나
여행, 유학 등의 일정한 목적을 가지고 갔을 때 발생한 사회 간 접촉을 말한
다. 문화변용은 이질적인 문화를 가진 두 사회가 지속적이고 직접적인 접촉
을 통해 서로가 갖고 있는 문화에 변화를 일으키는 현상이다.

　　문화갈등은 문화충격과 문화변용 스트레스로 구분 지으며, 문화충격은 일
반화된 체념으로 사회 현상에 사용되며, 문화변용 스트레스는 환경적 스트
레스 요인에 반응하여 심리 문화적응 과정 안에서 극복할 수 있는 개념으로
확대하였다. 문화적응은 원래부터 지니고 있던 모국문화와 한국문화가 서로
접촉하며 생기는 사고방식 및 생활양식 등 문화적 양상의 총체적 변화를 일
컫는 개념이라 할 수 있다.

　　문화적응은 심리적응과 사회문화 적응으로 구분되기도 한다. 심리적응은
일련의 내적 심리적 결과를 말하는 것으로서 인성적·문화적 정체성의 명확
한 감각을 갖추게 되는 것으로 건전한 정신건강 상태를 유지하는 것과 새로
운 문화에 개인적 만족을 얻게 되는 것 등을 포함한다. 사회문화 적응은 외
적 심리적 결과로서 일상적 문제, 특히 가족생활, 직장, 학교 등에서의 문제
를 처리할 능력을 갖게 되는 것을 말한다. 특히 문화변용 과정에서는 개인의
이주 후의 적응에는 출신사회의 요소와 정착사회의 요소가 중요한 영향을
미치고, 또한 정치적·경제적·사회적 구조 안에서 개인 수준의 문화변용
경험에 의해 행동 전이, 심리 스트레스, 정신병리 현상으로 일어날 수 있다.

　　문화 동화주의는 여러 민족의 문화가 상호 공존하는 대신, 주류문화(권력
집단)가 비주류문화를 완전히 흡수하는 상황을 말한다. 전통적 동화이론은
지배문화의 우월성을 이야기하며, 하위문화 혹은 소수문화에 속한 개인과
집단은 그들의 생활방식, 관습, 가치, 언어 등을 포기하고 지배문화를 채택,
습득한다.

문화 다원주의는 이민자들이 각자 고유 언어와 문화, 정체성을 유지하면서 동등하게 상호작용하는 관점을 중시하며, 각자의 민족적·문화적 정체성과 관련 지식이 다문화 사회를 살아가는 데 이점으로 작용하는 사회를 지향한다. 각 집단은 자신의 고유한 특성을 지키고 정체성을 발전시키면서 사회적 배제 없이 사회의 풍부함을 일조하기도 한다는 것이다.

다문화주의는 문화 간 적극적인 존중을 중시 여기는 관점으로 어느 한 국가나 사회 속에 다양한 문화가 공존하는 현상을 규정하는 것이다. 또한, 국가가 소수문화권 사람들의 일정한 문화적 권리, 공공 정책과 제도, 특히 교육이나 복지 등의 분야를 통해 보장하는 것이다.

인종·민족기반 차별이론은 다른 인종보다 우월하여 다른 열등한 혹은 하위 인종을 압도한다는 인식에서 시작한다. 이는 개인적·제도적·문화적 차별의 행위의 작용·반작용으로 심화되며, 인종집단에 대하여 개인적으로 혹은 사회제도적으로 전체 사회의 지지를 업고 억압적인 힘을 행사하는 것이다. 이는 공통적으로 소수집단이 열등하다고 전제하는 주류사회에서 편견은 소수집단의 사람에게 내재화되고, 그것을 극복하고 긍정적 민족정체성을 가질 때 이중문화 갈등과 긴장을 해결할 수 있다고 볼 수 있다.

이중문화 정체성의 다원적 상호교류 모델은 개인이 속해 있는 상황과 개인의 역사성을 고려하여 이해하며, 개인이 어떤 문화적 가치를 선택하는지는 상황과 때에 따라 다를 수 있음을 인정하는 것이다. 인습 적응, 주변 적응, 동화 적응, 이중문화 적응으로 단계화할 수 있다.

생각해 봅시다

1. 문화변용 과정에 대하여 이론적 틀을 기반으로 개인 이주 후의 적응에 영향을 줄 수 있는 요인에 대하여 생각해 보자.

2. 한국의 다문화사회 안에 이민사회의 동화를 설명하는 문화동화주의 이론을 설명할 수 있는 예를 생각해 보자.

3. 다원적 상호교류 모델에서 이중문화 정체성은 인습 적응, 주변 적응, 동화 적응, 이중문화 적응의 단계를 거친다. 마지막 단계인 이중문화 정체성을 유지하고 문화적으로 통합된 단계의 전략화를 위해 필요한 적응 기술이 무엇이 있을지 생각해 보자.

참고문헌

김광수(2017). 국제결혼 이주여성의 문화접변에 관한 질적 연구. 예술인문사회 융합멀티미디어논문지, 7(6), 651-660.

박순철(2011). 초등학생의 다문화 정체성 함양을 위한 교육방안 연구. 서울교육대학교 대학원 석사학위논문.

최명민, 이기영, 김정진, 최현미(2015). 다문화사회복지론. 학지사: 서울.

최현미, 이혜경, 신은주, 최승희, 김연희, 송성실(2008). 다문화가족복지론. 경기: 양서원.

Amott, T., & Matthaei, J. (1991). *Race, gender, and work: A multicultural economic history of women in the United States.* Boston: South End Press.

Berry, J. W. (1980). Acculturation as varieties of adaption. In A. M. Padilla (Ed.), *Acculturation: Theory models and findings, westview* (pp. 9-25). Boulder, CO: Westview.

Berry, J. W. (1990). Psychology of acculturation. Current theory and research in motivation. In J. J. Berman (Ed.), *Nebraska symposium on motivation, 1989: Cross-cultural perspectives* (Vol. 37, pp. 201-234). University of Nebraska Press.

Berry, J. W. (2003). Conceptual approaches to acculturation. In K. M. Chun, P. B. Organista, & G. Marin (Eds.), *Advances in theory, measurement and applied research* (pp. 17-38). Washington, DC: American Psychology Association.

Berry, J. W., & Sam, D. L. (1997). Acculturation and adaptation. In J. W. Berry, M. H. Segall, & C. Kagitcibasi (Eds.), *Handbook of cross-cultural psychology* (2nd ed., Vol. 3, pp. 291-326). Boston: Allyn and Bacon.

Cabassa, L. J. (2003). Measuring acculturation: where we are and where we need to do. *Hispanic Journal of Behavioral Sciences, 25*, 127-146.

Cheng, C. Y. (2005). Bicultural identity: Determinants, processes, and effects. Paper presented at the association for psychological science 17th annual convention, LA. CA.

Gordon, E. W. (1999). *Education and justice: A view from the back of the bus.* New York, NY: Teachers College Press.

Graves, T. (1967). Psychological acculturation in a tri-ethnic community. *South-Western Journal of Anthropology, 23*, 337-350.

Lum, D. (2003). *Culturally competent practice: A framework for understanding diverse groups and justice issues.* Pacific Grove, CA: Brooks/Cole-Thomson Learning.

Park, R. E., & Burgess. E. W. (1921). *Introduction to the science of sociology, including the original index to basic sociological concepts.* Chicago, IL: University of Chicago Press.

Redfield, R., Linton, R., & Herskovits, M. (1936). Memorandum on the study of acculturation. *American Anthropologist, 38*, 149-152.

Sue, D. W. (1999). *Multicultural social work practice.* Hoboken, NJ: Willey.

Sue, S. W., & Sue. D. (1990). *Counseling the culturally different.* John Wiley & Sons, Inc.

Thompson, C. E., & Carter, R. T. (1997). *Racial identity theory: Applications to individual, group, and organizational interventions.* Mahwah, NJ: Lawrence Erlbaum.

제2부

⋮

다문화 사회복지정책

제**3**장

외국의 다문화정책

각국은 문화다양성과 사회통합성이라는 두 가지 목표 간의 균형을 맞추기 위해 노력한다. 이주민이 유입된 배경, 각국의 사회적·경제적·문화적 정치적 배경이 다른 만큼 이민자의 사회통합을 도모하기 위한 다문화정책의 제도화 양상에는 큰 차이가 존재한다. 이 장에서는 국가별로 다양한 다문화정책의 사례를 살펴본다.

1. 다문화정책의 국제적 제도화

1) 다문화정책의 정의

'다문화정책'이라는 용어는 상황과 맥락에 따라 다양한 의미로 사용되지만 주로 이주민이 사회 내에서 부당하게 차별받지 않고 살아갈 수 있도록 하는 포용적인 제도적 지원책을 뜻하는 광범위한 용어로 사용된다. 종종 '다문화정책'은 '다문화주의 정책'을 의미하기도 하지만 정확한 의미에서 후자는 전자의 한 형태이다. '다문화정책'은 이주민이 사회의 유능하고 책임감 있는 구성원으로서 차별받지 않고 살아갈 수 있도록 하는 포용적 사회통합 정책 전반을 의미하는 반면, '다문화주의 정책'은 사회통합의 지향점으로 '다문화주의'라는 가치를 추구하는 특수한 형태의 정책을 의미한다.

이러한 면에서 '다문화정책'은 '이주민 사회통합 정책' 등의 대안적 용어와 혼용되기도 하는 포괄적 개념인 반면, '다문화주의 정책'은 그 정책의 명확한 가치지향성을 드러내는 특수한 용어로 이해할 수 있다. 다문화정책과 다문화주의 정책 간의 관계를 벤다이어그램으로 표현하면 [그림 3-1]과 같다.

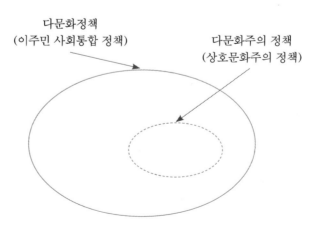

다문화정책
(이주민 사회통합 정책)

다문화주의 정책
(상호문화주의 정책)

[그림 3-1] 다문화정책과 다문화주의 정책 간의 관계

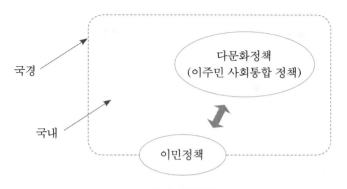

[그림 3-2] 이민정책과 다문화정책 간의 관계

한편, '다문화정책'은 '이민정책'과도 구별된다. '이민정책'은 이주민을 국내로 받아들이는 절차와 기준에 대한 제도적 방침인 반면, '다문화정책'은 이미 국내에 들어와 있는 이주민의 성공적인 적용을 돕기 위한 성격의 정책이다. 전자는 '누가 국경을 넘어 들어올 수 있는가'의 문제에 대한 것이라면, 후자는 '국경 안에 있는 이주민을 어떻게 대우할 것인가'의 문제에 대한 것이다. 두 정책은 긴밀하게 연계되어 있지만 기능적으로는 분리되어 있다. 이는 [그림 3-2]와 같이 간략하게 나타낼 수 있다.

2) 다문화정책의 국제 비교

'다문화정책'은 매우 광범위한 개념이므로 그것을 한 가지 기준으로 비교하는 것은 쉽지 않다. 다문화정책을 국제적으로 비교하기 위해서는 다문화정책의 여러 측면을 종합적으로 살펴보는 것이 필요하다. 이를 위해 '이주민 통합정책지표(Migrant Integration Policy Index: MIPEX)'를 참고할 수 있다. 이 지표는 세계 여러 나라의 다문화정책 현황을 여러 측면에 걸쳐 수치화하여 보여 준다. 이 지표가 다문화정책의 측면으로 포함한 것들은 '국적취득' '반차별' '교육' '가족결속' '보건' '고용' '장기거주' '정치참여'이다. 이러한 측면들을 종합적으로 고려하여 주요국의 다문화정책 제도화 수준 점수를 비교하면

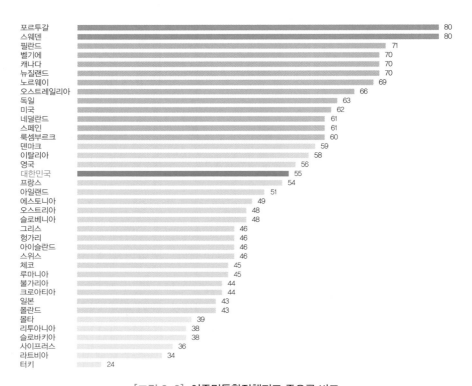

[그림 3-3] 이주민통합정책지표 주요국 비교

[그림 3-3]과 같다. 점수가 높을수록 다문화정책이 높은 수준으로 제도화되어 있음을 의미한다. 2014년 기준 여덟 가지 지표의 합산 점수가 가장 높은 나라는 포르투갈과 스웨덴으로 80점이었다. 터키는 24점으로 MIPEX 자료에 포함된 국가들 가운데 다문화정책의 제도화 수준이 가장 낮은 것으로 나타났다.

이러한 비교에 따르면 한국의 경우 전통적인 이민자 수용국에 비해 다소 낮은 수준으로 다문화정책을 제도화하고 있는 것이 확인된다. 한국의 다문화정책을 입체적으로 가늠하기 위해 한국의 이주민통합정책지표의 세부내용을 살펴보면 [그림 3-4]와 같다. 이에 따르면 한국은 '고용'과 '가족결속' 등의 측면에서 비교적 높은 점수를 보이고 있는 반면, '보건'과 '국적취득' 등의 측면에서는 매우 낮은 점수를 보이고 있다.

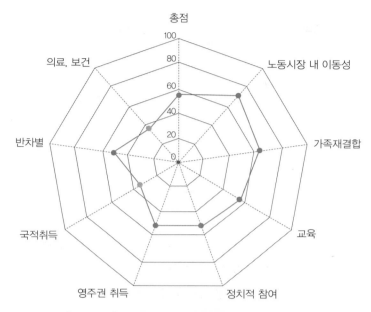

[그림 3-4] 한국의 이주민통합정책지표 세부 내용

3) 사회적 다양성과 통합성

앞서 설명하였듯이 다문화정책은 이주민 사회통합 정책 전반을 지칭하며 다문화주의 정책은 그중 하나의 접근이다. 다문화주의 정책은 다문화정책의 한 형태이지 다문화주의 정책이 곧 다문화정책을 의미하는 것은 아니다. 세계 각국은 다양한 방식으로 다문화정책을 발전시켜 왔다. 예컨대, 캐나다는 다문화주의를 헌법적 가치로 명시하고 있는 등 대표적인 다문화주의 사회로 분류되는 반면, 캐나다와 이웃하고 있는 미국은 캐나다와 마찬가지로 전통적인 이민자 수용국이지만 다문화주의 가치는 상대적으로 덜 강조된다. 또한 프랑스의 경우 다문화주의 대신 동화주의에 기초한 정책을 강조해 왔다.

이처럼 세계 각국은 나름의 방식으로 다문화정책을 발전시켜 왔다. 따라서 이를 체계적으로 비교하기 위해서는 비교의 틀이 필요하다. [그림 3-5]은

[그림 3-5] 다문화정책 국제 비교 틀

그러한 틀 가운데 하나이다.[1] 이 틀은 두 개의 축으로 구성되어 있다. 하나는 '평등한 시민적 권리' 축으로, 공식적(법적) 권리와 의무가 이주민과 비이주민 간에 얼마나 평등하게 적용되는지의 정도에 대한 것이다. 다른 하나는 '집단별 문화적 권리' 축으로, 각 개인이 국적과 무관하게 출신국의 문화적 정체성과 관습을 얼마나 잘 유지할 수 있도록 허용되는지에 대한 것이다.

'평등한 시민적 권리'를 높은 수준으로 제도화하고 있는 국가에서는 이주민에게 국적 취득 기회를 더 열어 놓을 뿐만 아니라 내국인과 이주민에게 비슷한 수준의 권리를 제공하는 경향이 있다. '집단별 문화적 권리'를 높은 수준으로 제도화하고 있는 국가에서는 이주민에 대한 동화 압력이 낮고 이들을 위한 별도의 제도적 배려를 마련하는 경향이 있다.

두 축 모두에서 높은 수준으로 정책을 제도화하고 있는 국가도 있는 반면, 국가에 따라 어느 한 축의 정책이 강조되기도 하며, 양 축 모두에서 낮은 수준으로 정책을 갖추고 있는 경우도 있다. 이 틀에 따라 세계 주요국의 상대적 위치를 가늠해 보면 한국의 다문화정책은 '평등한 시민적 권리'는 낮은 수준으로 보장하면서 '집단별 문화적 권리'는 높은 수준으로 보호하는 국가군으로 분류된다(Ruedin, 2015).

---

[1] 이하 이 틀에 대한 설명은 송효준, 함승환(2019), pp. 129-131에서 발췌하여 재구성함.

'다문화정책'은 '문화다양성'과 '사회통합성' 간의 균형을 맞추는 제도적 노력으로도 이해될 수 있다. 한 사회에서 문화다양성에 대한 권리만 높은 수준으로 보호될 경우 자칫 사회통합성이 저해될 수 있다. 반대로 사회통합성만 지나치게 강조될 경우 자칫 문화획일성을 초래할 수 있다.

'다문화정책'에 대한 흔한 오해 중 하나는 다문화정책이 문화다양성을 무조건적으로 포용하는 정책이라는 것이다. 다문화정책은 문화다양성과 사회통합성 간의 균형을 도모하는 정책으로 이해될 수 있으며, 따라서 다문화정책은 무조건적으로 문화다양성을 지향하는 정책이 아니다.

2. 다문화정책의 해외 사례

제2장에서 살펴본 바와 같이 각국은 자국의 상황에 맞게 다양한 다문화정책을 입안하여 이주민들의 사회통합을 도모한다. 이 절에서는 문화변용 전략의 세부 유형에 해당되는 다문화주의, 용광로, 격리 및 배제 전략을 선택한 대표적인 국가들을 중심으로 해외 사례를 살펴보기로 한다.

1) 미국의 다문화정책 사례

미국은 이주민들을 받아들이면서 성립된 대표적인 이민국가로, 총인구 대비 이주민의 비율은 2011년 기준 12.9%로 캐나다, 독일 다음으로 높은 외국 태생 인구 비중을 보인다. 실제로 미국은 인도에 이어 세 번째로 많은 인구 규모를 갖고 있으며, 보고에 따르면 2007년 9월 기준 미국으로 이주를 택하는 이주민이 31초에 1명씩 증가하는 것으로 집계되었다(우수명, 주경희, 김희주, 2015).

미국으로의 대규모 이민은 1850년대에 철도 건설을 위해 아시아계 이주민들이 유입되면서 시작되었다. 그 이전의 초기 이주민들은 유럽 출신의 영국계 백인들이 주를 이루었으나, 이후 멕시코 지역의 라틴계 이주민, 백인 이외의 유색인종 이주민들이 미국으로 다수 유입하게 되면서 미국 정부는 소수인종을 주류 백인문화로 적응하게 하는 동화주의 방식을 정책 노선으로 채택하게 된다. 미국의 동화주의를 이해하는 데 유용한 개념으로 문화적 용광로, 이른바 용광로(melting pot)의 개념을 들 수 있다. 용광로는 자신의 고유한 삶의 방식, 민족적·인종적 정체성을 포기하고 미국이라는 더 큰 문화에 흡수·동화된다는 함축적 의미를 지닌다. 여기서 '미국' 혹은 '미국적'이라는 것은 영어를 공용어로 사용하며, 기득권층인 유럽계 백인들의 주류문화로 적응하는 것을 의미한다.

그러나 1960년대에 접어들면서 이러한 미국화를 지지하던 많은 사람이 용광로 개념의 실패를 인지하게 된다. 이주민들이 자신들의 고유한 문화적 정체성을 포기하지 않았기 때문이다. 이 시기에 사회적 불평등에 대한 시민권 운동이 활발히 전개되었으며, 사회적 약자에게 적극적인 우대정책을 시행하는 소수자 우대정책(Affirmative Action) 또한 만들어져 현재까지 미국 전역에서 시행되고 있다.

이후 용광로의 대안적인 개념으로 등장한 것이 샐러드 볼(salad bowl)이다. 단순히 이주민들에게 미국의 주류 가치관과 정체성을 익히도록 강요하는 것이 아니라 각 집단의 고유한 문화체계를 인정하자는 입장을 견지한다는 점에서 개념적으로 차별성을 갖는다. 현재 미국의 다문화정책은 샐러드 볼 정책이라고도 요약할 수 있는데, 국가라는 큰 그릇 안에 여러 민족의 문화가 하나의 새로운 문화를 만들어 가는 것을 의미한다(이상주, 전미숙, 2016).

한 가지 유의할 것은 샐러드 볼 정책에 침윤된 이데올로기적 성격이 기본적으로는 다문화주의보다 동화주의적 성격에 가깝다는 점이다. 샐러드 볼 정책은 문화다원주의(cultural pluralism)라고도 표현되는데, 소수민족의 고유문화와 언어를 인정하면서도 이주민집단이 인정해야 할 주류사회의 문화가 명백히 존재한다는 점에서 캐나다의 다문화주의(multiculturalism)와는 대

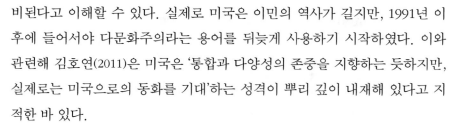

비된다고 이해할 수 있다. 실제로 미국은 이민의 역사가 길지만, 1991년 이후에 들어서야 다문화주의라는 용어를 뒤늦게 사용하기 시작하였다. 이와 관련해 김호연(2011)은 미국은 '통합과 다양성의 존중을 지향하는 듯하지만, 실제로는 미국으로의 동화를 기대'하는 성격이 뿌리 깊이 내재해 있다고 지적한 바 있다.

관련 기구로 연방행정부의 국토안전부, 국무부, 법무부, 노동부, 보건복지부 등 이민 절차와 관련된 5개의 주요 행정기관이 있고, 대부분의 이민 관련 업무는 국토안전부의 주관으로 이루어지고 있다(김정열, 박수준, 유정욱, 2014). 미국 국토안전부는 미국 국적을 취득한 자에 대해서는 법의 테두리 안에서 보호하지만, 불법체류자에 대해서는 사회복지 서비스에 대한 혜택을 철저히 배제한다. 미국 시민권을 취득하기 위해서는 영어 및 미국 역사에 관한 시험을 보도록 하고 있다.

미국의 다문화정책은 주로 교육, 직업훈련 영역에 집중되어 있으며, 대표적인 정책이 소수자 우대정책(Affirmative Action)이다. 앞서 언급한 바와 같이 미국 이주민정책의 경향성은 이주민들로 하여금 유럽계 백인들을 기준으로 만들어진 지배적 가치관을 받아들이게 하는 동화주의가 지배적이었다. 소수자 우대정책은 동화주의에 내재된 불평등한 인종차별에 대한 대안으로 제시되었으며, '적극적 차별수정 정책'으로도 불리며 고용 및 교육 영역에서의 차별수정을 도모한다(김동진, 박인아, 윤구원, 2014). 대표적인 교육 프로그램·제도로는「낙오자방지법(No Child Left Behind Act: NCLB)」, 이븐스타트(Even Start), ELS(English as a Second Language Program) 프로그램, 프라미스 네이버후드(Promise Neighborhoods) 등이 있다.

우선,「낙오자방지법(NCLB)」은 주에서 정한 평균적인 학업성취도의 기준보다 미달인 다양한 학생의 교육권을 제고하기 위해 2002년에 제정된 법이다. 일반적으로 소수민족, 이주민 학생들의 학업성취도가 비이주배경 아동에 비해 평균적으로 낮은 것으로 보고되는바, 이들의 학교 내 적응을 도모하기 위한 목적을 지니고 있다. 교육의 형평성을 높이기 위해 연방정부는 연간 평가를 실시하고, 주정부는 책무성 시스템 구축을 통해 학생들의 학업성취 향상도를 매년 측정한다.

ELS 프로그램은 영어가 모국어가 아닌 학생을 대상으로 학교에서 진행되는 프로그램이다. 이주배경 학생의 비율이 높은 미국 학교에는 기본적으로 ELS반이 존재하며, 새로 이민을 온 학생은 영어능력시험을 통해 자신의 영어 실력에 맞는 ELS반에 가서 기본적인 영어수업을 받게 된다. 일정 수준 이상의 영어실력을 구사하게 되면, 비이주배경 학생들과 함께 정규수업을 받게 된다. 한국의 다문화예비학교와 유사한 과정이라고 이해할 수 있다. 끝으로, 이븐스타트 프로그램은 새로 이민을 온 부모와 자녀 모두를 대상으로 기초적인 영어 읽기교육을 진행하는 프로그램이다. 부모와 자녀 모두를 개입 대상으로 한다는 점에서 ELS 프로그램과 차별성을 갖는다고 볼 수 있다.

2) 캐나다의 다문화정책 사례

캐나다는 약 200개 이상의 민족의 500만 명 이상의 이주민이 거주하는 대표적인 이민국가이다. 총인구 대비 이주민의 비율은 2011년 기준 20.6%로 캐나다 전체 인구의 5명 중 1명이 외국 태생 인구이다. 이와 같은 배경에는 캐나다의 자체적인 인구 증가 비율이 낮은 원인이 작용한다. 캐나다 정부는 지속적인 경제 성장을 위해 매년 총인구의 0.75%에 해당하는 23만 명 정도의 이주민 도입을 목표로 설정하고 있다. 실제로 1990년대에 들어 캐나다에는 연간 20만 명이 넘는 이주민들이 유입되고 있다. 캐나다는 세계에서 거의 유일하게 대량 이민을 경제 발전의 핵심 전략으로 삼고 있는 나라이다(이유진, 2009).

캐나다의 이주민들은 크게 여섯 가지 유형으로 분류할 수 있는데, 가족재결합을 위한 이민(Family Class), 경제 혹은 독립 이민(Economic or Independent Class), 난민(Refugees), 사업 이민(Business), 숙련 근로자(skilled workers)로 구분된다(이유진, 2009). 이 중 경제 혹은 독립 이민은 캐나다 이주민 선별정책의 성격을 잘 보여 주는 이주민 유형이다. 캐나다 정부는 특정 직종의 전문성을 가지고 있거나 경제적으로 캐나다에 기여할 수 있는 이주민을 유입하기 위해 이민 신청자의 학력, 경력, 언어구사 능력과 같은 항목에 점수를 부여하고 있다. 이와 같은 경제 독립의 유형으로 이민 온 이주민은 2005년 기준 전체 이주민의 19.8%를 차지하였다. 사업 이민 또한 다른 범주 유형에 비해 영주권 취득기간이 짧은 유형이다. 숙련 근로자 유형은 각 유형당 1,000명이라는 상한선을 두고 이주민을 받아들인다. 2014년 기준 받아들이는 직업군에는 시니어 매니저, 회계사, 의사, 마케팅과 광고 계열의 전문가, 부동산 전문가 등이 포함된다. 2015년에는 영주권 신청에 있어 선착순이 아닌, 캐나다의 경제적 수요가 우선적 고려사항으로 바뀌었다.

캐나다 이주민의 인종 · 민족 구성을 보면 1970년대에는 유럽인들이 대다수였으나, 최근 이주민의 경우 75%가 유색인종이며 대부분 아시아 국가에서 온 이주민들이다. 이처럼 문화적 · 인종적으로 다양한 이주민의 비중이 높음에도 불구하고 캐나다는 다른 국가들에 비해 심각한 민족갈등을 경험하지 않고 비교적 안정적으로 사회를 유지하고 있다.

이와 같은 성공의 요인에는 포괄적인 이주민 통합정책이 꼽히고 있다. 실제로 캐나다는 1971년 총리 피에르 트뤼도(Pierre Trudeau)가 '캐나다는 다문화주의 나라'라고 공식 선언하면서 다문화주의라는 용어를 본격적으로 사용하기 시작하였다. 1988년에 공포된 「다문화주의 법(Multiculturalism Act)」은 모든 시민이 자신의 고유 정체성을 유지하면서도 다른 문화의 다양성을 존중하는 개방적인 태도를 가질 수 있도록 연방정부의 책임과 활동을 명시하고 있다. 동법 제15조에는 인종, 국적, 민족, 피부색, 종교, 성별, 연령, 장애에 무관하게 모든 개인이 법에 의해 동등한 보호와 혜택을 권리를 지니고 있음을 명시하고 있다. 이는 이민에 대해 상대적으로 폐쇄적인 태도로 일관하였던 유럽 국가들과는 대조적인 모습이다.

캐나다의 이민, 이주민의 사회통합, 시민권 등의 관련 제반 정책을 총괄하는 곳은 연방정부의 이민부(Department of Citizenship and Immigration

Canada: CIC)이다(이유진, 2009: 성연옥, 2013 재인용). 캐나다 헌법상 이민은 주정부와 연방정부가 관할권을 공유하는 분야로, 연방 이민부는 온타리오주, 퀘벡주, 브리티시컬럼비아주를 비롯한 다수의 주정부와 협정을 체결하고 있다. 이민부의 장관은 다문화주의 장관을 겸임하며, 연방정부의 각 부처, 주정부, 지방자치단체, 민간 부문, 비영리단체 등과 협력체계를 구축하면서 다양한 정책을 수립하고 집행한다. 정책과 입안, 프로그램은 연방정부가 주축이 되어 체계적으로 이루어지고 있으며, 구체적인 서비스 전달은 비정부단체가 주축이 되어 수행한다.

대표적인 다문화정책 프로그램으로는 이주민 정착 및 적응 프로그램(Immigrant Settlement and Adaption Program: ISAP)이 있다. 이 프로그램은 이주민이 캐나다로 입국하기 전후로 통번역 서비스, 상담, 생활정보 서비스 제공 등을 통해 효율적으로 캐나다에 정착하는 것을 도모한다. 서비스에 필요한 재정은 연방정부를 통해 지원받는다. 캐나다 신규이주민 언어교육(Language Instruction for Newcomers to Canada: LINC) 또한 이주민을 대상으로 하는 대표적인 서비스이다. 1992년부터 시행된 이 서비스는 17세 이상의 신규 이주민 및 난민으로 수강 자격을 한정하며, 무료 언어교육을 통해 이주민이 캐나다의 노동시장, 교육 분야에서 성공적으로 적응하는 것을 도모한다.

지역사회 단위의 통합적인 접근을 취하는 프로그램들도 존재한다. 호스트 프로그램(Host Program)과 모델 스쿨(Model Schools for Inner Cities)이 대표적인데, 전자는 지역사회 내의 구성원들이 자원봉사자가 되어 신규 이주민들의 말벗이 되어 주기도 하고, 경우에 따라 이주민을 대상으로 하는 프로그램에 참여하는 것을 도와주는 방식으로 이주민의 적응을 돕는다(우수명 외, 2015).

호스트 프로그램이 주로 성인 이주민을 대상으로 하는 서비스라면, 모델 스쿨은 학령기 이주배경 아동·청소년과 그 가족을 대상으로 한다. 모델 스쿨은 토론토 도심 지역에 집중되어 있다. 토론토 내 전체 학생 가운데 45%가 제2외국어를 모국어로 사용하고 있으며, 12%는 이민을 온 지 3년이 채

되지 않은 학생들이다. 이에 이주배경 학생들의 학교 적응을 위한 지역사회 단위의 개입 방안으로 고안된 것이 바로 모델 스쿨이다. 사회복지사는 지역사회 내에 존재하는 다양한 종류의 복지 서비스를 가족에게 연계하고, 학부모를 대상으로 하는 워크숍을 주기적으로 개최함으로써 학교교육에 대한 이주배경 부모의 참여도를 높이기 위해 노력한다. 공공교육이 모든 아동의 교육권 보장에 있다면, 모델 스쿨은 지역사회 내의 다양한 관계자가 협업체계를 구축하여 아동이 자신의 사회경제적 상황 및 문화적 배경과 무관하게 발달권을 증진시키는 것을 목표로 하는 개입 방안에 해당된다(교육부, 2017).

3) 독일의 다문화정책 사례

독일은 제2차 세계대전 이후 유럽 국가들 가운데 가장 많은 이주민을 받아들인 나라로 2017년 기준 독일 체류 외국인의 수는 1천만 명을 넘어선다. 총인구 대비 이주민의 비율로 따지면 2011년 기준 13.0%로 캐나다 다음으로 높은 외국 태생 인구 비중을 보인다. 이처럼 독일 내 외국인 인구 비율이 높은 배경에는 제2차 세계대전 이후의 인구 감소가 주된 원인으로 꼽힌다. 1950년대 초반부터 농업 부문에서 노동력 부족 현상이 대두되자, 독일 정부는 외국인 노동자 고용을 통해 문제를 해결하고자 하였다. 이때 유입된 외국인 노동자들은 어디까지나 독일 정주민들을 대체하기 위한 예비 인력집단의 성격이 강했으며, 고용된 외국인 노동자은 고용계약이 만료되면 본국으로 귀국하는 것을 원칙으로 하였다(박재영, 2012; 장석인, 김광수, Le Quang Canh, Le Doan Hoai, 2013). 즉, 산업 현장의 예비 인력으로서 외국인 노동자들에게는 독일 노동시장의 완충 역할이 기대되었다(박재영, 2012).

이 시기에 독일로 이민을 온 외국인 노동자들은 이탈리아, 스페인, 그리스, 포르투갈을 비롯한 다양한 국가 출신을 포함한다. 독일 정부는 외국인 고용확대의 필요성을 절감하여 비유럽권 국가인 터키와도 노동협약을 체결하는데, 1956년 기준 독일에 체류한 외국인 노동자는 총 9만 5,000여 명이었다. 그러나 외국인 노동자의 수는 지속적으로 증가하여 1973년에는 260만 명까지 증가하였다(장석인 외, 2013). 터키의 경우, 비유럽권 국가라는 점에서 특징적인데 당시 터키 노동자에 대한 독일 기업의 만족도가 높아 긍정적인 평가를 받았다(박재영, 2012). 이에 본디 한시적 체류를 강조하기 위해 체류 기한을 2년으로 명문화하였으나 터키인 노동자들에 대해서는 체류기한과 가족 재결합에 대한 항목이 협약에서 제외되었다. 이는 터키 노동자의 성격이 한시적 노동자가 아닌 이주민으로서의 성격으로 전환되는 배경으로 작용한다. 실제로 1960년대 말에 이르러 독일에 정착한 1세대 터키 외국인 노동자들이 본국에 있는 가족을 초청함에 따라 외국 이주민의 수가 꾸준히 증가하였다. 실제로 1974년부터 1981년 사이 남성 이주민의 비율은 감소한 반면, 여성과 15세 이하의 이주배경 아동 수는 큰 폭으로 증가하였다.

독일의 이주민 수는 1973년 오일쇼크 및 경제위기를 기점으로 감소한다. 이는 1970년대 중반 이후 산업 구조가 바뀐 점과 무관하지 않은데, 이에 독일 정부는 외국인 노동자의 고용을 중단하고 엄격한 이민 제한으로 정책의 방향성을 급선회한다. 1982년 출범한 기민당은 '보트는 꽉 찼다. 독일은 이민국이 아니다'라는 슬로건을 내세우며 이주민들의 귀환을 적극 독려하였다. 이주민은 통합의 대상이 아닌 귀환의 대상으로 간주되었다. 그러나 이 정책은 가시적인 성과를 거두는 데 실패한다. 실제로 1980년대부터 독일사회를 결속시켜야 한다는 공감대가 사회 전반에 걸쳐 형성되었다. 경제위기와 함께 독일 국민들과 비유럽계 이주민들 간에는 인종갈등이 악화되었는데, 특히 이슬람교를 믿는 터키계 출신 이주민들과의 갈등이 심했다. 독일 체류 외국인 가운데 가장 많은 비중을 차지하는 이들이 터키 출신 이주민들로 이들은 50여 년 가까이 독일로의 이민 역사를 갖고 있음에도 불구하고 독일사회에 통합되는 데에 어려움을 겪고 있다(박재영, 2012). 특히 1990년 동독과 서독의 통일 이후 막대한 통일 비용이 발생하면서 이주민들에 대한 사회통합 정책은 뒷전으로 밀리게 되었다. 이 시기 독일의 경제 구조가 바뀌면서 기존에 터키인들이 담당했던 비숙련 노동직에 대한 수요가 급감하면서

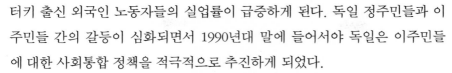

터키 출신 외국인 노동자들의 실업률이 급증하게 된다. 독일 정주민들과 이주민들 간의 갈등이 심화되면서 1990년대 말에 들어서야 독일은 이주민들에 대한 사회통합 정책을 적극적으로 추진하게 되었다.

독일의 이주민에 대한 통합정책은 1990년대 말을 전후로 성격이 확연하게 구분된다. 1990년대 말까지 독일의 통합정책의 방향성은 독일사회로의 동화였다. 상기 언급한 바와 같이 독일 내 외국인 노동자들과 이들의 가족은 독일사회 내에서 통합이 아닌 귀환의 대상으로 간주되었고, 이에 상당히 오랜 시간 동안 국가 차원의 이주민 통합정책은 부재하였다(박재영, 2012). 독일은 귀국을 목표로 한 차별적 배제정책을 추진하였다. 독일 학교에서의 외국인 학생과 독일 학생의 분리교육이 대표적인 예이다. 1970년대에 독일 학교에 입학하는 외국인 자녀의 수가 증가하자 교육당국은 본국으로의 귀환 독려와 함께 체류기간 동안의 분리교육 조치를 시행한다. 이에 2세 자녀들은 정체성 혼란, 독일어 구사능력이 현저하게 떨어지는 문제 등을 보이며 적응에 어려움을 경험하게 된다.

한편, 독일이 취한 차별적 배제정책은 1998년 사민당과 녹색당 연합정권이 들어서면서 게토화가 심화되자 독일 정부가 문화다양성을 인정해야 한다는 입장을 받아들이게 된다. 1998년에는 전문기술직의 기술 이민을 허용하고, 2000년부터는 부모 가운데 한쪽이 8년 이상 독일에 거주하거나 영주권, 무기한 체류 허가를 소유할 경우 독일 출생 외국인 자녀에게 독일 시민권을 부여하도록 하였다. 또한 외국인 이주민들의 교육 및 복지 서비스를 통해 이주민들이 독일사회에 정주할 수 있도록 하였다. 주로 2~3세대 이주민의 언어능력 향상에 역점을 두고 있다(한상우, 2010). 이전의 정책이 독일이라는 주류사회에 이주민들을 일방적으로 편입하게 하는 동화주의에 가까웠다면, 새로운 통합정책(이하 '다문화정책')은 이주민에 대한 다원적 통합을 추구한다는 점에서 차별성을 지닌다.

2005년에는 이민법이 발표되면서 기존에 개별적으로 추진되던 외국인 노동자 정책, 제3국 난민정책, 망명자정책이 하나의 통합정책으로 포괄되는 계기가 마련된다(박명선, 2007). 정책을 주관하는 부처는 연방내무부이지만, 실제 프로그램의 운영 및 시행은 각 주와 지역 기초단체가 담당하고 있다. 가령, 외국인사회복지상담소와 난민상담소 등의 상담소는 주 자치단체 및 이익집단, 교회 등에 의해 운영되고 있다. 이민상담소(Migrationserstberatung)의 경우, 연방내무부가 담당하면서 구체적인 업무는 상담 경험이 풍부한 사회복지단체가 우선적으로 담당하게 하고 있다(박명선, 2007).

독일의 다문화정책은 초기 이주민을 대상으로 하는 언어 프로그램에 집중되어 있다. 성인을 대상으로 하는 대표적인 프로그램으로 사회통합 강좌(Integrationskurse), 초기 오리엔테이션(Erstorientierung)이 있다. 사회통합 강좌는 주로 어학 강좌로 구성되어 있는데, 독일 정부는 독일사회에 상대적으로 오래 체류할 것으로 기대되는 이주민집단으로 가족결합 이주민, 난민, 독일 혈통 이주민의 가족구성원을 주된 표적집단으로 선정하여 이들을 대상으로 독일어를 수강하게 하고 있다(허영식, 정창화, 2012). 초기 오리엔테이션 프로그램은 본격적인 언어교육이 이루어지기 전에 독일의 사회, 정치, 문화, 법 등과 관련한 기본적인 정보 안내 및 이주민이 독일에서 생활하는 데 필요한 정보를 담은 '안내서' 배포 등으로 이뤄져 있다. 이주민은 두 가지 프로그램에 참여해야 영주권을 취득할 수 있다. 언어로 인해 실생활과 학교에서 어려움을 겪는 이주민 2세대 자녀들을 대상으로 하는 언어교육 지원 또한 존재한다. 이민가정 출신 아동·청소년 후원정책은 2세대 자녀들을 독일어 언어교육기관과 연계해 주고, 졸업 이후 노동시장에 진입했을 때 필요한 직업 능력을 개발하도록 돕는다.

4) 프랑스의 다문화정책 사례

프랑스에는 약 600만 명 정도의 이주민이 거주하고 있는데, 이는 전체 인구의 약 10%에 해당된다. 프랑스에서 이주민을 적극 유입하기 시작한 것은 19세기 말 이후이다. 이 시기에 유입된 이주민들은 이탈리아, 폴란드, 벨기에를 비롯한 동유럽계 이주민들이 주를 이루었다. 제2차 세계대전을 기점으로 이주민의 구성에 변화가 일어났는데, 전쟁 이후 인구 감소 문제에 직면한 프랑스는 자국의 부족한 노동력을 대체하기 위해 남유럽과 북아프리카 출신의 이주민들을 대거 유입하였다. 1947~1954년까지 프랑스에 유입된 이주민들의 상당수는 프랑스와 문화적으로 이질적인 무슬림이었다. 가톨릭의 문화적 유산을 공유하던 초기 이주민들과 달리 후기 이주민들은 밀집지역을 형성해 거주하면서 자신들만의 문화를 유지하였다. 이는 프랑스의 공화주의적 이념과 전면적으로 대치되며 프랑스 정부와의 갈등의 원인이 되었다. 실제로 북아프리카 출신 이주민들은 인종적·종교적 이유로 현재까지 프랑스 사회로의 통합에 어려움을 겪는 것으로 보고된다. 2008년 기준 알제리, 모로코, 튀니지의 무슬림 배경 이주민은 프랑스 전체 외국인의 43%를 차지하며, 높은 실업률과 사회·경제적 어려움으로 이민문제의 핵심으로 대두되고 있다(박재영, 2008: 장석인 외, 2013 재인용).

무슬림 배경 이주민들과 프랑스 사회 간의 주된 갈등의 배경에는 프랑스의 공화국 이념이 자리 잡고 있다. 프랑스는 출신, 인종, 종교를 불문하고 각 시민을 추상적이고 보편적인 개인으로 취급하는 공화국 정체성을 바탕으로 두고 있다. 원칙적으로는 집단적 정체성을 인정하지만, 이는 어디까지나 공적 영역 밖이라는 한정된 공간으로 제한된다. 프랑스의 '공화주의 통합모델'은 1789년 대혁명 이후부터 내려오는 '단일하고 분리될 수 없는 국가'라는 공화주의 철학에서 비롯된다. 공화국 이념의 본질은 "국경 내에 살고 있는 여러 다른 민족을 하나의 그리고 불가분의 민주공화국에 속한 시민으로 만드는 데에 놓여 있다"(허영식, 정창화, 2012, p. 76). 따라서 어떤 형태로든 하위집단을 인정하는 것은 인간의 평등함을 훼손하는 행위로 간주된다.

이와 관련해 프랑스 사회에서 화두가 된 사건이 바로 '1989년 히잡 사건'이다. 파리 북부에 위치한 한 중학교에서 무슬림 여학생 세 명이 수업 시간에 히잡을 착용했다는 이유로 학교에서 강제로 추방되는 사건이었다. 프랑스에서는 공공장소에서 종교적 표상을 나타내는 것을 금하는 공화주의 정책 노선을 견지하는데, 무슬림 복장 착용이 이에 반하는 행동으로 간주되어 문제가 된 것이다. 2004년 프랑스 정부는 공립학교에서 종교적 상징물 착용을 금지해야 한다는 「부르카법」을 채택하였다.

이러한 프랑스 정부의 입장은 이주민들에 대한 동화주의적인 다문화정책에서도 발견된다. 프랑스의 다문화정책은 동화주의 모델의 큰 틀을 유지하면서 이주민들이 프랑스의 법과 문화를 준수할 것을 기대한다(이상주, 전미숙, 2016). 이러한 정책 노선은 2003년부터 시행된 '사회통합계약'에 잘 반영되어 있다. 프랑스 정부는 공화주의적 통합에 대한 요구를 이행하는 이주민과 그렇지 않은 이주민으로 나누어 체류 자격을 구분한다(박명선, 2007). 새로 이주해 온 이주민은 200~500시간에 걸친 프랑스어 강좌를 이수하고, 시민교육 강좌를 이수하겠다는 계약을 하게 되는데, 계약 체결에 동의할 경우 이를 준수해야 할 의무가 주어지며, 반대로 계약 체결을 거부할 시 발생하는 불이익은 이주민이 감수해야 한다(허영식, 정창화, 2012). 즉, 프랑스에서 이주민이 통합되기 위한 전제 조건은 프랑스인으로 귀화하는 것이다. 2006년부터는 「이민과 통합법」이 시행되었는데, 이 법에는 프랑스 사회에서 필요한 고급 인력의 이민에 대해서는 장려하지만 불법체류자에 대해서는 강력한 단속을 시행하는 이중적인 입장이 반영되어 있다.

프랑스 내 이민자 통합정책을 추진하는 부처를 살펴보면 다음과 같다. 이주민 통합정책을 추진하는 대표적인 기관은 내무부이다. 내무부는 국내 행정, 시민 및 자산의 안전을 포함하는 전통적인 소관에 따라 이민정책의 최상위 결정기관으로 기능하고 있다. 2012년에 정무가 개편되면서 이주민에 대한 통제와 더불어 프랑스 사회에 대한 통합정책과 프로그램 운영 전반을 다루고 있다. 이 외에도 법무부, 난민 및 무국적자 보호사무소, 고등통합위원회 등이 있다(이향수, 이성훈, 2017). 법무부는 국적취득과 관련된 자료들을 산출하는 기관이다. 이민과 관련된 사회 정책이나 프로그램을 직접적으로 결정하는 것은 내무부이지만, 이에 필요한 데이터와 기초자료를 수집하는 중요한 역할을 담당하고 있다. 정부 부처 간 위원회(Inter-ministerial

committee)는 여러 부처 간의 업무를 조정하고 검토하는 역할을 담당한다(김
지윤, 2012).

5) 일본의 다문화정책 사례

일본에서 다문화정책이 등장한 것은 1990년대 이후부터이다. 1980년대
이후 브라질과 페루를 비롯한 남미 일본계 이주민 그리고 중국 이주민이 일
본에 대거 유입하면서 외국인 주민의 수가 비약적으로 증가하였다(김정순,
2009). 2005년에는 일본 거주 외국인의 수가 200만 명을 넘어섰는데, 이와
같은 배경에는 일본의 저출산 · 고령화 문제 및 이로 인한 노동력의 부족요
인이 작용하였다(우수명 외, 2015). 전문기술을 보유하지 않은 외국인 노동자
에 대해서는 배제적 태도로 일관하던 일본은 일본계 브라질 이주민의 유입
을 계기로 기존의 정책 노선을 변경한다. 일본에서 '다문화공생'이라는 표현
이 본격적으로 사용되기 시작한 것도 이 무렵이다.

일본의 다문화정책은 중앙정부가 아닌 지방정부와 지역주민이 중심이 되
어 수립 및 시행된다는 점이 특징적이다. 실제로 다문화정책을 추진하기 위
한 별도의 법률은 마련되어 있지 않다. 이주민과 관련된 주요 법률로는「출
입국 관리 및 난민인정법」「국적법」「주민기본대장법」이 있다(하정봉, 2018).
국가적 차원의 다문화정책에 대한 방향성을 제시한 사례로는 2006년에 발
표된「다문화공생사회 형성 추진 조례」가 있다. 이 조례에 따르면 다문화공
생이란 '국적, 민족 등이 다른 사람들이 서로 문화적 배경 등의 차이를 인정
하고 아울러 인권을 존중하며, 지역사회의 대등한 구성원으로서 함께 사는
사회'를 의미한다. 일본 다문화공생 원리의 핵심은 지역사회의 모든 구성원
이 대등한 관계로 함께 살아가는 것이라고 이해할 수 있다. 실제로 일본은
지역사회 내의 이주민과 비이주민을 따로 구분하지 않고 통합적인 행정 서
비스를 제공하고 있다(양기호, 2009). 지역주민으로서 이주민에 대해서도 의
료, 보험, 교육, 복지 등의 분야에서 동일한 권리를 부여하는 것이다.

일본 다문화공생 정책의 추진 주체는 크게 중앙정부, 지방정부, 지역주민 및 시민단체 등으로 구분된다(천호성, 이정희, 2014). 우선, 내각부, 외무성, 법무성, 총무성을 중심으로 한 중앙정부는 정책의 기본적인 목표와 방향성을 제시한다. 내각부에서는 일본계 브라질 이주배경을 가진 이주민들의 정주대책을 담당하고 있다. 그 외에 지자체 이주민 종합지원은 총무성, 이주배경 아동 및 유학생의 교육은 문부과학성에서 담당하고 있다.

총무성에서는 다음의 세 가지 내용을 골자로 하는 다문화공생 실현 가이드라인을 제시하고 있다. ① 커뮤니케이션 지원, ② 거주, 교육, 노동환경, 보건, 방재 등의 생활지원, ③ 다문화공생 지역사회 구축. 그런데 중앙정부 차원의 이러한 가이드라인은 구체적인 정책 제언은 제시하지 않고 있다. 앞서 언급한 바와 같이, 이주민의 통합과 관련한 구체적인 역할로는 지방정부의 역할이 강조된다.

지방정부는 독자적으로 세부적인 정책 비전 및 시행세칙을 세워 지역단위의 다문화공생 실현을 목표로 다양한 프로그램을 운영하고 있다. 보다 구체적으로, 지방자치단체 차원에서는 광역자치단체와 기초자치단체에서 각각 국제과 혹은 다문화공생과를 설치하고 있다(하정봉, 2018). 지방정부는 또한 민관협력의 형태로 국제교류협회를 다수 설치해 운영하고 있는데, 협회에 파견된 지방공무원과 직원이 프로그램들을 운영한다(양기호, 2009).

끝으로, 지역주민은 지역사회 내의 실질적인 구성원으로서 지방정부와 연계하여 자신들의 문제를 해결하는 데 주력한다. 실제로 다문화공생 지역사회 구축사업은 지역 거점에 해당되는 학교, 도서관 등을 중심으로 이주민과 비이주민 간의 네트워크 형성, 행사 등을 통해 이루어진다.

6) 소결 및 논의

지금까지 국가별 이민의 역사와 다문화정책의 사례를 살펴보았다. 세계화가 진행됨에 따라 전 지구적으로 국제적 이주가 활발해졌으며, 자신이 태어난 국가가 아닌 다른 나라로 이동하는 국제적 이주가 보편화되었다. 국제이주는 단일한 민족성을 중심으로 근대 국민국가의 통합과 발전을 도모해 온 국가들, 다양한 이민자를 유입하여 문화다양성을 국가 정체성의 중요한 부분으로 삼은 국가들 모두에서 공통적으로 발견되는 거스를 수 없는 시대적 추세이며, 각국은 문화다양성과 사회통합성이라는 두 가지 목표 간의 균형을 맞추기 위해 노력해 왔다. 그러나 이주민이 유입된 배경, 각국의 사회적·경제적·문화적·정치적 배경이 다른 만큼 이민자의 사회통합을 도모하기 위한 다문화정책의 제도화 양상에는 큰 차이가 존재한다. 한국 또한 1990년대를 기점으로 결혼이민자, 이주노동자, 북한이탈주민, 교포, 난민 등 유입되는 이민자의 유형과 수가 꾸준히 증가하고 있다. 해외 사례에 대한 검토를 통해 추후 한국 다문화정책의 방향성에 대한 고민, 그리고 한국의 실정에 맞는 정책적 설계에 대한 꾸준한 성찰이 요청된다.

요약

'다문화정책'은 이주민이 사회의 유능하고 책임감 있는 구성원으로서 차별받지 않고 살아갈 수 있도록 하는 포용적 사회통합 정책 전반을 의미한다. '다문화주의 정책'은 사회통합의 지향점으로 '다문화주의'라는 가치를 추구하는 특수한 형태의 정책을 의미한다. '이민정책'은 이주민을 국내로 받아들이는 절차와 기준에 대한 제도적 방침을 지칭한다.

세계 각국은 '문화다양성'과 '사회통합성' 간의 균형 속에서 나름의 방식으로 다문화정책을 발전시켜 왔다. '집단별 문화적 권리'를 얼마나 보장하는지, 그리고 공식적(법적) 권리와 의무가 이주민과 비이주민 간에 얼마나 평등하게 적용되는지에 따라 각국의 정책적 설계방식에 차이가 있을 수 있다. '다문화정책'에 대한 흔한 오해 중 하나는 다문화정책이 문화다양성을 무조건

적으로 포용하는 정책이라는 것이다. 다문화정책은 문화다양성과 사회통합
성 간의 균형을 도모하는 정책으로 이해될 수 있으며, 따라서 다문화정책은
무조건적으로 문화다양성을 지향하는 정책이 아님에 유의할 필요가 있다.

　이민자의 사회통합을 도모하기 위한 다문화정책의 제도화 양상에는 국가
마다 큰 차이가 존재한다. 미국의 다문화정책은 샐러드 볼 정책이라고도 요
약할 수 있는데, 국가라는 큰 그릇 안에 여러 민족의 문화가 하나의 새로운 문
화를 만들어 가는 것을 의미한다(이상주, 전미숙, 2016). 1960년대 이전까지
는 이민자가 자신의 고유한 삶의 방식, 민족적·인종적 정체성을 포기하고
미국이라는 더 큰 문화에 흡수·동화되는 용광로(melting pot) 전략을 선택하
였다. 그러나 1960년대에 접어들면서 사회적 약자에게 적극적인 우대정책을
시행하는 소수자 우대정책(Affirmative Action)이 도입되면서, 용광로의 대
안적인 모델로 샐러드 볼(salad bowl)이 채택된다. 각 집단의 고유한 문화체
계를 인정하자는 입장을 견지한다는 점에서 이전 모델과 차별성을 갖는다.

　미국의 다문화정책은 주로 교육, 직업훈련 영역에 집중되어 있으며, 대표
적인 정책이 소수자 우대정책이다. 소수자 우대정책은 동화주의에 내재된
불평등한 인종차별에 대한 대안으로 제시되었으며, '적극적 차별수정 정책'
으로도 불리며 고용 및 교육 영역에서의 차별수정을 도모한다(김동진, 박인
아, 윤구원, 2014).

　캐나다는 세계에서 거의 유일하게 대량 이민을 경제 발전의 핵심 전략
으로 삼고 있는 나라이다(이유진, 2009). 캐나다는 1971년 총리 피엘 트뤼
도가 '캐나다는 다문화주의 나라'라고 공식 선언하면서 다문화주의라는 용
어를 본격적으로 사용하기 시작하였다. 1988년에 공포된 「다문화주의 법
(Multiculturalism Act)」은 모든 시민이 자신의 고유 정체성을 유지하면서도
다른 문화의 다양성을 존중하는 개방적인 태도를 가질 수 있도록 연방정부
의 책임과 활동을 명시하고 있다.

　독일은 2011년 기준 13.0%로 캐나다 다음으로 높은 외국 태생 인구 비중
을 보인다. 경제위기와 함께 독일 국민들과 비유럽계 이주민들 간에는 인종

적 갈등이 악화되었는데, 특히 이슬람교를 믿는 터키계 출신 이주민들과의 갈등이 심했다. 독일 체류 외국인 가운데 가장 많은 비중을 차지하는 이들이 터키 출신 이주민들로, 이들은 50여 년 가까이 독일로의 이민 역사를 갖고 있음에도 불구하고 독일사회에 통합되는 데에 어려움을 겪고 있다(박재영, 2012). 1990년대 말까지 독일의 통합정책의 방향성은 독일사회로의 동화였다. 동시에 독일은 귀국을 목표로 한 차별적 배제정책을 추진하였다. 그러나 1998년 사민당과 녹색당 연합정권이 들어서면서 독일 정부는 문화다양성을 인정해야 한다는 입장을 받아들이게 된다. 독일의 다문화정책은 주로 2~3세대 이주민의 언어능력 향상에 역점을 두고 있다(한상우, 2010).

프랑스에 유입된 이주민들의 상당수는 프랑스와 문화적으로 이질적인 무슬림이다. 북아프리카 출신 이주민들은 인종적·종교적 이유로 현재까지 프랑스 사회로의 통합에 어려움을 겪는 것으로 보고된다. 무슬림 배경 이주민들과 프랑스 사회 간의 주된 갈등의 배경에는 프랑스의 공화국 이념이 자리잡고 있다. 프랑스는 출신, 인종, 종교를 불문하고 각 시민을 추상적이고 보편적인 개인으로 취급하는 공화국 정체성을 바탕으로 두고 있다. 원칙적으로는 집단적 정체성을 인정하지만, 이는 어디까지나 공적 영역 밖이라는 한정된 공간으로 제한된다. 프랑스의 다문화정책은 동화주의 모델의 큰 틀을 유지하면서 이주민들이 프랑스의 법과 문화를 준수할 것을 기대한다(이상주, 전미숙, 2016).

일본의 다문화정책은 중앙정부가 아닌 지방정부와 지역주민이 중심이 되어 수립 및 시행된다는 점이 특징적이다. 실제로 다문화정책을 추진하기 위한 별도의 법률은 마련되어 있지 않다. 국가적 차원의 다문화정책에 대한 방향성을 제시된 사례로는 2006년에 발표된 「다문화공생사회 형성 추진 조례」가 있다. 일본 다문화공생 원리의 핵심은 지역사회의 모든 구성원이 대등한 관계로 함께 살아가는 것으로 이해할 수 있다. 실제로 일본은 지역사회 내의 이주민과 비이주민을 따로 구분하지 않고 통합적인 행정 서비스를 제공하고 있다(양기호, 2009).

생각해 봅시다

한국은 이주민통합정책지표에서 중간 정도의 성적을 보이고 있다. 문화다양성과 사회통합성이라는 두 가지 목표 간의 균형을 맞추기 위해 어떤 영역에서 더 노력이 필요하다고 생각하는가? 그 근거는 무엇인가?

참고문헌

교육부(2017). 다문화학생 밀집지역의 교육력 제고를 위한 정책연구. 세종시.

김동진, 박인아, 윤구원(2014). 다문화복지론. 경기: 공동체.

김정순(2009) 외국인 이주민의 사회통합 법제 연구. 연구보고 2009-13.

김정열, 박수준, 유정욱(2014). 다문화가족의 상담과 실제. 경기: 공동체.

김지윤(2012). 다문화사회 통합정책 비교 연구: 독일, 프랑스, 미국 및 캐나다의 다문화사회 비교. 숙명여자대학교 국제관계대학원 석사학위논문.

김호연(2011). 미국의 동화주의적 이민자 정책과 다문화주의. 인문과학연구, 28, 247-268.

박명선(2007). 독일 이민법과 통합정책의 외국인 차별에 관한 연구. 한국사회학, 41(2), 271-303.

박영준(2009). 일본의 다문화공생 정책과 그 사례 연구. 한국지역지리학회지, 15(4), 449-463.

박재영(2012). 독일 다문화사회의 터키인 공동체: 쟁점과 전망. 다문화콘텐츠연구, 12, 7-38.

박진경, 임동진(2012). 다문화주의와 사회통합: 캐나다와 호주를 중심으로. 한국정책학회보, 21(2), 123-251.

성연옥(2012). 미국·캐나다·호주의 다문화주의 비교 연구. 기업경영리뷰, 4(2), 23-44.

송효준, 함승환(2019). 다문화주의 정책은 이주민의 사회통합을 돕는가? 이주배경 청소년의 교육적 통합 양상 재검토. 사회과학연구, 45(1), 127-149.

양기호(2009). 다문화정책의 한일비교. 일본학보, 80, 225-239.

우수명, 주경희, 김희주(2015). 다문화 사회복지개론. 경기: 양서원.

이병하(2016) 한국과 일본의 이민자 통합정책: 국가-사회 관계의 관점에서. 동서연구, 28(1), 203-232.

이상주, 전미숙(2016). 국가간 다문화정책 비교연구. 한국인간복지실천연구, 16, 209-235.

이유진(2009). 캐나다의 이민자 통합정책 레짐에 대한 연구. 다문화사회연구, 2(1), 5-31.

이향수, 이성훈(2017). 프랑스 사례를 바탕으로 사회통합을 위한 정책방안 연구. 한국디지털정책학회, 15(12), 95-100.

장석인, 김광수, Le Quang Canh, Le Doan Hoai (2013). 서유럽 국가의 다문화사회와 사회통합정책에 관한 연구: 영국·프랑스·독일·스웨덴을 중심으로. 경영컨설팅 리뷰, 4(2), 69-88.

천호성, 이정희(2014). 일본 다문화정책의 정책기조와 특징: 다문화교육과 거버넌스 체제를 중심으로. 사회과교육, 53(3), 15-29.

하정봉(2018). 일본 다문화공생정책 추진체계에 대한 연구. 한국행정학회 학술발표논문집, 2623-2638.

한상우(2010). 독일의 다문화사회 통합정책과 시사점. 한국사회과학논총, 20(3), 65-86.

허영식, 정창화(2012). 프랑스와 독일의 사회통합정책 비교분석. 한독사회과학논총, 22(1), 71-98.

Ruedin, D. (2015). Increasing validity by recombining existing indices: MIPEX as a measure of citizenship models. *Social Science Quarterly, 96*(2), 629-638.

Mipex http://www.mipex.eu

제**4**장

한국의 다문화 사회통합 정책

이 장에서는 다문화사회로 진입하면서 한국사회에서 다양한 배경을 가진 이주민의 다양성을 관리하고 국가 차원에서 사회통합을 유지하기 위해 시행하고 있는 다문화 사회통합 정책에 대해 살펴보고자 한다. 정부는 2000년대 중반 이후부터 다문화 관련법을 제·개정하였으며, 이를 기반으로 여러 부처에서 다문화 관련 사회통합 정책을 시행해 오고 있다. 한국사회의 다문화 관련법과 제도적 기반을 이해하기 위해 「재한외국인처우기본법」, 「다문화가족지원법」, 「외국인근로자의 고용 등에 관한 법률」, 「북한이탈주민의 보호 및 정착지원에 관한 법률」을 소개하고 사회복지정책을 뛰어넘어 사회통합 정책을 알아보고자 한다.

1. 한국의 다문화 사회통합 제반 법률

    다문화 사회통합 정책은 법적 기반을 통해 정책의 목적과 목표를 보장하고 이를 실천해 간다. 우리 정부의 다문화 사회통합 정책의 법적 근거는 〈표 4-1〉에 제시된 것처럼 「헌법」을 비롯한 각종 법률과 국제법 등 다양하다. 이들 법 제도적 기반은 국적 취득과정과 자격에 관한 기준을 제시하고 있을 뿐 아니라 사회로부터 어떠한 보호를 받을 수 있는지, 지역사회는 어떻게 지원해야 하는지에 대한 방향을 제시하고 있다. 이 중 가장 기본이 되는 법률은 「재한외국인 처우 기본법」「다문화가족지원법」「외국인근로자의 고용 등에 관한 법률」「북한이탈주민의 보호 및 정착지원에 관한 법률」을 들 수 있으며, 이 절에서는 각각의 의의와 주요 내용, 평가를 살펴보고자 한다.

표 4-1 다문화 사회통합 정책 관련 법적 기반

법의 위계 및 유형		관련 내용
최고법	「대한민국 헌법」	• 인간의 존엄과 가치 • 평등원칙(국적에 따른 차별금지) • 외국인의 지위보장 및 상호주의
법률	다문화 정책기본법 「재한외국인 처우 기본법」	• 국내 체류 외국인의 처우에 관한 포괄 규정
	다문화 정책기본법 「다문화가족지원법」	• 결혼이민자 중심의 가족 지원에 관한 포괄 규정
	사안별 법률 「출입국관리법」「국적법」「난민법」	• 외국인의 출입국과 체류자격 관련 규정 • 다문화사회 구성원 제한
	사안별 법률 「외국인근로자의 고용 등에 관한 법률」	• 국내 취업노동자 관련 • 다문화사회 구성원 제한
	사안별 법률 「민법」 중 가족법	• 다문화사회 구성원 제한
	사안별 법률 「근로기준법」「국가인권위원회법」	• 외국인의 지위 보장 및 국적에 따른 차별금지

		「결혼중개업 관리에 관한 법률」 「국민기초생활보장법」 「한부모가족지원법」 「건강가정법」	• 결혼이민자 가족 지원
		「교육기본법」	• 다문화교육으로서 국제교육 • 교육차별 금지
		「초·중등교육법」 및 「초·중등교육법 시행령」	• 불법체류자의 미성년 자녀의 교육권 보장
		「국어기본법」	• 한국어교육, 적응 등
		「문화예술진흥법」「문화다양성의 보호와 증진에 관한 법률」	• 다문화사회의 문화다양성 증진
		「가정폭력 방지 및 피해자보호 등에 관한 법률」	• 결혼이주여성 보호
		「북한이탈주민의 보호 및 정착지원에 관한 법률」	• 북한이탈주민 사회통합
		「해외이주법」「재외동포재단법」 「재외동포의 출입국과 법적 지위에 관한 법률」	• 한국인의 해외이주, 해외 거주 재외동포 국내방문 관련 내용
		「난민법」	• 난민의 지위와 처우
국 제 법	조약, 일반적으로 승인된 국제 법규	'모든 형태의 인종차별 철폐에 관한 협약'(1984년 비준)	• 인권 관련
		'경제적, 사회적 및 문화적 권리에 관한 국제규약[A규약]' (1990년 비준)	
		'시민적 정치적 권리에 관한 규약[B규약]'(1990년 비준)	
		'난민의 지위에 관한 1951년 협약'(1992년 비준) 및 '난민의 지위에 관한 1967년 의정서'(1992년 비준)	• 난민의 지위와 처우
		다문화가족 구성원의 권리보호와 밀접한 협약으로 1991년 가입한 '아동의 권리에 관한 협약'	• 다문화 가족구성원의 권리 보호, 아동의 교육 기회의 평등

출처: 진시원, 오승호, 송승아, 변진언, 고은이(2020) 재구성.

1) 재한외국인 처우 기본법

(1) 의의

「재한외국인 처우 기본법」은 2007년에 제정된 다문화 관련 사회통합을 규정한 최초의 법령이자, 총괄하는 위상을 지닌다(조항록, 2011). 이 법의 목적은 제1조에 명시한 바와 같이 체류 외국인의 인권을 보장하고 국민과 체류 외국인이 서로 이해하고 존중하는 사회를 만들어 국가의 발전과 함께 기존 국민과 외국인 간의 사회통합을 추구하는 것이다. 「재한외국인 처우 기본법」은 2007년 제정 이후 2017년 10월까지 3차에 걸쳐 개정된 바 있으며, 개정 법률의 구체적 특성은 〈표 4-2〉에 제시되어 있다.

표 4-2 「재한외국인 처우 기본법」 연혁

연혁	법률명	의의
2007년 7월	제정 법률 제8442호	• 외국인정책 추진을 위한 국가 및 지방자치단체의 책무와 기본계획 수립 • 재한외국인 및 그 자녀의 차별 방지 및 인권옹호, 교육 · 정보 · 상담 제공 • 외국인전담직원의 지명 · 교육 및 외국인 종합안내센터의 설치
2010년 7월	1차 개정 법률 제10374호	• 결혼이민자의 자녀에 대한 교육 및 보육지원뿐만 아니라 의료지원 근거
2017년 10월	3차 개정 법률 제14974호	• 결혼이민자 및 자녀에 대한 건강검진 실시 근거

(2) 주요 내용

① 정의(제2조)

• "재한외국인"이란 대한민국의 국적을 가지지 아니한 자로서 대한민국에 거주할 목적을 가지고 합법적으로 체류하고 있는 자를 말한다.

- "재한외국인에 대한 처우"란 국가 및 지방자치단체가 재한외국인을 그 법적 지위에 따라 적정하게 대우하는 것을 말한다.
- "결혼이민자"란 대한민국 국민과 혼인한 적이 있거나 혼인관계에 있는 재한외국인을 말한다.

② 외국인정책의 수립과 추진체계(제5~9조)

법무부 장관은 관계 중앙행정기관의 장과 협의하여 5년마다 외국인정책에 관한 기본계획을 수립하여야 한다. 기본계획에는 상호주의 원칙을 고려하여 다음 각 호의 사항이 포함되어야 한다.

- 외국인정책의 기본목표와 추진방향
- 외국인정책의 추진과제, 추진방법 및 추진시기
- 필요한 재원의 규모와 조달방안

외국인정책위원회는 국무총리 소속으로 위원장은 국무총리가 되고 위원장 1인을 포함한 30인 이내의 위원으로 구성된다. 법무부 장관은 외국인정책위원회의 심의를 거쳐 기본계획을 확정하여야 하며, 관계 중앙행정기관의 장은 기본계획에 따라 소관별로 연도별 시행계획을 수립·시행하여야 한다. 지방자치단체의 장은 중앙행정기관의 장이 법령에 따라 위임한 사무에 관하여 당해 중앙행정기관의 장이 수립한 시행계획에 따라 당해 지방자치단체의 연도별 시행계획을 수립·시행하여야 한다.

「재한외국인 처우 기본법」 제8조 외국인정책의 기본계획 수립에 따라, 제1차 외국인정책기본계획(2008~2012년), 제2차 외국인정책기본계획(2013~2017년), 제3차 외국인정책기본계획(2018~2022년)을 수립하였다.

③ 재한외국인 등의 처우와 관련된 주요 조항

재한외국인 등의 인권옹호(제10조), 재한외국인의 사회적응 지원(제11조),

결혼이민자 및 그 자녀의 처우(제12조), 영주권자의 처우(제13조), 난민의 처우
(제14조), 국적취득 후 사회적응(제15조), 전문외국인력의 처우 개선(제16조),
과거 대한민국 국적을 보유하였던 자 등의 처우(제17조) 등이 명시되어 있다.

(3) 평가

「재한외국인 처우 기본법」은 다문화 관련 사회통합 정책에 있어서 최상위
법의 지위를 지니고 있음에도 불구하고 선언적 의미와 기본사항만을 기술하
고 있는 것으로 평가받는다. 기본법으로서 다문화사회의 비전 제시가 분명
하지 않을뿐더러, 사회통합의 또 다른 당사자인 국민의 권리와 책임을 언급
하지 않고 있다. 이 외에도 재한 외국인의 처우에 관한 상세한 내용을 명문
화하지 못하고 있는 점이 한계로 지적된다.

또한 「재한외국인 처우 기본법」 개정을 통해 결혼이주여성 및 자녀에 대한
지원을 규정함에 따라 「재한외국인 처우 기본법」과 「다문화가족지원법」 간
에 상충이 발생하고 있다. 「재한외국인 처우 기본법」은 포괄적인 내용보다
오히려 하위법인 「다문화가족지원법」에서 다루고 있는 결혼이민자 및 자녀
에 대한 구체적인 지원을 언급하고 있어 중복된 부분이 많다는 평가를 받고
있다.

2) 다문화가족지원법

(1) 의의

「다문화가족지원법」은 다문화가족의 사회부적응과 가족구성원 간 갈등
및 자녀교육의 어려움을 해소하고 이들을 우리 사회의 구성원으로 순조롭
게 통합시켜 안정적인 가족생활을 도모하려는 취지에서 마련되었다. 「다문
화가족지원법」은 집행법인 만큼 국가와 지방자치단체가 다문화가족을 대상
으로 하여 어떠한 정책적 지원을 펼쳐야 할지 상세히 명시하고 있으며, 다문
화 이해교육과 홍보, 결혼이민자에 대한 기본적 정보 제공과 사회적응 훈련

| 표 4-3 | 「다문화가족지원법」 연혁 |

연혁	법률명	의의
2008년 9월	제정 법률 제8937호	• 가족상담, 부부교육, 부모교육, 가족생활교육 등 추진 • 가족폭력 피해자 보호 · 지원에 필요한 언어통역, 법률상담, 행정지원 제공 • 다문화가족지원센터 지정
2011년 10월	1차 개정 법률 제10534호	• 국적취득 요건에 출생뿐만 아니라 인지와 귀화도 포함 • 다문화가족정책위원회 설치 • 다문화가족지원센터에 한국어교육 업무 추가
2012년 8월	2차 개정 법률 제11284호	• 지자체에 다문화가족 지원 담당 기구와 인력 확보 • 다문화가족지원센터 인력의 보수교육 의무화 • 다문화 전문인력 양성기관 지정 및 관리
2013년 3월	3차 개정 법률 제11690호	• 다문화이해교육 실시 및 관련 시책 수립 · 시행 • 모국어교육지원사업 활성화
2018년 6월	11차 개정 법률 제15204호	• 교원의 다문화이해교육 및 연수 의무화 • 출신국가 및 문화 관련 정보 제공

및 직업교육 훈련 등 다양한 활동을 포함하고 있다(조항록, 2011). 「다문화가족지원법」은 2008년 9월에 제정되어 다문화가족 지원정책에 대한 법적 근거가 되어 왔으며, 이후 다문화가족을 둘러싼 환경 변화에 대응하면서 2018년 6월까지 11차에 걸쳐 법률 개정 작업이 진행되었다(〈표 4-3〉 참조).

(2) 주요 내용

① 정의(제2조)

• "다문화가족"이란 다음 각 목의 어느 하나에 해당하는 가족을 말한다.

　　가. 「재한외국인 처우 기본법」 제2조 제3항의 결혼이민자와 「국적법」

제2조부터 제4조까지의 규정에 따라 대한민국 국적을 취득한 자로 이루어진 가족

나. 「국적법」 제3조 및 제4조에 따라 대한민국 국적을 취득한 자와 같은 법 제2조부터 제4조까지의 규정에 따라 대한민국 국적을 취득한 자로 이루어진 가족

• "결혼이민자등"이란 다문화가족의 구성원으로서 다음 각 목의 어느 하나에 해당하는 자를 말한다.

가. 「재한외국인 처우 기본법」 제2조 제3호의 결혼이민자

나. 「국적법」 제4조에 따라 귀화허가를 받은 자

② 국가와 지방자치단체의 책무(제3조)

국가와 지방자치단체는 다문화가족 구성원이 안정적인 가족생활을 영위하고 경제·사회·문화 등 각 분야에서 사회구성원으로서의 역할과 책임을 다할 수 있도록 필요한 제도와 여건을 조성하고 이를 위한 시책을 수립·시행하여야 한다. 지방자치단체에서는 다문화가족지원을 담당할 기구와 공무원을 두어야 한다.

③ 다문화가족정책 수립(제3조의 2~4, 제4조)

여성가족부 장관은 다문화가족 지원을 위하여 5년마다 다문화가족정책에 관한 기본계획을 수립하여야 한다. 기본계획에는 다음의 사항을 포함하여야 한다.

• 다문화가족 지원정책의 기본 방향
• 다문화가족 지원을 위한 분야별 발전시책과 평가에 관한 사항
• 다문화가족 지원을 위한 제도 개선에 관한 사항
• 다문화가족 지원을 위한 재원 확보 및 배분에 관한 사항

여성가족부 장관은 기본계획을 수립할 때에는 미리 관계 중앙행정기관의 장과 협의하여야 한다. 기본계획은 다문화가족정책위원회의 심의를 거쳐 확정한다. 이 경우 여성가족부 장관은 확정된 기본계획을 관계 중앙행정기관의 장과 광역단위 지방자치단체장에게 알려야 한다. 또한 여성가족부 장관, 관계 중앙행정기관의 장과 시·도지사는 매년 기본계획에 따라 다문화가족 정책에 관한 시행계획을 수립·시행하여야 한다. 다문화가족정책위원회는 국무총리 소속으로 두며 다문화가족의 삶의 질 향상과 사회통합에 관한 중요 사항을 심의·조정한다.

여성가족부 장관은 다문화가족의 현황 및 실태를 파악하고 다문화가족 지원을 위한 정책 수립에 활용하기 위하여 3년마다 다문화가족에 대한 실태조사를 실시하고 그 결과를 공표하여야 한다. 여성가족부 장관은 실태조사를 실시함에 있어서 외국인정책 관련 사항에 대하여는 법무부 장관과 다문화가족 구성원인 아동·청소년의 교육현황 및 아동·청소년의 다문화가족에 대한 인식 등에 관한 사항에 대하여 교육부 장관과 협의를 거쳐 실시한다.

④ 다문화가족에 대한 이해증진(제5조)

국가와 지방자치단체는 다문화가족에 대한 사회적 차별 및 편견을 예방하고 사회구성원이 문화다양성을 인정하고 존중할 수 있도록 다문화 이해교육을 실시하고 홍보 등 필요한 조치를 하여야 한다. 교육부는 학교에서 다문화가족에 대한 이해를 돕는 교육을 실시하기 위한 시책을 수립·시행하여야 하며, 교원에 대하여 다문화 이해교육 관련 연수를 실시하여야 한다.

⑤ 생활정보 제공 및 교육지원(제6조)

국가와 지방자치단체는 결혼이민자 등이 아동·청소년에 대한 학습 및 생활지도 관련 정보를 포함한 기본적인 생활정보를 제공하고, 사회적응교육과 직업교육·훈련 및 언어소통 능력 향상을 위한 한국어교육 등을 받을 수 있도록 필요한 지원을 할 수 있다. 또한 국가와 지방자치단체는 결혼이민자 등의 배우자 및 가족구성원이 결혼이민자 등의 출신 국가 및 문화 등을 이해하는 데 필요한 기본적 정보를 제공하고 관련 교육을 지원할 수 있다. 교육을 실시함에 있어서는 거주지 및 가정환경 등으로 인하여 서비스에서 소외되는 결혼이민자 등과 배우자 및 가족구성원이 없도록 방문교육이나 원격교육 등 다양한 방법으로 교육을 지원하고, 교재와 강사의 전문성을 강화하기 위한 시책을 수립·시행하여야 한다.

⑥ 평등한 가족관계의 유지(제7조)
국가와 지방자치단체는 다문화가족이 민주적이고 양성 평등한 가족관계를 누릴 수 있도록 가족상담, 부부교육, 부모교육, 가족생활교육 등을 추진하여야 한다. 이 경우 문화의 차이를 고려한 전문적인 서비스가 제공될 수 있도록 노력하여야 한다.

⑦ 가정폭력 피해자에 대한 보호·지원(제8조)
국가와 지방자치단체는 결혼이민자 등이 가정폭력으로 혼인관계를 종료하는 경우 의견 진술 및 사실 확인 등에 있어 언어통역, 법률상담 및 행정지원 등 필요한 서비스를 제공할 수 있다.

⑧ 다문화가족지원센터의 설치·운영(제12조)
다문화가족지원센터는 국가와 지방자치단체에서 설치·운영 또는 위탁·운영하거나 지정할 수 있다. 지원센터의 업무로는 다문화가족을 위한 교육·상담, 결혼이민자 등에 대한 한국어교육, 다문화가족 지원서비스 정보 제공 및 홍보, 다문화가족 지원관련 기관·단체와의 서비스 연계, 일자리에 대한 정보 제공 및 일자리의 알선, 다문화가족을 위한 통역·번역 지원사업, 기타 다문화지원에 필요한 사업을 수행한다. 지원센터에는 다문화가족에 대한 교육·상담 등의 업무 수행을 위해 전문인력을 두며, 업무 수행에 필요한 비용 및 지원센터의 운영에 드는 비용의 전부 또는 일부를 보조할 수 있다.

(3) 평가

「다문화가족지원법」은 지난 10여 년에 11번이라는 빈번한 법률 개정이 이뤄질 만큼 다문화사회의 통합에 긴밀하게 조응해 왔다. 이 과정에서 법률 적용 대상은 결혼이주여성 중심에서 자녀, 가족뿐만 아니라 지역사회, 내국인으로 점차 확대되어 가는 경향을 보였다. 그러나 「다문화가족지원법」은 기본적으로 결혼이주여성 및 그 자녀들이 한국에 빨리 적응할 수 있도록 지원하는 데 초점을 두고 있기 때문에 다문화가족의 다른 유형인 외국인 근로자 부부와 그 자녀 등은 다문화 사회통합 대상에서 배제하는 문제를 초래하였다. 이 점은 한국의 다문화 사회통합 차원에서 다양한 다문화가족의 유형을 포괄함으로써 동화주의 관점의 다문화주의에서 벗어나 미래사회의 다문화주의 방향을 수립하는 데 있어서 반성과 성찰이 요구되는 지점이다. 또한 일부 조항에서 '필요한 지원을 한다'보다는 '지원할 수 있다' 또는 '~노력해야 한다'로 명시되어 있어 다문화 사회통합의 노력에 다소 소극적인 측면이 발견된다. 일례로 결혼이주여성과 자녀를 대상으로 하는 생활정보 제공 및 교육지원, 외국인 통역 서비스에 대하여 추진 주체인 국가와 지방자치단체가 책임성을 갖도록 명확하게 규정하여야 함에도 불구하고 '필요한 지원을 할 수 있다'로 기술되어 있고, 최근 다문화가족 내 가족폭력 피해 사례가 빈번하게 발생해 국가 간의 외교 문제와 심각한 인권침해 문제로 비화하고 있음에도 불구하고 가족폭력 예방과 가족폭력 피해자에 대한 보호, 지원 서비스를 제공할 수 있다는 임의적 규정으로 국가 및 지방자치단체의 미온적인 태도를 유발하고 있다.

3) 외국인근로자의 고용 등에 관한 법률

(1) 의의

「외국인근로자의 고용 등에 관한 법률」은 외국인 근로자를 체계적으로 도입·관리함으로써 원활한 인력수급 및 국민경제의 균형 있는 발전을 도모하기 위해 제정되었다. 2003년 8월에 제정되면서 그 이유를 밝히고 있는데, 이 법은 내국인 근로자의 고용기회 보호를 우선으로 하는 것을 원칙으로 삼은 다음 외국인 근로자를 체계적으로 도입함으로써 인력 수급을 원활히 하여 중소기업 등의 인력 부족 해소와 지속적인 경제 성장을 도모할 뿐만 아니라 외국인 근로자에 대한 효율적인 고용관리와 근로자로서의 권익을 보호하

표 4-4 「외국인근로자의 고용 관련 법률」연혁

연혁	법률명	의의
2003년 8월	법률 제6967호	• 외국인근로자의 체계적인 도입, 효율적인 고용 관리
2005년 5월	법률 제7567호	• 외국인근로자의 재취업제한기간을 6월로 단축
2006년 7월	법률 제7829호	• 인력부족확인서와 고용허가서 통합 • 근로계약 체결 대행 관련 법적 근거 • 외국국적동포의 취업허용 업종 확대
2007년 1월	법률 제8218호	• 외국국적동포의 취업절차와 사용자의 외국국적동포의 고용절차 등 간소화
2009년 10월	법률 제9798호	• 외국인근로자의 권익보호 강화. 근로계약기간을 취업활동기간 범위 내에서 합의 가능
2012년 2월	법률 제11276호	• 연장고용기간 만료 시 출국 3개월 경과 후 재취업 가능
2014년 1월	법률 제12371호	• 한국어능력시험 수수료 징수 및 사용 근거 • 출국만기보험금 등의 지급시기, 미청구 보험금 등의 소멸시효, 휴면보험금 등의 이전 및 관리 주체 명시
2016년 1월	법률 제13908호	• 외국인근로자의 근로계약 해지 또는 사망 등의 이유로 신고 시 직업안정기관과 출입국관리사무소의 중복 신고 해소
2019년 1월	법률 제16274호	• 외국인근로자에게 기숙사 제공 시 「근로기준법」의 기준을 준수하고, 사전에 기숙사의 구조, 설비 및 설치 장소 등의 정보를 제공

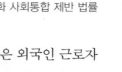

기 위해 마련되었다. 「외국인근로자의 고용 등에 관한 법률」은 외국인 근로자의 고용지원 정책에 대한 법적 근거로 활용되었으며, 2003년 8월 제정 이후 14차에 걸쳐 법률 개정 작업이 시행되었다. 제·개정 법률의 대표적인 사항을 요약하자면 〈표 4-4〉와 같다.

(2) 주요 내용

① 정의(제2조)

"외국인 근로자"란 대한민국의 국적을 가지지 아니한 사람으로서 국내에 소재하고 있는 사업 또는 사업장에서 임금을 목적으로 근로를 제공하고 있거나 제공하려는 사람을 말한다. 다만, 「출입국관리법」 제18조 제1항에 따라 취업활동을 할 수 있는 체류자격을 받은 외국인 중 취업분야 또는 체류기간 등을 고려하여 대통령령으로 정하는 사람은 제외한다.

② 외국인인력정책(제4조, 제5조)

외국인 근로자의 고용관리 및 보호에 관한 주요 사항을 심의·의결하기 위하여 국무총리 소속으로 외국인력정책위원회를 두며, 정책위원회는 다음 각 호의 사항을 심의·의결한다.

- 외국인 근로자 관련 기본계획의 수립에 관한 사항
- 외국인 근로자 도입 업종 및 규모 등에 관한 사항
- 외국인 근로자를 송출할 수 있는 국가의 지정 및 지정취소에 관한 사항

외국인력정책위원회의 위원장은 국무조정실장이 되고, 위원은 기획재정부·외교부·법무부·산업통상자원부·고용노동부·중소벤처기업부의 차관 및 관계 중앙행정기관의 차관이 되며, 위원은 위원장 1명을 포함한 20명 이내의 위원으로 구성된다. 외국인 근로자 고용제도의 운영 및 외국인 근로

자의 권익보호 등에 관한 사항을 사전에 심의하게 하기 위하여 정책위원회
에 정책실무위원회를 둔다. 또한 고용노동부 장관은 외국인 근로자 도입계
획을 정책위원회의 심의·의결을 거쳐 수립하여 매년 공표하여야 한다.

(3) 평가

산업연수생 제도에서 고용허가제로 제도가 변화하면서 연수생에서 근로자
로서 지위상의 인식 변화가 이루어졌다면, 향후에는 이들을 근로자이자 생활
인으로 인식할 필요가 있다. 따라서 「외국인근로자의 고용 등에 관한 법률」은
근로자로서 지위와 권리를 보장하고 외국인 근로자의 가족을 돌보는 정책을
보완할 필요가 있다. 또한 미등록 이주 아동·청소년 대상으로 건강, 보육
및 교육 서비스를 제공하는 방향으로 「외국인근로자의 고용 등에 관한 법률」
의 내용을 재편하여야 할 것이다.

4) 북한이탈주민의 보호 및 정착지원에 관한 법률

(1) 의의

「북한이탈주민의 보호 및 정착 지원에 관한 법률」은 대한민국의 보호를
받고자 하는 북한주민이 신속히 적응·정착할 수 있도록 정치·경제·사
회·문화 등 모든 생활 영역에 걸쳐 필요한 보호 및 지원에 관한 사항을 규
정하고 있다. 이 법은 군사분계선 이북 지역에서 벗어나 대한민국의 보호를
받으려는 군사분계선 이북 지역의 주민이 정치, 경제, 사회, 문화 등 모든 생
활 영역에서 신속히 적응·정착하는 데 필요한 보호 및 지원에 관한 사항을
규정함을 목적으로 한다. 대한민국 정부 수립 이후 특별한 입법 조치가 없는
상태에서 군 보안기관 주관으로 귀순자 지원 업무를 처리하였다가 1962년
에 「국가유공자 및 월남귀순자 특별원호법」이 제정되어 북한이탈주민 지원
에 대한 법적 근거가 마련되었다. 이후 1979년 「월남귀순용사 특별보상법」
이 분리·제정됨에 따라 귀순자만을 대상으로 체계화된 지원을 실시하였다.

표 4-5 북한이탈주민 보호 관련 법률 연혁

연혁	법률명	의의
1962년	「국가유공자 및 월남귀순자 특별원호법」	북한이탈주민 지원의 법적 근거 마련
1979년	「월남귀순용사 특별보상법」	귀순자만을 대상으로 한 체계화된 지원 실시
1993년	「귀순북한동포보호법」	사회주의 붕괴 및 북한 환경 변화에 따른 지원정책 변화 요청
1997년	「북한이탈주민의 보호 및 정착지원에 관한 법률」	북한이탈주민의 신속적응 및 정착지원

1990년대에 접어들면서 사회주의권 붕괴 등의 국제 환경과 남북 관계 및 북한 내부 상황 등으로 지원정책의 변화가 요청되어 1993년에 「귀순북한동포보호법」으로 개정하였다가 이를 폐지하고 1997년에 「북한이탈주민의 보호 및 정착지원에 관한 법률」을 제정하였다. 1997년에 제정된 후 2019년까지 21차에 걸쳐 개정 작업이 이루어졌다.

(2) 주요 내용

① 정의(제2조)

• "북한이탈주민"이란 군사분계선 이북지역(이하 '북한')에 주소, 직계가족, 배우자, 직장 등을 두고 있는 사람으로서 북한을 벗어난 후 외국 국적을 취득하지 아니한 사람을 말한다.
• "보호대상자"란 이 법에 따라 보호 및 지원을 받는 북한이탈주민을 말한다.
• "정착지원시설"이란 보호대상자의 보호 및 정착지원을 위하여 제10조 제1항에 따라 설치·운영하는 시설을 말한다.
• "보호금품"이란 이 법에 따라 보호대상자에게 지급하거나 빌려 주는 금

전 또는 물품을 말한다.

② 기본원칙(제4조)

대한민국은 보호대상자를 인도주의에 입각하여 특별히 보호한다. 대한민국은 외국에 체류하고 있는 북한이탈주민의 보호 및 지원 등을 위하여 외교적 노력을 다하여야 한다. 보호대상자는 대한민국의 자유민주적 법질서에 적응하여 건강하고 문화적인 생활을 할 수 있도록 노력하여야 한다.

③ 국가의 책무(제4조의 2)

국가는 보호대상자의 성공적인 정착을 위하여 보호대상자의 보호·교육·취업·주거·의료 및 생활보호 등의 지원을 지속적으로 추진하고 이에 필요한 재원을 안정적으로 확보하기 위하여 노력하여 한다. 국가는 보호대상자에 대한 지원시책을 마련할 경우 아동·청소년·여성·노인·장애인 등에 대하여 특별히 배려·지원하도록 노력하여야 한다.

④ 기본계획 및 시행계획(제4조의 3)

통일부 장관은 북한이탈주민 대책협의회의 심의를 거쳐 보호대상자의 보호 및 정착지원에 관한 기본계획을 3년마다 수립·시행하여야 한다. 기본계획에는 다음 사항이 포함되어야 한다.

- 보호대상자의 보호 및 정착에 필요한 교육에 관한 사항
- 보호대상자의 직업훈련, 고용촉진 및 고용유지에 관한 사항
- 보호대상자에 대한 정착지원시설의 설치·운영 및 주거지원에 관한 사항
- 보호대상자에 대한 의료지원 및 생활보호 등에 관한 사항
- 보호대상자의 사회통합 및 인식개선에 관한 사항

통일부 장관은 관계 중앙행정기관의 장과 협의하여 기본계획에 따른 연도

별 시행계획을 수립·시행하여야 한다. 통일부 장관은 시행계획의 추진성과를 매년 정기적으로 분석하고 그 결과를 기본계획과 시행계획에 반영하여야한다.

(3) 평가

「국가유공자 및 월남귀순자 특별원호법」「월남귀순용사 특별보상법」「귀순북한동포보호법」에서 「북한이탈주민의 보호 및 정착지원에 관한 법률」로 개정해 오면서 정책대상의 범위는 귀순자에서 북한이탈주민으로 점차 확대해 왔지만, 「북한이탈주민의 보호 및 정착지원에 관한 법률」은 여전히 북한이탈주민을 충분하게 보호하기에 미흡한 점이 있는 것으로 지적받고 있다. 먼저 직접 신청주의에 따라 보호를 신청한 북한이탈주민에 대해서만 보호가이루어지기 때문에 북한이탈주민의 전원 수용이라는 정책 목표와 부합되지못한 측면이 있으며, 또한 보호와 지원의 주체 측면에서 지방자치단체의 역할이 제한적으로 명시되어 있다(손윤석, 2016).

2. 한국의 다문화 사회통합 정책

1) 다문화 사회통합 정책적 기반

다문화와 관련된 사회통합 정책은 인종 및 출신국이 다른 이주민이 무시되거나 차별받는 것을 방지하고 차이에 근거한 사회·정치·경제적 갈등을해소하며 인간으로서 보편적 권리를 향유할 수 있도록 제도적으로 개입하는 것을 의미한다(조항록, 2011). 한국에서 다문화 관련 사회통합의 정책 대상은 결혼이주여성, 근로 혹은 유학을 목적으로 이주한 외국인 근로자와 유학생, 본국으로 귀환한 외국국적동포, 자유와 생존을 위해 이주한 북한이탈주민과 난민, 그리고 과거에 이주하여 다문화의 일부를 구성하고 있는 화교 및

1세대 혼혈인 등으로 구성된다. 다문화 관련 사회통합의 정책 목표는 보편적으로 우리 사회에 유입되고 있는 이주민들이 사회적 약자로 존재하지 않고 기존의 우리 국민과 조화로운 공존의 관계를 유지함으로써, 이주민과 국민이 갈등과 혼란의 상황이 아닌 상호존중과 조화의 사회를 만들어 가는 것이라 할 수 있다. 그러나 우리나라 다문화 사회통합 정책은〈표 4-6〉에 제시하고 있는 것처럼 정책 대상에 따라 정책 목표가 다르게 설정되어 있다. 결혼이주여성 및 가족의 경우 차별과 복지 사각지대 해소가, 외국인 근로자의 경우 외국 인력 유치 지원 및 외국인 인권존중이, 재외동포와 북한이탈주민의 경우 사회통합이, 혼혈인의 경우 사회통합을 넘어 미래 한국사회의 문화, 외교, 경제 인력 양성이라는 정책적 목표를 추구하고 있다. 마찬가지로 정책

표 4-6   다문화 사회통합 정책적 기반

정책 대상	통합 여부	정책 목표	정책 과제
결혼이주여성 및 가족	통합 대상	차별과 복지 사각지대 해소	• 안정적인 체류지원 및 생활 환경 조성 • 조기적응 및 정착지원 • 아동의 적응지원 • 사회적 인식 개선
외국인 근로자	귀환 대상	외국인력 유치 지원 외국인 인권존중	• 외국인 근로자 처우 개선 • 자녀 권익 향상 • 미등록 외국인 근로자 인권보호
재외동포	통합–귀환 대상	외국국적동포 사회통합	• 외국국적동포 포용
북한 이탈주민	통합 대상	북한이탈주민 사회통합	• 북한이탈주민 사회적응 및 정착지원
혼혈인	통합 대상	사회통합을 넘어 미래 한국사회의 문화, 외교, 경제 인력 양성	• 생활안정대책 • 국적취득 지원 및 사회적 인식 개선

자료: 이혜경(2008) 재구성.

과제 또한 정책 대상에 따라 정책 목표가 상이한 만큼 다를 수밖에 없으며 이에 대한 구체적인 내용은 〈표 4-6〉에 제시되어 있다.

　이주민들을 우리 시민으로 받아들이는 사회통합 방식을 무대응, 차별-배제, 동화, 다원주의로 유형화한 캐슬스와 밀러(Castles & Miller, 1998)의 사회통합 모형에 적용해 보면, 정책 대상에 따라 사회통합 정책 유형이 상이하게 나타나고 있다(고상두, 2012; 이상윤, 2014; 허찬행, 심영섭, 2014). 다문화사회가 본격화되기 이전에 한국사회에 존재하고 있었던 중국 화교에 대하여 무대응방식으로, 비교적 국적 획득이 용이한 북한이탈주민과 결혼이주여성과 외국 동포들의 경우에는 동화방식으로, 외국인 근로자나 외국인 유학생의 경우 차별적 포섭·배제방식으로 이루어지고 있다고 평가받고 있다.

2) 부처별 다문화 사회통합 정책

　한국의 다문화 관련 사회통합 정책을 추진하는 기관은 중앙부처와 위원회, 지방자치단체 등 복수의 기관에서 추진하고 있으며, 추진 내용도 다양하다.

　국무총리실 산하에는 외국인정책위원회, 외국인력정책위원회, 다문화가족정책위원회, 재외동포정책위원회의 4개 위원회가 구성되어 활동하고 있다. 각 위원회의 법적 근거와 활동사항은 〈표 4-7〉에 자세히 제시되어 있다. 이들 위원회는 내국인과 외국인의 사회통합이라는 목적이 동일함에도 불구하고 별도로 마련된 위원회의 추진사항에 대해 내용의 통일성이 미약한 편이다.

　중앙부처로는 법무부를 포함하여 11곳에서 이주민의 사회통합을 총괄하고 있다. 부처별 정책 시행을 위한 법적 근거와 활동 내용 또한 〈표 4-7〉에 기술되어 있다. 법무부는 「재한외국인기본법」과 「출입국관리법」과 「국적법」을 근거로 외국인정책의 기본계획을 수립하고, 외국인관리보호 및 사회통합 프로그램 이수제, 국적 관리 및 난민처우 관련 업무 등을 총괄하고 있다. 외교부는 재외동포 교류지원을 담당한다. 행정안전부는 거주외국인 지원 표준

표 4-7   **부처별 다문화 사회통합 정책**

부처, 위원회		법적 근거	정책 내용
국무 총리실	외국인정책 위원회	「재한외국인 처우 기본법」	• 외국인정책기본계획 작성 • 연도별 외국인정책 시행계획 심의·의결
	외국인력정책 위원회	「외국인근로자의 고용 등에 관한 법률」	• 연도별 외국인도입계획 심의·의결 • 경제상황에 따른 외국인력 도입규모 결정
	다문화가족정책 위원회	「다문화가족지원법」	• 다문화가족지원정책 기본계획 수립 • 결혼이민자 취업지원 종합대책 심의·확정
	재외동포정책 위원회	재외동포정책위원회 규정	• 재외동포정책, 재외동포 네트워크 구축 및 활동 심의·의결 • 연도별 재외동포 교류협력사업 확정 및 시행
법무부		「재한외국인 처우 기본법」	• 외국인정책의 기본계획 수립 • 이주민 사회적응 지원, 다문화 환경 조성
		「출입국관리법」	• 외국인관리보호, 체류질서
		「국적법」	• 국적부여 등 업무
외교부			• 재외동포 교류지원
행정안전부		거주외국인지원 표준조례	• 이주민 지역정착 지원
여성가족부		「다문화가족지원법」	• 국제결혼중개업체 관리 • 한국인 배우자 교육 • 종합정보 제공 및 통·번역 서비스 • 아동양육 지원 • 다문화가족지원센터 운영 지원 • 결혼이주여성을 위한 가정폭력시설 운영
교육부		다문화가정 자녀교육지원정책	• 다문화가족 자녀교육 지원 • 학습능력 향상 환경 조성 • 다문화, 다인종 교육과정 개발 • 불법체류 자녀 교육권 보장 • EBS 한국어 교육방송 프로그램 제작
문화체육관광부		「문화다양성의 보호 와 증진에 관한 법률」 「다문화가족지원법」	• 다문화에 대한 인식 제고 • 이주민 문화·언어적 적응지원 • 외국인노동자 문화체육활동 시설 지원 • 한국사회 적응 문화체험 프로그램 운영

농림수산식품부	「디문화가족지원법」	• 양육지도사 및 한국어교사 파견 • 교육도우미 교육 및 상담 실시 • 가족통합 지원사업 • 영농교육, 생활예절 및 문화 교육, 요리강습, 결연사업 추진
산업자원통상부	「외국인근로자의 고용 등에 관한 법률」	• 외국인노동자 선발 관리
고용노동부	「외국인근로자의 고용 등에 관한 법률」 「다문화가족지원법」	• 외국인 상담 및 취업 알선 사업 • 외국인력 도입 및 송출국가 선정 • 고용허가제 운영, 불법고용 대책 지원 • 결혼이주여성에 대한 취업지원 프로그램
통일부	「북한이탈주민의 보호 및 정착지원법」	• 북한이탈주민의 적응 및 정착지원
보건복지부	「북한이탈주민의 보호 및 정착지원법」 「외국인근로자의 고용 등에 관한 법률」 「다문화가족지원법」	• 북한이탈주민의 복지 지원 • 외국인근로자의 복지 지원 • 다문화가족의 복지 증진

출처: 박선욱(2018) 재구성.

조례를 바탕으로 지방자치단체를 통해 외국인주민의 지역사회 생활정착, 북한이탈주민의 지역사회 생활정착 지원을 담당한다. 여성가족부는 「다문화가족지원법」을 근거로 하여 다문화가족 정책 총괄을 맡고 있으며, 결혼이주여성을 위한 종합정보 제공 및 통·번역 서비스, 아동양육 지원, 다문화가족지원센터 운영 지원, 가정폭력시설 운영, 한국인 배우자 교육, 국제결혼 중개업체 관리, 이주여성의 인권보호 및 자활지원 등을 담당하고 있다. 교육부는 다문화가족 자녀 교육정책을 통해 다문화 자녀의 학교교육 지원, 학습능력 향상 환경 조성, 북한이탈주민 교육지원, 불법체류 자녀 교육보장 업무를 맡고 있다. 문화체육관광부는 「문화다양성 보호와 증진에 관한 법률」을 근거로 하여 문화체험 프로그램 운영과 다문화 인식 제고 및 한국어 교재 개발 및 보급을 담당한다. 농림수산식품부는 「다문화가족지원법」을 근거로 농촌거주 결혼이주여성들을 위한 양육·언어교육, 영농교육, 결연사업 등을 담당하고 있다. 산업자원통상부는 「외국인근로자의 고용 등에 관한 법률」을 근거로 외국인 근로자 선발업무를 운영한다. 고용노동부는 「외국인근로자의 고용 등에 관한 법률」을 근거로 하여 고용허가제와 외국인근로자지원센터를 통해 외국인 상담 및 취업 알선 사업, 외국인력 도입 및 송출국 선정, 불법고용대책을 지원하며, 「다문화가족지원법」을 근거로 결혼이주여성의 취업지원 프로그램을 담당한다. 통일부는 「북한이탈주민의 보호 및 정착지원법」을 근거로 북한이탈주민의 적응지원을 위해 이들에 대한 취업보호 및 취업지원 대책 수립, 북한이탈주민 후원지원 협조, 하나원 운영지원 및 관리를 담당하고 있다. 보건복지부는 「북한이탈주민의 보호 및 정착지원법」「외국인근로자의 고용 등에 관한 법률」「다문화가족지원법」을 근거로 북한이탈주민과 외국인과 다문화가족의 복지지원을 맡고 있다. 이처럼 다문화 사회통합과 관련하여 정책을 추진하는 부처는 독자적인 방식으로 사업 영역을 확대하고 있어 예산 낭비와 정책의 효율성이 저하되고 있다. 각 부처의 중복적 사업이 체계적인 조정이 이루어지지 않고 수행됨으로써 특정 사업에 집중되어 중복 수혜자가 발생하거나 서비스 접근이 어려운 대상의 경우 수혜의 사각지대가 발생하고 있다.

한편, 효과적인 다문화 관련 사회통합 정책이 수행되기 위해서는 외국인주민들이 실제로 거주하는 지역의 역할이 매우 중요하다. 지방자치단체 차원의 다문화 관련 사회통합 분야 정책 부서로는 특별시와 광역자치단체의 경우 국제협력 부서와 경제·고용 부서가 담당하고 있으며, 도의 경우 농업 부서가 담당한다. 기초단체의 경우 자치행정, 사회복지, 주민지원 부서에서 담당하며, 그 외에 지역 특성에 따라 보건소, 여성정책, 농업 부서에서 담당하고 있다. 그러나 지방자치단체는 다문화 사회통합 서비스를 제공하는 데 인력과 예산의 부족으로 어려움을 겪는다. 지방자치단체의 담당 공무원은 정기적인 인사이동으로 인해 업무의 연속성이 없고 전문성을 발휘하기 어려운 실정이며, 지방자치단체에서 다양한 다문화 이슈를 해결하는 데 있어 재정 구조가 취약해 책임을 감당하기에는 어려운 구조이다.

3. 한국의 다문화 사회통합 정책의 발전 방향

다문화에 따른 사회통합은 선진국들이 겪는 현대사회의 주요 과제이다. 비용을 치르지 않는 이익이 없듯이 이주자들은 생산과 소비에 기여하지만 반대로 정주하는 순간부터 민족, 종교 갈등과 공공부조 등의 사회적 비용을 부담하게 한다. 경제적 차원에서 접근하였던 외국인 이주는 애초에 생각지 못했던 인권 문제, 복지 문제, 내국인과 이민자 간의 갈등을 초래하였으며, 다문화의 부정적인 인식으로 인해 일각에서는 외국인 혐오증 등의 반다문화 정서가 잠재되어 있어 장차 사회갈등의 요소가 다분히 존재하고 있다.

다문화사회의 도전에 직면하게 될 한국 역시 다문화 사회통합 정책을 추진함에 있어 동화주의만을 고수할 것이 아니라 이주민의 사회통합을 효과적으로 실현할 수 있는 다원주의적인 다문화정책을 적극적으로 수용해야 할 것이다. 특히 현재 다문화사회를 지향하는 한국의 관점에서는 이주민들이 주류사회로 일방적으로 동화하는 것이 아니라 주류사회가 이들의 문화, 종교, 풍습을 수용할 수 있도록 쌍방향적으로 이루어져야 한다. 한국의 다문화 사회통합은 이주민의 노력과 의지만으로 이루어지지 않으며, 이주민과 내국인 모두가 서로 존중하고 서로 적응할 때 순조롭게 이루어질 수 있다.

한국의 다문화 사회통합 정책은 중앙정부와 지방자치단체가 다양한 법령과 제도, 재정 지원을 통해 형성되어 왔고, 그 과정에서 지나치게 많은 제도와 프로그램이 양산되면서 비효율성의 문제가 제기되고 있다. 이러한 문제의 원인은 다문화 사회통합 정책 관련법과 추진체계 간에 종합적인 조정체계가 작동되지 않았기 때문이다. 따라서 다문화 사회통합 정책과 관련된 법률에 있어서는 기본법과 대상 분야 법 간에 역할 차이를 구별하는 법적 조항

을 정비할 필요가 있다. 「재한외국인 처우 기본법」에는 기본법으로 지녀야
할 비전과 국민의 권리와 책임을 명시해야 하며, 하위법들 또한 '∼할 수 있
다' 또는 '한다'의 임의규정이 아닌 '해야 한다'의 의무규정으로 수정하여 다
문화 사회통합 관련법들의 실행력을 강구해야 한다.

　다문화정책과 관련된 전달체계에 있어서도 정책 대상에 따라 위원회 및
부처별로 산발적으로 추진되고 있어 정책의 중복 및 공백이 심각한 것으로
지적되고 있다. 위원회 차원에서는 네 개로 나뉘어 있는 조정 기구를 하나로
통합하고, 통합된 조정 기구 산하에 전문분과위원회를 구성하여 체계적이면
서 전문성을 보장하는 조정체계를 구축할 필요가 있다. 부처가 독자적으로
다문화 사회통합 정책을 펼침으로써 초래된 중복과 사각지대의 문제에 대
하여 중앙정부에 산재해 있는 관련 부처의 연계를 강화할 수 있는 네트워크
를 구축할 필요가 있다. 또한 각 관련 부처의 역할을 명확히 정립할 필요가
있으며, 이를 토대로 각 부처 간의 연계 및 협조 체계를 공고히 할 필요가 있
다. 지방자치단체마다 다문화 사회통합 행정전달 체계가 다르며 담당부서
가 산재해 있어 정책 집행의 효율성과 통일성이 미약한 문제에 대하여 중앙
정부와 지방정부의 협력체계를 강화할 필요가 있다. 지방자치단체에 다문
화 사회통합 정책 추진 전담부서를 설립하고, 이 부서를 중심으로 지역의 협
의체를 구성하여 정보교류, 사업 통합 및 조정이 이루어질 필요가 있다. 아
울러 민간 부문과 정부의 협력 네트워크가 강화될 필요가 있다. 상당수의 다
문화 사회통합 관련 사업들은 시민사회단체 및 종교단체의 역할 비중이 크
므로 중앙이나 지방 모두 민간단체와의 긴밀한 협력관계를 구축할 필요가
있다.

　우리 사회는 지금 다문화 사회통합 정책의 패러다임을 새롭게 정립해야
할 기로에 서 있다. 다문화사회의 비전과 방향을 어디에 둘 것인지에 대해
다문화와 관련된 담론이 활발하게 전개되어야 할 것이며, 이를 토대로 한 전
략적이고 체계적인 다문화 사회통합 정책이 전개되기를 기대한다.

요약

　이 장에서는 한국의 다문화 사회통합 정책과 관련하여 제반 법률, 정책 분석, 발전 방향을 살펴보았다.

　먼저, 한국의 다문화 사회통합 제반 법률에 대해서 「재한외국인 처우 기본법」 「다문화가족지원법」 「외국인근로자의 고용 등에 관한 법률」 「북한이탈주민의 보호 및 정착지원에 관한 법률」을 중심으로 고찰하였다.

　「재한외국인 처우 기본법」은 2007년에 제정되었으며, 다문화 사회통합을 규정한 최초의 법률이자 총괄적인 기능을 수행한다. 그러나 집행법인 「다문화가족지원법」과 일부 중복되는 부분이 존재한다. 「다문화가족지원법」은 2008년에 제정되어 다문화가족 지원정책에 대한 법적 근거가 되어 왔으며, 이후 다문화가족을 둘러싼 환경 변화에 대응하면서 11차에 걸쳐 법률 개정 작업이 진행되었다. 「외국인근로자의 고용 등에 관한 법률」은 외국인 근로자의 고용지원 정책에 대한 법적 근거로 활용되었으며, 2003년 8월 제정 이후 14차에 걸쳐 법률 개정 작업이 이루어졌다. 「북한이탈주민의 보호 및 정책지원에 관한 법률」은 북한이탈주민이 신속히 적응·정착할 수 있도록 필요한 보호 및 지원에 관한 사항을 규정하고 있는데, 1997년 제정 이후 21차에 걸쳐 개정 작업이 이루어졌다.

　한국의 다문화 사회통합 정책 분석은 정책적 기반과 부처별 정책 내용을 중심으로 고찰하였다. 다문화사회 통합정책 대상은 결혼이주여성, 외국인근로자와 유학생, 외국국적동포, 북한이탈주민과 난민, 화교 및 1세대 혼혈인 등으로 구성된다. 한국의 다문화 사회통합 정책은 정책 대상에 따라 정책 목표와 정책 과제가 상이하게 설계되어 있다.

　다문화 사회통합 정책을 추진하는 기관은 중앙부처와 위원회, 그리고 지방자치단체 등 복수의 기관에서 추진하고 있으며, 추진 내용도 다양하다. 중앙부처로는 법무부와 여성가족부를 포함하여 11곳에서 이주민의 사회통합을 총괄하고, 국무총리실 산하에는 외국인정책위원회, 외국인력정책위원회,

다문화가족정책위원회, 재외동포정책위원회의 4개 위원회가 구성되어 활동하고 있다.

　한국의 다문화 사회통합과 관련된 법적 고찰 및 정책 내용 분석 결과, 다문화 사회통합 정책은 새로운 패러다임을 구성함에 있어서 동화주의만을 고수할 것이 아니라 다원주의적인 다문화정책을 적극적으로 수용하여 내국인과 이주민의 사회통합과 이주민의 정착지원을 효과적으로 실현하는 것이 요구된다.

생각해 봅시다

1. 이주민을 객체가 아닌 주체로 보고, 선주민과 이주민이 상호 공존할 수 있는 다문화사회 조성을 위하여 한국 다문화 사회통합 정책이 담아야 할 가치에 대해 생각해 보자.
2. 한국 다문화 사회통합 정책을 집행하고 있는 위원회와 중앙부처, 지방자치단체의 효과적인 역할 분담과 협력 방안을 제시해 보자.
3. 이주민의 사회권 보장과 문화권 보장에 대한 개념화를 수행해 보고, 사회권 보장과 문화권 보장을 위한 다양한 프로그램을 제안해 보자.

참고문헌

고상두(2012). 이주자 사회통합모델의 비교분석: 네덜란드, 독일, 한국의 사례. 한국정치학회보, 46(2), 241-264.

구인회, 손병돈, 엄기욱, 정재훈, 이수연(2009). 외국인 이주자의 사회통합 방안 탐색: 영주권자에 대한 사회복지제도 적용을 중심으로. 보건사회연구, 29(2), 126-150.

김미나, 다문화 사회의 진행단계와 정책의 관점: 주요국과 한국의 다문화정책 비교 연구. 행정논총, 47(4), 2009.

김범수(2007). 다문화 사회복지론. 서울: 양서원.

김용하(2013). 사회통합을 위한 사회안전망 정책과제. 한국응용경제학회, 15(2), 31-59.

박선욱(2018). 다문화사회와 사회통합을 위한 법정책 비교. 법학논총, 42(2), 185-218.

법무부(2019). 출입국 · 외국인정책 통계월보 12월호.

성장환(2017). 다문화주의와 우리나라 이민정책의 변화과정과 방향. 대한정치학회보, 25(1).

손윤석(2016). 북한이탈주민의 보호 및 정착지원에 관한 법률에 대한 고찰: 국내 법적 논의를 중심으로. 법학논고, 55, 95-122.

심승환(2009). 다문화교육의 의미에 대한 교육철학적 고찰. 교육철학, 45(4), 121-150.

이상윤(2014). 한국 이민 · 다문화정책 추진체계 현황 및 개선방안: 사회통합 측면의 탐색적 연구. 사회과학연구, 25(3), 175-204.

이춘호(2017). 한국 이주노동자의 위치인식에 따른 정체성 변화. 인문사회 21, 8(3), 1093-1112.

이혜경(2008). 한국 이민정책의 수렴 현상: 확대와 포섭의 방향으로. 한국사회학.

임은의(2020). 다문화주의 관점의 한국사회통합정책의 발달과정에 대한 고찰. 사회복지법제연구, 11(2).

조항록(2011). 이민자 사회통합정책의 실제와 과제. 다문화와 평화, 5(2), 5-31.

진시원, 오승호, 송승아, 변진언, 고은이(2020). 다문화주의 다문화교육 이데올로기 민주주의. 서울: 동문사.

허찬행, 심영섭(2014). 다문화사회 방송의 사회통합적 기능에 관한 연구. 방송문화연구, 26(2), 149-176.

현진권(2013). 사회통합의 필요성과 추진 방향, 사회통합의 새로운 패러다임. 한국경제연구원.

Anderson, B. (1992). The new world disorder. *New Left Review, 193*.

Bosswick, W., & Heckmann, F. (2006). Social integration of immigrants: contribution of local and regional authorities. European Foundation for the Improvement of Living and Working Conditions.

Castles, S., & Miller, M. J. (1998). *The age of migration* (2nd ed.). London: Macmillan.

Chan, L., & To, H., & Chan, E. (2006). Reconsidering social cohesion: Developing a definition and analytical framework for empirical research. *Social Indicatiors Research.* 75, 273–302.

Council of Europe. (1998). Measurement and Indicators of Integraion.

Hofstee, W. (2009). Family matters: Community, ethnity, and multiculturalism. *Church History and Religious Culture, 89*(3), 53–63.

국가법령정보센터 http://www.law.go.kr

제3부

:

다문화 사회복지 실제

제 **5** 장

문화역량

사회복지사가 기존에 활용해 오던 보편적이고 익숙한 사회복지 지식과 기술로 다양한 인구집단을 원조한다면, 사회복지사가 속한 주류문화의 가치와 세계관을 다문화 클라이언트에게 강요하는 문화적 억압을 초래하게 된다. 다문화사회로 급변한 상황에서 사회복지사는 문화적으로 적절한 실천을 수행해야 하며 이를 위해 문화역량을 갖추는 것은 전문직의 당위적 책임이다. 이에 이 장에서는 다양한 문화적 배경의 클라이언트의 가치와 행동방식을 존중하며, 문화적으로 민감한 실천을 위해 사회복지사가 필수적으로 갖춰야 할 문화역량을 소개하고 있다. 세부적으로는 문화역량의 개념 정의와 특성, 문화역량의 영역과 구성요소, 표준지침과 모델을 제시한다.

1. 문화역량의 이해

1) 문화역량의 개념

사회복지사가 업무 수행을 위한 전문적인 지식과 기술을 충분히 갖추지 않고 클라이언트를 만난다면 부적절한 실천 개입을 할 가능성이 크며, 심각한 경우에는 실천상 오류(malpractice)를 범하게 된다. 클라이언트에 대한 질적 서비스를 보증하기 위해서 사회복지사가 전문적인 지식과 기술을 보유하고 전문적 역량을 지속해서 발전시켜야 하는 것은 윤리적인 책임이다(NASW, 2015). 전문적 업무 수행을 위해 사회복지사가 구비해야 할 역량은 사회복지 역량(social work competence)이다. 사회복지 역량은 인간과 지역사회의 안녕을 촉진하기 위해 목적적이고 의도적이며 전문적인 방법을 통해 사회복지 가치, 지식, 기술을 사회복지실천에 통합하고 적용하는 능력이다(CSWE, 2015).

사회복지사는 다양한 문화적 배경의 클라이언트를 효과적으로 원조하기 위해서 문화역량(cultural competence)을 갖춰야 한다. 미국사회복지교육협의회(Council on Social Work Education: CSWE, 2015)는 학부와 대학원 교육과정을 통해 개발해야 하는 사회복지 역량의 하나로 '다양성과 차이에 대해 개입할 수 있는 역량'을 제시하고 있는데, 이는 다문화사회의 사회복지사들에게 문화역량이 실천의 필수적인 전제 조건이기 때문이다. 문화역량은 사회복지사뿐 아니라 교사, 간호사, 상담가 등 직접 대면을 통해 서비스를 제공하는 원조 전문가가 효과적인 실천을 위해 갖춰야 할 역량이기도 하다(최소연, 2012; Sue, 2010).

문화역량의 개념 정의는 학자들 간에 다소 상이한 측면이 있는데, 이는 문화역량의 개념이 본원적으로 다름을 의미하는 것이라기보다는 강조하고 있는 부분의 차이에서 비롯된 것이다(최소연, 2013). 문화역량에 대한 학자들의 정의를 살펴보면 다음과 같다.

- 문화역량은 다양한 문화와 인종의 배경을 지닌 개인, 가족, 지역사회의 문화적 환경의 범위 안에서 이들과 효과적으로 업무를 수행하기 위한 능력을 성취하기 위해 지속적으로 노력하는 과정이다(Campinha-Bacote, Yahle, & Langenkamp, 1996).
- 문화역량은 문화적 맥락 내에서 클라이언트 체계 기능을 지원 및 유지하도록 지식과 문화적 인식을 실천 개입에 전환하는 능력이다(McPatter, 1997).
- 문화역량은 타인의 문화적 차이를 수용하며 호감을 갖는 인지과정인 문화적 인식, 다른 문화나 인종과 직면하는 데 도움이 되는 문화적 지식, 문화적 사정을 유능하게 하고 다른 문화의 사람과 효과적으로 소통하는 것을 학습하는 과정인 문화적 기술로 구성된다(O'Hagan, 2001).
- 문화역량은 클라이언트와 클라이언트 체계의 발달을 최대화할 수 있는 조건을 만들어 내거나 행동을 취할 수 있는 능력이다(Sue, 2010).
- 문화역량은 개인·가족·지역사회의 가치를 인정하며 존엄성을 보호하고 유지하는 방식으로 모든 문화·언어·계층·인종·민족·배경·종교 또는 다른 다양한 요소를 지닌 사람에게 개인과 체계가 존중하며 효과적으로 반응하는 과정이다(NASW, 2008).

정리하면, 문화역량은 개인, 가족, 지역사회의 다양성과 차이를 인정하고 존중하며, 문화적으로 다양한 클라이언트(개인, 가족, 집단)를 효과적으로 원조하기 위한 실천가의 능력이라고 할 수 있다.

> **참고** **미국사회복지교육협회의 실천 역량**
>
> 　미국사회복지교육협회 인증위원회는 실천 현장에서 요구되는 역량을 중심으로 학부와 대학원의 교육과정이 운영될 수 있도록 9개의 역량기반 교육정책을 제시하였다(윤리적이고 전문적인 행동의 표명, 실천에서 다양성과 차이 고려, 인권과 사회적·경제적·환경적 정의 증진, 실천기반의 연구와 연구기반의 실천 노력, 정책

실천에의 참여, 개인 · 가족 · 집단 · 조직 · 지역사회에 대한 실천, 개인 · 가족 · 집단 · 조직 · 지역사회에 대한 사정, 개인 · 가족 · 집단 · 조직 · 지역사회에 대한 개입, 개인 · 가족 · 집단 · 조직 · 지역사회에 대한 평가). 이 중 '실천에서 다양성과 차이에 대한 고려'의 내용은 다음과 같다.

역량 2: 실천에서 다양성과 차이에 대한 고려

사회복지사는 다양성과 차이가 어떻게 인간의 경험을 특징짓고 형성하는지 그리고 정체성 형성에 얼마나 중요한지에 대해 이해해야 한다. 다양성의 차원은 연령, 계급, 피부색, 문화, 장애 및 능력, 민족, 성별, 성 정체성과 표현, 이민신분, 결혼 상태, 정치적 이념, 인종, 종교/영성, 성별, 성적 지향, 부족적 지위 등을 포함하되 이에 국한되지 않는 여러 요인의 상호연관성으로 이해해야 한다. 사회복지사는 차이의 결과로 인해 한 개인의 삶의 경험에는 특권, 권력, 찬사뿐만 아니라 억압, 빈곤, 주변화, 소외가 포함될 수 있음을 이해해야 한다. 또한 사회복지사는 억압과 차별의 형태와 메커니즘을 이해하고 사회적 · 경제적 · 정치적 · 문화적 배제를 포함한 문화의 구조와 가치가 억압, 주변화, 소외 또는 특권과 권력을 창출할 수 있다는 것을 인식해야 한다. 사회복지사는 다음과 같이 해야 한다.

- 미시(micro), 중범위(mezzo), 거시(macro) 차원의 실천에서 삶의 경험을 형성하는 데 있어서 다양성과 차이의 중요성에 대한 이해를 적용하고 소통한다.
- 자신을 학습자로 제시하며 클라이언트와 고객을 고유한 경험을 가진 전문가로 참여시킨다.
- 다양한 클라이언트와 고객들과 일할 때 개인적인 편견과 가치가 미치는 영향을 통제하기 위해 자기인식과 자기규제를 적용한다.

출처: CSWE(2015).

우리나라에서 문화역량에 관한 논의는 결혼이주여성이 급증한 2000년대에 시작되었으나 사실상 문화역량의 개념과 논의는 완전히 새로운 것은 아니다. 우리나라보다 먼저 다문화사회를 경험한 미국은 1950년대 인종차별에 대한 대응 방안으로 제시된 '인종 민감성 실천(ethnic sensitivity practice)'을 문화역량의 하나로 보았으며, 다인종과 민족에 대한 이해를 강조한 '문화 간 인식 실천(cross-cultural awareness practice)' '민족역량(ethnic competence)' '소수

민족 실천(ethnic minority practice)' 등의 연장선으로 문화역량을 설명하고 있다(Diller, 1999). 이로 보아 문화역량과 관련된 논의는 이미 오래전부터 사회복지실천 현장의 주요 역량으로 제시되었다고 할 수 있다. 그뿐만 아니라 문화역량은 문화적 민감성(cultural sensitivity), 문화적 반응성(cultural reactivity)과 상호 교환적으로 사용되는 포괄적인 개념이기도 하다(Kohl, 2005; Webb, 2001).

2) 문화역량의 특성

(1) 문화의 특성

문화역량의 특성을 더욱 잘 이해하기 위해서는 먼저 문화의 특성을 살펴볼 필요가 있다. 문화는 자연 상태에서 벗어나 삶을 풍요롭고 편리하고 아름답게 만들어 가고자 사회구성원에 의해 습득, 공유, 전달되는 행동양식, 또는 생활양식의 과정 및 그 과정에서 이룩해 낸 물질적·정신적 소산을 통틀어 이르는 말로 의식주를 비롯하여 언어, 풍습, 도덕, 종교, 학문, 예술 및 각종 제도 따위를 모두 포함한다(우리말샘 사전).

문화는 우리 생활의 전반에 걸쳐 광범위하고 익숙하게 활용되는 용어이지만, 문화의 개념 정의와 관련해서는 크게 세 가지 영역으로 구분할 수 있다. 먼저, 문화는 예술과 예술적 활동으로써 활용된다. 예술적 활동을 의미하는 문화는 음악, 영화, 공연과 같이 사람들이 참여하는 교양적인 활동을 말한다. 다음으로, 문화는 일차적으로 상징적 특징을 지니는 특정 생활방식을 의미하는데, 이는 인종과 민족 집단의 지식, 믿음, 예술, 도덕, 법, 관습과 같이 사회구성원이 획득하고 공유하고 있는 것을 말한다. 마지막으로, 문화는 발전의 과정을 뜻하기도 한다. 이는 사회적·역사적 과정 전반을 포함하는 광의의 의미로 정신의 계발을 포괄하는 개념이다(Baldwin, Longhurst, McCracken, Ogborn, & Smith, 2008).

문화는 인간이 출생하여 소속된 집단이나 인종으로부터 단순하게 흡수되기보다는 사회화 과정을 통해 체득하며 축적되는 특성이 있다. 또한 문화는 특정 개인과의 특정 상호작용을 통해서 창출되기 때문에 국소적인(localized) 특성을 갖는다. 그리고 문화는 타인의 문화에 대한 가치를 수용하고 존중하기 때문에 평가적인 특성이 있으며, 세대를 계승하며 변화하면서 지속되는 특성을 갖는다(Bonder, Martin, & Miracle, 2001).

(2) 문화역량의 특성

문화역량은 다문화사회의 사회복지사가 필수적으로 갖춰야 하지만, 실천가가 문화역량을 완전하게 구비하는 것이 사실상 어렵다는 비판적 견해가 있다(김기덕, 2011, p. 242). 이는 문화역량이 궁극적인 결과물이라기보다는 효과적인 실천을 위해 지속해서 획득해 나가는 과정의 특성을 갖기 때문이다(최소연, 2011; Campinha-Bacote, Yahle, & Langenkamp, 1996). 일반적으로 사람들은 자신이 접해 보지 못한 다른 문화에 속한 사람들의 사고방식이나 행동양식, 의사소통 방식을 단기간에 충분하게 이해하거나 실천과정에서 클라이언트의 고유의 문화적인 강점을 충분하게 활용하는 것이 어려울 수 있다. 그렇기 때문에 사회복지사는 자신과 다른 문화적 배경의 클라이언트에 대해서 지속적으로 이해하고 클라이언트의 고유한 문화적 특성을 실천과정에 접목할 수 있도록 문화역량을 개발하고 촉진하기 위해 노력해야 한다. 즉, 다양한 인종·민족적 배경을 지닌 개인·가족·지역사회의 문화적 환경 내에서 효과적으로 업무를 수행하기 위해서 사회복지사는 지속해서 문화역량을 발전시켜야 하는데, 이를 럼(Lum, 2007)은 문화역량의 귀납적 학습(inductive learning)의 특성으로 소개하고 있다. 문화역량은 단시간에 쉽게 갖출 수 있는 것은 아니지만 지속적인 교육과 다양한 클라이언트를 대상으로 하는 실천과정을 통해서 점진적으로 향상되는 특성을 갖는다.

문화역량의 특성을 정리하면 다음과 같다(김기덕, 최소연, 권자영, 2012; Lum, 2007, 2011).

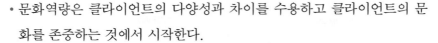

- 문화역량은 클라이언트의 다양성과 차이를 수용하고 클라이언트의 문화를 존중하는 것에서 시작한다.
- 문화역량은 다양한 문화를 지닌 클라이언트의 원조과정에서 요구되기 때문에 인간 존엄성의 가치를 기반으로 하는 윤리적 내용이 포함된다.
- 문화역량은 다문화 실천 현장의 사회복지사가 당위적으로 갖춰야 할 전문적 역량의 한 부분이다.
- 문화역량은 단일 차원으로 이해되기보다는 문화에 대한 민감성을 포함하여 문화 인식, 태도, 지식 및 기술 등의 복합적인 영역으로 구성된다.
- 타인의 문화를 완벽하게 이해하고 습득하는 것은 제한적이기 때문에 사회복지사는 다양한 문화에 대한 실천 역량을 지속해서 개발하고 이를 전파해야 한다.
- 문화역량은 문화적으로 민감한 실천을 하는 것을 말하며, 이를 위해 사회복지사는 문화적 지식과 기술을 구비해야 하고 클라이언트의 문화에 내재하는 강점을 이해하고 이를 실천과정에서 활용해야 한다.
- 문화역량을 갖춘 사회복지사는 클라이언트 개인과 가족의 미시체계뿐 아니라 클라이언트가 속한 중범위체계와 거시체계가 클라이언트에게 효과적으로 반응하도록 행동을 취할 수 있어야 한다.

3) 문화역량의 차원

문화역량은 실천가뿐 아니라 실천가가 소속된 기관과 지역사회가 함께 발전시켜야 하므로 생태체계적인 측면에서 이해되고 구축해야 한다. 럼(Lum, 2007)은 문화역량을 서비스 제공자 차원뿐 아니라 전문가가 속한 기관의 문화역량 그리고 기관이 속해 있는 지역사회의 문화역량의 차원에서 조명하였다. 먼저, 실천가 차원의 문화역량은 개인의 가치와 문화적 유산, 문화동화주의 및 다원주의와 관련된 가치의 차이와 갈등에 대한 사회복지사의 자기인식과 이해를 의미한다. 기관 차원의 문화역량은 문화적으로 민감한 실천을 수행하기 위해 직원에 대한 교육·훈련은 물론이고 프로그램 전달과 조직의 구조가 다문화에 대한 이해와 기능을 촉진하도록 작용하는 것을 의미한다. 지역사회의 문화역량은 다양한 문화의 상호작용과 사회정의를 촉진하며 인종차별에 대해서 적극적으로 다루는 지역사회의 정책이나 분위기와 관련된다(Miely, O'Melia, & DuBios, 2007: 최소연, 이상철, 2011 재인용).

(1) 실천가 차원

사회복지사는 다문화실천 현장에서 효과적으로 업무를 수행하기 위해 자신의 역량을 개발하기 위한 일차적 책임이 있다. 실천가 차원의 문화역량은 다음의 요소를 포함한다(Lum, 2007).

첫째, 문화적으로 역량 있는 사회복지사는 자신의 문화와 관련된 인식을 지속해서 정련한다. 다문화 클라이언트를 원조하기에 앞서 실천과정에 영향을 미치는 자신의 가치가 무엇인지, 그리고 자신이 어떤 편견을 가졌는지를 인식한다. 사회복지사는 자신과 클라이언트 사이의 유사점뿐 아니라 차이점이 자신의 생각과 전문적 판단에 미치는 영향을 인식하며, 개인의 가치가 전문직의 실천에 부정적인 영향을 미치지 않도록 한다.

둘째, 사회복지사는 클라이언트에게 보편적으로 적용 가능한 전문적 지식과 기술을 다양한 문화적 배경을 지닌 클라이언트에게 효과적으로 적용할 수 있도록 해야 한다. 이를 위해서 사회복지사는 클라이언트의 문화적 배경에 대한 지식이 있어야 한다. 즉, 사회복지의 전문적인 지식과 기술을 클라이언트의 문화적 배경을 고려하여 결합할 수 있어야 한다.

셋째, 사회복지사는 문화 간 관계를 특징짓는 권력과 특권의 차이를 확인하고 명확하게 표명하는 능력을 갖춰야 한다(Miely et al., 2007). 소수자의 문화가 주류문화에 편입되는 문화동화주의적인 관점을 지양해야 하며, 사회지배적인 문화의 관점에서 소수자의 문화를 열등한 것으로 처우해서는 안 된다. 문화역량의 사회복지사는 소수자의 억압이나 불평등의 이슈를 이해하고 이를 개선하기 위해 옹호의 역할을 할 수 있어야 한다.

참고 문화적 무능을 초래하는 문화적 일탈의 열 가지 그릇된 통념

1. **문화적 무지**: 다른 사람의 독특한 세계를 인정할 수 없음
2. **문화 엘리트주의**: 존엄성과 지위가 낮은 사람들의 문화적 이슈를 다룰 여력이 없음
3. **문화적 강요**: 다른 문화의 사람에게 자신의 신념, 가치, 실천을 강제함
4. **문화적 피상성**: 다른 사람에 대한 깊은 이해를 거부함
5. **문화적 회피**: 한 사람이 모든 것을 알 수 없으므로 다른 사람의 어떤 것에 대해 알기를 저항하거나 알려고 하지 않음
6. **문화적 불평등**: 소수자집단 혹은 개인을 동화시키기 위한 교육으로 문화적 불평등이 지속됨
7. **문화적 고정관념**: 인종주의, 계층주의, 성차별주의와 같이 특정 인종이나 계층 및 성별에 대해 차별적인 생각을 가짐
8. **문화적 부주의**: 전문가의 문화와 관련된 이해 및 책임이 부족함
9. **문화적 무지**: '우리 모두는 인간이다'라는 방식의 접근으로 개개인의 문화적 독특성을 고려하지 못함
10. **문화적 거부**: 타인의 문화의 특성(개인의 신념, 가치, 행동양식 등)을 최소화(축소)하여 수용함

출처: Kavanauh & Kennedy (1992).

(2) 사회복지기관 차원

기관 차원의 문화역량은 직원의 채용과 교육 · 훈련, 조직 구조의 설계, 서비스 제공 및 평가, 지역사회 관계 등 조직 운영 전반에 걸쳐 문화에 대한 이해를 기반으로 조직이 기능하는 것을 의미한다. 문화역량을 보유한 기관은 효과적인 서비스를 제공하기 위해서 인력의 채용과 활용에 있어서 문화적인 요소를 고려하여 선발하고 배치한다. 그뿐만 아니라 인구사회적인 추이와 이용자의 문화적인 유산을 고려하여 프로그램을 기획하고 진행하며 다문화 클라이언트를 위해서 적절한 통 · 번역 서비스를 제공하고 클라이언트의 언어로 홍보를 제공하는 등 문화적으로 다양한 클라이언트가 서비스를 이용하

는 과정에서 어떤 불편이나 차별이 없도록 업무를 수행한다. 문화역량을 지
향하는 기관은 업무 환경에서 직원의 문화적인 요소를 이해하고 이를 배려
하며, 슈퍼비전을 실행할 때도 직원의 문화적인 강점을 이해하고 이를 효과
적으로 관리하는 기능을 수행한다(Cross, Bazron, Dennis, & Isaacs, 1989; Lum,
2005; Miely et al., 2007; National Center for Cultural Competence, 2002).

① 기관 문화역량의 내용

문화적으로 역량이 있는 기관은 다양한 문화적 배경의 클라이언트, 직원,
지역사회의 집단들을 존중하는 조직 분위기를 촉진하며, 다른 문화를 지닌
직원들이 기관 내에서 소외되거나 차별 없이 일할 수 있도록 조직의 정책과
문화를 조성한다(NASW, 2015; 〈표 5-1〉 참조).

표 5-1 **기관 문화역량의 구성 내용**

학자	구성	내용
Olavarria, Beaulac, Belanger, Young, & Aubry(2009)	조직의 절차와 정책	조직의 문화역량 정책, 조직 문화역량 정책 실행, 리더십, 예산 배정, 평가 등
	조직과 지역사회 자산과 욕구 확인	이용자와 그들의 욕구에 대한 인식과 지식, 지역사회 욕구에 대한 지속적인 자문
	인적 자원과 관리	문화역량을 갖춘 직원의 채용 · 모집 · 면접 전략, 각 레벨에 고용배치, 훈련지원
	서비스와 서비스 전달	서비스 이용 관련(홍보) 언어지원, 통 · 번역 지원, 통역가의 역량, 서비스 평가
	자문, 파트너십 및 정보 공유	지역사회 파트너십 구축, 문화역량 증진 관련 홍보
Lum(2005) 30문항 중 기관관련 지표	서비스 전달	다양한 인종, 문화역량 직무요건을 지닌 직원 채용, 통 · 번역을 위해 인구학적 경향 고려, 클라이언트의 문화적 유산을 반영한 프로그램 설계, 문화적으로 역량 있는 성과 측정의 개발
	다양한 업무 환경	문화역량이 있는 다양한 사회복지사 채용 및 유지, 직원의 문화역량 기술 증진을 위한 기관의 노력

	전문적 교육	문화역량 관련 보수교육, 문화적으로 역량 있는 슈퍼비전과 현장지도
	언어 다양성	클라이언트에게 적절한 언어로 서비스 및 정보 제공, 윤리적이고 언어적으로 훈련된 통역가와 해석가 활용
National Center for Cultural Competence (2002)		• 위원회, 작업팀, 테스크포스 팀의 조직의 문화역량 선도 • 프로그램이나 조직의 사명 선언서의 문화역량 보장 • 조직에서 서비스를 제공받는 다양한 인종, 민족, 지역, 언어 집단 결정 • 포괄적인 프로그램 혹은 조직의 문화역량 자가진단 • 직원개발 지원, 언어지원 • 자원 동원 및 활용을 위한 연계망 • 옹호 기관과의 연계 • 타 프로그램 및 자원 연결 • 자원 탐색 등

출처: 최소연, 이상철(2011).

② 기관 문화역량의 수준

기관의 문화역량이 어느 정도인지는 [그림 5-1]에 제시되어 있는 기관 문화역량의 수준을 통해 확인할 수 있다(Cross et al., 1989; Diller, 1999)

- 문화파괴(cultural destructiveness): 기관 문화역량의 부정적인 극단의 단계이다. 기관의 정책과 실천이 다른 문화를 부정하고 파괴하는 방식으로 작용한다. 이 단계의 기관은 자국문화에 초점을 두고 다른 문화를 열등한 관점에서 보기 때문에 클라이언트의 문화적 강점이나 독특성을 파괴하게 된다.

[그림 5-1] 기관 문화역량의 수준

- 문화무능(cultural incapacity): 고의로 문화를 부정하거나 파괴하지는 않지만, 다른 인종적 · 민족적 배경의 클라이언트와 그들의 공동체를 원조하는 데 무능한 수준이다. 다른 인종과 민족을 열등하게 생각하여 배제적인 태도를 보이며 사회적 편견을 갖고 대한다. 이러한 기관의 정책은 다른 문화적 배경을 지닌 클라이언트를 차별적으로 처우한다.

- 문화무지(cultural blindness): 비편견적으로 접근을 시도하지만, 실천과정에서 인종이나 문화의 차이를 인식하지 못하기 때문에 주류문화의 방식으로 접근을 한다. 일상적으로 클라이언트의 문화적 강점이나 독특성을 무시하고 동화를 조장하며 클라이언트의 문제를 야기하는 사회를 비난하기보다는 희생자인 클라이언트를 비난한다.

- 문화 예비역량(cultural precompetence): 문화역량에 진입하는 단계로 문화무지의 단계와 비교하면 다문화 클라이언트를 위해 다양한 노력을 하지만 아직 진보를 보이기는 쉽지 않은 단계이다. 다문화기관들의 경우 문화 예비역량의 단계에서 실천하는 경우가 많다. 이 기관은 가시적으로는 다문화 클라이언트를 위한 서비스를 제공하고 있으며 클라이언트에게 여러 지역사회의 자원을 연결하지만, 클라이언트의 문화적 강점은 실천과정에서 거의 활용하지 못하며, 1~2명의 소수 다문화 직원을 채용하고 이들에게 다양한 클라이언트를 위한 문화역량의 실천을 과도하게 기대하는 수준이다.

- 기초 문화역량(basic cultural competence): 문화역량을 갖고 문화 간 서비스 전달을 수행하는 단계이다. 이 기관은 비편견적으로 직원을 고용하고 소수자 공동체로부터 조언과 자문을 모색하면서 소수 인종과 민족의 클라이언트를 위해 어떤 서비스를 제공해야 하며 어떤 것이 적절한지의 의사결정에 클라이언트의 의견을 적극적으로 반영하는 기관이다.

- 문화숙달(cultural proficiency): 기관 문화역량의 연속선상에서 긍정성의 맨 마지막 단계이다. 문화적으로 다양한 클라이언트에게 더 나은 서비스를 제공하는 방법을 모색하기 위해 적극적으로 노력하며 어떻게 문

화적으로 다양한 클라이언트를 효과적으로 원조할지를 모색하기 위해
연구조사를 수행한다. 그리고 다문화주의를 지향하기 위해 광범위하게
옹호를 수행하기도 한다.

(3) 지역사회 차원

지역사회는 사회복지사와 클라이언트의 생활공간이자 업무공간이다. 지
역사회 차원의 문화역량이 중요한 것은 기관과 실천가의 문화역량에 지역사
회의 문화역량이 영향을 미치기 때문이다. 실로 효과적인 문화역량을 위해
서는 사회복지사와 기관 그리고 서비스 연계망 차원에서 가치, 지식, 기술,
태도의 동시화(synchronization)가 이루어져야 할 뿐만 아니라 이러한 속성이
실천과 정책 서비스, 기관 그리고 지역사회의 기능과 조화를 이루어야 한다
(Miley et al., 2007). 이는 문화역량의 실천은 사회복지사의 개인적 차원에서
시작하지만, 지속적이고 성공적인 문화역량의 실천 노력을 유지하기 위해서
는 기관과 지역사회의 동시적인 지원이 있어야만 가능하기 때문이다. 소수
자인 다문화 클라이언트가 지역사회에 잘 적응하기 위해서는 지역사회의 다

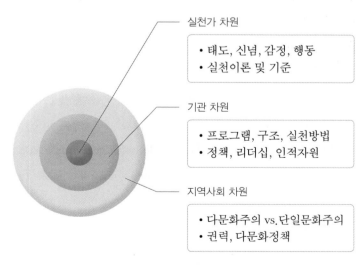

[그림 5-2] 생태체계 관점의 문화역량

양한 기관과 전문가가 총체적으로 접근해야 한다(최소연, 2011). [그림 5-2]는 생태체계 관점의 문화역량을 도식한 것이다.

[그림 5-2]의 개인-기관-지역사회 차원의 문화역량은 사회복지사의 문화역량 실천을 위한 체계적 관점을 반영한 것이다. 지역사회의 정책이 문화적으로 둔감하고 차이에 대해서 배타적일 경우, 그리고 사회복지사가 속한 기관이 문화적으로 무능할 경우, 사회복지사의 문화역량의 실천은 제약을 받을 수밖에 없다. 사회복지사가 문화적으로 역량 있는 실천을 수행하기 위해서는 사회복지사가 속한 기관과 그 기관이 속한 지역사회의 문화역량이 상호적으로 작용해야 한다.

2. 문화역량의 구성요소

문화역량은 문화적 다양성, 민감성, 인식, 이해, 태도, 지식, 기술 등 여러 하위개념으로 구성되어 있다(Campinha-Bacote, 2002; Lum, 2011; McPhatter, 1997; Sue, 2010). 문화역량의 개념을 선구적으로 소개하며 실천과정을 기술하고 있는 대표적인 학자인 럼(Lum)은 문화역량은 전문가가 문화의 주체인 클라이언트의 문화에 대해 공감하고 이해하는 인식론적인 측면과 효과적인 실천을 위해 다양한 클라이언트의 문화에 관련된 지식과 기술이 전제된 실천과정이어야 하며, 실천과정을 통해서 지속해서 추론해 가면서 내재화하는 측면이 있다고 제시하고 있다. 럼(Lum, 2005, 2007, 2011, pp. 123-135)은 문화역량이 문화적 인식(awareness), 지식획득(knowledge acquisition), 기술개발(skill development) 그리고 귀납적 학습(inductive learning)으로 구성되는 특성을 갖는다고 하였다.

미국상담학회의 관점을 반영하고 있는 수(Sue, 2010)는 문화역량은 내담자(클라이언트)와 내담자 체계의 발달을 최대화할 수 있는 조건을 만들어 내거나 행동을 취할 수 있는 능력으로 인식요소, 지식요소, 기술요소로 구성된다고 제시하였다(Sue, 2010). 문화역량의 구성요소로 이 책에서는 수(Sue)가 제시한 문화적 인식, 문화적 지식, 문화적 기술을 사회복지 현장에 맞게 용어를 수정하여 소개한다(김기덕 외, 2012; Sue, 2010).

1) 문화적 인식

문화적 인식은 개인적 신념과 가치와 태도에 영향을 미치는 자기 자신의 문화적 조건화를 이해하는 것을 말한다. 다음 내용은 문화적 인식의 세부항목들이다.

- 문화역량을 갖춘 사회복지사는 자신의 문화배경에 대해 인식하지 못했던 상태에서 민감하게 인식하는 상태로 변화하며 문화적 차이를 가치 있게 여기고 존중한다.
- 문화역량을 갖춘 사회복지사는 자기 자신의 가치나 편견을 인식하며 그러한 요소가 사회적으로 다른 집단에 어떻게 영향을 미칠지를 안다.
- 문화역량을 갖춘 사회복지사는 자신과 클라이언트 사이의 인종적·성차별적·성적 지향적 그리고 다른 사회인구 변인에서의 차이점을 인정한다.
- 문화역량을 갖춘 사회복지사는 주변 환경(개인적 편견, 인종, 성별, 성적지향, 자아정체성의 단계, 사회정치적인 영향 등)에 민감성을 갖고 클라이언트가 속한 인구사회통계학적 집단의 다른 성원 혹은 적절한 다른 전문가에게 클라이언트를 의뢰할 수 있다.
- 문화역량을 갖춘 사회복지사는 자신의 인종차별, 이성애주의 또는 다른 해로운 태도나 신념과 감정에 대해 인지한다.

| 참고 | 실천가의 문화 간 태도(Practitioner Cross-Cultural Attitudes) |

실천가가 소수 공동체의 사람들에 대해 가질 수 있는 다양한 문화 간 태도의 유형은 다음과 같다.

- **우월성**: 실천가는 서비스 이용자의 문화가 열등하다고 믿기 때문에 자신의 가치와 세계관을 강요하려고 한다.
- **무능**: 실천가는 문화적 차이가 있음을 인식은 하지만 이를 해결할 수 있는 기술이 없기 때문에 지배적 문화에 기반한 표준적인 개입을 제공한다.
- **보편성**: 실천가는 모든 인간은 동일한 기본적 가치를 공유한다고 믿기 때문에 모든 서비스 이용자와 보호자를 똑같이 대우한다.
- **민감성**: 실천가는 특히 언어와 관련된 문화적 차이를 인식하고 본질적으로 표준적인 개입의 범위 안에서 이를 해결하려고 노력한다.
- **역량**: 실천가는 서비스의 설계 및 전달 과정에서 서비스 이용자의 가치를 확인하고, 존중하고, 반영한다.

출처: Caballeria (1996): Laird (2008), p. 40 재인용.

2) 문화적 지식

문화적 지식은 문화적으로 다양한 개인과 집단의 세계관에 대한 이해와 지식을 갖추는 것을 의미하며 다음과 같은 내용을 포함한다.

- 문화역량을 갖춘 사회복지사는 자신이 일하고 있는 특정 집단에 대한 구체적인 지식과 정보를 가지고 있다.
- 문화역량을 갖춘 사회복지사는 사회적 소외집단에 대한 처우방식과 관련하여 사회정치적 체계의 운영에 대해 잘 이해한다.
- 문화역량을 갖춘 사회복지사는 상담과 임상과 치료에서의 일반적인 특징에 대한 분명하고 뚜렷한 지식을 갖고 이해한다.
- 문화역량을 갖춘 사회복지사는 다른 문화의 클라이언트가 사회복지 서비스를 받지 못하도록 하는 제도적 장애물에 대해 알고 있다.

3) 문화적 기술

문화적 기술은 문화적으로 적절한 개입 전략을 결정하고 사용할 수 있는 능력을 말하며 다음과 같은 내용을 포함한다.

- 문화역량을 갖춘 사회복지사는 언어적 · 비언어적 반응을 포괄적으로 할 수 있다.
- 문화역량을 갖춘 사회복지사는 언어적 · 비언어적 메시지를 정확하고 적절하게 보내고 받을 수 있다.
- 문화역량을 갖춘 사회복지사는 필요한 때 자신의 클라이언트를 위하여 제도적인 개입기술을 사용할 수 있다.
- 문화역량을 갖춘 사회복지사는 자신의 원조방식을 알고 있으며 자신의 한계를 인정하고 자신의 방식이 다른 문화의 클라이언트에게 미칠 수 있는 영향을 예측할 수 있다.
- 문화역량을 갖춘 사회복지사는 체계적 관점을 적극적으로 갖고 원조 역할을 수행함으로써 클라이언트의 환경에도 개입한다.

3. 문화역량 실천 방향

1) 문화역량 표준

미국사회복지사협회의 문화역량 표준을 소개하면 다음과 같다(NASW, 2015).

○ 표준 1: 윤리와 가치
사회복지사는 미국사회복지사협회 윤리강령(NASW, 2008)의 가치, 윤리 및 기준에 따라 역할을 수행해야 한다. 문화역량은 자기인식, 문화적 겸손, 그리고 효과적인 실천의 핵심인 문화를 이해하고 수용하려는 헌신을 필요로 한다.

○ 표준 2. 자기인식

사회복지사는 자신의 문화적 정체성과 다른 사람들의 문화적 정체성에 대한 인식을 직접 보여 주어야 한다. 또한 사회복지사는 자신의 특권과 권한에 대해 알고 있어야 하며, 이러한 특권과 권한이 클라이언트들과 함께 또는 클라이언트를 대신하여 수행하는 업무에 미치는 영향을 잘 알고 있어야 한다. 사회복지사는 또한 사회복지의 모든 분야에서 문화적 겸손과 함께 권력과 특권의 역학관계에 대한 민감성을 보여야 한다.

○ 표준 3. 문화 간 지식

사회복지사는 역사, 전통, 가치, 가족체계, 예술적 표현을 포함한(이에 국한되지는 않음) 전문적 지식과 이해를 습득하고 지속적으로 발전시켜야 한다. 예를 들면, 인종과 민족, 이민 및 난민 지위, 부족집단, 종교와 영적 특성, 성적 취향, 성 정체성 또는 표현, 사회계층, 다양한 문화집단의 정신적 또는 육체적 능력 등을 포함한다.

○ 표준 4. 문화 간 기술

사회복지사는 실천, 정책, 연구 등에서 문화의 중요성에 대한 이해와 존중을 보여 주는 광범위하고 다양한 기술(미시 기술, 중범위 기술, 거시 기술)과 기법을 활용해야 한다.

○ 표준 5. 서비스 전달

사회복지사는 서비스, 자원 및 기관의 이용을 위해 잘 알고 숙달되어 있어야 하며 다문화사회에 대한 서비스 제공이 가능해야 한다. 그들은 공식 및 비공식 네트워크 내에서 문화적으로 적절한 의뢰를 할 수 있어야 하며, 특정

문화집단에 영향을 미치는 서비스 격차 문제를 인지하고 이를 해결하기 위해 노력해야 한다.

○ 표준 6. 임파워먼트 및 옹호

사회복지사는 사회 시스템, 정책, 실천 및 프로그램이 다문화 클라이언트 집단에 미치는 영향을 알고 있어야 하며, 필요할 때마다 다문화 클라이언트와 클라이언트 집단을 옹호하고, 함께하고, 대신하여야 한다. 또한 사회복지사는 소외되고 억압받는 사람들을 위해 힘을 실어 주고 옹호하는 정책 및 실천을 개발하고 집행하는 데에도 참여해야 한다.

○ 표준 7. 다양한 인력

사회복지사는 전문직 내에서 인력의 다양성이 확보될 수 있도록 사회복지 프로그램 및 조직의 모집, 채용 및 고용 유지 노력을 지원하고 옹호해야 한다.

○ 표준 8. 전문적 교육

사회복지사는 전문직 내에서 문화역량을 향상시키는 전문 교육 및 훈련 프로그램을 옹호하고, 개발하고, 참여해야 한다. 사회복지사는 문화역량을 평생학습의 핵심으로 수용해야 한다.

○ 표준 9. 언어 및 의사소통

사회복지사는 언어능력이 부족하거나 문자해독 능력이 낮은 사람들, 시각장애인이나 시력이 약한 사람들, 청각장애인이나 기타 장애인을 포함한 모든 문화집단의 클라이언트들에게 효과적인 의사소통 서비스를 제공하고 지지해야 한다.

○ 표준 10. 문화역량 향상을 위한 리더십

사회복지사는 기관, 조직 및 지역사회에서 다문화 집단과 효과적으로 협력할 수 있는 리더십 역량을 입증하는 변화의 주역이 되어야 한다. 또한 사회복지사는 조직 내외에서 문화역량을 향상시킬 책임감을 명백히 보여 주어야 하며, 구조적이고 제도적인 한계에 도전하고, 다양하고 포용적인 기관과 사회를 구축하고 유지될 수 있도록 도움을 주어야 한다.

2) 문화역량 실천모델

(1) 문화역량 성취모델(Cultural Competence Attainment Model)

맥패터(McPhatter, 1997)는 실천가가 '근거 있는 지식기반' '계몽된 의식' '점증적 기술 숙달'의 세 가지 요소를 갖춰야 하는 것으로, 문화역량 성취모델을 제시하였다.

① 근거 있는 지식기반(grounded knowledge base): 사회복지사는 다른 문화에 대한 지식기반이 취약하므로 클라이언트의 문화적 차이에 대한 민감성을 갖고 인종 공동체, 전통 및 비전통적 제도들, 타 학문과 전문가로부터의 다양한 정보 원천을 활용하면서 새로운 지식기반을 재형성할 필요가 있다.

② 계몽된 의식(enlightened consciousness): 사회복지사는 사람들의 세계관을 재정리하고 고정관념이나 편견과 같은 다른 문화에 대한 정형화된 의식을 전환해야 한다.

③ 점증적 기술 숙달(cumulative skill proficiency): 사회복지사는 다른 사람의 세계관에 대한 가치를 인정하고 문화적으로 다양한 클라이언트 집단을 수용하고 효과적으로 개입하기 위해서 문화역량의 지속적인 기술을 개발하면서 기술의 숙달을 지향해야 한다.

(2) 문화역량 실천모델(Culturally Competent Practice Model)

럼(Lum, 2007)은 문화역량의 실천을 위해서 사회복지사와 클라이언트가

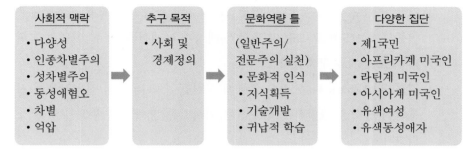

[그림 5-3] 문화역량 실천모델

속한 사회의 맥락을 주요 전제로 하는 문화역량 실천모델을 제시하였다. 이 모델은 전문가 개인 차원의 역량은 물론이고, 체계적 관점에서 사회적 맥락과의 연결을 반영한 모델이다. 럼(Lum)의 모델은 문화역량 실천의 선행요소로 사회적 맥락을 제시하고 있으며, 그에 따라서 어떠한 목적을 지향할지, 어떤 틀을 기초로 실천할지를 설정한 후에 다양한 집단의 독특성에 부합하는 개입을 진행하는 경로모델이다([그림 5-3] 참조).

(3) 생활학습 모델(LIVE and LEARN 모델)

생활학습 모델은 카발레이라(Caballeira, 1996)에 의해 제시된 모델이다(Laird, 2008). 이 모델은 실천가들이 다른 인종집단의 사람들과 긍정적이고 문화적으로 적절한 상호작용을 촉진하기 위해 노력해야 하는 일련의 활동을 제시한다.

① 좋아한다(Like): 소수집단 공동체의 사람들과 함께 일하는 것을 바라고 좋아하는 취향을 개발한다.
② 탐구한다(Inquire): 다른 인종집단의 역사, 신념, 사회규범 및 가족 구조에 대해 알기 위해 노력한다.
③ 방문한다(Visit): 다른 인종집단의 사람들과 일할 때 존중하고 주의 깊은 방문자의 자세를 갖는다.

④ 경험한다(Experience): 다른 인종집단의 사람들과의 사회적 상호작용을 신중하게 시도하고 그들의 문화적 배경과 세계관을 더 잘 이해하기 위해 동료 관계를 구축한다.

⑤ 경청한다(Listen): 다른 소수 공동체 사람들이 그들 간의 상호작용에 사용하는 방식을 관찰하고 선호하는 의사소통 방식을 수용하기 위해 노력한다.

⑥ 평가한다(Evaluate): 모든 사람은 각자 개인만의 독특한 방식으로 문화와 개성을 완성한다는 것을 인식하고 각 서비스 이용자 또는 보호자들이 갖는 특유한 태도, 신념 및 가치를 확인함으로써 고정관념을 피하도록 노력한다.

⑦ 인정한다(Acknowledge): 다른 가족구성원 간에 태도, 신념 및 가치의 유사점과 차이점 그리고 법적 요건과 충돌할 가능성이 있는 사항을 확인하고 서비스 이용자에게 알린다.

⑧ 권장한다(Recommend): 서비스 이용자와 보호자에게 다양한 개입의 방법을 제공하고 문화적으로 가장 수용 가능한 방법에 대해 상담해 준다.

⑨ 협의한다(Negotiate): 문화적 차원을 가진 것으로 보이는 갈등의 영역을 공개적으로 논의하고 수용 가능한 타협을 향해 노력한다.

(4) ASKED - 문화역량의 과정모델

ASKED 모델은 실천가가 구축해야 하는 문화역량의 과정모델이다(Campinha-Bacote, 2002).

① 문화적 인식(Cultural Awareness): 실천가 자신의 문화적 및 전문적 배경에 대한 심도 있는 자기성찰 그리고 실천가 자신이 소수 공동체의 사람들에 대해 갖는 선입관, 편견 및 억측에 대한 인식

② 문화적 기술(Cultural Skill): 사정과정의 한 부분으로서 서비스 이용자의 문제와 욕구와 관련된 문화적 자료를 수집할 수 있는 능력

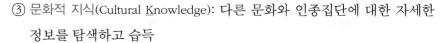

③ 문화적 지식(Cultural Knowledge): 다른 문화와 인종집단에 대한 자세한 정보를 탐색하고 습득

④ 문화적 직면(Cultural Encounter): 다양한 문화적 배경을 가진 서비스 이용자와 보호자와의 문화 간 상호작용에 참여하고 이를 통해 실천가가 문화집단에 대해 가졌던 기존의 신념을 수정하고 고정관념을 없앰

⑤ 문화적 열망(Cultural Desire): 앞의 네 가지 과정에 참여하기를 희망하는 (참여해야 하는 것이 아닌) 실천가의 동기. 이것은 차이점은 인정하고 유사점은 증진시키며, 문화 정보의 제공자인 사람들로부터 배우려는 진정한 의지를 포함함

(5) 문화역량의 다차원모델(Multidimensional Model of Cultural Competence: MDCC)

수(Sue, 2010)는 실천가 개인뿐 아니라 전문적 상황에서의 문화역량을 설명하는 다차원 모델을 개념화하였다.

① 차원 1: 문화역량의 다양한 범주−인종, 성별, 성적 지향, 장애, 종교
② 차원 2: 문화역량의 요소−태도/신념에 대한 인식, 지식, 기술
③ 차원 3: 문화역량의 관점−개인 차원, 전문적 차원, 조직 차원, 사회적 차원
  • 개인 차원: 자신의 선입견이나 편견, 다른 문화에 대한 그릇된 정보나 불충분한 정보를 다루어야 한다.
  • 전문적 차원: 사회복지의 전문적 기준이나 윤리강령이 다문화적인 세계관을 반영해야 한다.
  • 조직 차원: 단일문화 정책이 특정 문화를 억압할 수 있음을 인식해야 한다. 조직의 절차 및 실행이 다른 문화집단을 억압해서는 안 된다.
  • 사회적 차원: 비가시적이며 암묵적인 단일문화주의가 특정 집단에 해롭게 작용하지 않도록 해야 한다.

3) 문화역량의 개발

럼(Lum, 2007, 2011)은 일반주의(generalist)와 전문주의(advanced practice)
수준에서 문화역량의 구성요소별 사회복지사의 과업을 제시하였다. 일반주
의 실천의 문화역량은 다문화사회의 사회복지사에게 보편적으로 요구되는
문화역량이라 할 수 있으며, 전문주의 실천의 문화역량은 일반주의 실천의
문화역량을 토대로 지속해서 발전시켜 나가야 하는 더욱 심도 있는 문화역
량의 과업이다.

표 5-2 문화역량 개발을 위한 사회복지사의 과업

구성 요소	일반주의 실천의 수준	전문주의 실천의 수준
문화적 인식	• 문화와 관련된 자신의 삶의 경험에 대한 인식 • 다른 문화와 인종과의 접촉 • 다른 문화와 인종과의 긍정적 및 부정적 경험에 대한 인식 • 자신의 인종주의, 편견 및 차별에 대한 인식	• 다양한 생활주기에서 유색인의 개입에 대한 사정 • 문화다양성에 중점을 둔 교과과정, 실천과정, 조사연구의 완수 • 문화적으로 다양한 클라이언트 및 프로그램과의 고용 경험에 참여 • 문화다양성에 대한 학술자료 및 전문적 직업 경험을 통한 집중적인 문화적 인식의 달성 경과에 관한 학술적·직업적 평가
지식 획득	• 문화다양성과 관련된 용어의 이해 • 문화적으로 다양한 인구집단의 인구통계에 대한 지식 • 문화다양성에 대한 비판적 사고 관점의 개발 • 억압의 역사와 사회집단에 대한 이해 • 유색인종의 강점에 대한 지식 • 문화적으로 다양한 가치에 대한 지식	• 후기 실증주의, 구성주의, 비판적 지식 및 포스트모더니즘에 대한 이론에 관한 지식 • 인종, 문화, 소수자 정체성, 사회계층이론에 대한 지식 • 사회과학이론의 숙달

기술 개발	• 클라이언트의 저항을 극복하는 방법에 대한 이해 • 클라이언트의 배경에 관한 정보를 얻는 방법에 대한 지식 • 인종공동체의 개념에 대한 이해 • 자기노출의 활용 • 긍정적이며 개방적인 의사소통 방식 활용 • 문제 확인 • 필요 또는 욕구와 관련된 문제에 대한 견해 • 수준과 관련된 문제에 대한 견해 • 문제의 주제에 대한 설명 • 문제의 세부사항 발굴 • 스트레스 요인과 강점에 대한 사정 • 모든 클라이언트의 차원에 대한 사정 • 문화적으로 수용 가능한 목적 수립 • 다단계 개입 전략의 수립 • 평가	• 인종공동체에 대한 사회서비스 프로그램의 설계 • 서비스는 접근 가능해야 한다는 것을 이해 • 서비스는 실용적이며 긍정적이어야 한다는 것을 이해 • 이중언어/이중문화 직원채용의 중요성에 대한 신념 • 지역사회 아웃리치 프로그램에 참여 • 다른 사회기관과의 연계 구축 • 전도성 있는 기관 환경의 조성 • 문화적 기술 개발의 연구에 참여
귀납적 학습	• 다문화 사회복지실천에 대한 지속적인 논의에 참여 • 문화역량과 문화다양성 실천에 대한 새로운 정보의 수집	• 문화역량과 문화적으로 다양한 실천에 대한 귀납적 연구조사에 참여 • 문화역량과 문화적으로 다양한 실천에 관한 논문 및 저술 활동 참여

출처: Lum (2007), pp. 113-115; Lum (2011), p. 126에서 표로 구성.

사회복지사는 클라이언트의 문화가 지닌 강점을 알아야 하며, 또한 그것이 강점이라는 것을 인정하고 실천과정에서 활용할 수 있어야 한다. 사회복지사가 클라이언트의 독특성을 수용하며 고유한 문화에 대해 이해하기 위해서는 먼저 차이를 인정하며 클라이언트의 문화에 대한 존중이 전제되어야 한다. 뿐만 아니라 다문화 클라이언트가 활용하는 의사소통 패턴과 언어에 내포된 의미를 이해할 수 있어야 하며, 다문화 클라이언트의 행동양식과 의식, 금기시하는 사항에 대한 지식을 사전에 갖고 실천해야 한다. 사회복지사는 클라이언트와 면담 및 사정 시 문화적 성향의 실천을 지향해야 한다

(Dana, 1996). 무엇보다도 개인이 지닌 문화를 이해하고자 할 때 클라이언트가 활용하는 언어를 이해하는 것은 중요하기 때문에(Mama, 2001), 클라이언트의 문화에 대한 이해가 부족하고 클라이언트와의 의사소통이 어려울 경우는 이중언어를 구사하거나 양쪽 문화에 익숙하다고 검증된 사람의 도움을 받아야 한다.

문화역량을 갖춘 사회복지사가 다문화실천 현장에서 역할을 수행하는 것이 바람직하지만, 문화역량이 단시간에 구축되는 것이 아니기 때문에 사회복지사는 다문화 클라이언트가 적시에 적절한 서비스를 제공받을 수 있도록 직접적인 실천가의 역할뿐 아니라 적절한 자원을 연계하는 간접 역할의 수행도 병행할 필요가 있다. 무엇보다도 다문화사회의 사회복지사들은 문화역량의 발전과 촉진을 위해 지속적으로 노력해야 한다.

요약

문화역량은 개인, 가족, 지역사회의 다양성과 차이를 인정하고 존중하며, 문화적으로 다양한 클라이언트(개인, 가족, 집단)를 효과적으로 원조하기 위한 실천가의 능력이다. 사회복지사는 자신의 문화적 배경과 다른 클라이언트의 문화에 대해서 지속해서 이해하고 클라이언트의 고유한 문화적 특성을 실천과정에 접목할 수 있도록 문화역량을 개발하고 촉진하기 위해 노력해야 한다. 문화역량은 실천가-기관-지역사회의 생태체계적인 측면에서 이해하고 구축해야 한다.

문화역량은 문화적 민감성을 포함하여 문화적 인식, 문화적 지식, 문화적 기술 등의 다양한 요소로 구성된다. 문화적 인식은 개인적 신념과 가치와 태도에 영향을 미치는 자기 자신의 문화적 조건화를 이해하는 것이다. 문화적 지식은 문화적으로 다양한 개인과 집단의 세계관에 대한 이해와 지식을 갖추는 것이다. 문화적 기술은 문화적으로 적절한 개입 전략을 결정하고 사용할 수 있는 능력이다.

미국사회복지사협회의 문화역량 표준은 윤리와 가치, 자기인식, 문화 간 지식, 문화 간 기술, 서비스 전달, 임파워먼트 및 옹호, 다양한 인력, 전문적 교육, 언어 및 의사소통, 문화역량 향상을 위한 리더십이다. 문화역량 실천모델로 문화역량 성취모델(cultural competence attainment model), 럼(Lum, 2007)의 문화역량 실천모델, 생활학습 모델(LIVE and LEARN 모델), ASKED 모델, 문화역량의 다차원모델(Multidimensional Model of Cultural Competence: MDCC) 등이 있다. 문화역량의 개발을 위해 사회복지사는 일반주의(generalist)와 전문주의(advanced practice) 수준에서 문화역량 구성 요소별 과업에 대해서 이해하고 실행할 수 있어야 한다.

 생각해 봅시다

1. 문화역량을 향상하기 위해서 문화역량의 구성요소인 문화적 인식, 문화적 지식, 문화적 기술의 각 항목 중 어떤 부분의 개발과 향상이 필요한지 토의해 보자.
2. 실습이나 자원봉사 중 클라이언트, 동료 혹은 직원의 다양성과 차이를 존중하지 못한 경험이 있다면(직간접 경험 모두) 어떤 경우인지 사례를 함께 나누어 보자.

참고문헌

김기덕(2011). 문화적 역량 비판 담론에 관한 사회철학적 분석. 한국사회복지학, 63(3), 239-260.

김기덕, 최소연, 권자영(2012). 사회복지윤리와 철학. 경기: 양서원.

문화콘텐츠기술연구원(2009). 다문화의 이해: 주체와 타자의 존재방식과 재현양상. 서울: 경진.

최소연(2010). 원조전문직을 위한 문화적 역량 척도개발 연구. 한국지역사회복지학, 12(1), 23-53.

최소연, 이상철(2011). 원조전문기관 문화적 역량 척도개발 연구. 한국사회복지조사연구, 28, 147-168.

최소연(2012). 원조전문직의 문화적 역량 선행요인에 관한 연구: 사회복지사, 교사, 간호사, 사회복지공무원을 중심으로. 한국사회복지학, 64(2), 5-29.

최소연(2013). 다문화가족지원센터 사회복지사의 문화적 역량 선행요인에 관한 연구. 한국가족복지학, 39, 113-142.

Baldwin, E., Longhurst, B., McCracken, S., Ogborn, M., & Smith, G. (2008). 문화 코드, 어떻게 읽을 것인가?[Introducing cultural studies]. (조애리 외 공역). 경기: 한울. (원전은 2004년에 출판).

Bonder, B., Martin, L., & Miracle A. (2001). Achieving cultural competence: The challenger for client and healthcare workers in a multicultural society. *Workforce Issues In a Changing Society, Spring*, 35-42.

Cabballeira, N. (1996). The LIVE and LEARN Model for culturally competent family services. *The Source, 6*(2), 4-12 in Laird, S. E. (2008), *Anti-Oppressive Social Work: A guide for developing cultural competence.* London: SAGE Publications.

Campinha-Bacote, J. (2002) The process of cultural competence in the delivery of health-care services: A model of care. *Journal of Transcultural Nursing Care, 13*(3), 181-184.

Campinha-Bacote, J. Yahle, X, & Langenkamp, M. (1996). The challenge of cultural diversity for nurse educators. *Journal of Continuing Education in Nursing, 27*(2),

59-64.

Cronin, M. S. (2005). *Enhancing cultural competence of social workers.* Yeshiva University DSW. Doctoral Dissertation.

Cross, T., Bazron, B., Dennis, K., & Isaacs, M. (1989). *Towards a culturally competent system of care.* Georgetown University Child Development Center.

CSWE. (2015). Education Policy and Accreditation Standards foe Baccalaureate and Masters Social Work Programs, CSWE.

Dana, R. H. (1996). Culturally competence assessment practice in the United States. *Journal of Personality Assessment, 66*(3), 472-487.

Darnell, A. J. and Kupermic, J. P. (2006). Organizational cultural competence in mental health service delivery: A multilevel analysis. *Journal of Multicultural Counseling and Development, 34,* 194-207.

Diller, J. V. (1999). *Cultural diversity: A primer for the human services.* Belmont, CA: Wadsworth Publishing Company.

Kavanaugh, K. H. & Kennedy, P. H. (1992). Promoting cultural diversity: Strategies for health care professionals. Newbury Park: Sage. In P. E. Zander (2007), Cultural Competence: analysing the construct. *Journal of Theory Construction & Testing, 11*(2), 50-54.

Kohl, B. J. (2005). *Evaluating cultural competency in social work field education*, New York University School of Social Work. Ph D. Dissertation.

Laird, S. F. (2008). *Anti-Oppressive Social Work: A guide for developing cultural competence.* London: SAGE Publication Ltd.

Lu, Y. E., Lum, D., & Chen, S. (2001). In B. J. Kohl (2005), *Evaluating cultural competency in social work field education*, New York University School of Social Work. Ph D. Dissertation.

Lum, D. (2005). *Cultural competence, practice, stages and client systems: A case study approach.* CA: Brooks/Cole.

Lum, D. (2007). *Cultural competence, practice: A framework for understanding diverse groups and justice issues* (3rd ed.). CA: Brooks/Cole.

Lum, D. (2011). *Cultural competence, practice: A framework for understanding diverse groups and justice issues* (4th ed.). CA: Brooks/Cole.

Mama, R. S. (2001). Preparing social work students to work in culturally diverse settings. *Social Work Education, 20*(3), 373-382.

Matthew, L. (1996). Culturally Competence Models in human service organization. *Journal of Multicultural Social Work, 4*(4), 131-135.

McPhatter, A. R.(1997). Cultural competence in child welfare: What is it? How do we achieve it? What happens with it? *Child Welfare, 76,* 255-278.

Miely, K. K., O'Melia, M. O., & DuBios, B. (2007). *Generalist social work practice: An empowerment approach.* MA: Allyn and Bacon.

NASW. (2008). *Code of Ethics.* NASW.

NASW. (2015). *Indicators for the achievement of the NASW standards for cultural competence in social work Practice.* NASW.

National Center for Cultural Competence. In E. Ahmann (2002). Developing cultural competence in health care settings. *Pediatric Nursing, 28*(2), 133-137.

O'Hagan, K. (2001). *Cultural competence in the caring professions.* London: Jessica Kingsley Publishers.

Olavarria, M., Beaulac, J., Belanger, A., Young, M., & Aubry, T. (2009). Organizational cultural competence in community health and social service organizations: How to conduct a self-assessment. *Journal of Cultural Diversity, 16*(4), 140-150.

Sue, D. W. (2010). 다문화사회복지실천[*Multicultural social work practice*]. (이은주 역). 서울: 학지사. (원전은 2006년에 출판).

Tylor, C. (1994). Multicultralism: Examining the politics of recognition. In A. Giddens (2007), *Over to you, Mr Brown.* Cambridge, UK: Polity Press.

Webb, N. Y. (2001). *Culturally diverse parent-child and family relationships: A guide for social workers and other probationers,* NY: Columbia University. In B. J. Kohl (2005), *Evaluating cultural competency in social work field education,* New York University School of Social Work. Ph D. Dissertation.

제**6**장
....

다문화 사회복지실천

다문화 사회복지실천은 새로운 사회복지실천 방법 또는 사회복지실천의 새로운 대상집단을 위한 실천이 아니라, 기존의 사회복지실천에 다문화적 요소 또는 문화다양성을 포함한 접근방법이다. 따라서 사회복지실천 과정은 동일하며 클라이언트의 다양한 배경을 고려한 개입 목표와 실천을 수행하는 실천 방법이다. 이 장에서는 다문화 사회복지실천의 개념과 관점을 살펴보고, 우리 사회의 다문화 사회복지실천의 쟁점에 대해 분석하고자 한다.

1. 다문화 사회복지실천의 개념

1) 다문화 사회복지실천의 개념

다문화 사회복지실천(Multicultural Social Work Practice: MCSW)을 어떻게 이해할 것인가는 2018년 개정된 'NASW 사회복지사 윤리강령'에서 명확히 보여 주고 있다(http://www.socialworkers.org). 즉, 사회복지사는 문화적 역량과 사회적 다양성에 민감하며 사회복지실천에 다문화성 및 다양성 수용 원칙을 포함할 것을 강조한다.

럼(Lum)은 다문화 사회복지실천에 대해 "사람들 간에 존재하는 다양성과 차이를 존중하고 원조관계에서 작용하는 문화적 요소를 인식하는 사회복지실천"이라고 정의한다. 또한 럼(Lum, 2004)은 다문화 사회복지실천의 주요 대상이 인종과 사회경제적 지위로 인하여 차별받아 온 사회적 소수자들과 지역사회이며, 이들과의 상호작용 속에서 다름과 차이를 인정하고 사회심리적 기능을 향상시키는 것이 다문화 사회복지실천의 목표라고 강조하였다.

그리고 수(Sue, 2006, p. 20)는 "다문화 사회복지실천은 원조 역할과 원조과정으로 그 과정은 클라이언트의 문화적 가치관과 삶의 경험에 일치되는 서비스 목표를 세우고 원조방식을 활용하는 과정이다. 이 과정에서 클라이언트의 정체성을 개인적·집단적·보편적 차원에서 이해하고, 치료 단계에서 보편적이고 문화 특성적 전략을 사용하며, 클라이언트와 클라이언트 환경의 사정·개입·문제 해결에서 개인주의적 접근과 집단주의적 접근의 균형을 맞추는 실천"이라고 정의하였다.

한편, 수(Sue, 2006, pp. 20-21)는 다문화 사회복지실천의 정의를 다음과 같이 보다 자세하게 설명하였다.

• 원조적 역할과 원조과정: 다문화 클라이언트 편에서 핵심적인 교육, 조

언, 협의, 옹호 등의 활동을 한다.
- 다문화 클라이언트의 문화적 가치관과 삶의 경험에 일치되는 서비스 목표 설정: 다문화 클라이언트의 인종적·민족적·문화적 및 성별, 성적 취향의 배경을 고려한 개입방법을 활용하고 목표를 설정한다.
- 다문화 클라이언트의 정체성에 대한 개인적·집단적·보편적 차원의 이해: 다문화 클라이언트의 존재와 정체성이 개인적·집단적·보편적 차원으로 구성되어 있다는 점을 인식한다.
- 사회복지사는 다양한 민족/인종적 소수집단과 다양한 인구집단이 문화적으로 특수한 전략에 따른 원조에 가장 잘 반응한다는 믿음을 가진다.
- 클라이언트를 단순한 한 사람의 개인이라기보다 그의 문화적·사회적 환경의 산물로 본다.
- 원조관계에서 변화의 두 초점(클라이언트 개인과 환경)을 적절히 이용한다.

따라서 다문화 사회복지실천은 새로운 실천방법이 아니라 기존의 사회복지실천을 다문화적 요소를 고려하여 발전적으로 적용하고 해석하는 것이며, 새로운 철학과 개념의 등장을 기반으로 전개되어 온 접근법이라고 할 수 있다(최명민, 이기영, 김정진, 최현미, 2015). 즉, 사회복지실천 과정은 동일하며 클라이언트의 다양한 배경을 고려한 개입 목표와 실천과정을 수행하는 실천방법이다.

2) 다문화 사회복지사의 개념

다문화 사회복지사는 일반 사회복지사와 동일한 역할과 기능을 가지며, 사회복지실천 과정에서 클라이언트의 민족·문화·성별·성적 취향 등 다양한 배경을 고려한 개입 목표와 실천과정을 수행하는 전문직이다. 따라서 다문화 사회복지사는 다문화 클라이언트의 정체성을 존중할 뿐 아니라 개인 차원, 집단 차원, 보편적 차원에서 이해할 수 있는 문화적 역량을 갖춰야 하

며, 다문화 클라이언트의 다양한 배경을 고려한 서비스 목표와 개입방법을
활용해야 한다(Sue, 2006).

2. 다문화 사회복지실천의 관점

다문화 사회복지실천의 관점은 다문화 사회복지사가 실천 현장에서 갖는
다문화 관련 가치와 시각을 의미하므로 매우 중요하다. 이 절에서는 인권 관
점, 강점 관점, 역량강화 관점에 대해 살펴보고자 한다.

1) 인권 관점

(1) 인권과 국제선언

'인권'이 분명한 의미를 지닌 중요한 개념으로 등장하게 된 것은 1948년
UN총회를 통해 '세계인권선언(Universal Declaration of Human Rights)'이 선
포된 이후라고 볼 수 있다(국가인권위원회, 2018). 세계인권선언의 전문에는
"모든 인류구성원 고유의 존엄성과 동등하고 양도할 수 없는 권리의 인정은
세계의 자유, 정의 및 평화의 기초"(국가인권위원회 인권교육센터 홈페이지)라
고 밝히고 있어 인권을 '모든 인간이 존엄한 존재가 되기 위해 가져야 할 당
연한 권리'로 보고 있다.

인권에 문화다양성 이슈가 포함되어 논의된 국제규약은 2001년에 유네
스코에서 채택된 '세계 문화다양성 선언(Universal Declaration on Cultural
Diversity)'이다. 이후 유네스코에서는 2005년 '문화적 표현의 다양성 보호와
증진에 관한 협약'을 채택하였고, 30개 국가가 비준을 마친 후 2007년 3월부
터 국제협약으로서 발효되었다. 그리고 우리나라는 이 국제협약을 2010년
말에 비준하였다(임운택, 2013).

'문화적 표현의 다양성 보호와 증진에 관한 협약'은 문화정체성의 증진 및

보호와 관련된 기존의 인권 규정에 근거하고 있다는 점에서 문화적 소수자의 인권을 보호하는 중요한 근거를 제공하고 있다. 특히 문화다양성 개념은 문화적 소수자의 실질적인 권리, 즉 문화생활 참여권, 문화향유권, 표현·종교·결사의 자유권, 교육권 등을 포함하는 광의의 문화권을 포함하고 있다(임운택, 2013).

(2) 인권 관점의 다문화 사회복지실천

우리나라는 '문화적 표현의 다양성 보호와 증진에 관한 협약'의 비준 이후, 외국인, 이주민의 기본권을 「헌법」에서 보장하고 있다.

- 「헌법」 제10조: 모든 국민은 인간으로서의 존엄과 가치를 가지며, 행복을 추구할 권리를 가진다. 국가는 개인이 가지는 불가침의 기본적 인권을 확인하고 이를 보장할 의무를 진다.
- 「헌법」 제6조 제2항: 외국인은 국제법과 조약이 정하는 바에 의하여 그 지위가 보장된다.

즉, 국내에 적법하게 체류하고 있는 외국인 또는 이주민은 국가 간 상호주의에 따라 일정 범위 내에서 기본권의 주체로 인정되고 있다. 특히 헌법재판소의 판례에 따르면, 국민과 유사한 지위에 있는 외국인은 기본권을 누릴 수 있는 주체가 될 수 있으며, 인간의 존엄과 가치, 행복 추구의 권리와 함께 평등권을 보장하고 있다.

그러나 「헌법」에서의 보장 및 국제법의 비준에도 불구하고, 여전히 우리 사회는 단일민족주의에 대한 뿌리 깊은 집착으로 인해 '차별배제 모형(differential exclusionary model)' 또는 동화모형(assimilationist model)에 근거한 다문화정책을 수행하고 있다. 즉, 우리 사회가 이민자를 3D 직종의 노동시장과 같은 특정 영역에만 받아들이면서 최소한의 기본권은 인정하지만 복지 혜택, 국적·시민권, 선거권·피선거권 부여와 같은 사회적·정치적 영

다문화정책의 유형

- 다문화정책이란 특정의 소수자 집단이 무시되거나 차별받는 것을 방지하고 차이에 근거한 정치·사회·경제적 갈등을 해소하며, 인간으로서의 보편적 권리를 향유하도록 함을 목적으로 하는 정부의 제도적 개입이라 할 수 있다. 즉, 다문화정책은 다문화시대의 사회 문제를 해결하기 위한 정책적 대안이다.
- 캐슬스와 밀러(Castles & Miller)는 국가의 다문화정책의 유형을 다음과 같이 구분하고 있다.
  - 차별배제 모형(differential exclusionary model): 국가가 이민자집단의 접촉을 배제하거나 최소화함으로써 사회갈등을 회피하고자 하는 모델이다.
  - 동화모형(assimilationist model): 국가가 이민자에게 주류사회의 문화적 동화를 조건으로 국민으로 허용하는 사회통합을 목표로 하는 모델이다.
  - 다문화모형(multicultural model): 국가가 주류문화뿐만이 아닌 다양한 문화가 공존하는 가운데 집단 간 상호존중의 질서가 자리 잡도록 하는 것을 정책 목표로 하는 모델이다.

출처: Castles & Miller (2009).

역에는 최소화하는 정책을 수행하고 있는 것이다(이종복 외, 2012).

따라서 인권 관점의 다문화 사회복지실천은 다음과 같이 모색되어야 한다(NASW, 2015; Sue, 2006).

① 다문화 사회복지실천은 다문화 클라이언트에게 동일하게 인본주의 및 평등주의 사상에 기초한 인간 존엄성의 가치와 클라이언트의 권익을 옹호하는 가치를 적용하는 데서 출발한다.

② 사회복지사는 문화다양성과 인종다양성에 민감하며, 차별·억압·빈곤 및 기타 사회 불의(social injustice)를 해소하기 위해 노력해야 한다.

③ 다문화 클라이언트의 자유권과 생존권을 존중하여 클라이언트의 주체성과 자기결정권을 보장하는 가치를 가져야 한다.

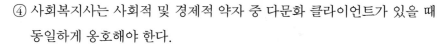

④ 사회복지사는 사회적 및 경제적 약자 중 다문화 클라이언트가 있을 때 동일하게 옹호해야 한다.
⑤ 다문화 클라이언트의 문화적 가치관과 삶의 경험에 일치되는 서비스 목표를 설정하고 클라이언트 중심의 개입방법을 활용한다.

2) 강점 관점

(1) 강점 관점의 특성

강점 관점이란 클라이언트를 독특한 존재로서 다양성을 인정하고 존중하면서 클라이언트의 단점보다는 강점에 초점을 두어 가능한 모든 자원을 활용하여 역량을 실현해 나가도록 돕고자 하는 것으로 강점 관점의 특성은 다음과 같다(Miley, O'Melia, & DuBois, 2007: 김혜영, 석말숙, 최정숙, 김성경, 2014 재인용).

① 강점 관점이란 모든 인간은 성장하고 변화할 능력을 이미 내면에 가지고 있고, 문제가 생겼을 때 문제를 해결할 능력과 힘을 갖고 있다고 보는 관점이다.
② 사회복지사들이 이러한 타고난 힘을 원조할 때, 클라이언트에게 긍정적인 성장의 가능성이 촉진된다.
③ 클라이언트는 잠재력과 지배력과 자기실현의 개발을 향하여 노력한다.
④ 강점 관점은 사회복지의 근본적 가치인 인본적 가치와 사회정의에 관련된 가치와 일치한다.
⑤ 강점 관점은 원조과정의 특징인 인본적이고 윤리적이며 정치적인 가치에 더욱 상응한다.
⑥ 강점 관점은 클라이언트 체계를 존중하며 원조하는 접근이다.

(2) 강점 관점의 다문화 사회복지실천

강점 관점을 다문화 사회복지실천에 적용할 경우, 다음과 같은 원리를 적용할 수 있다(김혜영 외, 2014; Sue, 2006).

① 다문화 클라이언트 체계에는 모두 강점이 있다. 사회복지사는 다문화 클라이언트의 문제에 집중하기보다는 클라이언트와 그를 둘러싼 환경의 강점을 찾는 데 초점을 두어야 한다.
② 다문화 사회복지사는 다문화 클라이언트의 문제의 영향을 인정하되 그에 대한 해석을 달리하여 문제가 성장을 위한 도전과 기회라는 긍정적 시각을 유도해야 한다.
③ 다문화 사회복지사가 열린 마음으로 다문화 클라이언트의 변화 가능성을 지지할 때 더 큰 효과를 얻을 수 있다.
④ 다문화 사회복지사와 다문화 클라이언트는 수평적인 관계로 상호 협력함으로써 함께 문제 상황을 변화시켜 나가야 한다.
⑤ 모든 환경에는 자원이 있으므로, 다문화 사회복지사는 자원의 중요성을 인식하고 생각하지 못했던 자원들을 환경 안에서 발견하도록 노력해야 한다.
⑥ 다문화 사회복지사는 보호와 환경을 강조한다. 즉, 다문화 클라이언트를 보호하며 동시에 환경 안의 상황을 이해하고 해석하며 개입해야 함을 강조하는 것이다.

3) 역량강화 관점

(1) 역량강화 관점의 특성

역량강화 관점에서 역량강화(임파워먼트, empowerment)는 무력감을 갖는 개인이나 가족 혹은 지역사회가 힘을 가질 수 있게 해 주는 것으로 클라이언트에게 문제를 해결할 수 있는 잠재적인 힘과 능력이 있다는 사실을 전제로

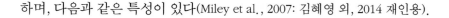

하며, 다음과 같은 특성이 있다(Miley et al., 2007: 김혜영 외, 2014 재인용).

① 역량(competence)은 인간체계의 구성원을 돌보는 기능을 수행할 수 있으며, 다른 체계와 효율적으로 상호작용하고, 사회적 · 물리적 환경의 자원체계에 기여할 수 있는 능력이다. 역량강화 관점에서 사회복지사는 개인의 문제를 클라이언트 체계의 결점으로 보기보다는 개인적 역량과 환경적 요구 사이의 불일치로 인하여 발생하는 것으로 본다.

② 역량강화(empowerment)는 개인, 가족 그리고 지역사회가 그들의 상황을 개선하는 행동을 수행함으로써 개인, 개인 상호 간, 또는 정치적인 힘을 증가시키는 과정을 포함한다.

③ 역량강화 관점에서 사회복지사는 생태체계 관점과 강점 지향적 실천을 적용한다. 사회복지사는 클라이언트의 상황과 환경을 고려하여 클라이언트의 강점과 환경적 자원을 찾고, 그들의 문제보다 일시적으로 변화되는 욕구를 표현하도록 한다.

④ 사회복지사는 변화과정의 동반자로서 클라이언트와 협력한다. 클라이언트는 사회복지사와 협력적 관계를 가지면서 목표나 방향 설정에 있어서도 스스로 통제력을 가지게 된다.

(2) 역량강화 관점의 다문화 사회복지실천

다문화 사회복지사가 역량강화 관점을 적용한 주요한 실천 원칙은 다음과 같다(김성경, 2017).

① 다문화 클라이언트에게 자신감, 가치감을 심어 줌으로써 자신의 힘을 느끼게 한다.

② 다문화 클라이언트의 개인내적 역량, 대인관계 역량을 강화시키는 데 초점을 둔다.

③ 다문화 클라이언트가 정의한 문제를 수용한다.

④ 사회 문제 이슈에 대해서 다문화 클라이언트의 의식을 고양시킨다.
⑤ 사회복지사는 다문화 클라이언트와의 협력·신뢰·힘에 대한 인식을 공유한다.
⑥ 다문화 클라이언트를 위해 자원을 동원하거나 그의 권리를 옹호해 준다.

3. 다문화 사회복지실천의 쟁점

1) 다문화 사회복지사의 시각과 태도 이슈

다문화 사회복지실천에서 가장 큰 이슈는 문화적 배경이 다른 클라이언트에 대한 사회복지 전문가의 선입관과 고정관념이다. 사회복지사가 다문화 클라이언트에게 무의식적 편견, 고정관념, 선입견을 가지고 있다면 문제는 클라이언트가 아닌 자신에게 있는 것이다(김영란, 2010; Sue, 2006).

수(Sue, 2006)에 따르면, 우리나라와 같은 단일민족 중심의 가치와 신념은 사회의 정책, 실천방법, 조직, 제도를 통해 표명된다. 대부분 체계가 본질적으로 단일 문화적이고 순종을 요구하고 있기 때문에 인종적·민족적 소수집단은 억압을 받는다. 제도적 인종차별주의는 차별적인 법률의 제정, 법률의 선택적 시행, 경제적 기회의 차단, 문화적 차이에 대한 강요된 동화정책을 조장한다.

그러나 우리나라 대학 사회복지학과의 교육 프로그램은 학습자의 타 문화, 타 민족, 타 종교, 타 언어에 대한 태도나 편견, 선입견 등을 성찰할 시간과 기회를 거의 부여하지 않아 사회복지사들의 자기인식은 더욱 미흡한 상황이다. 존슨과 얀카(Johnson & Yanca, 2004)는 더욱 무의식적이고 은밀한 형태의 편견이나 선입견은 사람의 의식 속에 깊이 은폐되어 있기 때문에 더 큰 문제가 될 수 있다고 강조한다.

'NASW 사회복지실천에서 문화적 역량기준'에 따르면, 다문화 사회복지사는 '자기인식'이 매우 중요한데, 이는 사회복지사가 다문화 실천에 앞서 자신의 개인적·문화적 가치와 신념에 대한 이해를 발달시키기 위해 노력해야 한다는 것을 의미한다. 사회복지사는 자신의 개인적 문제와 욕구, 감정, 생각, 행동 그리고 취약한 영역에 대한 자기인식을 발전시켜야만 비로소 클라이언트에 대해 객관성을 가지고 반응할 수 있기 때문이다.

이를 위해 사회복지사는 문화다양성 관련 자신의 가치관과 욕구를 명확히 파악하기 위해서 연습이 필요하며, 이때 존슨과 얀카(Johnson & Yanca, 2004)의 자기인식 증진 연습이 유용하다. 사회복지사가 자신을 이해하기 위해서 자신의 감정·사고·행동을 파악할 필요가 있다는 것을 강조하였으며, 이를 위해 확인해야 하는 영역으로 다음 사항을 제시하고 있다.

- 나의 생활 스타일과 인생철학에 대한 이해: 나의 성격, 결혼 및 가족, 일, 돈 등 기본적인 삶의 양식에 대한 자신의 신념체계
- 나의 가치체계 이해: 인간 본성, 인간과 자연의 관계, 시간적 지향(과거, 현재, 미래 중 강조하는 시간), 다문화 등 기본적 가치관
- 나의 가족배경 및 문화배경 이해: 부모님 및 조부모의 고향, 부모님의 양육방식, 부모님의 생활 스타일 등에 대한 이해
- 나의 인생 경험 이해: 나는 어느 정도 다양한 연령층과 접촉하였는지, 어떤 취약계층 및 다문화 클라이언트와의 만남 경험이 있는지
- 개인적 욕구: 나의 기본적 욕구, 성장 욕구, 소속 욕구, 다양성 인정 욕구 등에 대한 이해

2) 다문화 사회복지실천의 윤리 이슈

미국 사회복지실천의 역사 속에서 수차례 개정되었고 2018년 대폭 개정된 'NASW 사회복지사 윤리강령'에서는 사회복지사의 문화다양성에 대한 민감성과 문화적 역량을 강조하였다. 특히 NASW에서 '사회복지실천의 문화

적 역량 기준(NASW Standards for Cultural Competence in Social Work Practice)'
(2015)을 발표함으로써 사회복지실천 현장에서 문화다양성의 중요성은 더욱
강조되고 있다. 그에 비해 한국사회복지사협회의 '사회복지전문직 윤리강령
'은 2001년 이후 개정되지 않아 문화다양성 또는 다문화 사회복지실천의 윤
리적 기준에 대한 언급은 미흡한 상황이다.

'NASW 사회복지사 윤리강령'의 기준 중 다음 1.05는 다문화 사회복지실
천의 윤리적 기준과 관련한 내용을 명료화하고 있다.

1.05 문화적 역량과 사회적 다양성

(a) 사회복지사는 인간 행동과 사회에서 문화와 그 기능을 이해하여, 모든 문화에 존재
하는 강점을 인식해야 한다.

(b) 사회복지사는 클라이언트의 문화에 관한 지식기반을 갖추어야 하며, 클라이언트의
문화에 민감하고, 다양한 사람 간 차이와 문화적 집단 간 차이에 민감한 서비스를
제공하는 데 역량을 발휘해야 한다.

(c) 사회복지사는 사회적 다양성의 특징, 인종·민족·국적·피부색·성별·성적 취향·연
령·혼인 상태·정치적 신념·종교·정신장애 또는 신체장애에 따른 차별의 속성에
대한 교육을 수료해야 하며, 이를 이해하려는 노력을 기울여야 한다.

NASW 사회복지사 윤리강령과 NASW 사회복지실천에서 문화적 역량기준
에 따르면, 다문화 사회복지사는 다음과 같은 윤리적 기준을 갖추어야 한다.

- 사회복지사는 클라이언트의 다양한 문화를 인식하고 그 문화의 강점을
  인식해야 한다.
- 사회복지사는 클라이언트의 다양한 문화에 관한 지식을 갖추어야 하며,
  클라이언트의 문화에 민감해야 한다.
- 사회복지사는 다양한 사람 간 차이와 문화적 집단 간 차이를 인지하고

적합한 서비스를 제공해야 한다.
- 사회복지사는 다문화 관련 인권교육을 받아야 하며, 이를 이해해야 한다.

3) 사회복지기관의 변화 이슈: 다문화적 조직의 발달

(1) 사회복지기관의 다문화 조직으로의 변화

우리나라 사회복지실천 현장은 지금까지 단일문화적 관점에서 업무를 수행해 왔기에 다문화사회로의 변화과정에 있는 시점에서 사회복지기관도 변화가 필요하다. 그동안 사회복지기관들은 우리 사회의 단일문화적 가치의 영향을 받아 그것을 사회복지실천에 반영해 온 것이 사실이다. 지역사회에서 다양한 문화 배경의 클라이언트들이 거주하고 있더라도, 사회복지기관들은 이 클라이언트들을 다문화가족지원센터의 클라이언트로 분류하고 자신의 클라이언트 집단에서 이들을 배제해 왔기 때문이다.

이제 사회복지기관은 다문화적 조직으로 탈바꿈되어야 한다. 다문화주의를 반영하는 관점에서 서비스를 제공하고, 클라이언트의 다양성을 중요시하며, 기관의 사명 · 운영 · 서비스에 다문화 클라이언트를 반영해야 한다. 다양한 소수집단의 개인적 · 사회적 욕구를 충족시키기 위해 사회복지기관들은 문화적 역량을 갖춘 사회복지사를 고용할 뿐 아니라 기관 자체가 '다문화 역량'을 가지고 있어야 한다. 다문화 역량을 갖추는 것은 사회복지사 개인적 실천 수준뿐 아니라 사회복지기관의 다문화적 실천적 접근까지 의미한다(김영란, 2010).

(2) 한국적 사회복지실천 + 균형적 다문화 접근

사회가 점차 전문화 · 다양화되는 최근에 사회복지실천 현장에서 오히려 유의해야 할 점은 다문화에 대한 태도가 세계화가 내포하는 권력 관계를 따라 '선진국 문화 중심'으로 형성되고 있다는 것이다. 이러한 상황에서 사회복지실천 현장에서 '문화다양성'의 강조는 오히려 한국적 사회복지실천의 논

의 없이 선진국 지향성과 선진국 중심의 문화다양성 태도만 강화시킬 가능
성이 크다. 따라서 사회복지실천 현장에서는 우리 문화에 적합한 실천방법
에 대한 논의와 더불어 다양한 이주자의 국가별·계층별 문화다양성의 가치
를 수용하는 균형 잡힌 태도가 필요한 시점이라고 할 수 있다(심의경, 2017).

그리고 서구의 사회복지실천 이론과 기술들을 현장에 적용하는 데 머물지
말고, 한국적 사회복지실천 위에 다문화주의의 적용 방안에 대한 고민이 지
속적으로 경주되어야 할 것이다.

요약

다문화 사회복지실천은 새로운 실천방법이 아닌 기존의 사회복지실천을
다문화적 요소를 고려하여 적용하고 해석하는 것으로 사회복지실천 과정은
동일하되 클라이언트의 다양한 배경을 고려한 개입 목표와 실천과정을 수행
하는 실천방법이다.

다문화 사회복지실천은 「헌법」과 국제법에 따라 다문화 클라이언트에게
인간 존엄성의 가치, 자유권과 생존권, 클라이언트의 주체성과 자기결정권
을 보장하는 가치의 인권 관점으로 접근해야 한다.

다문화 사회복지실천에서 사회복지사는 다문화 클라이언트의 '문제'가 아
닌 클라이언트와 환경의 '강점'을 찾는 데 초점을 두며, 열린 마음으로 다문
화 클라이언트의 변화 가능성을 지지하며, 다문화 클라이언트를 수평적인
관계로 상호 협력함으로써 함께 문제 상황을 변화시켜 나가는 강점 관점으
로 접근해야 한다.

역량강화 관점은 다문화 사회복지실천에서 사회복지사가 클라이언트에게
자신감, 가치감을 심어 줌으로써 자신의 힘을 느끼게 하고, 다문화 클라이언
트의 개인내적 역량, 대인관계 역량을 강화시키는 데 초점을 두는 관점이다.

　다문화 사회복지실천에서 가장 큰 이슈는 문화적 배경이 다른 클라이언트에 대한 사회복지사의 선입관과 고정관념이다. 그러나 우리나라 대학교육에서는 다문화 관련 시각과 태도를 성찰할 기회를 거의 부여하지 않아 사회복지사들의 다문화 관련 자기인식이 미흡한 상황이다. 이에 다문화 사회복지사는 자기인식 연습을 통해 자신의 개인적·문화적 가치와 신념에 대한 이해를 발달시키기 위해 노력해야 한다.

　다문화 사회복지사는 클라이언트의 다양한 문화를 인식하고 강점을 인식하며, 클라이언트의 문화에 민감하고 적합한 서비스를 제공하기 위해 다문화 윤리적 기준을 갖추어야 한다.

　사회복지기관은 다문화적 조직으로 탈바꿈하여, 기관의 사명·운영·서비스에 다문화 클라이언트를 반영해야 한다. 즉, 사회복지사 개인적 수준뿐 아니라 기관 수준에서 다문화 역량을 갖추어야 한다.

　사회복지실천 현장에서 선진국 문화 중심의 다문화로 형성되는 것에 대한 주의가 필요하며, 한국적 사회복지실천 위에 다문화주의의 적용방안에 대한 고민이 지속적으로 경주되어야 할 것이다.

생각해 봅시다

1. 다문화 사회복지실천의 개념을 설명해 보자.

2. 자기인식 연습으로 다문화와 관련한 나의 가치체계 및 경험을 분석해 보자.

3. 우리 지역의 가장 높은 비율의 다민족·다인종의 종교, 생활방식, 의사소통 방식의 특성에 대해 조사해 보자.

참고문헌

국가인권위원회(2018). 인권의 이해: 사이버인권교육 보조교재.

김성경(2017). 사회복지 사례관리론. 경기: 공동체.

김영란(2010). 다문화 사회복지실천의 한국적 함의. 다문화콘텐츠연구, (4), 29-65.

김혜영, 석말숙, 최정숙, 김성경(2014). 사회복지실천론. 경기: 공동체.

서울대학교 중앙다문화교육센터(2010). 다문화 인권교육 프로그램 개발 연구 기초연구보고
     서. 국가인권위원회.

심의경(2011). 사회복지실천에서의 문화적 다양성과 한국사회로의 새로운 전망. 임상사
     회사업연구, 8, 83-99.

이종복, 이성순, 김재열, 김현희, 정명희, 홍은미, 이형진, 조윤희(2012). 다문화사회의 이
     해와 복지. 경기: 양서원.

임운택(2013). 주목해야 할 새로운 연구접근들: 이주노동자의 인권보호를 위한 이론적
     논의와 국제적 실천의 시사점-문화다양성과 인권의 관점에서. 산업노동연구, 19(2),
     33-66.

최명민, 이기영, 김정진, 최현미(2015). 다문화사회복지론. 서울: 학지사.

Castles, S., & Miller, M. J. (2009). *The age of migration: International population
     movements in the modern world* (4th ed.). Basingstoke: Palgrave MacMillan.

Johnson, L. C., & Yanca, S. J. (2004). *Social work practice: A generalist approach* (8th
     ed.). Boston: Pearson Education, Inc.

Lum, D. (2004). *Social work practice and people of color: A process-stage approach*.
     Brooks/Cole Publishing Company.

Miley, K. K., O'Melia, M. W., & DuBois, B. L. (2007). *Generalist social work practice:
     An empowering approach* (5th ed.). Pearson Education, Inc.

NASW. (2015). *NASW standards for cultural competence in social work practice*.
     National Association of Social Workers.

Sue, D. W. (2006). *Multicultural social work practice*. Hobokon, NJ: Willy.

국가인권위원회 인권교육센터 http://edu.humanrights.go.kr

NASW http://www.socialworkers.org

제 **7** 장
·············
다문화가족의 가족상담

이 장에서는 다문화가족이 경험할 수 있는 다양한 가족관계의 어려움과 다
문화가족의 강점 및 적응자원에 대해서 균형적으로 이해하고자 한다. 그리고
이를 기반으로 다문화가족이 보다 만족스러운 가족 상호작용을 하고 기능적
인 가족관계를 형성할 수 있도록 돕는 가족상담 방법을 모색하고자 한다. 이때
만족스러운 가족 상호작용이란 가족이 서로 수용할 만한 가족질서를 만들어
가면서 친밀감을 형성하는 방식으로 가족 간에 교류하는 것이다. 한편, 기능적
인 가족관계란 부부가 서로의 욕구를 충족시키면서 자녀양육을 잘 수행할 수
있는 관계를 의미한다. 다음에서는 다문화가족 가족관계의 이해, 다문화가족
의 적응 유형과 가족자원, 다문화가족의 가족상담 접근방법, 그리고 다문화가
족을 대상으로 가족상담을 적용한 실천 사례를 소개하고자 한다.

1. 다문화가족 가족관계의 이해

「다문화가족지원법」 제2조에서는 태생적으로 외국인이지만 대한민국 국민과 결혼 또는 이혼한 적이 있는 자로서 합법적인 체류 자격을 취득하면서 국적 취득 여부와 관계없이 한국에 들어와 한국인과 결혼한 사실이 있으면 그 외국인과 가족을 다문화가족으로 정의한다. 국내 국제결혼 비율이 증가하면서 다문화가정이 지속적으로 확산되어 왔지만 반면에 이혼율도 더불어 증가하고 있다(여성가족부, 2018). 다문화가족의 가족관계 안정화를 위해서는 개인적 · 가족적 · 사회적 측면의 다각적인 노력이 필요하다.

1) 가족관계 적응과정에서의 갈등요인

다문화가족의 부부관계, 부모자녀관계, 확대가족관계 등에서 보편적으로 발생하기 쉬운 갈등요인이 있다. 물론 다문화가족 내에 발생하는 갈등요인은 비다문화가족 내에서도 발생할 수 있는 갈등요인과 유사하다. 그러나 다문화가족은 '다문화'라는 특성으로 인한 언어 및 문화의 차이 등이 문제를 가중시킬 수 있기 때문에 이를 극복하기 위해 좀 더 적극적이고 지속적인 노력이 필요하다.

(1) 부부관계

가족관계에서 가장 강한 유대감을 형성해야 할 관계가 부부관계이고, 부부는 가족 내 모든 관계와 기능에 주축이 되어 가족을 형성하고 유지해 간다. 그런데 다문화 부부는 이러한 가족 내 핵심적 역할을 수행하는 데 있어서 둘 간의 언어 및 문화의 차이, 많은 연령 차이 등이 장애요인으로 작용할 수 있다. 먼저, 부부간에 의사소통을 할 수 있는 언어가 다르고 성장 경험에 기반이 되는 문화가 다르기 때문에 다문화 부부는 결혼적응 초기과정부터 비다문화 부부보다 상대적으로 더 높은 수준의 스트레스와 불일치를 겪을 수 있다. 다문화 부부는 상호 간의 감정이나 의견을 전달하고 공유하는 데 있어서 더 많은 노력이 필요한 것이다. 또한 다문화 부부에서 빈번하게 보이는 부부간의 큰 연령 차이도 이들 부부간에 정서적 공유와 유대감을 형성하는 데 어려움을 가중시킬 수 있는데, 남편이 아내보다 10년 이상 연상인 경우가 39.5% 정도로 거의 40%에 이른다(통계청, 2018).

또한 결혼 전에 서로에 대한 정보 및 이해 없이 갑작스러운 결혼을 맞이하게 된 다문화 부부의 경우에는 정서적 교감이나 애정의 기반 없이 부부가 되어 정서적 친밀감을 형성하는 것이 매우 어려울 수 있다. 결혼에 대한 기대에 있어서도 예기치 못한 불일치를 겪을 수 있는데, 경제적인 이유도 다문화 부부가 겪는 갈등의 직간접적인 주요 요인으로 작용할 수 있다. 경우에 따라서 외국인 여성이 한국인 남성과 결혼을 선택할 때는 한국의 경제 수준이 모국의 경제 수준보다 높아서 결혼을 통해 삶의 수준을 높이고자 하는 기대를 갖는 경우도 있다. 그런데 현실적으로는 한국 남성과의 결혼생활에서 남편의 수입이 예상보다 낮고 한국의 높은 물가를 경험하게 되면서 자신의 기대가 비현실적이었음을 느끼며 국제결혼을 선택한 것에 대해 후회하는 경우도 있다. 다문화 부부의 한국인 남편들의 직업은 단순노동과 자영업이 많으며 경제적으로 열악한 경우가 많고, 이로 인해 가정생활과 자녀양육에 필요한 경제자원이 제한된 경우가 많다(김계하, 선정주, 오숙희, 2013). 이러한 복합적인 요인들로 인해 다문화 부부는 내국인 부부에 비해 쉽게 갈등이 누적되거나 감정의 대립을 자주 경험하며, 심하면 신체적인 폭력의 문제가 발생하기도 한다.

한 가지 분명히 해야 할 점은 이처럼 다문화 부부가 겪는 부부갈등의 주요 요인은 쌍방의 문제라는 점이다. 즉, 남편과 아내가 서로 다른 언어와 문화적인 배경을 갖고 있는 둘 간의 문제인데, 이것을 단순히 다문화 이주여성이 한국으로 시집을 와서 부각되는 부인의 언어적 문제 및 한국생활 부적응 문제로 갈등의 원인을 일방적으로 몰아가서는 안 된다. 이러한 관점에서 다문화 부부의 적응을 위한 첫걸음은 서로가 '다름'을 '잘못'이라고 인식하는 인식의 오류를 수정하는 것이다. 국제결혼을 하는 당사자들은 서로가 다를 것을 충분히 알고 인정하고 있다고 말하지만 실제로 한국사회에서는 남편의 문화에 신부가 시댁의 문화를 수용하고 적응해야 한다는 사고가 당연시되었기 때문이다. 그러므로 다문화 부부의 부부적응은 한쪽에서 일방적으로 맞추는 동화가 아니라 서로의 다름을 인정하고 서로 조율하고 타협하는 과정이다(박미향, 2011).

(2) 부모자녀관계

외국인 어머니가 가장 어려워하는 대표적인 문제는 자녀양육이다. 한국어 수준이 낮고 한국문화에 대한 적응도가 낮은 경우에 자녀에게 한국어를 가르치고 자녀의 사회화를 돕기가 어렵기 때문이다. 자녀들의 언어 발달이 중요한 유아기에 자녀들은 한국말이 익숙하지 않은 어머니에게서 언어를 배우게 됨에 따라 언어 발달이 늦거나 어휘력이 부족하게 되고, 이로 인해 또래 친구나 주위 사람들과의 의사소통 문제를 갖게 된다. 이러한 언어 문제가 성장과정에서 극복되지 못할 경우 결국 전반적인 사회적응의 어려움으로 이어질 수 있다. 또한 어머니들은 자신이 엄마로서 자녀의 사회적응이나 학교생활에 대한 도움을 주지 못할 것에 대해 두려움을 느끼고 고통스러워하기도 한다. 더욱이 가족의 경제적 여건이 어려워서 자녀들을 학원에 보내거나 다른 교육의 기회를 확보하지 못한다면 자녀의 학습적응은 시간이 지날수록 더 어려워질 수 있다.

일부 다문화가족의 자녀 연구에 의하면, 이들은 자신이 태어나고 성장한 한국사회에서 경험한 차별과 편견으로 인해 이질감, 분노감, 부담감을 많이 느낀다. 학령기 동안 학교적응의 문제가 심각하고 일반 가정의 학생들과 학력 격차도 심한 것으로 나타난다. 또한 사춘기에 도달하면 자아정체감의 혼란과 더불어 도벽, 거짓말, 공격성, 신체화 증상, 게임 중독 등의 부적응 행동을 경험하기도 한다(박재규, 2010). 특히 다문화가족의 부부갈등은 부모로서 자녀양육 기능을 저하시켜서 자녀양육에 부정적인 영향을 미칠 수 있다.

(3) 확대가족과의 관계

상당수의 외국인 부인은 자신의 원가족과 완전히 격리되거나 자주 만나기 어렵게 물리적으로 분리된 상태에서 제대로 연락조차 못할 경우도 있다. 물론 최근에는 인터넷 사용이 보편화되면서 과거에 비하면 이주 여성이 자신의 친정 및 고향의 지인들과 소통할 수 있는 기회가 높아졌기는 하지만, 아무래도 거주하는 국가가 다르다는 물리적인 한계가 작용할 수밖에 없다. 이런 이유로 자신의 정서적·심리적인 문제를 공유할 수 있는 대인관계망을 형성하기가 어렵고 정서적으로 소외되거나 외로움을 느끼기 쉽다.

반면, 한국인 남성의 경우에는 자신의 원가족과 자유롭게 소통하기 쉽다. 더욱이 시부모를 비롯한 확대가족 구성원들은 외국 출신의 며느리가 한국의 문화 및 생활방식에 대해 미숙하고 부적응적이라는 우려하에 가르쳐야 할 대상으로 여기며 과도하게 관여하기도 한다. 기존의 한국가족 문화에서는 결혼한 아들과 시어머니의 관계가 정서적으로 건강하게 분리되고 분화되지 못하는 특성이 강해서, 시어머니와 며느리 간에 고부갈등이 발생하는 경우가 매우 빈번하다. 그런데 며느리가 한국문화와 한국어에 익숙하지 않은 외국인일 경우 시어머니는 더욱 아들 가족을 보호하고 지원하려는 의도 가운데 관여할 가능성이 높다.

이러한 배경하에서 한국인 시부모의 지나친 간섭, 며느리에 대한 비인격적 대우 등으로 부부체계는 부부중심의 유대감을 형성하면서 가족 기능을 수행하기 어렵고, 자녀양육에 있어서도 시부모가 외국인 엄마를 대신하여 과도하게 양육과정에 개입할 수 있다. 사실 다문화가족의 한국인 남편들도 외국인 배우자와 원가족 사이에서 갈등을 중재해야 하는 심리적 부담과 문화적응의 스트레스로 우울과 같은 정신건강의 문제를 겪는 경우도 있다(연영란, 양수, 2012).

2. 다문화가족의 적응 유형과 가족자원

다문화가족은 결혼 이후 시간의 흐름에 따라 가족 고유의 특성이 반영된 가족적응 유형을 만들어 간다. 특히 문화적응에 있어서는 외국인 배우자가 한국문화를 어떻게 수용하는가와 한국인 배우자가 서로의 다름에 대해 어느 정도 유연하게 반응하는가에 따라 다양한 형태가 발생할 수 있다. 또한 다문화가족이 국제결혼으로 인해 얻게 되는 독특한 가족 특성을 유용한 가족자원으로 발전시키기 위해서는, 가족이 문화다양성에 대해 긍정적인 관점을 유지하고 유연한 태도를 갖는 것이 중요하다. 다음에서는 다문화가족이 갖게 되는 문화적응 유형과 가족자원을 중심으로 살펴보도록 한다.

1) 다문화가족의 적응 유형

서로 다른 국적으로 인해 문화적 배경이 다른 부부는 결혼생활이 지속됨에 따라 각자가 가지고 있던 고유한 문화양식이 변화되어 새로운 문화로 변화되는 경험을 하게 된다. 이처럼 부부가 새로 형성하는 문화는 외국인 배우자가 한국의 주류문화에 대해 어떠한 가치, 태도, 행동을 형성하는가에 따라 달라질 수 있다. 곽윤정(2014)은 이처럼 다문화가족이 만들어 가는 문화적응 유형을 순종-보호형, 갈등-타협형, 갈등-단절형, 수용-일치형의 네 가지로 제시하는데, 이 중에는 수용-일치형이 가장 이상적인 적응 유형이다. 이는 다문화가족으로서 자신들만의 독특성을 만들어 가며 두 문화의 접촉이 주는 유익한 점을 발견해 내고 건강하게 결혼생활을 유지하는 유형으로 제시되고 있다. 곽윤정(2014)의 분류에 따른 각 문화 유형의 특성을 요약하면 다음과 같다.

순종-보호형은 타국에서 이주해 온 배우자가 한국어를 적극적으로 습득하고 한국의 문화 및 생활방식 등을 받아들여서 적응하고, 한국인 배우자가 외국인 배우자를 보호하고 도와서 적응을 최대화하는 유형이다.

갈등–타협형은 서로 다른 문화와 국적을 가진 두 배우자가 함께 살아가면서 여러 가지 다른 문화적 배경이나 생활방식의 차이를 느끼고 이에 대한 갈등이 표출되기는 하지만, 이러한 갈등을 대화와 이해로써 받아들이고 수용하는 유형이다.

갈등–단절형은 서로 다른 문화와 국적을 가진 두 배우자가 함께 살아가면서 생활방식, 음식, 문화 등 다양한 영역에서 발생하는 차이를 서로 조율하기보다는 한쪽에 맞추기를 일방적으로 강요하면서 결국은 서로 배타적이 되고 관계를 단절해 가는 유형이다.

수용–일치형은 다문화가족으로서 각자의 문화적 배경이나 생활방식의 차이에 대해 충분히 표현하며 이에 대해 서로의 문화를 수용하는 적응방식이다. 자신들만의 독특성을 만들어 가며 두 문화의 접촉이 주는 유익한 점을 발견해 내고 건강하게 결혼생활을 유지하는 유형이다.

건강한 가족 정체감의 발견이나 가족구성원들 간에 자긍심을 공유하는 것은 수용–일치형의 문화적응을 이루는 데 있어서 핵심적인 요인이다.

2) 다문화가족의 가족자원

근래 들어 다문화가족이 갖는 강점도 점차 조명되고 있다. '문화적 차이'를 불편함과 불일치로 인식하지 않고, 오히려 새로운 발견이자 도전으로 느끼면서 단조롭지 않고 오히려 기대되고 즐거운 결혼생활을 할 수 있는 장점으로 여기는 것이다. 또한 부부의 서로 다른 국적을 이중국적 취득과 거주 다양성이 확보될 수 있는 좋은 혜택으로 여기는 것이다. 이에 부부는 자신이 속해 있는 조국 외에 또 하나의 가족의 나라가 생김으로써 2개의 국적을 획득할 수 있다는 관점이다(https://www.youtube.com/channel/UCct5jhDaktrzw9MlyJ0pJ7Q). 더불어 다양한 문화 경험은 오히려 부부생활의 흥미를 높일 수 있는 좋은 자원이라는 인식이다.

(1) 국제결혼이 주는 도전정신과 다양성

타 문화권에서 이민 온 배우자에 대해서 보편적이지 않고 예외적인 결혼 선택을 하였다는 선입견보다는 기존의 삶에 안주하기보다 더 나은 삶을 살고자 국제결혼을 선택한, 즉 다른 사람들이 쉽게 선택하지 않는 길을 용기 있게 택하고 만족스러운 삶을 지향하는 진취성을 가진 사람으로 재해석할 수 있다(신영화, 2010). 또한 서로의 문화에 대한 존중과 수용이 가능하다면, 다름으로 인해 발생했던 다문화 부부의 갈등요인 역시 보는 관점에 따라 달라질 수 있다. 일례로, 한국인 남성으로서 일본인 여성과 결혼하여 생활 속에서 느끼는 '문화적 차이'에 있어서 그 적응과정을 하나의 발견이자 도전으로 느끼면 단조롭지 않고 오히려 새로운 문화에 대한 기대를 높이고 결혼생활의 흥미를 높일 수 있는 장점이 되었다는 개인적 경험도 있다(https://www.youtube.com/channel/UCct5jhDaktrzw9MlyJ0pJ7Q).

(2) 교육의 세계화: 이중언어 구사와 문화적 포용력 증진

자녀의 이중언어 구사능력은 글로벌 시대를 살아감에 있어서 상당한 이점을 갖게 되므로 최고의 장점이 될 수 있다. 다문화가족의 아동들은 기본적으로 이중언어를 습득할 수 있는 가정 환경에서 태어나고 성장하기 때문에 현 시대를 살아가는 데 유익한 경쟁력을 갖출 수 있다. 실제로 이중언어를 사용하는 아동이 단일언어를 사용하는 아동보다 상위인지 능력 발달에 있어서 더 유리하다는 결과가 보고된 바가 있다(Bialystok, 2001). 또한 이중언어의 발달은 다문화가족 아동의 유창성과 창의적인 사고력을 증진시키고, 국가 간 교류를 매개할 수 있는 국가경쟁력의 일환이 된다(황진영, 2012). 다문화가정 아동들은 외국어 학습을 위해 들이는 사회적인 비용을 감소시킬 수 있다. 또한 다양한 문화가 합쳐져 있기 때문에 단일문화가정의 아동들보다는 훨씬 고정관념이 적고 타 문화에 대한 포용력이 강하다는 점으로 '문화의 상대성'을 이해해야 하는 현대시대에 있어서 큰 장점으로 작용할 수 있다.

(3) 외국인 부모의 양육역량

외국인 부모도 높은 자녀양육 역량을 가질 수 있다는 근거들이 확인되고 있다. 양육역량은 부모가 자녀를 잘 양육하고 훈련하며 자녀에게 문제가 발생하였을 때 스스로 해결할 수 있는 부모로서의 능력이다. 양육역량은 자녀양육에 대한 지식뿐 아니라 양육 기술과 태도 등 다양한 차원이 모두 포함된 개념이다. 실제로 다문화 청소년 중에도 어려운 환경들을 극복하고 일반 청소년들이 선망할 정도로 우수하게 적응하고 높은 성취를 이루어 내어 학업 성적도 최상위권에 속하는 경우도 있는데, 이러한 사례에서 발견되는 공통점 중의 하나가 '외국인 어머니가 제공하는 부모지지, 특히 정서적 지지'이다(김영란, 신진아, 2015).

부모지지란 부모와의 의미 있는 상호작용의 결과로 얻게 되는 긍정적인 자원을 말하며, 이러한 정의에 근거하여 어머니의 지지는 어머니와 자녀 간 의미 있는 상호작용의 결과로 얻게 되는 긍정적인 자원을 의미한다고 볼 수 있다. 다문화가족의 종단 조사에서 가족의 지지가 높을수록 자아정체감이 높은 것으로 나타났는데, 이는 다문화가족에서 외국인 어머니가 자녀를 잘 양육할 수 있는 근거를 제시하는 결과라고 볼 수 있다(관다영, 전혜성, 2019). 국제결혼을 한 외국인 어머니의 자녀에 대한 교육적 관여는 자녀들의 학업 성취를 높이고, 외국인 어머니의 정서적 · 정보적 · 경제적 지지가 높을수록 다문화가정 자녀의 학교 공부에 대한 적응도 높았다.

(4) 다문화가족의 한국사회의 저출산 · 고령화 문제를 완화시키는 사회적 기여

다문화가족은 한국사회의 저출산 · 고령화 문제를 완화시키는 긍정적 영향을 미친다. 다문화가족의 증가는 저출산으로 유소년인구가 급격하게 감소하는 현 실정을 보완해 주는 역할을 하고 있고 생산가능인구의 감소세를 완화시키는 사회적 기여를 한다.

3. 다문화가족의 가족상담 접근방법

다문화가족을 위한 가족상담 접근에서는 다문화가족이 갖는 특수성이 고려된 가족개입이 이루어져야 한다. 이를 위해 다문화가족 상담의 기본 원칙및 개입 전략, 효과적인 개입 모델에 대해 정리하면 다음과 같다.

1) 다문화가족 상담의 기본 원칙 및 개입 전략

다문화가족 상담은 문화적 배경이 다른 부부가 서로에게 조력적인 관계를 형성할 수 있도록 돕는 과정이다. 이에 상담 시 사회복지사는 부부가 서로 다른 인종, 성, 종교, 문화 등이 갖는 차이를 탐색하고 이를 인식하며 서로에게 지지적인 관계가 될 수 있도록 지원해야 한다. 다문화 부부가 경험하는 언어적 · 문화적 차이, 낮은 부부 친밀성, 부부 권력화 및 전통적 성역할태도 등 부부갈등을 해결하는 데 있어서 상담사의 역할이 중요하다. 이에 곽윤정(2014)은, 첫째, 상담사는 인간의 행동에 대한 자신의 가치, 편향, 전제등을 문화적으로 인식해 갈 필요가 있으며, 둘째, 문화적으로 다른 내담자의세계관과 내담자가 가족의 정의, 역할, 기능을 어떻게 보는가가 중요하고,마지막으로 최대한 부부간 적응을 높이면서 문화적 억압을 최소화하기 위한적절한 개입 전략을 구상할 필요가 있다고 하였다(곽윤정, 2014).

다문화 부부나 가족을 상담할 때 일반적이고 보편적인 부부 및 가족 상담원리나 기법이 적용되는 것은 맞지만, 무엇보다도 다문화 부부를 상담하는데 있어서 가장 중요한 것은 상담사의 문화민감성이다. 문화민감성은 집단내의 여러 문화 안에서 그 차이점과 유사점을 인식하는 능력(오원옥, 2011)을의미한다. 다문화가족 상담 시 사회복지사는 내담자의 문화적 배경에 대한민감성과 수용성을 가져야 하고 원활한 의사소통을 가능케 하기 위해 언어적 · 비언어적인 요소들을 효과적으로 잘 활용해야 한다(곽윤정, 2014). 사회복

지사는 다문화가족의 특성과 문화를 이해하기 위해 경청하고 다양한 질문을
통해 가족의 가치관과 문화적 배경 및 삶의 의미에 대해 배우는 자세로 상담
에 임해야 할 것이다. 한국인 상담사가 문화민감성이 떨어질 경우 자신도 모
르게 이주민 여성에게 편견을 갖거나 한국문화의 잣대로 이주민 여성을 이
해하게 되면, 이주민 여성은 삼중적인 차별을 경험하게 될 수 있다. 사실상
한국사회에서 기본적으로 결혼이주여성은 여성으로서의 차별과 이주민으
로서의 차별을 동시에 경험하는 이중적인 차별의 대상이 되기 쉽다. 즉, 신
체적·문화적으로 한국사회의 다수집단과 구별되는 차이로 인한 차별적 대
우와 여성이라는 점이 그것이다. 더구나 부계중심적인 가족 구조 및 국제결
혼의 경로와 방식 자체가 결혼이주여성과 배우자 간의 권력상 위계화를 구
조화시키고 있다(주정, 2015). 다문화가족 상담 시, 사회복지사는 문화민감성
을 갖추어서 자국민의 관점에서 한쪽 배우자에게 기울어져서는 안 되며 반
드시 성 평등적 관점에서 접근해야 한다.

2) 다문화가족 상담을 위한 주요 개입 모델

기존에 다문화 부부를 대상으로 한 상담의 개입 모델로 가트먼(Gottman)
부부치료, 정서중심치료, 해결중심 단기치료(문소영, 2019), 구조적 가족치료
(전혜성, 2019) 등이 적용되어서 다문화가족의 가족관계가 향상되었다는 연
구 결과가 있다. 여러 개입 모델 중 다문화가족이 경험하는 언어적 특성을
고려하여, 가족상담사가 좀 더 직접적이고 행동적으로 개입하여 가족관계
변화를 적극적으로 이끌어 내는 개입모델을 선택하는 것이 바람직하다. 이
에 여기에서는 전반적인 가족 구조의 변화를 통하여 가족관계의 변화를 이
끌어 내는 구조적 가족치료 모델을 소개하고자 한다(이영분, 김유순, 신영화,
전혜성, 최선령, 2020, pp. 173-197).

(1) 기본 전제

구조적 가족치료는 개인보다는 개인이 속한 가족 구조를 변화시키는 데 중점을 두는데, 가족집단의 구조가 변형됨에 따라 그 가족집단 내의 구성원들의 위치도 변화하게 되고 그 결과로 각 가족원의 경험도 달라지기 때문이다. 구조적 가족치료에서 말하는 정상 가족은 가족구성원 간의 경계가 명확하게 잘 확립되어 있고 가족의 위계질서 내에서 부모가 더 높은 권위를 유지하는 가족이다. 그러면서 동시에 가족은 유연성을 가지고 있어서 각 가족구성원의 개성과 차이를 인정하며, 궁극적으로는 가족구성원이 자주성과 독립성을 가진 개인으로 성장할 수 있도록 지원한다. 정상 가족은 가족의 내적 및 외적 변화에 따라 잘 적응하며 유지되는 가족을 뜻한다(Minuchin, 1974). 하지만 정상 가족들 또한 생활 속에서 야기된 다양한 문제로 인해 끊임없이 갈등한다. 현실적으로 가족의 정상성과 비정상성을 구분하는 것은 문제의 유무가 아닌 기능적 가족 구조에 달려 있다.

(2) 주요 개념

구조적 가족치료 모델을 구성하는 주요 개념은 가족 구조, 하위체계, 경계선, 위계질서이다.

가족 구조는 가족구성원들의 상호작용 방식을 조직화하려는 기능적인 요구로서 가족체계가 유지되고 지속되기 위해서 필요하다. 가족 구조는 가족구성원 간에 존재하는 상호작용의 규칙이자 관계의 패턴이다. 이러한 패턴 안에서 가족구성원의 상호작용은 반복되고 연속성을 갖는다.

하위체계는 크게 부부 하위체계, 부모 하위체계, 부모-자녀 하위체계, 형제 하위체계의 네 가지 하위체계로 구성되어 있다. 먼저, 부부 하위체계는 남편과 아내로 구성된 하위체계로 구조적 가족치료에서는 부부의 상호보완성의 개념이 중시된다. 부부의 상호보완성이란 남편 또는 부인의 행동이 독자적으로 수행되기보다는 상대 배우자의 행동과 경험에 영향을 받아서 행동이 결정된다는 뜻이다. 부모 하위체계는 자녀의 출생으로 인한 가족 구조의 변형에 초점을 두면서, 자녀 양육과 사회화에 대한 부모의 역할과 기능을 중시한다. 부모-자녀 하위체계는 부모와 자녀 세대로 구성되는 하위체계로, 부모와 자녀 간에 위계질서를 적절히 형성하는 데 초점을 둔다. 부모가 자녀보다 더 높은 권위를 가질 경우에 자녀를 적절하게 통제하고 지원할 수 있다고 전제한다. 마지막으로, 형제 하위체계는 자녀들로만 구성된 체계로, 부모는 자녀들만의 하위문화가 형성되도록 허용해야 한다. 때로 자녀들은 부모에게 원하는 것을 얻어 내기 위해 부모와 타협하고자 할 때 형제끼리 연합할 수 있다.

이 모델에서는 가족관계에서의 경계선이 명확한지, 혼돈되었는지, 엄격한지에 따라서 하위체계의 관계가 다르다고 전제한다. 명확한 경계는 서로 명확한 경계를 가지면서도 필요할 때 활발하게 소통하고 공유할 수 있다. 명확한 경계선을 가진 가족관계에서 가족구성원들은 가족 간에 서로 연결되어 지지받고 건강하게 양육되는 경험을 하게 한다. 그러면서도 각 가족구성원들은 자율성과 자신만의 자아정체성을 가질 수 있다고 느낀다. 한편, 엄격한 경계선은 하위체계 간에 강력하게 분리된 상태를 만들고, 혼돈된 경계선은 모든 가족구성원이 서로의 일에 지나치게 관여하며 필요하지 않은 경우에도 지지하는 등 극도의 혼돈스러운 상태이다.

마지막으로, 위계질서란 권한과 책임의 정도에 따라 직무를 등급화하고 이에 따라 지휘와 감독이 이루어지는 위계 구조의 질서를 의미한다. 가족체계에도 상위체계 및 하위체계와 같은 위계 구조가 존재하는데, 두 체계가 가진 권한, 책임 그리고 영향력이 다르다. 가족의 위계질서는 부부체계, 부모체계, 형제체계 순서로 권한과 영향력을 가질 때 유지될 수 있다. 일반적으로 부모체계가 자녀체계보다 더 높은 수준의 위계를 가질 때 부모가 자녀양육과정에서 필요한 양육적 권위를 갖게 된다고 전제한다.

(3) 개입과정

구조적 가족치료는 적극적이고 지시적이며 목표 지향적인 치료모델이지만 점차 가족의 정서적 표출 및 감정 조절과 같은 정서적 과정을 다루는 것에도 비중을 높여 왔다(Jones & Goldenberg, 2000). 구조적 가족치료 사회복지사는 가족체계에서 지도자로서 영향을 미치고 구조의 변형과 가족관계의 변화를 위해 매우 주도적으로 이끌어 가기 때문에 치료 과정과 결과에 대해서도 책임이 크다. 구조적 가족치료에서 상담사의 '자기사용(use of self)'은 매우 중요한 치료적 기제이다. 치료를 위한 개입과정은 가족에 합류하기, 가족 구조 사정, 가족 재구조화 순으로 진행된다.

합류에 합류하기는 '상담사가 가족과 의도적으로 형성하는 상담적 관계 형성'으로, 가족 구조의 변화를 위해서 상담 초기부터 선행되어야 하는 전초적이고 필수적인 과정이다. 구조적 가족치료에서 사회복지사는 치료 초기부터 상당한 지도자로서의 지위를 가지고 상담을 시작하는데, 가족상담 전체를 진행해 가는 지도자 역할을 하는 동시에 가족체계의 한 구성원으로서 참여한다.

가족 구조 사정을 위해 사회복지사는 가족의 경계선, 위계질서, 하위체계 기능을 사정한다. 가족 구조의 사정 단계에서 사회복지사는 가족들이 진술하는 문제를 재명명하여 가족들에게 문제를 다시 설명하고 행동의 변화를 시도하는 경우가 많은데, 그 이유인즉, 보통 가족은 문제를 개인의 문제 및

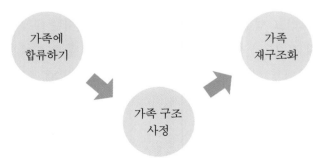

[그림 7-1] 구조적 가족치료의 개입과정

부적응으로 혹은 외부 상황으로 정의하지만 구조적 가족치료에서 사회복지사는 가족 문제를 역기능적인 가족 상호작용으로 형성된 가족 구조의 문제로 사정한다.

가족 재구조화를 위해 하위체계를 강화하고, 명확한 경계선으로 조율하며, 가족 위계질서를 형성해 간다. 이 세 가지는 개념상으로는 분리될 수 있으나, 실제 가족 구조의 변화과정에 있어서 서로 긴밀하게 연결되어 있고 동시에 발생한다. 다문화가족에서는 부부 하위체계가 소통이 단절되고 정서적 교류가 없는 관계인 경우가 많은데, 다문화가족이 겪는 갈등을 결혼이주민 배우자의 언어 및 문화 부적응의 문제로 보는 것이 아니라 부부 둘 간의 상호작용 문제 또는 상호 결혼 부적응의 문제로 관점을 변화시킨다. 동시에 다문화가족이 갖는 긍정성 및 자원을 찾아내어 부부관계의 변화 의지를 갖도록 돕는다(Taylor, 1992). 예를 들어, 아내에게 큰 소리로 윽박지르거나 대답도 제대로 안 하는 부인을 무시하는 남편 또는 소리치며 화를 내거나 울어 버리는 아내에 대해, 서로 갈등에 대처하는 방법을 모르기 때문에 그러한 행동을 하는 것이라는 재명명을 할 수 있다. 이후 서로가 효과적인 의사소통을 통해 문제를 해결하고 갈등을 대처해 가는 부부만의 기능적인 상호작용 방식을 형성해 가면서 부부체계를 강화시킬 수 있다. 이처럼 부부정체감을 강화시킴으로써 부부 하위체계가 강화되고 부부간에 적절한 연결성과 자율성을 형성해 가면서 부부간에 명확한 경계선도 발전할 수 있다. 한편, 부모와 자녀 간에 안정적인 위계질서를 형성하기 위해 부모에게 자녀보다 더 큰 책임과 의사결정권을 부여하고 부모가 서로 일치적인 관점과 행동의 맥락을 유지하기를 노력하면서 자녀들을 바람직하게 양육하는 양육자가 되도록 한다.

(4) 다문화가족 상담 적용 시 유용성

다문화가족의 가족관계를 변화시키는 데 있어서 구조적 가족치료는 다른 상담모델보다 언어적 의존도를 낮출 수 있는 강점을 지니고 있는데, 이는 구조적 가족치료 모델은 가족 간에 이루어지는 의사소통의 내용보다는 의사소통 과정이나 관계 패턴을 변화시킴으로써 가족관계의 변화를 시도하는 데 더 우선적인 관심을 갖기 때문이다. 물론 구조적 가족치료 모델도 다른 가족상담 모델과 유사하게 가족 간 의사소통 내용을 재해석하고 조정하여 가족 간의 갈등을 해소하고 정서적 친밀감을 높이는 시도를 하지만, 보다 본질적으로 가족 의사소통 과정의 변화를 통해서 가족 상호작용의 패턴을 변화시키고 가족 구조를 재구조화하는 데 초점을 맞춘다(전혜성, 2019). 이러한 구조적 가족치료의 특성 때문에 이 모델이 결혼이민자가 갖는 언어적 한계 등을 고려한 상담모델로 제시될 수 있다.

결혼이주여성이 한국사회에 낯설고 적응 수준이 낮고 언어가 부족할 수밖에 없는 현실적인 적응 문제 때문에, 결혼 초기에는 부부중심의 가족관계보다는 지나치게 시댁 및 시부모의 관여가 높아지기 쉽다. 사실상 다문화 부부의 부부적응 문제는 문제 자체가 외국인 남편 혹은 아내의 언어 문제가 아니라 서로 문화적 배경이 다른 배우자 간 상호작용의 조율 문제이다. 많은 경우에 낮은 수준의 상호조율로 인해서 다문화 부부는 가족 내 가장 중심이 되는 건강한 부부 하위체계를 형성하기 어려운데, 구조적 가족치료 모델이 이러한 부부의 상호작용 패턴을 재구조화하여 안정되고 기능적인 부부 하위체계를 형성하는 데 효과적인 것이다.

또한 자녀양육에 있어서도 외국인 어머니가 자녀에게 한국어를 가르치거나 학교생활 적응에 도움을 주는 데 한계를 가질 수 있다. 그런데 구조적 가족치료에서는 부모가 자녀와 친밀하고 자녀의 자율성을 존중해 주면서도 가족 내 위계질서를 강조하여, 비록 외국인 어머니가 언어능력에 다소 한계가 있더라도 어머니로서의 권위와 영향력을 갖게 한다. 구조적 가족치료는 가족 내 건강한 위계질서를 세워 감으로써 부모가 효과적으로 자녀를 양육할 수 있는 권위를 찾고 자녀는 정당한 부모의 권위에 순응하면서 양육의 원칙이 작용하게 되는 것이다.

4. 다문화가족 실천 사례

다음 사례는 장기화된 부부갈등을 경험하는 다문화 부부의 가족적응을 높이기 위해 구조적 가족치료 모델을 적용하여 진행한 상담 사례이다. 결혼 9년 차에 들어서는 부부는 둘 간의 정서적 갈등, 상호비난, 시어머니의 지나친 관여, 자녀훈육의 어려움 등의 복합적인 문제를 해결하지 못한 채 결혼기간이 길어질수록 점차 역기능적인 가족 구조가 형성되고 있었다. 이 상담 사례는 전혜성(2019)이 다문화 부부의 부부적응을 높이기 위해 상담한 내용을 요약한 것이다.

사례: "부부가 서로 대화하며 자녀들을 잘 키우고 싶어요."

이 사례는 총 5회의 가족상담으로 진행되었다. 매회 1회, 규칙적으로 90분 상담을 기본으로 하여 진행하였다. 가족은 남편(45세, 전문대 졸), 부인(29세, 고졸), 딸(8세) 그리고 아들(6세)이다. 시어머니(75세)는 아들네 집과 도보 10분 거리에 거주하고 있다. 남편은 2남 1녀 중 차남이고 부인은 1남 3녀 중 장녀이다. 남편은 비교적 직장생활은 꾸준히 하지만 수입이 적어서 부인도 일하기를 원한다. 남편은 술을 자주 먹으며 부인에게 기본 일상적인 얘기 외에는 다른 정서적 교류를 시도하지 않고, 종종 "네가 뭘 아냐."라는 식으로 부인을 무시하고 "그냥 시키는 대로 해라." 하며 소리를 치기도 한다. 자녀들과도 별 대화 없는 무뚝뚝한 아버지이다.

국제결혼 브로커를 통해 부부는 서로 소개를 받았고 친정이 경제적으로 어려웠던 베트남 국적의 부인은 잘 사는 나라로 믿었던 한국생활을 꿈꾸며 결혼을 선택하였다. 그런데 결혼 후 시간이 지나면서 남편은 한국어가 부족한 부인과 소통하는 것을 피곤하다고 느껴서 대화를 포기하고, 가족 내 중요한 결정을 내릴 때 자신의 어머니와 자주 얘기를 나누며 어머니의 의사에 의존하였다. 부인도 처음에는 시어머니한테 한국어와 요리를 배우고 심리적인 의존도 많이 하는 등 도움을 받고자 하였지만, 점차 시어머니의 간섭과 권한이 커지면서 시어머니와 접촉을 줄이고 거리를 두며 회피하고 싶어졌다. 한편, 시어머니 입장에서는 자신이 고혈압 및 관절염으로 건강이 좋지 않은 상태인데, 자신의 방문을 싫어하는 며느리가 못마땅하고 손주들도 잘 못 키우고 있다는 생각에 며느리에게 미운 감정이 든다.

최근 부인은 둘째 아이를 어린이집에 맡기고, 베트남 식당에서 임시직으로 일을 하며 약간의 돈도 벌고 베트남 사람들과도 만나서 정서적 욕구도 해소하고 있다. 자녀들은 음주 후 큰 소리를 치는 아버지도 무섭고 싫지만, 할머니가 엄마를 야단치거나 둘 간에 오가는 말다툼을 듣는 것도 싫어한다. 그러면서도 자녀들도 엄마의 말을 잘 듣지 않고 통제가 되지 않아서 주로 하루 종일 집 안에서 게임을 하며 자기 멋대로 지낸다. 장녀는 가끔 "집 나가고 싶다, 우리 집이 싫다."라고 불만을 터뜨리고, 차남은 6세인데 발음이 정확하지 않고 나이에 비해 어휘 및 의사소통 능력이 낮은 편이다. 부인은 남편의 무관심과 무시, 엄마 역할에 대한 무능력감, 경제적 스트레스로 인한 심리적 고통을 호소하였다.

1) 가족 구조에 대한 사정 평가

(1) 약화된 하위체계의 기능

① 부부 하위체계

언어와 문화에서 차이를 겪는 부부는 의사소통 및 정서적 교류에 어려움을 겪어 왔는데, 남편은 부부갈등에 대해 협상하고 조정하려는 노력보다는 부인을 비난하고 부인에게 화를 내는 일방적인 의사소통을 하고 있다. 또한 남편은 음주 후 주사로 부부간 정서적 유대감을 손상시키고 심리적으로 독립하지 못한 채 지나치게 어머니에게 의존하고 시어머니 역시 며느리를 비난하는 방식으로 관여하여 부인의 정서적 상처는 갈수록 누적되고 부부체계는 점점 더 불안정해지며 갈등 수준이 높아지고 있다.

② 부모-자녀 하위체계

부부갈등이 심한 부부는 양육적 권위를 확보하지 못하여 자녀들을 적절하게 훈육하지 못하고 있고, 부모와 자녀 간의 정서적 유대감도 매우 낮다.

(2) 위계질서의 혼란

남편은 시어머니와 합세하여 부인을 비난하면서 부인보다 더 큰 권한과 위계를 형성하고 있다. 이에 부부간에 공정한 힘의 분배나 협상은 어렵다. 시어머니 또한 며느리가 엄마 역할을 잘 못하여 손주들이 걱정된다는 명목하에 빈번하게 아들네 가족관계 및 손주양육에 관여하여 엄마는 자녀들을 양육하는 데 있어서 양육적 권위가 없다. 자녀들은 잦은 음주 문제를 가진 아버지에 대해서도 원망이 크지만, 무능력하게 보이는 엄마의 말에 순응하지 않는 상황이다. 이에 화가 난 엄마는 자녀들에게 큰 소리를 치게 되고 이러한 관계 패턴은 결국 엄마와 자녀 간의 친밀함이나 애착관계 형성에도 부정적 영향을 미치고 있다.

(3) 엄격한 또는 모호한 경계선

① 핵가족 내 경직된 경계선

부부가 서로의 정서적 욕구에 적절히 반응하거나 필요를 충족시키는 상호작용을 하지 못하면서 부부간의 경계선은 친밀성도 낮고 서로 교류가 적은 엄격한 경계선을 형성하였다. 부모-자녀 경계선에 있어서도 부모와 자녀 간에 서로 화를 내거나 무관심하며 소통이 적은 엄격한 경계선을 갖고 있다.

② 부부와 시어머니 간의 모호한 경계선

아들은 어머니한테 정서적으로 의존하고 어머니도 아들 부부관계 내에 쉽게 관여하여 며느리를 통제하고자 한다. 시어머니는 어느 선까지 자신이 관여해도 되는가에 대한 판단의 기준 없이 행동한다.

2) 개입 목표

① 부부가 부부로서의 정체감을 높이고 정서적 유대감을 증진시킨다.
② 가족 내 부부가 중심이 되어 자녀들과의 관계에서 친밀감을 형성하고 훈육하는 방법을 찾는다.
③ 누나가 동생을 돌보고 동생도 누나의 영향력을 수용할 수 있도록 형제 관계에 유대감과 질서를 만든다.
④ 자녀들의 건강한 성장에 필요한 사회적 자원을 확보한다.

3) 개입 과정 및 평가

전체 5회기 상담 중 1~2회기에는 내담자와 관계 형성, 문제 확인, 사례개 념화 과정을 통하여, 상담 목표 및 개입 방향성을 설정하였다. 2~4회기까지 는 가족이 가족 구조를 이해하고 그것을 적극적으로 변화시키는 데 중점을 두었다. 5회기에는 상담의 전 과정 검토를 통하여, 상담 목표 달성 여부를 확인하고 종결에 대한 감정을 공유하였다.

(1) 가족체계 합류 및 관계 형성

① 상담관계 형성

부인이 한국에 온 지 9년차여서 한국어를 상당히 잘 이해하고 표현할 수 있음에도 불구하고 한국어의 민감한 뉘앙스 및 어휘 선택에는 한계가 있었 다. 사회복지사는 부인의 언어적·비언어적 표현을 격려하고 부부의 입장을 최대한 수용하면서도, 지도자로서 가족을 이끌고 적극적으로 부부와 관계형 성을 하며 가족 내 적응을 시도하였다.

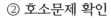

② 호소문제 확인

자녀들에게도 각자의 어려움에 대하여 말할 기회를 부여하되, 남편과 아내에게 말할 기회를 동등하게 부여하며 있는 그대로 수용하고자 하였다. 부인은 남편의 무관심과 무시, 엄마 역할에 대한 무능력감, 경제적 스트레스, 시어머니의 간섭 등을 호소 문제로 제시하였고, 남편은 부인이 엄마 역할도 잘 못하고 서로 의사소통이 잘 안 되어서 대화를 피하게 된다고 하였다.

(2) 가족 구조 확인 및 부부의 가족 구조 역기능에 대한 이해 증진

가족 구조에 대한 이해를 위해 사회복지사는 부부에게 그들이 겪는 문제가 어떻게 가족 구조와 연결되어 있는가에 대해, 하위체계, 위계, 경계선 등의 개념에 기반하여 쉽게 설명하고 공유하였다.

① 부부 하위체계 내 갈등에 대한 이해

부부는 서로 다른 환경에서 성장하면서 상당히 다른 언어와 문화 차이를 겪으면서 일상생활에서 마주치는 다양한 갈등을 해결하기 어려웠고 정서적으로 서로의 진심을 전하며 소통하기 어려웠다. 그런데 남편은 이러한 부부갈등의 원인에 대해 외국인 부인이 한국어를 못하거나 한국 사람이 아니어서 생기는 문제로 생각하여 부인을 비난하고 화를 내는 방식으로 일관해 왔다. 상담과정에서 부부가 경험하는 차이는 쌍방적인 경험의 차이에서 오는 것이며, 외국인 부인의 일방적인 원인 제공의 문제가 아님을 서로 수용하였다. 또한 시어머니가 아들네 가족이 잘 살기를 바라는 강한 마음을 갖는 것은 이해할 수 있지만, 시어머니와 남편이 대부분의 문제를 상의하고 결정하며 낯선 한국문화에 적응하기 어려워하는 부인에게 부정적 피드백을 하는 것은 부인의 정서적 상처를 깊게 하여 부부체계를 불안정하게 하며 갈등을 높이는 데 주된 요인으로 작용할 수 있음을 이해하였다.

② 위계질서의 혼란으로 인해 약화된 양육적 권위에 대한 인식

남편과 시어머니의 반복된 비난으로 부인은 자녀양육에 자신감이 없고 늘 위축되어 있다. 자녀들도 무능력하게 보이는 엄마의 말에 순응하지 않는 상황이다. 이에 화가 난 부인은 자녀들에게 큰 소리를 치게 되고 이러한 관계 패턴은 엄마와 자녀 간의 지지적인 관계 형성에 부정적 영향을 미친다는 것을 인식하였다.

③ 가족 사이의 경직되거나 모호한 경계선의 형성으로 인해 서로 간 친밀감 형성이 어려움을 이해

장기적으로 해소되지 않은 부부간의 갈등으로 부부는 서로의 정서적 욕구에 적절히 반응하거나 필요를 충족시키는 상호작용을 하지 못하면서 부부간의 경계선은 친밀성도 낮고 서로 교류가 적은 경직된 경계선을 형성하였다. 또한 부모와 자녀 간에도 서로 따뜻하고 편안한 상호작용이 적음으로써 부모와 자녀 간에 서로 화를 내거나 무관심하며 소통이 적은 엄격한 경계선을 갖고 있다. 반면, 부부와 시어머니 간에는 모호한 경계선이 형성되어 아들은 어머니한테 정서적으로 의존하고 어머니도 아들 부부관계 내에 쉽게 관여하여 며느리를 통제하고자 한다. 시어머니는 어느 선까지 자신이 관여해도 되는가에 대한 판단의 기준 없이 행동하는 부분에 대한 이해가 증진되었다.

(3) 가족 재구조화

① 변화동기 격려 및 부부체계 강화

부부는 서로 말이 잘 통하기 어려운 다문화 부부이기 때문에 갈등적일 수밖에 없고 엄마의 언어 문제 때문에 아이들도 제대로 키울 수 없다는 부정적인 관점을 강하게 가지고 있었다. 사회복지사는 이 부분에 대해 다른 다문화가족 중에는 유사한 조건에서도 부부관계가 좋고 자녀들의 사회적응 및 학업적 측면에서 큰 성과를 거둔 실례가 있음을 제시하였다. 또한 이러한 현재 상황은 엄마의 언어적 한계 때문이기보다는 부부가 서로 조율이 될 때까지 대화를 시도해 보지 않아서 갈등조정 방법을 모르고 자녀양육에 대한 방법을 못 찾은 것이라고 재명명하였다. 또한 부부가 갈등관리가 되어야 힘을 합쳐서 자녀들에게 부모의 권위를 가질 수 있다고 강조하였다. 자녀들을 잘 키우고 싶다는 부부의 공통된 동기에 의해 부부가 상담에 성실히 임하고 변화를 시도하였다.

② 부부간, 부부와 시댁, 형제 간의 분명한 경계선 형성

부부로 하여금 시어머니가 방문할 수 있는 요일을 정하게 하고 남편이 시어머니에게 그때만 오시도록 요청하였다. 또한 부부가 주말에 아이들과 함께 어떻게 지낼 것인가를 상의하게 하면서 부부 및 가족 간의 상호작용 빈도와 시간을 증가시키고자 하였다. 자녀들 간에도 엄마가 없을 때 누나가 동생의 식사를 신경 쓰는 것과 동생도 누나 말을 잘 따르는 역할을 수행하였다.

③ 부부 유대감 및 친밀감 증진

부부가 처음 만났을 때 상대방에게 가졌던 호감과 결혼을 선택했던 순간 등에 대해 구체적으로 상기시키면서, 그때의 선택이 부부로 하여금 다양한 갈등 상황 중에도 가족을 지키는 책임감을 갖는 데 영향을 미친 긍정적인 부분에 대해 공유하였다. 그때는 지금보다 언어적으로 더 소통이 어려웠음에도 서로에 대한 호감을 갖고 결혼을 기대하고 결정할 수 있었음을 상기시키고, 둘이 함께 할 수 있는 활동을 점차 조금씩 찾아가기로 하였다.

④ 자녀양육의 권위 회복을 위한 위계질서 수립

시어머니가 방문하는 날에는 시부모의 역할과 권위를 최대한 존중하고 인정하되, 그 외의 대부분의 시간에는 부부가 함께 힘을 모아 자녀들에게 사랑하는 마음을 표현하며 다가가고 필요시에는 행동 통제 및 관리를 해서 양육적 권위를 회복하고자 하였다. 실연 기법을 통하여 아이들이 집에서 게임을

과도하게 할 때 부모가 함께 아이들과 게임에 대한 가족규칙을 정하고 게임
외의 함께 간단한 요리하기 등의 다른 활동을 해 보기도 하였다. 이와 같이
이전에 발생했던 자녀들의 문제 행동을 일일이 재연하며 사회복지사의 요청
에 따라 부부가 새로운 양육적 접근과 방법을 시도하였다. 또한 부부는 현재
자녀들이 필요로 하는 언어치료 및 학습적 지원이 사회적 지원체계로부터
적절하게 제공되고 있는가를 평가하고, 이후 추가로 필요한 서비스에 대해
센터에 요청하기로 하였다. 다문화가족의 자녀들에게 보편적으로 필요한 사
회적 자원체계에 대해서는 8장에서 구체적으로 다룰 것이다.

(4) 종결

종결 시 구조적 가족치료 모델에 근거하여 하위체계, 경계선, 위계 등의
가족 구조가 변화되는 것을 확인하였고, 이에 따라 부부갈등도 해소되고 자
녀들도 조금씩 부모의 말에 순응하는 빈도가 높아지며 가족이 함께 시간을
보내는 것에 대해 조금씩 적응하게 되었다. 또한 상담과정에서 실연 기법을
통하여 부부간의 유대감을 증진시키고 부부간에 갈등을 줄이면서 긍정적 정
서를 높일 수 있는 의사소통 방법을 찾고자 하였다. 더 나아가 다문화가족의
자존감과 가족정체감을 높이기 위해 다문화가족에 대해 스스로 갖는 부정적
인 생각을 해소하고 가족의 강점 및 자원에 대한 인식을 높이고자 하였다.

결론적으로, 다문화가족의 부부적응 증진을 위하여 가족의 하위체계 기
능 강화, 위계질서 및 명확한 경계선 형성에 초점을 두는 구조적 가족치료
모델을 적용한 가족상담이 효과적임을 알 수 있다. 사회복지사는 상담과정
에서 가족관계 구조를 변화시키는 데 초점을 두고 상담을 진행하였는데, 결
과적으로 가족 재구조화와 더불어 가족관계가 호전되고 부부적응 수준이
향상된 것이다. 무엇보다 다문화가족을 대상으로 구조적 가족치료를 적용
하는 것의 가장 큰 강점은 모국어가 달라서 언어적 의사소통에 한계가 있는
다문화 부부의 관계를 변화시키는 데 있어 전체 가족의 상호작용 패턴 및 가
족 구조의 변형을 통해 불필요한 가족갈등과 혼란을 감소시켜서 바람직한

가족 기능을 향상시키는 데 기여한 것이다. 이러한 강점을 가진 구조적 가족 치료 모델은 다문화가족에서 언어적 의존도를 낮추는 치료모델로서 활용도가 높은 가족치료 모델이므로 향후 다문화가족 상담에서 유용하게 적용되기를 기대한다.

요약

다문화가족의 가족관계에서는 부부가 서로 다른 언어와 문화적 배경을 가지고 교제기간이 부족한 상태에서 결혼생활을 시작하였기 때문에 부부관계, 부모자녀관계, 확대가족관계 등에서 여러 가지 갈등요인을 가질 수 있다. 물론 다문화가족 내에 발생하는 갈등요인은 비다문화가족 내에서도 발생할 수 있는 보편적인 갈등요인과 유사하다. 그러나 다문화가족은 '다문화'라는 특성으로 갖게 되는 언어 및 문화의 차이 등을 극복하기 위해 좀 더 세심하고 지속적인 노력이 필요하다.

다문화가족은 결혼 이후 시간의 흐름에 따라 가족 고유의 특성이 반영된 가족적응 유형을 만들어 간다. 특히 문화적응에 있어서는 외국인 배우자가 한국문화를 어떻게 수용하는가와 한국인 배우자가 서로의 다름에 대해 어느 정도 유연하게 반응하는가에 따라 다양한 형태가 발생할 수 있다. 다문화가족이 만들어 가는 문화적응 유형은 순종-보호형, 갈등-타협형, 갈등-단절형, 수용-일치형의 네 가지로 제시된다.

근래 들어 다문화가족이 갖는 강점도 점차 조명되고 있다. 구체적인 가족자원으로는 국제결혼이 주는 도전정신과 다양성, 교육의 세계화로 이중언어 구사와 문화적 포용력 증진, 외국인 부모의 양육역량, 다문화가족이 한국사회의 저출산·고령화 문제를 완화시키는 사회적 기여 등이 해당된다.

　　다문화가족 부부상담은 서로 다른 문화의 부부에게 서로 조력적인 관계를 형성할 수 있도록 돕는 과정으로, 언어적·문화적 차이, 낮은 부부 친밀성, 부부 권력화 및 전통적 성역할 태도 등 부부갈등을 해결하는 데 상담사의 역할이 중요하다. 이때 구조적 가족치료 모델은 다문화가족이 경험하는 언어적 특성을 고려하여 가족상담사가 좀 더 직접적이고 행동적으로 개입하여 가족관계 변화를 적극적으로 이끌어 낼 수 있는 강점을 지닌 모델이다.

　　다문화가족의 가족적응을 높이기 위해 구조적 가족치료 모델을 적용하여 상담한 사례를 제시하였다.

 생각해 봅시다

1. 다문화가족은 가족관계 적응상의 어려움을 가질 수 있지만 반면에 다문화가족이기 때문에 얻을 수 있는 가족자원도 있다. 균형적인 입장에서 이 두 가지 측면에 대해 생각해 보자.

2. 다문화가족의 가족관계 변화를 위해 유용한 가족상담 방법과 효과적인 개입모델에 대해 제시해 보자.

3. 다문화가족의 가족상담에서 구조적 가족치료 모델을 적용하였을 때, 사회복지사는 합류-가족사정-재구조화 과정에서 어떠한 역할을 할 수 있을지에 대해 생각해 보자.

참고문헌

곽윤정(2014). 다문화아동가족상담. 서울: 강현.

곽정임, 서미아(2015). 갈등관계에 있는 다문화 가정의 부부를 대상으로 한 정서중심상담 적용연구. 다문화콘텐츠연구, 18, 157-223.

관다영, 전혜성(2019). 다문화청소년이 지각한 외국인 어머니의 지지가 성취목표지향성과 대인관계지향성에 미치는 영향에서 자기효능감의 매개효과. 가족과 가족치료, 27(3), 529-548.

김계하, 선정주, 오숙희(2013). 여성 결혼이민자 남편의 스트레스, 자존감 및 무력감. 지역사회간호학회지, 24(1), 29-39.

김영란, 신진아(2015). 다문화가정 중학생의 국어과 학업성취도: 우수학력 집단을 중심으로. 청람어문교육, 53(53), 155-182.

문소영(2019). 다문화가족 부부관계 관련 문헌연구: 2010년대 국내학술지논문을 중심으로. 인하대학교 대학원 석사학위논문.

박미향(2011). 결혼 이주 여성의 문화적응 태도와 의사소통이 부부 적응에 미치는 영향. 원광대학교 대학원 석사학위논문.

박재규(2010). 경기도 국제결혼이민자의 가족해체 및 특성분석. 한국사회학회, 31(3), 303-320.

신영화(2010). 다문화가족의 역량강화접근. 가족과 가족치료, 18(2), 161-192.

신희천, 최진아, 김혜숙, 이주연(2011). 도시 지역 다문화 가정의 부부관계 고찰을 위한 질적 연구. 한국심리학회지: 상담 및 심리치료, 23(2), 299-322

여성가족부(2018). 전국다문화가족 실태조사. 서울: 여성가족부.

연영란, 양수(2012). 부부관계 증진 프로그램이 다문화가정 부부의 의사소통 갈등해결 및 결혼만족도에 미치는 효과. 정신간호학회지, 21(3), 250-261.

오원옥(2011). 간호대학생의 문화적 민감성에 영향을 미치는 요인. 아동간호학회지, 17(4), 222-229.

이영분, 김유순, 신영화, 전혜성, 최선령(2020). 사례로 배우는 가족상담. 서울: 학지사.

전혜성(2019). 한국 다문화부부의 부부적응 증진을 위한 가족상담: 구조적가족치료를 중심으로. 차세대컨버전스정보서비스기술논문지, 18(4), 250-261.

정문자, 정혜정, 이선혜, 전영주(2012). 가족치료의 이해. 서울: 학지사.

주정(2015). 다문화가족서비스 전달체계의 전망과 과제. 사회복지경영연구, 1(2), 23-47.

통계청(2018). 다문화 인구동태 통계. http://www.kosis.kr.

황진영(2012). 한국 다문화사회의 이중 언어 교육 연구. 광주: 전남대학교 출판부.

Goldenberg, I., & Goldenberg, H. (2000). *Family therapy: An overview* (5th ed.). Pacific Grove, CA: Brooks/Cole.

Minuchin, S. (1974). *Families and family therapy*. Cambridge: Harvard University Press.

Minuchin, S., & Fishman, H. C. (1981). *Family therapy techniques*. Cambridge: Harvard University Press.

Nichols, M. P. (1984). *Family therapy: Concept and methods*. London: Gardner Press.

Taylor, C. (1992). *Multiculturalism and "the politics of recognition": An essay by Charles Taylor*. Princeton, NJ: Princeton University Press.

https://www.youtube.com/channel/UCct5jhDaktrzw9MlyJ0pJ7Q.

제**8**장
·············

다문화가족 아동 · 청소년 상담

　최근 다문화가족 아동 · 청소년의 건강한 성장과 발달에 관심이 집중되고 있다. 2008년 「다문화가족지원법」 제정 후 다문화가족의 안전한 가족생활이 구축되었고, 당시에 태어난 다문화가족 자녀들은 현재 아동기 또는 청소년기 발달단계를 통과하고 있다. 다문화가족의 아동 · 청소년은 부모인 결혼이주여성과는 또 다른 위치와 정체성으로 혼란을 겪기도 하며, 차별적인 시선과 사회통합의 중요성을 강조하는 환경 안에서 다문화 아동 · 청소년이라는 특수성을 안고 성장하고 있다.

　이 장에서 다문화가족 아동 · 청소년의 개념과 유형을 이해하고, 다문화 아동 · 청소년의 지원정책을 파악하여 이들의 특수한 상황을 공감하고, 사회복지사에게 필요한 역량을 다루고자 한다. 무엇보다 다문화가족의 아동 · 청소년에게 효과적으로 개입할 수 있는 전략을 이해하고, 사례분석을 통해 적용해 보고자 한다.

1. 다문화가족 아동·청소년의 이해

1) 다문화가족 아동·청소년 개념과 유형

다문화가족이란 「다문화가족지원법」 제2조에 따르면, 「재한외국인 처우 기본법」의 결혼이민자와 「국적법」에 따라 대한민국 국적을 취득한 자로 이루어진 가족을 의미하며, 이때 다문화가족 '아동·청소년'은 24세 이하인 사람을 말한다. 「다문화가족지원법」에서는 24세 이하인 경우 아동·청소년으로 규정하고 있다. 「청소년복지지원법」 제18조에서는 지원 대상을 다문화가족의 아동·청소년뿐만 아니라 국내로 이주한 청소년까지 그 범위를 확대하여 정의하고 있다.

다문화가족 지원정책 기본계획을 추진하고 있는 교육부에서는 다문화 학

표 8-1 다문화 아동·청소년 유형

국제결혼 가정	국내 출생 자녀	• 한국인과 결혼이민자 사이에서 태어나 한국에서 성장한 경우 • 한국어 구사에 어려움은 없으나, 학습에 필요한 문장이나 어휘를 이해하는 데 곤란을 겪는 경우 존재 • 사춘기에 진입하면서 다문화에 대한 고정관념에 불편함을 느끼며, 심리·정서 지원 요구
	중도 입국 자녀	• 결혼이민자가 한국인과 재혼한 이후에 본국에서 데려온 경우, 한국인과 결혼이민자 사이에서 태어났으나 결혼이민자 본국에서 성장하다가 입국한 경우 등 • 새로운 가족과 한국문화에 적응하기 위한 스트레스가 발생하며, 정체성 혼란이나 무기력 등을 경험하는 경우 존재 • 한국어능력이 부족하여 공교육 진입과 적응에 어려움 발생
외국인 가정	외국인 가정 자녀	• 외국인 사이에서 태어난 경우(조선족, 중앙아시아 고려인, 시리아 난민 등 포함) • 정주여건이 불안정하여 학업을 지속하기 어려운 경우 존재 ※유엔아동권리협약에 따라 미등록 이주아동의 교육권 보장

출처: 교육부(2020), p. 27.

생을 〈표 8-1〉과 같이 그 배경에 따라 국제결혼가정과 외국인가정으로 구분하며, 국제결혼가정은 국내출생자녀와 중도입국자녀로 구분하기도 한다. 정리하면, 다문화 아동 · 청소년은 「다문화가족지원법」에서 정의하는 국내출생, 국제결혼가정의 다문화 아동 · 청소년뿐만 아니라 중도입국청소년, 재외국민자녀, 북한이탈 아동 · 청소년, 외국인인 아동 등을 모두 포함한다.

2) 다문화가족 아동 · 청소년 현황

2008년에 「다문화가족지원법」이 제정된 이후 결혼이주여성이 증가하면서 이들의 초기 정착과 적응이 중요한 과제였다면, 현재는 이들이 출산한 자녀들이 점차 장성하여 아동 · 청소년 세대를 이루고 있으므로 이들의 건강한 성장과 발달에 관심을 기울여야 한다.

교육부가 조사한 다문화 아동 · 청소년 현황을 살펴보면, 저출산의 영향으로 전체 학생 수는 감소하고 있지만 다문화 학생은 [그림 8-1]과 같이 증가하고 있어 전체 학생 대비 다문화 학생의 비율은 지속적으로 상승하고 있다. 최근 5년간 매년 1만 명 이상 증가하여 2019년에는 13만 명을 초과하였다. [그림 8-2]와 같이 다문화 아동 · 청소년의 유형에 따른 현황을 살펴보면, 국내 출생과 중도 입국, 외국인 학생이 모두 증가하고 있으며, 2017년 18%였던 중도 입국과 외국인 학생의 수가 2019년 21%를 차지하면서 뚜렷한 증가세를 보이고 있다.

여성가족부(2019a)의 다문화가족실태조사에 따르면, 다문화가족 자녀들의 취학률을 집계한 결과, 초등학교 취학률 98.1%, 중학교 92.8%, 고등학교 87.9%, 고등교육기관 49.6%로 나타났다. 국민 전체 취학률과 비교해 보면, 의무교육 단계인 초등학교 취학률은 0.7%p 높은 데 반해, 중학교(5.1%p)와 고등학교(4.5%p) 취학률은 국민 전체 취학률에 비해 낮았다. 특히 고등교육기관(대학)에서의 취학률 차이는 18.0% 격차를 보였다.

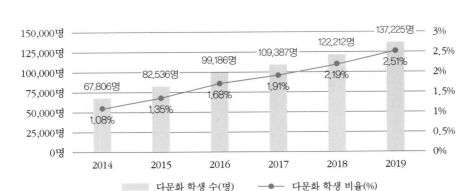

[그림 8-1] 다문화 학생 현황

출처: 교육부(2020), p. 3.

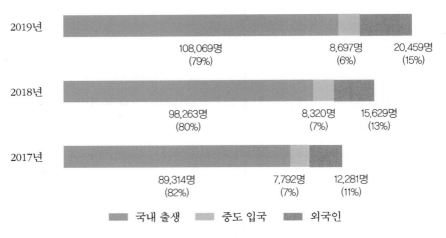

[그림 8-2] 다문화 학생 유형별 현황

출처: 교육부(2020), p. 4.

2. 다문화가족 아동 · 청소년의 특수성과 지원정책

문화적 다양성의 원칙을 강조하는 서구의 다문화주의와는 달리 한국의 다문화주의는 이주민의 한국사회 적응이라는 측면에서 발전되어 온 것이 특징이다(이소현, 2014). 이는 한국을 비롯한 다른 아시아 국가들, 즉 단일민족

국가들로 이루어졌다는 믿음에 기초한 국가들에서 공통적으로 발견되는 현상으로 다인종 구성원에 기초한 서구의 다문화주의와 차이를 보인다(Ahn, 2013). 우리나라만의 독특한 다문화 배경을 지닌 아동 · 청소년은 일반 아동 · 청소년과 달리 그들이 지닌 특수성으로 인해 어려움을 겪고 있다. 다양한 배경을 지닌 다문화가족 아동 · 청소년의 특수성으로 인해 겪고 있는 어려움을 파악하는 것은 다문화가족 아동 · 청소년을 이해하고 지원하는 실천과정에서 매우 중요하다.

1) 다문화가족 아동 · 청소년의 특수성

(1) 다문화가족 아동 · 청소년에 대한 차별적 시선

다문화가족 아동 · 청소년은 한국사회에서 성장하는 일반 아동 · 청소년이 경험하는 어려움 외에도 다문화 아동 · 청소년이기 때문에 발생하는 차별과 낙인, 개인의 정체성 혼란과 같은 어려움을 추가적으로 겪어 내야 한다. 한국에서 가족이 어떻게 작동하는지를 논리적으로 펼친 김희경(2017)은 단체 활동가들이 한 초등학교에서 학생들을 대상으로 '평소 다문화가정의 아동 하면 떠오르는 단어를 두 개만 적어 보라'는 주관식 설문을 실시한 결과, 가장 많이 나온 대답이 '따돌림, 더럽다, 외모, 의사소통, 아프리카, 초콜릿, 짜장면, 흑인, 불행……'이었음을 소개한다. '다문화' 개념에 대한 우리나라 아동 · 청소년의 혐오적인 시선과 태도를 엿볼 수 있는 장면이다.

최근 다문화 인식 개선과 다문화 관련 다양한 정책적 접근을 통해 다문화에 대한 수용성이 확장되면서 다문화가족에 대한 인식이 유연해지고 수용적으로 변화하고 있지만, 여전히 차별적인 시선으로 인해 다문화가족 아동 · 청소년들은 고통스러워하고 있다. 여성가족부(2019a)의 다문화가족실태조사에 따르면, 다문화가족 자녀 중 차별을 경험한 비율은 9.2%로 나타났으며, 이는 2015년(6.9%)에 비해 증가한 것이다. 비재학 자녀(13.9%)와 외국에서 주로 성장한 자녀(17.6%)가 차별을 경험한 비율은 더 높게 나타났다.

(2) 다문화가족 아동·청소년의 정체성

다문화가족 아동·청소년은 부모 중에서 해외 출생인 부 또는 모가 있으면, 부모의 서로 다른 가치관과 문화적 관습, 종교 등으로 인해 문화적 갈등을 겪을 수 있다. 또한 '다문화 아동·청소년'으로 지칭되고 호명되는 순간마다 자아정체성의 혼란을 경험하기도 한다. 다문화가족 아동·청소년은 성장하면서 한국인이지만 한국인도 아니고 그렇다고 외국인도 아닌 이중의 정체성으로 혼란을 겪고 있다. 이희정(2018)은 다문화가족 아동·청소년의 경우 정체성이 고정적이지 않고 동태적으로 형성되며 변화하고 있음을 보고하였다. 이러한 정체성의 혼란은 학교 부적응으로 이어지기도 하며, 또래와 다른 외모로 인해 따돌림을 당하거나, 친구관계에서 불이익을 당하는 것이 두려워 부모의 국적을 숨기는 등 대인관계에서 어려움을 겪기도 하며, 우울이나 불안 등 정신건강의 문제로까지 이어지고 있다(김이선, 장혜경, 김혜영, 양명희, 최은영, 2007; 양계민, 장윤선, 정유미, 2019).

아동은 출생 후부터 양육자와의 돌봄을 통해 성장하며, 이 돌봄의 경험은 이후의 성장에도 영향을 미친다. 아동 발달 연구에서도 어머니와 아동 간의 상호작용 관계가 아동의 정서, 사회 및 인지 발달에도 영향을 미치고 있음을 강조한다(Berk, 2011; Pianta & Harbers, 1996). 그러나 결혼 후 익숙하지 못한 언어로 새로운 문화와 환경에 적응하기 위해 고군분투하는 결혼이주여성에게 자녀의 출산과 양육은 해결하고 적응해야 하는 또 다른 무게의 역할이므로, 자녀와 긍정적인 관계를 유지하며 교육적 영향력을 발휘하는 데 한계를 경험하기도 한다. 또한 다문화 아동·청소년의 부모는 '다문화 아동' '다문화 청소년'으로서의 경험을 가져 본 적이 없으므로 자녀의 정체성 혼란이나 성장과정에서 겪는 어려움을 이해하기는 쉽지 않다. 본국에서 살다가 중도 입국한 아동·청소년의 경우에는 갑작스러운 물리적 환경뿐만 아니라 양육자의 변화로 더 큰 혼란을 겪기도 한다. 다문화가족 아동·청소년은 자신을 한국인으로 인식하길 원하지만, 때때로 혼란스러워하는 부모의 모습을 지켜보면서 자신의 정체성을 명확하게 확립하는 과정이 쉽지 않은 과업이 되기도 한다.

최근에는 다문화 수용성의 인식이 확장되면서 다문화 아동 · 청소년의 무조건 적응과 동화만을 강조하는 것이 아니라 이들의 이중언어 환경을 존중하고, 정체성과 관련하여 긍정적 변화를 보이고 있다. 다문화가족 아동 · 청소년은 한국어 사용과 동시에 외국 출신의 부모가 사용하는 모국어에 노출되어 이중언어 환경에서 생활한다. 대부분의 다문화가족 아동이 부모 나라의 언어보다 태어나고 자라면서 지속적으로 사용한 한국어를 더 능숙하게 사용하고 있지만, 가정에서 이중언어를 사용하면서 외국인 부모를 다른 가족구성원이나 사회와 연결하는 교량 역할을 하고, 스스로 한국어를 사용하면서 자긍심과 자신감을 얻고 있다(최혜정, 2014; 신경, 송원일, 2018). 다문화가족 아동 · 청소년 중에서 이중언어 사용능력 중 모국어 사용능력이 높을수록 한국문화 정체감이 높게 나타났으며, 한국어 사용능력이 높을수록 적응 유연성과 모국문화 정체감이 높았다는 연구 결과(우영경, 김은하, 2016)는 이를 뒷받침한다.

(3) 다문화 아동 · 청소년의 학교 적응

다문화 아동 · 청소년 대상으로 실시한 2019년 실태조사에서 80% 이상은 학교에 잘 적응하고 있으며, 학교생활에 별 어려움이 없는 것으로 나타났다(여성가족부, 2019a; 양계민 외, 2019). 일반 아동 · 청소년의 2018년 학교생활 만족도의 경우에는 58.0% 수준이었다(여성가족부, 2019b). 이러한 결과는 일반 아동 · 청소년과 다문화 아동 · 청소년을 동시에 조사하여 비교한 것이 아니므로 절대적인 비교는 할 수 없지만, 다문화 아동 · 청소년이 교육적인 불리함을 경험할 수 있다는 전제가 낮아지고, 학교를 중심으로 동등한 교육 기회가 제공되고 다문화 친화적인 교육 환경이 확산되고 있음을 보여 준다.

그러나 여전히 학교생활에 어려움을 겪고 있는 다문화 아동 · 청소년들은 학교 공부가 어려워서(63.6%), 친구들과 잘 어울리지 못해서(53.5%) 학교생활에 어려움을 겪는 것으로 나타났다(여성가족부, 2019a). 다문화 아동 · 청소년은 학년이 올라감에 따라 학업성적에 대한 주관적 평가와 만족도는 부정적인 변화 추이를 보였으며, 학교 공부에 어려움을 느끼는 다문화 아동 · 청소년의 비율 역시 증가하는 추세를 보였다. 이러한 결과는 일반 아동 · 청소년의 경우에도 학년이 올라감에 따라 주관적 만족도가 감소되는 것과 유사하며, 일반 아동 · 청소년이 호소하는 가장 큰 문제가 대인관계(26.3%), 학업 및 진로(16.6%)라는 보고(여성가족부, 2019b)와 유사한 결과이다. 이러한 결과를 토대로 다문화 아동 · 청소년이 겪는 학교적응의 어려움을 이들의 특수한 상황으로 전제하거나 고정관념으로 바라보는 태도는 주의해야 한다.

　다문화 아동 · 청소년과 일반 아동 · 청소년 간의 상대적 교육 격차를 분석한 양경은과 함승환(2018)은 이주배경 학생집단 모두가 동일한 교육적 불리함을 경험하는 것이 아니라 가족구성원 가운데 누가 해외 출생자인지에 따라 차이가 존재할 수 있음을 제시하였다. 따라서 단지 이주배경 학생이라는 이유만으로 이들 집단에 대해 일괄적으로 추가적인 교육 프로그램 등을 제공하는 방식의 접근은 다문화 아동 · 청소년 집단을 오히려 사회적 소수자집단으로 낙인찍는 효과를 동반할 수 있으며, 비이주배경 학생과 학부모에게는 이것이 교육자원의 불균등한 분배나 역차별로 해석될 소지가 있다는 점을 강조하였다.

　따라서 다문화 아동 · 청소년이 겪는 학업의 어려움을 일반화하여 자연스럽게 바라보는 것과는 별개로, 학업에 어려움을 유발하는 원인에 특수성이 있는지 확인하는 것이 필요하다(김동일 외, 2018). 다문화 아동 · 청소년이 개인변인(성별, 체류기간, 출생지, 언어능력)에 따라 학업성취도에 유의미한 차이가 나타났다는 연구 결과(남부현, 김연이, 2011; 이정우, 2013)도 다문화적 배경이 이들의 학업적 어려움의 원인과 밀접한 관련이 있음을 보여 준다. 또한 다문화 아동 · 청소년 집단 내에 존재하는 다양성에 주목하고 이들의 교육적 요구를 파악하여 접근하는 과정이 필요하다.

　다문화 아동 · 청소년의 학교 적응과 관련된 또 다른 기준은 학업중단 비율과 연결 지어 생각할 수 있다. 국내 초 · 중학생 학업중단의 주된 이유가 미인정 유학이나 해외 출국인 데 비해서, 다문화 아동 · 청소년의 학업중단

원인은 그냥 다니기 싫어서(46.2%), 친구나 교사와의 관계(23.4%) 때문인 것으로 나타났다. 아동·청소년의 '그냥'에는 많은 의미가 함축되어 있다. 정말 '그냥'일 수도 있으며, 설명할 수 없을 만큼 복잡하고 많은 원인이 포함되어 있을 수도 있기 때문이다. 따라서 이들이 교사 또는 친구 관계에서 겪는 어려움을 상담을 통해 회복하고, 필요할 경우 자기주장 훈련 또는 사회기술 훈련 등을 통해 개입할 수 있다. 먼저 다문화 아동·청소년에 대한 차별적 시선과 편견을 거두고, 적극적으로 포용하는 학교 분위기가 조성되어야 한다. 학년이 올라갈수록 부모와 가족보다 학교에서 생활하는 시간이 많아지고, 사회관계가 확장되므로 학교가 안전한 공간으로 변화되어야 자신의 상황을 설명하고 표현할 수 있으며, 다문화 아동·청소년이 '그냥' 학교를 떠나는 일을 예방할 수 있다.

2) 다문화 아동·청소년 지원정책

다문화가족 아동·청소년이 겪고 있는 특성을 반영하고 다문화가족의 추이 변화에 대비하여 한국사회는 다문화가족과 다문화가족 아동·청소년을 위한 다양한 정책과 지원을 제공하고 있다. 정부에서는 여성가족부를 중심으로 다문화가족정책의 방향성을 결정하는 '다문화가족정책 기본계획'을 5년마다 수립하고 있다. 2008년부터 시작하여 지금까지 제1차 기본계획(2010~2012년)과 제2차 기본계획(2013~2017년)이 완료되었으며, 현재는 제3차 기본계획(2018~2022년)이 진행되고 있다. 다문화가족정책 제3차 기본계획은 2세대 자녀에 대한 관심으로 정책 방향이 선회되어 다문화가족 자녀의 안정적 성장 지원과 역량 강화를 주요 정책 과제로 다루고 있다. 이 장에서는 다문화 아동·청소년이 다문화적 배경으로 인해 사회로부터 소외되거나 불리한 위치에 서지 않고, 건강하게 성장할 수 있도록 지원하는 정책을 정부 부처 중심으로 소개하고자 한다.

(1) 교육부의 다문화교육지원계획

교육부는 '다문화교육지원계획'이라는 명칭으로 2010년부터 다문화 학생을 위한 지원정책을 수립하고 추진해 오고 있다. 교육부에서는 다문화 학생에 대한 맞춤형 지원과 학교구성원의 다문화 이해 제고를 위한 정책이라는 두 개의 큰 방향성을 가지고 다문화 학생 지원정책을 추진해 왔다(양계민, 2018). 가장 최근의 정책 방향인 2020년도 교육부의 다문화교육지원계획을 살펴보면, 교육부의 다문화교육지원계획 목표는 '다문화 학생 교육기획 보장 및 교육격차 해소'와 '다양한 문화가 공존하는 성숙한 교육환경 구축'의 두 가지로, 이 목표를 위한 추진 과제는 다섯 가지로 제시된다. 〈표 8-2〉와 같이, 첫째, 출발선 평등을 위한 교육기회 보장, 둘째, 학교 조기적응을 위한 언어·학습지원, 셋째, 안정적인 성장을 위한 진로·정서지원, 넷째, 다양성이 공존하는 학교 환경 조성, 다섯째, 학교 현장 중심 지원체계 강화로 다문화학생의 실질적인 교육권을 보장하기 위해 추진되고 있다.

표 8-2 **2020 다문화교육지원계획(교육부)**

추진계획	추진과제
1. 출발선 평등을 위한 교육기회 보장	1) 다문화학생 공교육 진입 제도 안착 2) 학교교육 준비도 격차 해소
2. 학교 조기적응을 위한 언어·학습지원	1) 맞춤형 한국어교육 제공 2) 기초학력 지원
3. 안정적인 성장을 위한 진로·정서지원	1) 이주배경을 반영한 진로교육 지원 2) 정서지원 체계 강화
4. 다양성이 공존하는 학교 환경 조성	1) 전체 학교의 다문화교육 확대 2) 교육원의 다문화교육 역량 제고 3) 가정 및 지역사회와의 연계
5. 학교 현장 중심 지원체계 강화	1) 현장의 교육수요에 따른 지원사업 운영 2) 중앙-지역 간 연계 강화

출처: 교육부(2020). p. 6.

(2) 여성가족부 사업

여성가족부에서는 건강가정다문화가족지원센터에서 추진하는 사업과 이주배경청소년지원재단의 무지개청소년센터를 중심으로 하는 사업이 대표적이다. 건강가정다문화가족지원센터에서는 한국어교육, 다문화가족 자녀 언어 발달 지원, 방문교육, 심리치료 및 상담과 부모-자녀 관계 향상을 위한 다재다능 사업을 운영하고 있다. 건강가정다문화가족지원센터에서 결혼이주여성의 가족을 중심으로 국내에서 출생한 다문화 아동을 대상으로 지원한다면, 무지개청소년센터에서는 국내 출생의 다문화 아동뿐 아니라 북한이탈 아동 · 청소년과 외국인 가정의 아동 · 청소년을 대상으로 한국사회 조기적응 및 자립, 심리 · 정서적 안정과 균형성장 그리고 다문화사회 인식 개선을

표 8-3   건강가정다문화가족지원센터의 다문화 아동 · 청소년 대상 주요 사업(여성가족부)

사업	내용
한국어 교육	• 수준별 정규 한국어교육(1~4단계, 각 100시간) 및 진학반, 취업대비반 등 지역별 특성에 따른 심화과정(특별반) 운영
다문화가족 자녀 언어 발달 지원	• 다문화가족 자녀의 언어 발달을 위한 언어 발달 정도 평가, 언어교육, 부모 상담 및 교육방법 안내 등 서비스
방문교육(자녀생활)	• 독서코칭, 숙제지도 등 자녀생활서비스 제공
다(多)재다능	• 심리치료 및 상담, 부모자녀관계 향상, 사회성 발달, 미래 설계 등

출처: 다문화가족지원포털다누리 홈페이지.

표 8-4   이주배경청소년지원재단 무지개청소년센터의 주요 사업(여성가족부)

목표	추진방안	과제
1. 한국사회 조기 적응 및 자립	• 한국어 교육과 특기적성 계발 • 학습능력 향상과 자립지원 • 진로개척 및 직업역량 향상	1) 레인보우스쿨 운영 2) 진로지원프로그램 운영 3) 레인보우체험학교 운영 4) 학습역량 향상 지원 5) 다톡다톡카페 운영

2. 심리·정서적 안정과 균형성장	• 전문심리정서 상담 및 사례 관리 • 정서적 지지 및 역량 강화 • 영양, 건강, 체력 등 균형성장 코칭	1) 상담 및 가족연계 프로그램 2) 상담 및 심리치료 프로젝트 3) 통합캠프 개최 4) 이주배경청소년 멘토링 5) 체력증진 프로그램 실시
3. 다문화사회 인식 개선	• 청소년 대상 다문화 수용성 강화교육 • 다문화 전문가·활동가 양성 • 다양성 인식과 반편견 의식 향상	1) 청소년 다문화 감수성 증진 프로그램 2) 대외홍보 및 정보제공 3) 이주배경청소년 전문가·활동가 양성 4) 공동체 리더십 장학금 지원

출처: 이주배경청소년지원재단 홈페이지.

위한 사업을 중심으로 운영하고 있다.

3. 다문화가족 아동·청소년 상담 접근방법

다문화가족 상담을 위해서는 다문화가족을 가족의 한 유형으로 수용하고, 이를 전제로 한 보편적 서비스 지원이 이루어져야 한다. 실제로 다문화가족 상담 및 사례관리에서 주로 제시되는 이슈들은 한국의 가족 문제와 크게 다르지 않다. 특히 아동·청소년과 관련하여 학교 적응과 친구 문제, 학업 문제, 사회통합 문제 등이 주요한 문제로 다루어지고 있다. 이들에게 개입할 때는 당연히 부모의 문화적 배경의 차이, 언어 소통의 어려움 등 다문화가족의 특성이 반영되어야 한다. 동시에 일반적인 가족 개입에 필요한 사정과정과 가족의 역동이나 자녀 발달 단계에 따른 특성 등을 고려한 개입과 서비스가 제공되어야 한다. 이 장에서는 다문화가족 아동·청소년 상담을 위해 사회복지사에게 필요한 역량과 다문화가족 아동·청소년 개입을 위한 상담 전략을 살펴보고자 한다.

l) 다문화가족 아동·청소년 상담 시 사회복지사에게 필요한 역량

다문화상담은 다문화 인구가 경험하는 적응상의 여러 문제와 심리적 어려움에 직접적으로 도움을 줄 수 있는 구체적인 지원 방안의 의미를 지닌 중요한 영역이 되고 있다(강복정, 2012; 주은성, 이현정, 2010). 상담 현장에서 가장 중요한 도구는 바로 상담자 자체라는 인식에 따라 다문화 상담에서도 상담자의 역량과 자질은 매우 중요하다. 일반적으로 발달 특수성을 지닌 아동과 청소년은 어려운 상담 대상자 중 하나로 꼽힌다. 다문화 배경을 지닌 아동 · 청소년을 클라이언트로 만나는 과정은 사회복지사에게 새로운 위기이며 도전일 수 있다. 이 장에서는 보다 효과적으로 다문화 아동 · 청소년에게 개입하기 위해서, 다문화 아동 · 청소년을 상담하는 사회복지사로서 갖추어야 할 역량에 대해서 살펴보고자 한다.

(1) 전문상담 역량

다문화 아동 · 청소년을 상담하기 위해서 사회복지사는 상담에 필요한 전문성을 갖추고, 상담에 대한 이론적 지식과 실제적인 상담 기술을 갖추고 있어야 한다. 전문상담 역량은 인간적 자질과 전문적 자질로 구분할 수 있는데, 상담자로서 갖추어야 할 인간적 자질로는 진실성, 열정, 온화함, 인간에 대한 관심, 정서적 성숙, 심리적 안정감 등이 필요하다. 무엇보다 상담을 효율적으로 진행하는 방법과 상담 수행과정에서의 지식과 기술 등 사회복지 현장실천에서 요구되는 전문적 자질이 필요하다. 사회복지사로서의 전문적 자질로는 인간 성격에 대한 이론과 인간 발달에 대한 지식, 정상과 비정상에 대한 이해, 환경 속의 인간을 볼 수 있는 관점, 개인과 가족을 사정 및 평가할 수 있는 능력, 실천 지혜, 책임과 윤리 등이 필요하다.

(2) 다문화 역량

다문화 아동 · 청소년의 욕구에 민감하게 대응하면서 상담하기 위해서 사회복지사는 다문화 역량을 갖추고 있어야 한다. 수와 토리노(Sue & Torino, 2005)는 다문화 상담에서 상담자가 지녀야 할 다문화적 역량으로는, 첫째, 인간 행동, 가치, 편견, 선입견, 개인적 한계 등에 대한 자신의 가정(假定)을 인식하고자 적극적으로 노력하는 것(인식), 둘째, 문화적으로 다른 내담자의 세계관을 이해하기 위해 적극적으로 노력하는 것(지식), 셋째, 문화적으로 다른 내담자와 작업할 때 내담자에게 적절하고 밀접하며 민감한 개입 전략과 기술을 적극적으로 개발하고 사용하는 것(기술)으로 설명한다.

　　다문화 아동·청소년 상담에서는 메타이론적 접근, 즉 포괄적이고 통합적인 방법을 적용하여 클라이언트의 심리적 고통이나 부적응적 행동을 이해할 수 있다. 또한 사회복지사는 다문화 아동·청소년이 가지고 있는 특정한 의식, 관습, 신념 등에 대해 교육을 받거나 내담자에게 물어보아야 하며, 각 상담이론별 접근에 있어서 내담자의 문화적인 수용도(언어적·정서적·행동적 표현 경향성, 통찰, 자기개방, 과학적 경험주의)를 고려하여 적용하여야 한다(양미진, 고홍월, 이동훈, 김영화, 2011). 사회복지사는 우리 문화와 다문화가족 및 해당 국가의 문화에 대해 균형 잡힌 시각을 지니고 있는지 점검해야 한다. 상담 초기에 사회복지사는 다문화 아동·청소년과 라포를 형성하기 위하여 필요한 경우에 자신의 문화적 인식 정도를 개방할 수도 있다. 무엇보다 다문화 아동·청소년이 호소하는 문제가 인종이나 문화적 요인과 관련되어 있는지를 파악하고, 그로 인한 어려움을 민감하게 알아차려 주는 것이 필요하다.

(3) 가족체계를 고려한 실천 역량

　　다문화 아동·청소년을 상담하기 위해서 사회복지사는 아동의 의견을 경청해야 하며 이들의 욕구와 감정에 민감하게 반응할 수 있어야 한다(Percy-Smith & Thomas, 2010). 동시에 아동·청소년이 가족이 함께 거주하는 지역사회에서 분리되지 않도록 체계론적 관점에서 접근해야 한다(박은미, 정익중, 2012). 체계론적 관점에서는 사건과 증상이 맥락 내에서 이해되어야 하고, 개인의 특성보다는 가족의 관계와 역동으로 설명될 수 있어야 한다. 가족이 개인에게 미치는 영향은 단일문화권의 가족보다 다문화가족에서 더 두드러질 수 있으므로 가족체계 관점에서 아동 · 청소년을 이해하고 상담해야 한다.

이를 위해서 다문화가족 구성원의 상호연결성에 초점을 두어 다문화 아동 · 청소년이 겪는 어려움을 이해해야 한다. 다문화가족의 역동과 구성원 개개인의 특성들이 다문화가족이라는 이름 뒤에 함몰되거나 왜곡되어서는 안 된다. 특히 다문화 아동 · 청소년의 특수성에서 살펴보았듯이 이들이 겪는 사회의 편견과 차별, 정체성에 대한 아동 · 청소년의 이해, 그리고 가족이 아동 · 청소년 자녀를 어떻게 바라보고 다루고 있는지 등을 고려해야 한다.

다문화 아동 · 청소년을 위한 개입과정에서도 아동 최우선의 원칙이 지켜져야 하며, 모든 아동은 개별성이 존중되어야 하고, 아동은 자신이 영향을 받을 수 있는 어떤 이슈나 결정에 자신의 의견을 표현할 권리가 있다. 또한 아동 · 청소년을 위한 계획을 수립할 때는 가족을 포함해야 한다. 가족은 아동 · 청소년의 문제가 발생하는 곳이기도 하지만 해결책을 모색할 수 있는 곳이기도 하다. 가족은 아동 발달에 있어 가장 기본적인 역할을 하고 외부 환경이 아무리 쾌적하더라도 아동에게는 원가족이 가장 편안하고 중요한 자원이 된다는 것을 기억해야 한다(전혜성 외, 2018).

(4) 지역사회 자원 연계 역량

다문화 아동 · 청소년에게 개입하기 위해서 사회복지사는 지역사회 자원을 연계할 수 있는 역량을 갖추어야 한다. 즉, 사회복지사는 다문화가족과 아동 · 청소년에게 필요한 자원을 연계할 수 있는 다양한 기관 정보를 가지고 지원할 수 있어야 한다. 사회복지사는 다문화 아동 · 청소년의 상담을 통해 변화를 지원할 수 있지만, 때로는 이들을 둘러싼 환경 조건을 변화시키는 데 초점을 두어야 할 때도 있다. 다문화 아동 · 청소년을 기관 안에서 만날 수도 있지만, 때로는 공공기관이나 이들이 편안하게 느낄 수 있는 공간에서 만날 수도 있다.

아동 · 청소년을 위한 지역사회 서비스는 매우 다양하며 지역마다 특수한 지원체계를 지니고 있다. 변화무쌍하고 다양한 욕구를 가진 아동·청소년에 대한 개입에 있어서 지원 서비스 기관 간의 협력과 조정은 필수적이다. 가족과 지역사회를 기반으로 취약한 아동에게 무슨 일이 일어나고 있는지 이해하고 이에 대해 적절한 개입을 하는 것은 연속적이고 상호작용적인 과정이다. 사정은 개입과정 전반에 걸쳐 지속되어야 하고, 개입은 사정의 초기 단계부터 시작될 수 있다(Patron, 2009).

2) 다문화가족 아동·청소년 상담의 개입 전략

다문화가족 아동·청소년 상담을 위한 개입 전략은 다음과 같다.

첫째, 다문화 아동·청소년의 발달적 특성을 고려해야 한다. 아동과 청소년은 영아기부터 유아기, 아동기, 청소년기 단계별로 발달 과업을 수행하면서 성장한다. 사회복지사는 아동·청소년의 특정한 행동이 발달과정상의 특성인지 또는 병리적인 일탈이나 충족되지 못한 욕구를 채우기 위한 표현인지를 파악할 수 있어야 한다(임경옥, 홍나미, 손경숙, 2018). 사회복지사는 아동·청소년 부모와의 면담을 통해 이들의 출산과 양육과정을 탐색하면서 부모관계와 가족의 역동을 함께 살피면서 아동·청소년의 상황을 객관적으로 사정할 수 있어야 한다. 특히 아동·청소년은 비자발적인 클라이언트일 경우가 많다. 부적응적인 문제 행동으로 학교의 교사나 부모로부터 비난과 지적을 받거나 또는 걱정의 대상이 되었을 경우, 자신을 부적절한 존재로 인식하기 때문에 오히려 상담이나 치료적 개입에 저항하기가 쉽다. 문제를 일으키는 위치에 자신을 놓고서 가족의 역기능적인 항상성을 유지할 수도 있다. 따라서 사회복지사는 지금 상황의 복잡한 감정을 읽어 주면서 비자발적인 아동·청소년의 상황을 충분히 수용하고, 포용하면서 흥미와 동기를 유발할 수 있어야 한다.

한편, 다문화 아동·청소년은 다문화권 가족의 제한적인 한국어 능력으로 인해 의사소통에 어려움이 있을 수 있다. 특히 한국에 온 지 얼마 안 되는 초기 정착 단계의 다문화가족이거나 중도 입국한 아동 · 청소년의 경우에 원활한 의사소통을 기대하기 어렵다. 따라서 필요할 경우 해당 언어의 통 · 번역사를 적극적으로 활용하여 상담과 개입의 필요성을 설명하고 안내해야 한다. 이때 주의해야 할 점은 이들이 한국어 의사소통이 낮을지라도 인지능력이나 개인의 역량이 부족한 것으로 판단해서는 안 된다는 것이다. 언어능력의 부족은 학교생활의 부적응이나 대인관계의 어려움으로 연결될 수 있다. 따라서 사회복지사는 이들이 언어능력이 떨어질 수밖에 없었던 이유를 상담 주제로 잡아 함께 가족 내에서 부모와의 관계는 어떠한지, 학교 등 주변 사람들과의 관계는 어떠하며 자신을 어떻게 표현하는지 등을 살펴보는 계기로 삼을 수 있다. 또한 언어교육을 포함한 다문화가족과 관련된 정보는 어디에서 얻으며, 어떻게 활용하는지 등을 탐색하여 부모의 양육 태도와 양육 효능감 등을 살핌으로써 아동의 한국어 의사소통 발달 정도를 파악할 수 있다. 자신의 욕구와 감정 등 내면세계를 충분히 표현할 수 없는 아동과 청소년에게는 미술치료나 놀이치료를 활용하여 접근할 수 있다. 다문화 아동 · 청소년을 위한 상담 개입은 위험에 놓인 경우라도 정상적인 발달 상태를 유지할 수 있도록 지원해야 한다. 이러한 접근과 상담 방향은 다문화 아동 · 청소년이 겪는 문제를 해결하는 것에만 초점을 두는 것이 아니며, 그 해결 방안이 가족관계를 유지하고 강화하는 데 기여할 수 있는지를 고려하여 설정해야 하는 것도 잊지 말아야 한다.

둘째, 문화민감성을 기반으로 다문화 아동 · 청소년과 관계를 형성하기 위해 노력해야 한다. 아동과 청소년은 비자발적이며 동기가 부족하므로 관계 형성에 더욱 정성을 들여야 한다. 사회복지사는 다양한 국적을 배경으로 한 부모와 살고 있는 아동 · 청소년을 만나므로, 각 국가의 문화에 대한 사전 이해를 갖추어야 하며, 문화민감성을 발휘하여 당사자의 관점에서 다문화 아동 · 청소년이 처한 상황과 문제를 이해하고 공감할 수 있도록 준비되어야 한다. 부모와 다문화 아동 · 청소년의 욕구가 차이가 있을 때, 그것이 각 국가의 문화와 종교 등으로 인한 것인지를 우선 살펴보아야 한다. 표면적으로 호소하는 내용은 다를 수 있지만, 부모와 아동 · 청소년의 갈등은 모두 서로에게 좋은 부모와 자녀가 되고 싶은 마음에서 비롯되었음을 이해하는 것이 필요하다. 아동 · 청소년이 어디서부터, 무엇부터 이야기할지 몰라 주저할 수 있으므로 이들의 외모나 관심 있는 주제(애니메이션, 가수, 게임 등)에 대한 이야기를 나누는 것부터 질문과 대화를 이어 갈 수 있다.

셋째, 문제 행동 이면의 기능까지 파악하여 문제 행동을 이해한다. 아동 · 청소년은 발달 단계의 특성상 의존하는 것에 대해 두려움이 많은 편이다. 견디기 힘든 고통 속에 처해 있을지라도 타인에게 도움을 요청하는 것을 힘들어할 뿐 아니라 무척 수치스러워한다. 이것이 어려움을 겪는 아동 · 청소년이 초기에 발견되지 못하고 폭력이나 자해 등 심각한 문제에 노출된 이후에야 알려지는 이유이기도 하다. 이를 위해 아동 · 청소년이 왜 지금 이렇게 행동할 수밖에 없는지를 점검하고, 현재의 문제 행동이 발생하게 된 환경적 요인과 내적 요인 등 문제 배경에도 관심을 가져야 한다. 아동 · 청소년의 문제 행동을 범주화된 문제 유형에 끼워 맞추기보다는 각각의 클라이언트를 개별화하여 접근하는 것이 필요하다(전혜성 외, 2018).

넷째, 강점 관점으로 접근해야 한다. 다문화가족 상담과 사례관리에서는 강점 중심의 접근이 유용하다(최명민, 이기영, 최현미, 김정진, 2009; 한국사례관리학회, 2016). 강점 관점은 모든 클라이언트가 자신의 욕구를 충족하기 위해 한 가지 이상의 강점을 지니고 있으며, 이러한 강점은 클라이언트 체계의 변화과정을 발생시키고 에너지를 부여하고 지속시키는 자원이기 때문이다 (Saleeby, 2006). 즉, 그동안 다문화 아동 · 청소년이 어려운 여건 속에서도 어떻게 버틸 수 있었는지, 어떻게 감당하고 있었는지에 관심을 가지고, 이들이 문제 해결을 위해 지금까지 애써 온 노력에 대해 충분히 인정해 주어야 한다. 사정 단계뿐 아니라 개입 단계에서도 다문화 아동 · 청소년이 지닌 잠재력을 알아차리고, 그동안 씨름해 왔던 시간에서 이들의 강점들을 발견하여 되돌려 주는 과정은 이들이 온전히 이해받고 있다고 느낄 수 있는 공감의 순간이 될 것이다.

4. 다문화가족 아동 · 청소년 실천 사례

사례: "학교에서 다시 잘 지내고 싶어요."

아동 A는 초등학교 6학년에 재학 중인 여학생이다. A는 학교에서 친구들과 잘 어울리지 못하지만, 학교에 가는 것을 싫어하지는 않았다. 최근에 모와 이혼한 부가 면접교섭권을 이용하여 학교까지 찾아온 이후 A가 한부모 다문화가족인 사실이 친구들에게 알려졌고, 그 이후 A는 학교에 가지 않으려고 한다. 경제적인 지원을 받기 위해 A의 모가 건강가정다문화지원센터에 문을 두드리면서 상담에 의뢰되었다.

A의 모는 부의 알코올중독과 폭력으로 인해 1년 전에 이혼하였다. 부의 폭력으로부터 자신을 지키기 위해 모가 이혼을 결정했다는 것을 알고 있는 A는 모에게 죄책감을 지니고 있다. 모는 아시아 여성으로 자녀를 잘 양육하고자 열심히 근로 활동을 하고 있지만, 여전히 경제적으로 어려운 상황이다. 무엇보다 지금은 학교에 가지 않으려는 A로 인해 지쳐 있는 상황이다.

1) 사례에 대한 이해

클라이언트를 잘 이해하기 위해서는 클라이언트가 어떤 문제로 힘들어하는지를 알아야 한다. 즉, 클라이언트가 지닌 문제를 구체적으로 파악해야 한다. 아동 A를 이해하기 위해서 가족체계 관점에서 가족 역동을 살펴보면 다음과 같다.

첫째, A는 다문화가족의 아동이다. 결혼이주여성인 모의 결혼생활이 어떠했는지, A가 성장하면서 부모를 어떻게 생각하고 있었는지, 정체성 형성의 어려움은 없었는지에 대한 탐색이 필요하다. 부의 학교 방문 이후에 다문화 아동임이 밝혀졌다는 사실은 A가 군이 다문화가족임을 밝히지 않았을 가능성이 높다. 둘째, A는 알코올중독 가족의 자녀이다. A는 알코올중독인 부의 폭력을 보면서 성장하였다. 알코올중독 가족의 자녀는 영웅, 희생양, 잊혀진 아이, 귀염둥이의 유형으로 성장하기도 하는데, A는 학교에서 잊혀진 아이의 유형으로 보인다. 알코올중독 가족의 특성으로 배우자는 공동의존 병에 갇힐 수도 있으며, 자녀는 감정 표현을 억제하고, 의존적인 성향이 있으며, 충동적인 거짓말로 타인을 조종하려는 경향이 있을 수 있다. 셋째, A는 이혼 가정의 자녀이다. 부모가 1년 전에 이혼했지만, 이혼의 과정이 건강했는지를 살펴야 한다. 이혼은 법적인 이혼 외에도 정서적 이혼, 경제적 이혼, 심리적 이혼의 과정을 충분히 거치는 것이 필요하다. A에게도 부모가 이혼한다는 것을 미리 알고 있었는지, 부모의 이혼에 대한 감정을 충분히 나눌 기회가 있었는지, 모와 살고 있는 현재의 삶을 어떻게 인식하고 있는지 등을 살펴보아야 한다.

정리하면, A의 학교 부적응, 즉 학교에 나가지 않는 것은 표면적으로는 A의 문제 행동으로 보인다. 그러나 A는 앞서 살펴본 가족의 역동에서 볼 수 있듯이 심리 내적으로 다양한 어려움이 엉키어 있었고, 그것이 부의 학교 방문으로 촉발되었을 가능성이 높아 보인다. 따라서 사회복지사는 의뢰된 학교 부적응 문제에만 초점을 맞추기보다 A의 개인적 특성과 가족 역동의 특성을 파악하여 이해하는 과정이 필요하다.

2) 상담 개입 방향

이 사례의 상담 개입 방향을 제시하면 다음과 같다. 첫째, 상담 초기에 사회복지사는 A와 라포를 형성하고 충분히 A를 이해하고 수용할 수 있는 사람으로 다가서야 한다. A의 모는 A에게 학교에 나가지 않는 행동을 비난하거나 책망하였을 가능성이 높다. 자신을 지키기 위해 이혼을 결정한 모에 대한 죄책감, 학교에 갈 수 없는 어려움을 공감하지 않고 비난하는 모에 대한 분노 등 양가감정으로 혼란스러울 수 있으므로, A의 심정을 충분히 알아차려 주고 함께 따라가 주는 과정이 필요하다. 무엇보다 갑작스럽게 다문화 아동으로 밝혀졌을 때의 두려움이 무엇인지를 함께 나누어야 한다. 막연한 두려움은 더욱 큰 불안으로 커질 수 있으며, A를 옴짝달싹하지 못하게 할 수 있다. 그 불안을 구체적으로 드러내면서 A가 감당할 수 있는 부분과 그럴 수 없는 부분을 구분하고, 같은 학급 반 학생들의 차별적 시선의 변화를 위해서는 인식 개선 등의 교육 방향을 학교 측에 제시할 수 있다.

둘째, A가 현재 겪고 있는 어려움이 언제부터 시작되었는지를 확인하고, A의 또래관계와 교사와의 관계, 학교 성적 등 학교생활에 대해 탐색한다. 무엇보다 이렇게 힘든 상황 속에서도 지금까지 학교에 다니는 것을 싫어하지 않고 어떻게 잘 나갈 수 있었는지, 그 힘은 어디에서 비롯되는지 등 내담자가 버텨 온 힘에 대해서도 함께 알아주고 지지하는 강점 관점의 태도를 견지하여 A가 이 상황을 통해 다시 한번 일어설 기회를 가질 수 있도록 지원해야 한다.

셋째, 이러한 과정을 통해 A와 협의하여 상담 목표를 설정한다. 이때 상담 목표는 모가 의뢰 당시 호소했던 학교적응에 묶여 있기보다 A의 심리정서 상태를 따라가면서 단계적으로 설정하도록 한다. 그동안 억눌려 있던 A의 억압된 감정이 폭발적으로 드러나고, 자신의 상황을 객관적으로 이해하게 되면서 점차 학교에 대한 의지를 표현할 것으로 기대된다. 클라이언트마다 삶의 모양이 다양하고, 마음의 굳은살이 박혀 가는 과정을 지켜보는 것은 매우 힘든 시간일 수 있지만, 그 시간 마디마디에 사회복지사의 열정과 버팀으로 클라이언트는 성장할 수 있음을 기억해야 한다.

넷째, A뿐 아니라 A의 모도 불안정한 상황이므로 A의 모에 대한 개입도 함께 이루어져야 한다. 다문화가족의 경우, 자녀가 학교교육을 모두 이수하고 정상적인 궤도의 삶을 살아 내야 한국의 주류사회에 진입할 수 있다고 생각하므로 조급해질 수 있다. 게다가 한부모가족은 자녀양육과 경제활동이라는 두 개의 무거운 짐을 짊어지고 있어 사회적 지지가 필수적이다. A의 모는 자신과 자녀를 보호하기 위해서 이혼을 결정할 정도로 힘이 있는 여성이다. A의 모가 이 상황을 잘 헤쳐 나갈 수 있도록 한부모가족에 대한 다양한 지원

정보를 제공하고 다양한 지지체계를 연계하는 과정도 필요해 보인다.

램버트(Lambert, 1992)는 치료적 요인 네 가지를 클라이언트의 외적 요인 (클라이언트 요인 또는 우연한 사건 등) 40%, 상담관계 30%, 상담 기법 15%, 희망이나 기대, 플라세보 효과 15%라고 설명한다. 다문화 아동 · 청소년을 상담하는 사회복지사는 클라이언트가 자신의 삶에서 희망을 발견하여 변화를 주도할 수 있도록 이들을 믿고 기다려 주기를 바란다.

요약

다문화가족 아동 · 청소년이란 국내 출생, 국제결혼가정의 다문화 아동 · 청소년, 중도입국청소년, 재외국민자녀, 북한 이탈 아동 · 청소년, 외국인인 아동 등을 모두 포함하는 개념이다. 2008년 「다문화가족지원법」이 제정되었던 당시에는 결혼이주여성의 초기정착과 적응이 중요한 과제였다면, 최근에는 이주여성이 출산한 자녀들이 장성하여 아동 · 청소년 세대를 이루고 있어 다문화 아동 · 청소년의 건강한 성장과 발달에 관심이 모아지고 있다.

저출산의 영향으로 학교에 취학하는 전체 학생 수는 감소하고 있지만, 다문화 학생의 비율은 전체 학생과 비교했을 때 뚜렷한 증가세를 보인다. 그러나 다문화 아동 · 청소년의 학년이 중학교, 고등학교, 고등교육기관으로 올라갈수록 취학률의 격차가 벌어지고 있어 이들에 대한 꾸준한 관심이 필요하다.

우리나라만의 독특한 다문화 배경을 지닌 아동 · 청소년의 특수성으로는, 첫째, 다문화가족 아동 · 청소년에 대한 차별적 시선, 둘째, 다문화가족 아동 · 청소년의 이중 정체성, 셋째, 학업의 어려움과 학업 중단을 포함한 학교 적응 문제가 대표적이다. 다문화에 대한 수용성이 확장되면서 다문화가족에 대한 인식이 유연해지고 있지만 아동 · 청소년이 지닌 이중 정체성은 학교 부적응으로 이어지기도 한다.

이를 위해 정부에서는 여성가족부를 중심으로 '다문화가족정책 기본계획'

을 5년마다 수립하고 있으며, 현재는 다문화가족 자녀의 안정적 성장 지원과 역량 강화를 주요 정책과제로 다루는 3차 기본계획(2018~2022년)이 진행되고 있다. 교육부는 다문화학생의 교육 기회 보장과 다양한 문화가 공존하는 교육 환경 구축을 중심으로 다문화 학생을 지원하고 있다. 여성가족부 산하 건강가정다문화가족지원센터와 무지개청소년센터에서는 다문화 아동·청소년을 위하여 한국어 교육과 언어 발달 지원, 한국사회 조기적응 및 자립을 위한 다양한 사업을 운영하고 있다.

다문화가족 아동·청소년을 상담하기 위해서 사회복지사에게 필요한 역량은 총 네 가지 역량, 즉 전문상담 역량, 다문화 역량, 가족 체계를 고려한 실천 역량, 지역사회 연계 역량으로 집약된다. 먼저 다문화가족 아동·청소년을 상담하는 사회복지사는 상담에 필요한 전문성을 갖추고 상담에 대한 이론적 지식과 실체적인 상담 기술을 갖추고 인간적 자질을 포함한 상담역량을 갖추어야 한다. 둘째, 사회복지사는 자신을 객관적으로 인식하고 다문화 관련 지식과 기술을 바탕으로 아동·청소년의 문화적 수용도를 고려하여 개입하는 다문화 역량이 요청된다. 셋째, 사회복지사는 아동·청소년 개인의 특성뿐만 아니라 가족의 관계와 역동 안에서 가족 구성원의 상호 연결성에 초점을 두고 가족 체계 안에서 아동·청소년을 이해하고 개입할 수 있는 실천 역량을 갖추어야 한다. 넷째, 사회복지사는 다문화 아동·청소년에게 필요한 자원을 연계할 수 있는 다양한 정보를 가지고 지원할 수 있는 지역사회 연계 역량을 갖추어야 한다.

이러한 사회복지사의 역량을 기반으로 한 상담 개입전략으로는, 첫째, 다문화 아동·청소년의 발달적 특성을 고려하고, 둘째, 문화적 민감성을 기반으로 다문화 아동·청소년과의 관계 형성에 노력해야 한다. 셋째, 문제 행동 이면의 기능까지 파악하여 문제 행동을 이해하고, 넷째, 강점 관점으로 접근해야 한다. 이처럼 다문화가족 아동·청소년 상담의 개입하기 위해서는 다문화 아동·청소년의 특수성을 충분히 이해하고 고려하여 상담 방향을 설정하는 과정이 필요하다.

생각해 봅시다

1. 다문화가족 아동·청소년이 지닌 특수성을 우리는 어떻게 바라보고 있었는지 논의해 보자.
2. 다문화가족 아동·청소년 상담에서 사회복지사에게 필요한 역량 중에서 자신에게 필요한 역량은 무엇인지 생각해 보자.
3. 다문화가족 아동·청소년 상담에서 효과적인 개입 전략을 제시해 보자.

참고문헌

강복정(2012). 한국의 다문화가족정책 및 서비스의 현황분석: 다문화가족지원센터 사업을 중심으로. 다문화사회연구, 5(1), 143-184.

교육부(2020). 2020년 다문화교육 지원계획 발표. https://www.moe.go.kr/boardCnts/view. do?boardID=316&lev=0&statusYN=W&s=moe&m=0302&opType=N&boardSeq=79898.

구자경, 임은미(2009). 교사의 문화적 역량 향상을 위한 집단 프로그램. 평택대학교 다문화가족센터.

김동일, 고은영, 고혜정, 김병석, 김은향, 김혜숙, 박춘성, 이명경, 이은아, 이제경, 정여주, 최수미, 최종근, 홍성두(2018). 특수아상담. 서울: 학지사.

김이선, 장혜경, 김혜영, 양명희, 최은영(2007). 결혼이민자가족 지원 서비스 효율화 방안연구. 여성가족부.

김희경(2017). 이상한 정상가족. 서울: 동아시아.

남부현, 김연이(2011). 다문화학생과 일반학생의 학업성취도 격차 연구. 다문화교육, 2(3), 19-58.

박은미, 정익중(2012). 사례관리의 이해. 서울: 박영사.

신경, 송원일(2018). 이중언어사용 다문화청소년의 자아정체성 확립 사례연구. 다문화아동청소년연구, 3(2), 99-117.

양경은, 함승환(2018). 이주배경에 따른 청소년의 학교 소속감 격차: 다문화정책에 대한 함의. 사회복지정책, 45(1), 1-22.

양계민(2018). 국내 다문화청소년정책 10년의 성과와 한계, 향후 정책의 방향성 모색. 12회 청소년정책포럼. 미래한국사회 다문화청소년정책의 방향성 모색, 11-24.

양계민, 장윤선, 정윤미(2019). 다문화청소년 종단연구 2019: 총괄보고서. 한국청소년정책연구원.

양미진, 고홍월, 이동훈, 김영화(2011). 다문화 청소년 상담매뉴얼 개발. 한국청소년상담원.

여성가족부(2019a). 2018 다문화가족실태조사.

여성가족부(2019b). 청소년백서.

우영경, 김은하(2016). 다문화 아동의 이중언어 사용능력이 적응유연성 및 문화정체감에 미치는 영향. 다문화교육연구, 9(3), 63-81.

이소현(2014). TV 속의 다문화가정 2세: 이산적 정체성의 포섭과 배제. 미디어, 젠더&문화, 29(1), 5-36.

이정우(2013). 국가수준 학업성취도 평가 결과를 통해 본 다문화가정 학생의 사회과 학업성취도 특성. 시민교육연구, 45(2), 257-291.

이희정(2018). 다문화가정 청소년의 정체성 변화과정과 학교 적응. 한국사회학, 52(1), 77-115.

임경옥, 홍나미, 손경숙(2018). 아동권리와 복지. 경기: 공동체.

전혜성, 김정화, 강현주, 권자영, 홍나미, 정연수, 김광병(2018). 현장 사례관리. 서울: 학지사.

조영달(2006). 다문화가정의 자녀교육 실태조사. 세종: 교육인적자원부.

주은성, 이현정(2010). 결혼이주여성 대상 다문화 상담 관련 종사자들의 현장경험에 대한 질적 연구. 한국심리학회지: 일반, 29(4), 817-847.

최명민, 이기영, 최현미, 김정진(2009). 문화적 다양성과 사회복지. 서울: 학지사.

최혜정(2014). 다문화가정 아동의 이중언어 경험에 관한 연구. 학교사회복지, 27, 83-117.

한국사례관리학회(2016). 사례관리 전문가 심화과정교육. 서울: 학지사.

Ahn, J. H. (2013). Global migration and the racial project in transition institutionalizing racial difference through the discourse of multiculturalism in South Korea. *Journal of Multicultural Discourses, 8*(1), 29-47.

Berk, L. E. (2011). *Infants and children* (7th ed.). Boston: Allyn & Bacon.

Lambert, M. J. (1992). Psychotherapy outcome research: Implications for integrative and eclectical therapists. In J. C. Norcross & M. R. Goldfried (Eds.), *Handbook of psychotherapy integration* (pp. 94-129). New York: Basic.

Patron, C. H. (2009). Do we need multicultural counseling competencies? *Journal of Mental Health Counseling, 26*, 67-73.

Percy-Smith, B., & Thomas, N. (2010). A *handbook of children, any young people's participation*. London and New York: Routledge.

Pianta, R. C., & Harbers, K. L. (1996). Observing mother and behavior in a problem-solving situation at school entry: Relations with academic achievement. *Journal of School Psychology, 34*(3), 307-322.

Saleeby, D. E. (2006). *The strengths perspective in secial work practice* (4th ed.). Boston: Pearson Education, Inc.

Sue, D. W. & Torino, G. C. (2005). Racial-cultural competence: Awareness, knowledge, and skills. In Carter (Ed.), *Handbook of racial-cultural psychology and counseling: Training and practice*. NJ: Wiley.

다문화가족지원포털다누리 www.liveinkorea.kr
이주배경청소년지원재단 www.rainbowyouth.or.kr

제**9**장

다문화 사례관리

이 장에서는 다문화 분야에서 실천하고 있는 사례관리의 이론과 실제의 이
해를 돕기 위해 사례관리의 개념, 목적, 관점, 과정 등의 이론과 구체적인 다문
화 사례관리 실천 사례를 소개한다. 다문화가족이나 다문화 배경을 가진 개인
과 함께 하는 다문화 사례관리 실천은 사례관리의 개념, 운영체계와 과정에 대
한 명확한 이해에 기초하고, 이용자 중심의 임파워먼트 관점, 사회구성주의 관
점과 강점 관점을 필요로 한다. 다문화 사례관리 실천 사례를 통해서 가족 중
심의 사례관리 실천과 서비스 제공자의 문화역량과 이용자의 주체적 참여를
전제로 하는 서비스 협력관계의 중요성을 다루도록 한다.

1. 다문화 사례관리의 이해

효과적인 다문화 사례관리 실천을 위해 현재 다문화 사례관리의 배경, 사례관리의 개념을 먼저 살펴보고, 다문화 사례관리를 대표하는 다문화가족 사례관리의 개념과 목적을 정리해 본다.

1) 다문화 사례관리의 배경

우리나라에서 다문화 사례관리(case management)는 2013년에 다문화가족 지원센터 시범사업으로 도입되었다. 다문화가족실태조사 등에서 지속적으로 나타나고 있는 다문화가족이 경험하는 복합적인 욕구와 문제 그리고 이주배경 청소년이 처한 다양한 사회적응 문제의 해결을 지원하기 위해 전문 사례관리의 필요성이 제기되고 있다. 이러한 인식에서 정부는 2019년 기준 다문화가족지원센터의 사례관리사를 140여 명 확충하여 사례관리사업을 확대 추진하고 있다. 다문화 사례관리의 개념과 전개과정의 이해를 돕기 위해 한국 사회복지 전달체계에 사례관리가 도입된 과정을 살펴본다.

사례관리는 미국에서 1960년대 민권운동에 힘입은 장애인, 노인, 정신질환자의 탈시설화와 지역사회 보호의 필요성에서 1970년대에 대두되었다. 한국에서 사례관리는 1980년대 후반부터 노인, 장애인, 정신장애인을 위한 전문 사례관리 서비스로 시작되었다. 2005년 「사회복지사업법」 개정은 사례관리를 공공 영역에 도입하는 법적 기초를 제공하였다. 공공 영역에 사례관리가 공식적으로 등장한 것은 2006년 주민생활지원서비스 전달체계 개편이었고, 이후 시·군·구 지방자치단체 중심의 사례관리 시범사업 등을 거쳐 2010년부터 전국에 걸쳐 위기가구 사례관리가 실시되었다.

2012년을 기점으로 현재까지 사례관리는 서비스 전달체계의 주요한 전략으로 주목받고 있다. 2012년 사회복지공무원과 통합사례관리사를 확충하여

시·군·구에 통합사례관리 전담조직으로 '희망복지지원단'이 설치되었다. 희망복지지원단은 현재까지 지역의 사례관리사업을 선도하는 중추적 역할을 담당하고 통합사례관리 절차를 개발하여 적용하고 있다. 2016년부터 읍·면·동 복지허브화 사업을 시행하여 읍·면·동 단위로 지역사회에서 '찾아가는 서비스' '사례관리' '민간자원·조직 발굴과 연계'를 강화하여 복지 사각지대와 중복을 방지하는 '촘촘한 복지'를 표방하는 공공 사례관리가 수행되고 있다. 다문화가족지원센터를 중심으로 한 다문화 사례관리의 도입과 확산은 공공 영역 서비스 전달체계의 주요한 실천 전략으로 도입되어 수행되고 있는 사례관리의 확산과 맥락을 같이하고 있다.

2) 사례관리의 개념

사례관리가 서비스의 중복이나 누락을 방지하고자 하는 의도에서 출발했다는 점에서 사회복지 역사 초기의 메리 리치먼드(Mary Richmond)의 서비스 이용자 조사에서부터 인보관(Settlement House)과 자선조직협회(Charity Organization Society: COS)의 활동에서 그 기원을 찾을 수 있다. 현대적 개념의 사회복지 실천방법으로 사례관리가 사용되기 시작한 것은 1970년대 미국의 정신건강 영역에서 서비스의 연계와 조정에 초점을 둔 지역사회 보호(community care)라고 할 수 있다. 사례관리는 개별 맞춤형 서비스 과정이라고 불리기도 하는데, 그 이유는 사례관리의 역사에서 알 수 있듯이 이용자의 욕구 사정과 욕구 충족을 위한 자원 연계와 조정에 초점을 두는 서비스 과정이기 때문이다(Ballow & Mink, 1996).

한국적 상황을 반영한 '사회복지 사례관리 표준 실천 지침'에 따르면, 사례관리란 복합적이고 다양한 욕구가 있는 클라이언트와 가족의 사회적 기능 회복을 돕는 통합적 실천방법이다. 이를 위해 운영체계를 확립하고, 클라이언트와 함께 강점 관점의 체계적 사정을 해야 하며, 클라이언트의 내적 자원 및 지역사회 자원을 개발하고 활용하여 삶의 질 향상을 위해 노력해야 한다

(한국사례관리학회, 2016). 이 개념 정의는 사례관리 이용자 정의, 사례관리의 목적과 관점, 사례관리를 위한 운영체계, 사례관리 실천의 특징을 잘 보여 주고 있다.

이러한 사례관리 개념이 갖는 구체적인 내용을 살펴보면 다음과 같다.

첫째, 사례관리 이용자는 복합적이고 다양한 욕구를 가지며, 이용자 개인뿐만 아니라 그가 속한 가족 등의 체계가 해당된다.

둘째, 사례관리의 목적은 사례관리 이용자와 가족의 욕구 충족을 통한 사회적 기능 회복이며, 궁극적으로는 삶의 질 향상을 지향한다.

셋째, 사례관리의 관점은 강점 관점에 기초한다. 사례관리 이용자는 내적·외적 자원이 부족하고 자원에 접근할 기회나 경험의 부족하며, 이용자와 가족을 둘러싼 사회지지 체계가 취약하다. 따라서 사례관리 이용자와 사례관리사의 협력관계에서 이용자가 주체적으로 사례관리 과정에 참여할 수 있도록 강점을 찾아 인식할 수 있도록 돕고, 강점에 기초하여 서비스를 계획하고 실행하는 강점 사정이 중요하다.

넷째, 사례관리 운영체계의 확립이다. 사례관리 실천은 이용자를 중심에 두고 이용자의 복합적이고 다양한 욕구에 대한 사정에서 출발하기 때문에 기본적으로 팀 접근을 요구한다. 또한 서비스를 위한 이중구조의 운영체계에 기반한다. 사례관리의 이중구조로는 사례관리팀 기반 실천체계와 서비스 연계와 조정을 가능하게 하는 행정체계, 그리고 사례관리 서비스 운영을 가능케 하는 기관 내부 운영체계와 통합사례관리를 지원하는 외부 운영체계를 들 수 있다.

다섯째, 사례관리는 사례관리자와 이용자의 관계에서 직접적·간접적 서비스 등 다양한 체계적 접근을 포함하는 통합적 실천방법이다. 사례관리 실천을 효과적으로 수행하기 위한 구성요소는 복합적 욕구를 가진 이용자, 실천과정을 담당하는 사례관리자, 활용 가능한 자원, 실천 수행을 지원하는 운영체계, 일련의 사례관리 과정 등이다.

3) 다문화 사례관리의 개념과 목적

다문화 사례관리는 다문화가족과 다문화 배경을 가진 개인이 생활하고 있는 지역사회와 각종 사회복지기관과 이용시설을 중심으로 실천되고 있다. 다문화가족 지원을 전담하는 다문화가족지원센터, 시·군·구 희망복지지원단과 읍·면·동의 찾아가는 서비스 등 공공 사례관리 전달체계뿐만 아니라 지역사회복지관, 노인복지관, 장애인복지관, 교육복지사업을 실천하는 각급 학교, 아동·청소년 복지지원시설, 아동학대와 가정폭력 관련시설 등에서 다문화 사례관리를 제공하고 있다. 현재 다문화 사례관리를 우선적으로 실천하고 있는 다문화가족지원센터의 사업안내(여성가족부, 2019)에서 다문화가족 사례관리의 개념을 검토해 본다.

다문화가족 사례관리의 개념은 다문화가족의 정착을 위해서 국제결혼가정의 특성을 고려한 가족 형성 초기적응과 집중적 맞춤지원, 복합적이고 장기적이며 만성적인 문제로 가족갈등이 심화된 다문화가족 구성원이 스스로 삶을 계획하고 실천할 수 있는 역량을 갖출 수 있도록 다양한 서비스를 지원하는 것으로 정의하고 있다. 구체적으로 다문화가족 사례관리의 사업 목표는 첫째, 다문화가족의 복잡하고 다양한 문제 해결 및 욕구 해소를 위한 심리, 정서적 안정 및 자립역량 강화 지원 등 맞춤형 종합 서비스를 제공한다. 둘째, 체계적인 실적관리를 통해 사례관리사업의 지원체계를 구축하고 안정화를 도모한다. 셋째, 양질의 사례관리 서비스를 제공함으로써 결혼이민자 및 다문화가족의 안정적인 사회 정착 기반을 마련하는 것으로 제시하고 있다. 또한 사례관리 전담인력을 '다문화가족 사례관리사'라고 부르고 그 업무는 입국초기 결혼이민자 등의 한국어 능력, 가족관계, 자녀 유무, 경제적 여건 등을 고려한 대상자별 특성에 따른 개인별 맞춤지원을 하는 것으로 규정하고 있다.

다문화가족 사례관리의 개념, 사업 목적, 담당자 업무 규정이 내포하고 있는 구체적인 내용을 살펴보면 이용자 정의, 사례관리의 목적과 실천방법을 포함하고 있다. 첫째, 사업안내에 따르면 이용자는 다문화가족지원센터 회원의 가족으로 다문화가족과 다문화 배경을 가진 개인을 포괄하고 있다. 사례 관리는 복합적이고 장기적이며 만성적인 문제를 표적으로 삼으며 이러한 문 제로 인해 가족갈등이 심화된 다문화가족과 다문화 배경의 개인에게 관여한 다. 따라서 다문화가족 사례관리는 이용자가 가지는 국제결혼가정의 특성과 복합적이고 장기적인 문제로 인한 가족갈등의 심화에 초점을 둔다. 둘째, 다 문화가족 사례관리의 목적은 다문화가족의 사회 적응과 정착, 자립역량 강화 이다. 셋째, 다문화가족 사례관리의 실천방법으로 다양한 서비스 지원에 의한 맞춤지원을 강조한다. 넷째, 다문화가족 사례관리사의 역량으로 '국제결혼가 정의 특성'에 대한 이해, '대상자 특성에 따른 개인 맞춤지원'을 제공하는 직 접적 · 간접적 서비스를 통합한 전문 사례관리 실천 기술을 강조하고 있다.

이상에서 살펴본 사례관리의 개념과 다문화가족 사례관리의 개념을 비교 하면, '삶의 질 향상'이 보편적 지향이라면, 다문화 사례관리에서는 이주민의 독특한 특수성에 초점을 두어 '정착과 적응'을 강조하고, 가족 개입 실천과 서비스 체계의 문화역량을 중요하게 다루고 있다.

2. 다문화 사례관리 접근방법

다문화 사례관리의 효과성과 효율성을 높이기 위해 사례관리 실천의 방 향성을 가리키는 주요 관점을 살펴보고, 사례관리의 운영체계와 사례관리의 과정을 정리해 본다.

1) 사례관리의 관점

다문화 사례관리가 지향하는 관점으로 생태체계 관점, 임파워먼트 관점, 사회구성주의 관점, 강점 관점, 네트워크 이론, 옹호 관점을 들 수 있다. 다문 화 사례관리에서 이용자가 가진 복합적인 욕구와 취약한 자원과 지위를 '색 다른 시선'으로 바라보고 사례관리자와 이용자의 협력관계에서 당사자 관점을 지지하는 이용자의 자기결정권, 강점 및 자원접근 활동을 강조하는 임파워먼트 관점, 사회구성주의 관점, 강점 관점을 소개한다.

(1) 임파워먼트 관점

임파워먼트(empowerment)는 억압받는 집단의 권리(power) 증진이라는 사회 현상을 배경으로 1970년대 등장한 개념이다. 임파워먼트는 개인과 가족이 자신들의 삶의 조건 향상을 위한 조처를 취할 수 있는 개인적 · 대인관계적 · 정치적 힘을 획득하는 과정이다(Gutierrez, DeLois, & GlenMaye, 1995). 임파워먼트 관점은 무력감(powerless)에 효과적으로 대응하는 관점이면서 실천과정이다(Lee, 1994: 신영화, 2010 재인용).

임파워먼트 관점은 사회복지실천에서 강조하는 '자기결정권' '환경 속의 인간' '강점 사정' '지역사회 참여' '실천가-이용자의 협력관계' 등의 기본 시각과 접근법에서 유사한 점이 있어 사회복지실천 관점으로 발전해 왔다. 특히 임파워먼트 관점은 개인에게 권력과 사회적 · 정치적 · 경제적 제도 내에서 권력관계의 중요성을 인식시키는 데 기여하였다(윤혜미, 2009).

임파워먼트 관점이 일반 사회복지실천과 가지는 차별성은 다중체계적 접근과 실천요소로서 소집단, 강점 사정, 자원접근 활동, 평등한 원조관계에 있다(신영화, 2010). 무력감을 경험하는 개인이나 가족의 임파워먼트는 개인, 가족, 집단, 지역사회의 다양한 사회체계 수준에서 다중적으로 접근할 때 효과적이다.

임파워먼트 관점에 기초한 사례관리 실천을 위해 자원 접근을 강조한 드보이스와 마일리(Debois & Miley, 2018)의 모델을 적용할 수 있다. 이 모델은 자원접근 활동에 초점을 둔 대화, 발견, 개발의 3단계를 제시하고 있다. 대화 단계는 이용자가 가지고 있는 주요 욕구와 문제를 구체화하고 강점과 자원을 구체화하는 과정이다. 발견 단계는 이용자가 가지고 있는 자원과 지역사회 자원체계를 탐색하고 변화계획을 개발하는 과정이다. 개발 단계는 이용자가 이용하지 않은 접근 가능한 강점과 자원을 사정하고 강화하는 과정이다. 이 과정에서 성공 경험을 통합하여 이용자가 변화를 유지하도록 지원하는 것이 중요하다.

(2) 사회구성주의 관점

사회구성주의(social constructionism) 관점은 탈근대주의(post-modernism)에 영향을 받은 주관적 인식론, 구성주의를 대인 서비스 분야에 적용한 것이다. 사회구성주의는 모든 현실은 객관적인 실체로 발견되는 것이 아니라 참여자에 의해 구성되고 형성되며, 경험을 통해 사건에 대한 의미와 일관성을 찾으려고 노력한다고 전제한다.

사회구성주의 관점은 빈약함을 강점으로 만들고, 문제에서 해결책을 구성하며, 과거에서 벗어나 미래 지향적 시각을 가지게 하는 대화를 중시한다. 대화가 새로운 현실을 구성할 수 있다는 점(고미영, 2007)에서 언어가 핵심적 역할을 한다. 현실은 사람 사이에서 언어를 매개로 상호작용을 통해 이루어지고, 의미 역시 사람 사이에서 만들어지는 것이다(이영분, 김유순, 신영화, 전혜성, 최선령, 2020). 다문화 사례관리 실천가는 이용자와의 동등한 관계에서 의존이 아닌 참여와 능동적 역할을 기대하는 존대하는 호칭을 사용하거나 '할 수 있다'는 대화로 역량 강화가 된 현실을 창조할 수 있다는 것이다(신영화, 2010). 이러한 사회구성주의 관점은 실천가가 이용자를 삶의 주체로 인정하고 호기심을 가지고 그가 경험하는 세계와 문화를 '모른다는 자세(not knowing)'로 접근한다면, 사례관리의 전 과정에서 일어나는 실천가와 이용자 사이의 언어적 상호작용을 통해 효과적으로 적용될 수 있다.

(3) 강점 관점

'강점 관점'은 1989년 와이크(A. Weick)와 동료들의 논문을 통해 처음으로 사회복지학계에 알려졌다. 이어 미국 캔자스 대학교의 데니스 샐리비(D. Saleebey) 교수가 강점 관점 실천의 대표 저서 『사회복지실천에서의 강점 관점(The strengths perspective in social work practice)』(1992)을 처음 발간하였다(노혜련, 김윤주, 2014). 강점 관점 실천의 시초는 캔자스 대학교의 찰스 랩(C. A. Rapp) 교수가 수행한 정신장애인 사례관리 시범사업에서 찾을 수 있다. 연구자들은 정신장애인의 지역사회 거주를 위해 필요한 것은 이용자를 지역사회 정신건강 서비스에 연계하는 것으로 충분하지 않으며, 개인과 지역사회의 강점을 활용할 때 이용자가 스스로 세운 목표를 달성할 수 있다는 사실을 확인하였다. 강점 관점은 개인, 가족, 지역사회의 문제, 결핍, 비정상에 초점을 두는 병리모델로부터 탈피하여 개인과 가족뿐만 아니라 이웃과 지역사회의 강점, 장점과 자원의 중요성과 가치를 발견하는 관점의 전환을 의미하였다.

강점 관점 사례관리의 원칙은 다음과 같다(Rapp & Goscha, 2006). 첫째, 이용자는 스스로의 삶을 회복, 개선 및 변화시킬 수 있다. 둘째, 결점보다는 강점에 초점을 둔다. 셋째, 지역사회는 자원의 오아시스이다. 넷째, 이용자는 실천과정의 지도자이다. 다섯째, 실천가와 이용자의 관계가 가장 우선적이며 필수적이다. 여섯째, 실천의 장은 이용자가 있는 지역사회이다.

강점 관점은 이용자의 욕구를 해결해 나가는 사례관리 과정에서 이용자와 그를 둘러싼 환경의 강점에 초점을 두어 사정하고 개입 방향을 설정하는 데 도움이 된다. 강점 관점 사례관리의 과정은 다음과 같이 진행된다. 첫째, 협력적인 파트너십 관계에서 시작한다. 둘째, 이용자의 주도적 참여로 이용자와 환경의 강점을 사정한다. 셋째, 사례관리자와 이용자가 합의한 개별화된 목표와 계획을 세우고, 강점 사정에 기초하여 자원, 도움 제공자, 서비스를 구체화한다. 넷째, 자원 획득 단계에서 목표 달성을 위해 지역사회 자원과 서비스를 확인하고 서비스나 자원 제공자와 협상한다. 이때 중요한 것은 사례관리자가 지역사회를 강점 관점에서 바라보고 이용자의 권익을 옹호하는 것이다. 다섯째, 지속적인 협력관계를 유지하며 계획대로 실행되는지 점검하고 지지한다. 여섯째, 종결은 목표가 달성되었거나 이용자가 문제해결 능력이나 자원획득 능력을 갖추었다고 판단될 때 실시한다. 종결과 함께 비공식 지원체계가 공적 서비스를 대체할 수 있다(김경미, 윤재영, 2010).

강점 관점 실천에서 중요한 것은 단순히 '강점'을 발견하고 사정하는 것이 아니라, 사례관리의 전 과정에서 이용자와 협력적 관계를 수립하고 이용자가 진정으로 원하는 변화와 하고 싶은 것에 초점을 맞추는 것이다.

2) 사례관리 운영체계

사례관리 운영체계는 효율적인 사례관리 실행을 위해 매우 중요하다. 사례관리는 사례관리 실천(case management practice)과 사례관리 체계(case management system)의 이중구조에서 이루어진다(O'Connor, 1988). 사례관리는 실천 차원에서 사례관리자는 사례의 발굴·의뢰·연계의 전 과정에서 이용자와 관계를 맺고 이용자가 삶의 주체로서 참여하고 자원에 접근할 수 있도록 대면 접촉에 의한 직접적 서비스로 관여한다. 이러한 사례관리 실천을 보다 효과적이고 효율적으로 수행하기 위해서는 운영체계 확립이 필수적이다.

사례관리 운영체계가 효율적으로 운영될 때, 이용자의 발굴·의뢰·연계가 활발하게 진행될 수 있으며, 서비스 제공자 간의 협력이 강화되어 지역사회 자원 활용이 활발해진다. 여기에서는 사례관리 운영체계를 기관 내부 운영체계와 외부 운영체계로 구분하여 살펴본다.

(1) 내부 운영체계

기관 내부 운영체계는 사례관리를 담당하는 사례관리자와 사례관리팀이다. 이용자의 복합적 욕구 사정과 자원 연계로 대표되는 사례관리 실천의 복합적인 특성과 과중한 업무 부담(김은정, 2015; 이경란, 최정숙, 2020)으로 인해 사례관리는 팀 접근과 적절한 슈퍼비전 체계를 필요로 한다.

사례관리자는 사례관리의 전 과정을 수행하는 전담인력이다. 사회복지사 1급 자격증을 취득한 후 사회복지실천 경력 2년, 또는 사회복지사 2급 자격증을 취득한 후 사회복지실천 경력 4년 이상이 되어야 하며, 사례관리 교육과 훈련을 받은 사람이어야 한다(한국사례관리학회, 2016).

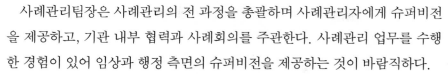

　사례관리팀장은 사례관리의 전 과정을 총괄하며 사례관리자에게 슈퍼비전을 제공하고, 기관 내부 협력과 사례회의를 주관한다. 사례관리 업무를 수행한 경험이 있어 임상과 행정 측면의 슈퍼비전을 제공하는 것이 바람직하다.

　기관 조직 환경에 따라 사례관리팀을 구성할 수 없는 경우에 사례관리자와 사례관리 업무를 지원하는 내부 운영체계를 수립하여, 보조인력을 준사례관리자로 양성하여 사례관리팀원으로 확충하고 정기적인 사례회의와 슈퍼비전을 통해 사례관리가 원활히 수행되도록 해야 할 것이다.

(2) 외부 운영체계

　기관 입장에서 외부 운영체계는 지역사회 단위의 통합사례관리체계와 기관이 자체적으로 조직하는 운영체계로 나눌 수 있다. 현재 지역사회 단위의 통합사례관리체계는 대부분 공공 영역에서 선도하고 있지만, 인적 구성이나 관계에서 공공과 민간의 파트너십으로 운영하는 것이 바람직하다. 통합사례관리체계에는 통합사례관리팀, 통합사례회의, 솔루션위원회, 슈퍼바이저 등이 포함된다. 지역에 따라 공공이나 민간의 통합사례관리지원단이 운영되기도 한다. 이때 기관은 서비스 제공기관으로서 통합사례관리체계에 참여하거나, 기관에서 서비스를 제공하는 이용자 사례관리에서 어려운 사례를 의뢰할 수 있다.

　한편, 기관의 자체적인 외부 운영체계는 기관이 주도적으로 이용자의 사례관리를 원활히 하기 위해 지역사회기관을 연계하여 조직할 수 있다. 그것은 통합사례회의, 솔루션위원회와 슈퍼바이저가 해당된다. 통합사례회의는 외부 기관 전문가의 도움과 지원을 받아 사례관리를 하는 것이다. 다문화가족지원센터에서 남편은 사고로 실직 상태에서 재활치료를 필요로 하고, 결혼이주여성인 아내는 치매 시어머니를 돌보면서 돌봄이 필요한 초등학생 딸과 게임중독과 학교 부적응 문제를 가진 중학생 아들의 문제를 호소하는 다문화가족의 사례관리를 한다고 할 때, 행정복지센터 사회복지공무원, 재활병원 의료사회복지사, 정신건강복지센터 사례관리사, 지역아동센터 사회복지사, 청소년상담복지센터 사례관리사, 교육복지사 등으로 구성된 통합사례회의를 통해 사례관리를 체계화할 수 있다.

솔루션위원회는 여러 가지 복합적 문제로 욕구 충족이나 문제 해결에 어려움이 크거나, 가정폭력, 성폭력, 학교폭력, 알코올의존증, 만성 정신질환, 자살시도 등의 문제를 가진 고위험 사례를 다루기 위하여 전문가들의 접근이 필요할 때 구성하여 운영한다. 또한 외부 운영체계로 슈퍼바이저를 둘 수 있다. 슈퍼바이저는 정기적인 임상과 행정에서 자문, 사례관리 교육과 훈련, 기관 간의 조정과 중재, 사례관리자의 소진 예방과 극복을 위한 지원 등의 폭넓은 활동을 할 수 있을 것이다(강흥구, 2016).

3) 사례관리의 과정

사례관리의 과정은 사례 발굴과 접수, 이용자 초기 상담, 사례관리 이용

표 9-1 사례관리의 과정

단계	초기	사정	목표 및 계획 수립	실행 및 점검	종결
내용	• 사례 발굴 및 접수 • 초기 상담 • 이용자 선정 • 동의 및 계약	• 욕구 사정 • 자원 · 강점 사정 • 장애물 사정 • 종합적 사정	• 목표 설정 • 계획 수립	• 직접 실천 • 간접 실천 • 점검 및 조정 • 옹호 • 재사정	• 평가 • 종결 • 사후관리
기록 양식*	• 초기 상담지 • 사례관리 이용 동의서 • 사례회의록	• 사례관리 사정 결과표	• 사례관리 계획 및 평가표 • 사례회의록	• 사례관리 과정 기록지 • 서비스 의뢰서/ 의뢰 회신서 • 사례관리 점검표 • 사례보고서 • 사례관리 슈퍼비전 일지	• 사례관리 종결보고서

출처: 김성천 외(2020); 여성가족부(2019)를 참조하여 재구성.

자 선정, 동의 및 계약, 이용자의 욕구 충족을 위한 종합적 사정, 목표 설정
과 서비스 계획 수립, 욕구 충족을 위한 자원 연계와 조정, 이용자 상담을 통
한 서비스 점검과 삶의 질 향상 촉진과 자원 개발, 서비스의 평가와 종결 등
의 과업을 포함한다.

(1) 초기 단계

초기 단계는 잠재적 사례관리 이용자를 발굴하기 위한 노력과 초기 상담
을 통해 사례관리 이용자를 선정하는 과정이다.

사례관리사업에 대한 안내 및 홍보 활동 그리고 찾아가는 서비스(out-
reach)는 잠재적 사례관리 이용자를 발견하고 발굴하기 위한 중요한 활동이
다. 사례관리자의 직접적 발굴 외에, 잠재적 사례관리 이용자는 관련기관의
의뢰, 기관 내 의뢰, 이용자 자신이나 가족 혹은 지인의 요청 등 다양한 경로
로 탐색될 수 있다. 따라서 정기적인 사례관리에 대한 안내 및 홍보 활동과
찾아가는 서비스를 통해 이용자 발굴 기회를 확보하여야 한다.

초기 상담은 사례관리의 목적과 수행방법에 대해 설명하고 잠정적 동의를
확보하며, 사례관리에 대한 준비 작업을 하는 과정이다. 잠재적 사례관리 이

표 9-2 다문화 사례관리 이용자 유형

위기관리 가구	가정폭력, 이혼, 자살(시도) 등의 상황적 위기로 인해 정신적 외상(트라우마)을 경험한 개인 및 가족 등
통합형 관리 가구	다문화가족의 문제 및 욕구의 심각성, 복합성이 높아 통합적·집중적 접근을 요구하는 개인 및 가족, 기존의 사회서비스로는 욕구 충족이 불가능하여 새로운 내외부 자원을 발굴·연계해야 하는 가족 등 사례관리 개입 효과가 다문화가족에 국한하는 것이 아닌 지역사회의 역량 강화와 사회제도의 변화를 이끌어 내는 데 초점을 두는 사례
일반형 관리 가구	기본역량은 있으나 정보 부족, 소득 부족 등으로 다양한 사회서비스를 이용하지 못하는 다문화가족(문제와 욕구의 심각성이 상대적으로 낮은 경우)

출처: 여성가족부(2019), p. 241를 참조하여 재구성.

용자는 초기 상담을 거쳐 적격성 심사과정과 사례회의에 의해 서비스 대상 선정 여부가 결정된다. 선정된 사례관리 이용자에게 사례관리의 과정과 협력적 참여에 대해 설명하고, 사례관리 동의를 얻으며 계약을 맺는다. 서비스 결정은 가능한 한 빨리, 최대한 3일을 넘기지 않는 것이 바람직하고, 1주일 이내에 신청자에게 결정에 관해 알리도록 한다. 참고로 다문화가족지원센터의 사례관리 계약기간은 위기관리가구 1~3개월, 일반형·통합형 관리가구 3~12개월이다.

(2) 사정 단계

사정 단계는 사례관리 이용자가 가지고 있는 욕구와 문제를 종합적으로 사정 평가하여 개입의 방향을 결정하는 과정이다. 사정은 이용자의 욕구와 문제 그리고 공식적·비공식적 사회적 지지체계와 자원체계 등의 수집된 자료를 분석하여 욕구나 문제의 우선순위를 정하고 이를 기초로 개입 목표와 방향을 설정하는 것이다.

사정은 욕구 사정, 자원·강점 사정, 장애물 사정의 차원으로 구분된다. 욕구 사정은 개입의 필요성, 즉 서비스나 자원 형태의 개입을 통해 변화를 도모해야 할 이용자의 상황에 대한 가설을 수립하는 과정으로 정의할 수 있다(김성천 외, 2020). 이용자가 제시하는 문제나 직접적인 요구 이면의 욕구를 탐색하고 더 나은 대안을 찾아 주는 전문성을 발휘해야 한다.

자원·강점 사정은 이용자의 욕구 충족을 위해 투입 가능한 다양한 노력이나 자원을 사정 평가하는 것이다. 강점과 자원은 강점 관점에 기초하여 이용자가 가진 희망, 삶의 목적, 경험과 자원, 이용자 가족이나 지지체계, 지역사회 인적·물적 자원으로 정의할 수 있다.

장애물 사정은 사례관리를 통해 이루고자 하는 목표를 달성하기 위한 노력을 저해하거나 걸림돌이 되는 조건이나 특성을 사정 평가하는 것으로, 장애물은 내부 장애물과 외부 장애물로 구분해 볼 수 있다. 내부 장애물은 비관주의, 비판주의, 운명주의, 냉소주의 등 이용자의 태도, 신념, 가치(Ballow

& Mink, 1996)로 변화 노력에 걸림돌이 되는 성격이나 심리적 특성이다. 외부 장애물은 지지체계나 자원의 부족이나 부적합, 접근성 부족 등 이용자가 처한 삶의 상황이나 환경적 특성으로 인한 장애물을 의미한다.

다문화 사례관리에서는 사정 평가에서 문화민감성이 더욱 요구된다. 이용자와 가족의 문화에 대한 이해와 민감성을 발휘하여 관련 자료 수집과 분석에서 이용자의 참여와 협력을 이끌어야 한다. 다문화가족 사례관리에서는 이용자 선정 후 1개월 이내에 욕구 사정을 완료하여야 한다.

(3) 목표 및 계획 수립 단계

이 단계에서는 사정 단계에서 잠정적으로 도출한 목표와 개입 방향에 기초하여 이용자의 욕구 우선순위를 고려한 합의된 목표를 설정하고 서비스 계획을 수립한다.

목표는 사정을 근거로 장기 목표와 단기 목표를 구분하여 설정해야 한다. 단기 목표는 3개월 내 달성 가능한 목표로서 장기 목표를 달성하기 위한 중간 단계의 목표라고 할 수 있다. 목표는 정해진 시간 내에 달성 가능해야 하며, 달성 여부를 평가할 수 있도록 수립되어야 한다.

계획 수립과정에서는 '사례관리 사정 결과표'를 기반으로 서비스 계획을 수립하고 '사례관리 계획 및 평가표'를 작성한다. '사례관리 계획 및 평가표'에는 우선순위, 장단기 목표, 실행방법(서비스), 서비스 제공자, 서비스 제공 기간과 빈도, 평가 등을 기술한다. '사례관리 계획 및 평가표'는 실행 단계에서 점검양식으로 사용할 수 있다(김성천 외, 2020).

서비스 계획에서 변화 노력의 주체가 이용자라는 점을 분명히 하여 이용자가 적극적으로 참여하도록 이끌어야 한다. 다문화 사례관리에서는 의사소통을 정확히 하기 위해 통역사를 대동하거나 충분한 설명을 제공하여야 한다.

(4) 실행 및 점검 단계

사례관리의 실행 및 점검 단계는 사례관리의 전 과정에서 가장 가시적인 과정이며, 사례관리의 중심 기능인 서비스의 조정이 강조되는 단계이다. 이 단계에서 사례관리자는 이용자의 상황에 변화를 가져오는 서비스를 제공하기 위해 직접적 실천과 간접적 실천을 가장 활발하게 수행한다. 사례관리자는 이용자와 합의한 목표를 달성하기 위해 지역사회 자원을 탐색·개발하고, 여러 기관의 서비스 제공자와 이용자를 연결하며, 이용자의 욕구에 맞는 서비스가 제공되고 있는지 점검하고, 필요할 경우 서비스를 조정하며, 이용자의 입장을 옹호하는 등의 활동을 한다. 이러한 자원 개발, 서비스 연계, 점검, 조정과 옹호 등의 활동이 간접적 실천이다.

실행 및 점검 단계에서 사례관리자는 전화, 내원 면담, 가정방문 등의 다양한 방식으로 이용자와 접촉을 유지하면서 면담 기술을 사용하여 이용자의 참여를 촉진하고 협력관계를 유지한다. 사례관리자는 면대면(face to face) 직접적 실천을 통해 이용자의 욕구나 상황에 변화가 있는지 확인하고, 서비스 제공기관으로부터 원활하게 서비스를 이용하도록 하며, 변화 노력을 유지하도록 관여한다. 또한 서비스와 자원의 제공으로 이용자의 삶의 질이 향상되고 있는지, 삶에 대한 태도나 의지가 변화하고 있는지, 가족관계가 개선되고 있는지 확인하는 활동이 직접적 실천에서 중요하다.

실행 및 점검 단계에서는 과정기록지, 서비스 의뢰서, 서비스 의뢰 회신서, 서비스 점검표, 사례회의와 슈퍼비전을 위한 사례보고서, 사례관리 슈퍼비전 일지 등의 기록양식을 사용한다. 다문화가족지원센터에서는 위기관리 가구는 총 3회 이상, 일반형·통합형 가구는 총 5회 이상 과정기록지를 작성하도록 한다. 또한 서비스 의뢰, 연계, 협력 등의 다양한 네트워크 활동을 기록하는 네트워크 활동지를 사용하고 있다.

(5) 종결 단계

종결 단계는 사례관리를 위해 이용자와 계약한 과정을 종료하는 과정으로, 평가, 종결, 사후관리로 이루어진다.

사례관리에서 평가는 목표 설정과 서비스 계획 수립에서부터 시작된다.

서비스를 계획할 때 평가계획을 고려해야 하며, 사례관리 계획 및 평가표에 서비스 수행 결과를 기록한다. 평가 질문은 매우 다양하다. 이용자와 합의하여 계약된 사례관리 실천과 관련하여, 설정한 장단기 목표를 어느 정도 달성했는지, 계획대로 수행되었는지, 사례관리 실천은 이용자의 기능 향상과 삶의 개선에 어떤 변화를 가져왔는지, 이용자는 사례관리 서비스에 어느 정도 만족했는지 등을 질문할 수 있다. 평가는 그 목적에 따라 목표 달성에 관한 결과 평가, 서비스 운영에 관한 과정 평가, 사례관리 서비스의 전반적인 효과성 평가, 이용자의 만족도 평가 등으로 구분된다.

종결은 제공되는 서비스가 종료되는 것을 의미하면서 사례관리자와 이용자의 전문적 관계가 종료된다는 것을 의미한다. 종결을 결정하게 되는 이유는 목표를 달성한 경우, 상황이 호전된 경우, 이용자의 주거지 이전, 사망, 장기간 연락 두절, 이용자 본인이나 보호자의 의사 반영 등이 일반적이다.

종결과정에서 사례관리자와 이용자는 전문적 관계의 종료로 인한 심리적 불안이나 긴장을 경험할 수 있다. 사례관리자는 종결 시기를 미리 알려 이용자가 종결에 따른 불편한 감정을 다룰 수 있도록 하고, 함께 종결과 관련된 감정적 반응을 다루도록 한다.

사례관리가 계획대로 종결되어도 서비스가 필요한 미해결 과제가 있다면, 기관 내부나 외부 기관에 의뢰할 수 있다. 의뢰할 때는 그 목적을 명확히 하고, 의뢰기관에 대한 정보와 이용 가능한 정보를 안내하고, 의뢰에 대한 이용자의 동의를 얻어야 한다.

사후관리는 서비스 종결 후에 일정 기간을 두고 전화, 편지 혹은 직접 방문을 통해 변화가 유지되는지 혹은 서비스가 다시 필요한지를 확인하는 것이다. 변화 추이를 검토하여 재개입 여부를 결정할 수 있다.

3. 다문화 사례관리 실천 사례

사례: "가족이 건강하고 행복하게 살고 싶어요."

이 사례는 중소도시 변두리에 자리한 지역사회복지관 사례관리팀에서 수행한 다문화가족 사례이다. 사례의 발견은 사회복지협의회 자원봉사자 '좋은 이웃'이자 복지관 운영위원으로 활동하는 주민이 이웃에 살고 있는 다문화가족의 청소년이 낮에 학교에 가지 않고 동네를 배회하는 것을 보고 지역사회복지관에 알리면서 이루어졌다. 복지관에서는 내부 회의를 통해 사례관리팀에서 사례를 접수하여 가정방문을 통해 다문화가족의 상황을 파악하고 사례에 접근하였다. 사례관리자의 가정방문 초기 상담 후에 사례회의를 통해 집중 · 통합형 사례관리 이용자 가족으로 선정하고 사례관리 서비스에 대한 가족의 동의 · 계약에 의해 사례관리를 진행하였다.

어머니(35세)는 베트남 농촌 지역 출신으로 친구의 소개로 한국으로 결혼이민을 왔다. 어머니는 나이차가 스무 살이 되는 남편과의 사이에서 1남1녀의 자녀를 낳았다. 3년 전 남편이 일하던 현장에서 실족사로 사망하고 어머니는 시간제로 식당에서 일하면서 아들(14세)과 딸(10세)을 키우고 있다. 생전에 남편은 거의 날마다 술을 많이 마시고 가족에게 폭언과 폭력을 자주 행사하였다. 어머니는 마른 체격에 갑상선염과 자궁근종을 앓고 있으며, 남편 사망 후 자살시도를 한 적이 있고, 우울증 약을 복용했다. 아들은 약간 비만한 체격에 게임 과몰입으로 학교에 지각과 결석을 자주 하고, 어머니와 동생과 거의 말을 하지 않으며, 가끔 어머니와 동생에게 거칠게 행동하고 욕설을 하곤 한다. 현재까지 딸은 착하고 학교에 잘 다니고 있다. 현재 이용자 가족은 재개발로 철거 예정인 열악한 환경의 쪽방에서 월세로 살고 있고 생계급여를 수급하고 있다. 결혼할 때부터 남편은 형제들과 거의 왕래를 하지 않았고, 어머니 역시 한국에 온 이후에 경제적인 이유로 베트남 가족과 소원하게 지내고 있다.

1) 사례에 대한 사정 평가

아동·청소년이 있는 가족과 함께 하는 다문화 사례관리 실천을 효과적으로 수행하기 위해 사례관리사는 강점 관점 사례관리 지침(Rapp & Goscha, 2006)에 따라 가족과 협력적 관계를 수립하고 지속적으로 협력을 촉진하는 면담 태도를 유지하였다. 사례관리사는 이용자 가족과 만나면서 가족구성원에게 따뜻하고, 진정성 있으며, 공감과 존중하는 태도를 표현하고, 가족구성원이 삶의 주체라는 원칙을 강조하였다.

또한 사례관리사는 문화역량을 발휘하여 베트남 출신의 작은 체격의 어머니가 말하는 작은 목소리에 귀를 기울이고, 아들의 무관심한 듯한 태도에서 저항을 민감하게 관찰하여 호기심과 경청하는 태도로 듣고 묻는 자세를 취하였다. 가족이 가장인 아버지 사망으로 경험했을 상실과 어려움에 대해 인정하였다. 그리고 현재까지 착하고 문제가 없다는 초등학생 딸에게 흥미 있는 교과목과 친한 친구는 누구인지를 물어 따뜻한 관심과 애정을 표현하였다. 또한 딸이 원하는 것이 무엇인지 질문하여 가족구성원으로서의 소속감과 자신의 입장을 표현할 수 있도록 관여하였다.

사정 평가과정에서 사례관리사는 가족과 함께 가족이 살아온 삶의 이야기를 듣고, 현재의 욕구나 문제에 대해 자신들이 의미를 부여하는 것을 촉진하면서 희망하고 원하는 삶에 대한 대안적 이야기를 이끌어 냈다. 이러한 가족 관여는 가족 구성원 스스로 삶의 주체로서 유능감을 향상시키고 가족구성원 사이의 연결을 촉진하여 임파워먼트를 하는 결과를 가져왔다.

강점 사정 원칙에 기초하여 가족구성원이 원하는 욕구와 문제, 강점과 자원, 장애물을 종합적으로 사정 평가한 결과를 〈표 9-3〉에 제시한다.

표 9-3 사례관리 사정 결과표

우선 순위	제시된 욕구	욕구	강점 및 자원	장애물
1	"아들이 지각, 결석하지 않고 학교를 잘 다녔으면 좋겠어요." "학교가 멀고 친구가 없어요."	• 지각, 결석 없이 학교에 출석하기	• 중학교를 졸업하고 싶음 • 아들의 등교에 대한 어머니의 바람	• 늦은 취침시간 • 등교에 시간이 많이 걸림 • 중학교 진학 후 친구가 없음
2	"게임을 줄이고 운동을 했으면 좋겠어요."	• 친구와 함께 운동하기	• 운동에 관심이 있음 • 복지관의 풋살 청소년 동아리	• 게임 과몰입 • 게임 외에 취미활동이 없음 • 운동할 친구가 없음
3	"엄마가 건강했으면 좋겠어요."	• 치료비 지원 받기	• 건강에 대한 희망 • 의료급여/후원 가능 • 다문화 한부모 자조 집단	• 자주 우울, 무기력감을 느낌 • 자살시도 경험이 있음
4	"방이 두 개인 집으로 이사 가고 싶어요."	• 주거지 이전 지원받기	• 공공임대주택 이주 우선권 • 한국어 의사소통이 가능하여 자신을 옹호할 수 있음	• 신청방법에 대한 정보가 없음 • 입주보증금을 마련하지 못함

(가계도, 생태도 생략)

사정 종합 의견	• 욕구 사정 평가 　－아들은 학교 다니기를 원하는데 중학교에 진학하면서 집과 학교의 거리가 멀고 친구가 없어서 등교에 흥미를 잃고, 게임을 하다가 늦게 취침하여 아침에 늦게 일어나는 일이 반복되고 있음 　－어머니 본인과 자녀들은 어머니가 질병을 치료하여 건강을 회복하기를 원하는데, 어머니는 우울과 무기력감으로 인해 희망대로 살아가지 못하고 있음. 현재 주거지 철거로 보증금을 마련하여 새로운 거주지로 이사 가기를 원함 • 개입 방향 　－아들의 운동에 대한 관심을 살려 풋살 동아리 활동 가입을 권유하고, 동아리에서 친구 사귀기를 촉진하여 학교생활에 흥미를 유발시킬 수 있음 　－어머니의 치료비 지원과 공공임대주택 이전을 추진하여 가족의 건강과 안전성을 확보하고 심리사회 지지체계 구축을 추진함

2) 사례관리 개입과정 및 평가

　사례관리사는 종합적 사정 평가 결과에 기초하여 사례관리에 대한 목표를 설정하고 서비스 계획을 수립하였다. 사례관리는 사정, 서비스 계획, 평가의 과정이 단절된 것이 아니라 연속적인 과정이며 이용자와의 합의에 의하여, 이용자가 주체적으로 참여하여 진행하여야 한다. 사정 단계에서 이용자 가족이 제시한 요구를 그대로 수용하는 것이 아니라, 요구 이면의 욕구에 초점을 맞추어 욕구가 목표와 서비스 계획으로 전환되도록 하였다.

　사례관리사는 가족과 합의하여 장기 목표로 안전한 주거지로 이사하기, 단기 목표로 아들의 학교 적응하기, 어머니의 건강 관리하기를 설정하였고, 궁극적으로는 가족이 안전하고 건강하게 살아가는 것을 목표로 삼았다.

　서비스 계획 수립 단계에서 사례관리사는 가족과 함께 탐색한 강점과 자원에 기초하여 개별화된 서비스 계획을 세웠다. 이때 사례관리사는 장애물 사정에서 파악한 욕구를 충족하는 데 걸림돌이 되는 장애물을 해소하기 위한 전략을 서비스 계획에 반영하였다. 사례관리사는 아들의 게임 과몰입과 늦은 취침시간이 학교에 다니고 싶은 욕구 충족을 어렵게 할 뿐만 아니라 건강한 생활을 방해하는 걸림돌이라는 것을 확인하였다. 또한 친구와 운동을 하고 싶다는 욕구를 충족하기 위해 복지관에서 운영하는 청소년 풋살 동아리 활동을 개별화된 서비스 계획으로 설정하였다.

　어머니의 경우에도 질병을 치료하고 싶은데, 치료비가 부족하고 우울과 무기력감으로 인해 자주 치료를 포기하고 건강관리를 소홀히 하는 '치료에 대한 희망'과 '자포자기'의 상반된 생활 태도를 가지고 있었다. 이러한 희망과 심리적 걸림돌을 해결하기 위해 치료비 지원받기와 복지관에서 운영하는 다문화 한부모 자조집단 활동 참여하기를 제안하여 서비스 계획에 포함하였다. 장기 목표인 안전한 주거 이전은 공공임대주택에 대한 정보를 제공하고, 사례관리사와 어머니가 함께 관계기관에 신청서류를 제출하였다. 관련 서비스 계획으로 임대보증금 마련하기를 위해 사례관리사가 후원자와 후원기관

을 찾고, 후원자와 어머니를 연계하는 활동을 전개하였다. 또한 사례관리사
는 어머니에게 아들의 담임교사와 연락하여 아들이 학교에서 학습과 또래관
계를 지지받을 수 있도록 지원하였다.

이 사례는 4월에 시작하여 11월 말까지 서비스 평가표에서 제안한 기간에
목표를 달성하여 종결되었다. 종결 시점에서 사례관리사는 이용자 가족과
함께 과정 평가와 결과 평가 결과를 확인하고 공유하였다. 계획대로 서비스
가 제공되었는지를 평가하는 과정 평가에서 100% 완료된 것으로 평가되었
다. 성과를 평가하는 결과 평가는 목표 달성 척도에 의해 평가한 결과 모든
서비스 계획이 기대 이상의 향상에 도달하였다.

사례관리사는 가족이 사례관리 실천의 주체가 되어 사례관리 과정에 함께
한 것이 변화의 힘이었다고 인정하고 지지하였다. 변화를 확인하면서 가족
과 함께한 시간을 기억하기 위해 개별화된 서비스 계획 활동에 참여해서 찍
은 사진을 모은 앨범을 전달하고, 다과를 나누며 앞으로 삶에 대한 희망을
나누었다. 앞으로도 이용자 가족은 복지관의 회원으로서 동아리 활동과 자
조집단 활동을 계속하기를 희망하여, 도움이 필요하다면 언제든지 사례관리
사에게 연락하도록 하였다. 사후관리 차원에서 1개월 후에 전화 통화로 변
화가 유지되고 있는지, 재개입의 필요성이 있는지 확인함으로써 서비스 종
결을 최종 완료하였다.

요약

이 장에서는 먼저 다문화 사례관리의 이해를 돕기 위해 등장배경, 개념과
목적을 살펴보고, 다문화 사례관리의 접근방법을 파악하기 위해 다문화 사
례관리가 지향하는 관점, 운영체계와 과정을 정리하였다. 다문화 사례관리
에 대한 개념적 이해와 실천적 준거틀 확립을 기반으로 다문화 사례관리의

실천 사례를 소개하였다. 다문화 사례관리에서는 이용자가 다문화가족과 다문화 배경을 가진 개인이라는 독특성으로 인해 '정착과 적응 지원'이라는 목표와 가족사례관리 실천과 사례관리자의 문화역량을 강조하고 있다. 사례관리 실천 사례에서 보다 명확한 것은 이용자가 제시하는 욕구와 문제로부터 사례관리가 시작되고, 이용자와 환경의 취약함에도 불구하고 강점 사정과 사례관리자와 이용자의 협력관계와 지속적인 직접적 실천과 욕구에 기반한 목표와 서비스 계획에 따른 서비스와 자원의 연계가 사례관리를 이끄는 힘이라는 것이다.

생각해 봅시다

1. 다문화 사례관리에서 강점 관점에 기반하여 실천할 때 유념해야 할 것은 무엇인지 생각해 보자.
2. 다문화 사례관리 운영체계를 수립할 때, 내부 운영체계와 외부 운영체계의 구축을 어떻게 할 것인지 생각해 보자.
3. 다문화 사례관리에서 사정, 목표 설정과 서비스 계획 수립, 실행과 점검, 종결 평가는 일련의 체계적 과정이다. 전반적 과정을 체계화하는 데 우선적으로 중요하게 고려해야 할 것은 무엇인지 생각해 보자.

참고문헌

강홍구(2016). 사례관리. 경기: 정민사.
고미영(2007). 사회복지 실천에서의 임파워먼트 접근에 대한 구성주의적 이해와 적용. 상황과 복지, 23, 131-163.
김경미, 윤재영(2010). 강점관점과 지역사회네트워크를 기반으로 하는 통합적 사례관리

실천방법의 구조화 개념도 연구법(concept mapping)을 활용하여. 한국가족복지학, 78, 93-118.

김성천, 김승용, 김연수, 김현수, 김혜성, 민소영, 박선영, 백은령, 양소남, 유명이, 유서구, 이기연, 정희경, 조현순, 최말옥, 최지선, 함철호(2020). 사례관리론: 개념, 기술, 실천역량 이해. 서울: 학지사.

김은정(2015). 다문화가족지원센터 사례관리자의 실천경험에 관한 연구. 사회복지연구, 46(3), 5-34,

노혜련, 김윤주(2014). 강점 관점 해결중심 사례관리. 서울: 학지사.

신영화(2010). 다문화가족의 역량강화접근. 가족과 가족치료, 18(2), 161-192.

여성가족부(2019). 2019년 가족사업안내(II).

윤혜미(2009). 결혼이민자 가족을 위한 임파워먼트 기반의 사회복지실천 연구. 한국사회복지학, 61(4), 85-108.

이경란, 최정숙(2020). 다문화가족 사례관리사 직무 경험에 관한 근거이론 연구. 한국사회복지행정학, 22(1), 161-218.

이영분, 김유순, 신영화, 전혜성, 최선령(2020). 사례로 배우는 가족상담. 서울: 학지사.

한국사례관리학회(2016). 사회복지 사례관리 표준 실천 지침.

Ballow, J. R., & Mink, G. (1996). *Case management in social work: Developing the professional skills needed for work with multiproblem clients.* Springfield, IL: Charles C. Thomas Publisher, Ltd.

Debois, B. L. & Miley, K. K. (2018). *Social work: Empowering profession* (9th ed.). Boston, MA: Pearson Education, Inc.

Gutierrez, L. M., DeLois, K. A., & GlenMaye, L. (1995). Understanding empowerment practice: building on practitioner based knowledge. *Family in Society, 76*(9), 534-542.

O'Connor, G. G. (1988). Case management system and practice. *The Journal of Comtemporary Social Work, 69*(2), 97-106.

Rapp, C. A., & Goscha, R. J. (2006). *The strengths model: Case management with people with psychiatric disabilities.* New York, NY: Oxford University Press.

제4부

:

주요 대상별 다문화 사회복지 분야

제**10**장

결혼이주민과 사회복지

우리 사회의 급속한 경제 성장과 더불어 보다 나은 삶을 위해 국제결혼을 통해 국내로 이주하는 결혼이주민의 수는 날로 증가하고 있는 추세이다. 우리 사회는 다문화사회로의 진입을 넘어서, 생산인구 진입에 따른 외국인 노동자 증가와 결혼이주여성의 증가로 전개되고 있는 다문화사회 정착으로의 통합 단계로 접어들고 있다. 1990년대까지는 종교단체를 통한 일본 여성과의 국제결혼이 대다수를 차지했으나, 2000년대부터는 중국, 필리핀을 비롯하여, 베트남, 캄보디아, 몽골 등 이주여성과의 결혼으로 국제결혼 양상이 다변화되고 있다. 이처럼 결혼이주민은 날로 증가하고 있으며 이에 따른 문화적 차이와 언어 문제로 인해 우리 사회의 적응에 많은 어려움을 경험하고 있다. 또한 결혼이주민에 대한 정책과 지원을 잘 알지 못해 사각지대에 놓여 있는 결혼이주민도 있다. 따라서 이 장에서는 한국사회에서 증가하는 있는 다양한 다문화가족의 형태 중에서 국제결혼이주민에 대한 이해를 통해 우리나라에서 시행하고 있는 결혼이주민을 위한 정책 및 서비스의 문제점을 살펴보고 우리 사회에 통합될 수 있는 제도 및 정책적·실천적 방안들을 모색해 보고자 한다.

1. 결혼이주민의 이해

1) 결혼이주민의 개념

우리나라에 거주하는 결혼이주민은 해를 거듭할수록 증가하여 2004년 이후 전체 혼인의 10% 이상을 유지하다가 2018년에는 결혼이주민은 82.7%를 차지하고 있다. 결혼이주민의 혼인은 소폭 감소하기는 했으나 여전히 높은 비율을 차지하고 있다(여성가족부, 2019).

결혼이주민은 1990년대 초 중국과 수교 후 조선족 여성들이 유입되고 이후 필리핀, 중국 등의 여성들이 종교적인 이유와 더 나은 삶을 위해 한국 남성과 결혼하여 입국하였다. 2000년 이후에는 필리핀, 베트남 등 동남아시아 여성들이 결혼중개업체를 통해 입국하여 급증하였으며, 다양한 국적을 가진 외국인 여성들의 결혼이주 방법은 지인의 소개, 직접 만남, 결혼중개업체 등을 통하는 것이다(설동훈, 한건수, 2005). 이러한 국제결혼이 증가하고 있는 우리나라의 사회적 배경을 살펴보면 결혼하지 못하는 남성의 증가, 혼자 사는 여성의 증가, 농촌 지역 거주 남성 등이 우리나라 여성의 결혼 조건을 충족하지 못해 저개발국 여성을 선택하는 경우의 증가, 저임금 외국인 고용정책으로 외국인의 한국으로의 이주 증가 등이 있다(김이선, 주유선, 방미화, 2012). 이처럼 급증한 결혼이주민의 비율은 한국사회의 인구 구조에 많은 변화를 가져왔고, 다문화사회로의 전환에 영향을 미쳤으며, 결혼이주민 정책의 중요성을 부각시켰다. 1990년대 이후 다양한 국적을 가진 외국인 여성들이 한국인 남성과 결혼하는 비율이 증가하고 있으며 이에 따른 사회적 관심을 비롯하여 다양한 서비스가 제공되고 있다. 기존의 다문화가족 개념에는 외국인 근로자, 결혼이주여성, 북한이탈주민 등을 포함하여 사용했으나 2008년 3월 제정되고 2008년 9월 시행되어 2011년 4월 개정된 「다문화가족지원법」에는 주로 결혼이민자 가족으로 한정하고 있다. 〈표 10-1〉에서처럼

표 10-1 「다문화가족지원법」에서 결혼이민자의 정의

제2조(정의) 이 법에서 사용하는 용어의 뜻은 다음과 같다. 〈개정 2011. 4. 4.〉

1. "다문화가족"이란 다음 각 목의 어느 하나에 해당하는 가족을 말한다.
   가. 「재한외국인 처우 기본법」 제2조 제3호의 결혼이민자와 「국적법」 제2조부터 제4조까지의 규정에 따라 대한민국 국적을 취득한 자로 이루어진 가족
   나. 「국적법」 제3조 및 제4조에 따라 대한민국 국적을 취득한 자와 같은 법 제2조부터 제4조까지의 규정에 따라 대한민국 국적을 취득한 자로 이루어진 가족
2. "결혼이민자등"이란 다문화가족의 구성원으로서 다음 각 목의 어느 하나에 해당하는 자를 말한다.
   가. 「재한외국인 처우 기본법」 제2조 제3호의 결혼이민자
   나. 「국적법」 제4조에 따라 귀화허가를 받은 자

이 법에 의하면 「재한외국인 처우 기본법」 제2조 제3호의 결혼이민자(대한민국 국민과 혼인한 적이 있거나 혼인관계에 있는 재한 외국인)와 「국적법」 제2조부터 제4조까지의 규정에 따라 대한민국 국적을 취득한 자를 의미한다. 또한 '결혼이민자등'이란 「재한외국인 처우 기본법」 제2조 제3호의 결혼이민자와 「국적법」 제4조에 따라 귀화 허가를 받은 자 중 어느 하나에 해당하는 자를 말한다.

일반적으로 결혼이민자는 결혼을 하여 국내에 정착한 외국인을 말하며, 주로 한국인 남성과 결혼한 외국인 여성을 의미하였다. 오늘날에는 한국인 여성과 결혼하는 외국인 남성도 증가하고 있어 한국인 배우자와 외국인 배우자로 구성된 가정을 지칭하고 있다. 우리나라의 결혼이주민의 경우 한국인 남성과 결혼한 외국인 여성이 주를 이루고 있으며 정부의 지원책도 국적을 취득한 결혼이주여성에 맞춰져 있어, 이 장에서는 결혼이주여성에 대해 중점적으로 설명하고자 한다.

2) 결혼이주민의 특성 및 문제

(1) 일반적 특성

행정안전부의 외국인주민 현황조사에 따르면 우리나라에서 결혼이주민은 매년 지속적으로 증가하여 2021년 300만 명을 예상하고 있다. 특히 한국인 남성과 결혼을 하는 외국인 여성의 수가 매년 증가하여 남성에 비해 수적으로 우위를 차지하고 있다(행정안전부, 2018). 결혼이주여성의 출신국은 한족과 조선족을 포함한 중국이 가장 많으며, 그다음이 베트남, 필리핀 순으로 우리나라로 입국하고 있다. 또한 결혼이주여성의 거주 지역은 대체적으로 서울과 경기도에 거주하고 있으며, 대체적으로 수도권 지역이나 중부권의 대도시 및 중소도시에 거주하고 있다. 다른 거주 지역도 꾸준히 증가하는 추세이며, 국내 체류기간이 10년 이상인 결혼이주민의 비율이 절반 이상으로 증가하고 있어 장기화 현상이 두드러지게 나타나고 있다. 이는 1990년대 후반부터 결혼이주민의 수가 급격하게 증가하였음을 고려할 때 대부분이 우리나라에 10년 이상 체류하여 초기 적응 단계를 거쳐 통합과정의 단계로 접어들고 있다고 볼 수 있다. 결혼이주민 가구 구성은 부부와 자녀로 이루어진 가구가 가장 많으며, 여성이 82.7% 이상이고 30대의 연령층이 꾸준히 증가하고 있다. 이러한 상황은 우리나라의 가족 형태를 다양하게 변화시켜 가고 있으며, 특히 국제결혼가족이 큰 비중을 차지하고 있음을 알 수 있다.

(2) 결혼이주민의 문제

우리 사회로 지속적으로 유입된 결혼이주민의 수적 증가는 우리 사회에 많은 변화를 초래하였다. 결혼이주민의 급속한 증가는 개인적인 어려움뿐만 아니라 가정, 경제, 문화 등에 있어서 많은 변화와 갈등을 가져왔다. 낯선 환경과 문화적인 차이로 인해 타국에서 적응하며 결혼이주민으로 살아간다는 것은 쉽지 않은 일이다. 인종, 계층, 지역, 이념, 종교적 차이에 따른 갈등의 심화를 비롯하여 한국사회와 문화에 대한 적응에 있어서 다양한 문제로 나타나고 있다. 또한 의사소통의 어려움, 문화적 차이로 인한 고충, 사회적 편견, 남편의 폭력 등으로 힘들어하고 있으며, 이로 인해 현재의 생활환경도 사회적·문화적·경제적으로도 매우 취약하다(채옥희, 홍달아기, 2006). 여성가족부(2019)가 실시한 다문화가족실태조사에 의하면 결혼이주민의 85% 가량이 한국생활에서의 어려움이 있다고 응답하였고, 그중에서 언어에 대한 어려움이 가장 높았으며, 외로움, 경제적 어려움, 자녀양육 및 교육 문제가 주된 어려움으로 조사되었다. 이러한 문제는 단순히 개인적인 문제로 인식되는 부분이 많이 있어서 지원을 받지 못하는 부분도 있었으며, 초기에는 민간단체의 도움을 받아 우리 사회에 적응하기 위해 노력하였다. 결혼이주민이 우리 사회에 잘 적응하며 새로운 구성원으로 살아갈 수 있도록 다양한 측면에서의 세심한 배려가 필요한 부분이다. 따라서 결혼이주민의 어려움을 살펴보고 우리 사회에 적응하며 살아가는 데 도움이 될 수 있도록 지원되어야 할 방안에 대해 모색해 보고자 한다.

① 한국사회의 적응 문제

결혼이주민의 사회적응은 서로 다른 사회·문화적 환경 속에서 두 사회 간의 접촉을 통해 발생하게 되는 한 개인의 심리·사회적인 적응의 과정으로서 이해할 수 있다(김형태, 2004). 결혼이주민들은 대부분 자신들의 자국의 사회·문화와 생활방식을 유지하려고 하지만, 새로운 이주국의 사회에 적응하는 과정에서 이전에는 경험하지 못했던 스트레스를 경험하게 된다. 이처럼 결혼이주민의 가장 큰 어려움은 거주국에서의 적응이라고 할 수 있다. 우리나라에서 생활하고 있는 결혼이주민의 대부분은 자국의 문화적 가치와 생활방식을 포기한 채 한국의 문화적 가치만을 강조하고 적응해 가야 하는 어려움을 겪고 있다. 특히 우리 사회는 예로부터 단일민족에 대한 자긍심이 높은 나라이며 오랜 시간 단일문화를 유지하고 있다. 많은 부분 변화가 있다고 하지만 대체적으로 가부장적 가치관을 가지고 있고 저개발국가에 대한 사회적 편견을 가지고 있다(이영실 외, 2016). 이처럼 결혼이주민들이 한국생활에서 겪게 되는 심리내적인 혼란과 결혼이주민의 사회적 참여에 영향을 미칠 수 있는 문화 간의 차이 그리고 사회적 편견 사이에서 한국사회의 적응은 쉽지가 않다. 특히 결혼이주민이 문화적 차이를 가장 많이 느끼는 영역은 식습관 차이가 가장 많고, 의사소통 방식에 따른 문화적 차이도 적지 않다(설동훈, 2005). 또한 가족 행사 등 가족 의례와 의사소통 방식에서의 문화적 차이뿐만 아니라 자녀양육 방식과 가사 분담 방식, 종교생활에 대한 이해에 있어서도 문화적 차이를 느끼는 경우가 많은 것으로 조사되었다(여성가족부, 2019).

② 의사소통의 문제

결혼이주민이 우리 사회에 적응하기 위해 가장 우선적으로 선행되어야 할 부분은 언어의 습득이다. 의사소통이 원활하게 이루어져야 우리 사회의 구성원으로 살아가는 데 어려움이 없는데, 언어가 습득되기 전 가족생활과 사회생활을 하면서 의사소통의 어려움을 경험하게 된다. 의사소통은 단순히 정보 전달만이 아닌 관계 형성에 있어서 중요한 역할을 하기 때문에 의사소통이 잘 되지 않을 경우 새로운 환경에 적응하는 데 어려움을 겪게 된다. 의사소통의 어려움은 가족생활에서뿐만 아니라 사회생활을 하는 데 있어서도 사소한 오해로 이어져 서로 간의 갈등을 초래할 수 있다. 또한 서로 다른 문화의 차이, 가치관의 차이로 인해 의견 차이를 줄이는 데 어려움을 경험할 수 있다. 실질적으로 결혼이주민의 의사소통의 어려움은 가족과의 대화를 기피하게 만들고 스스로 고립시키는 부정적인 결과를 초래해 궁극적으로 가족갈등으로 이어져 결혼생활을 어렵게 만들고 있다(김선아, 2013). 이러한 의사소통의 문제는 결혼이주민이 우리 사회에 적응하는 데 있어서 가장 큰 어려움이라고 볼 수 있다.

③ 경제적 빈곤의 문제

결혼이주민이 국제결혼을 통해 결혼이민을 생각하게 되는 동기 중 경제적인 이유가 차지하는 비중은 높은 편이다. 이처럼 한국으로 국제결혼을 택한 이유 중 가장 큰 부분이 본국에서의 경제적 어려움을 탈피하고자 했던 것도 있는데 오히려 한국생활이 경제적으로 열악한 상황에 처하거나 경제활동에 참여할 기회도 적어 경제적 열악함에서 벗어나기가 어렵다(양인숙, 민무숙, 2010). 결혼이주민은 사회적 소수자로 노동시장에서의 차별을 경험하고 있고 대부분이 경제활동에 참여하고 있더라도 단순노무직, 일용직 등으로 열악한 근무환경에서 일하고 있으며 저임금을 받고 있는 실정으로 일자리의 질적 수준은 열악한 상황이다. 이에 따라 대부분의 결혼이주민은 경제적으로 열악한 상황을 유지하게 되며 이를 극복하기 위해 경제활동에 참여하기를 원한다(유진희, 2014). 또한 결혼이주민은 경제활동에 참여하면서 개인적인 생활상의 문제, 가족이나 사회관계에서 어려움 등 장기적인 갈등과 적응해야 하는 많은 문제 상황에 직면하게 된다. 결혼이주민의 경제활동 참여에서의 어려움은 의사소통, 장시간 노동, 저임금, 일-가정의 양립 등 다양하게 나타나고 있다. 그럼에도 불구하고 결혼이주민의 경제활동 참여는 생산적 활동을 통한 경제적인 목적뿐만 아니라 한국사회에 적응해 나가는 사회통합에도 중요한 목적을 가진다(배경희, 서연숙, 2011).

④ 자녀양육의 문제

결혼이주여성들은 우리 사회의 적응이라는 과제뿐만 아니라 자녀양육과 교육에 대한 스트레스까지 받고 있어서 어려움을 겪고 있다. 임신과 출산의 어려움을 시작으로 육아 문제, 영유아의 언어 발달 지연, 교육의 어려움 등 자녀양육에 있어서 많은 어려움을 경험하고 있다. 자녀양육 방식이 부모나 배우자와 의견이 다를 때, 또한 어린 자녀가 아플 때 자녀를 돌봐 줄 사람이 없어서 어려움을 경험하고 있는 것으로 나타났다. 이러한 어려움 때문에 자녀양육을 위해 모국의 부모·형제를 한국으로 모셔와 함께 생활하고 있는 경우도 있다(설동훈, 이혜경, 조성남, 2006).

미취학아동보다 취학 이후 학업, 진학, 진로 등에 대한 정보가 부족하고 교육비, 용돈 등 자녀에게 드는 경제적 비용이 부담되어 자녀양육에서 더 어려움을 경험하고 있다. 결혼이주여성의 경우 우리말이 서툴기 때문에 자녀에게 직접 한글을 가르치기 어렵고 한국어 등의 교육을 하는 데 있어서 한계가 있을 수밖에 없다. 이러한 상황으로 다소 차이가 있긴 하지만 학교에서 결혼이주민가정의 자녀들이 왕따를 당하거나 학습부진, 학교 부적응을 경험하고 있다(오윤자, 2008). 실제 결혼이주민가정 아동의 언어지능 및 학업수행 능력은 일반 아동에 비해 낮은 수준으로 보고되고 있다. 또한 자녀의 게임·스마트폰·인터넷 사용 등에 있어서 자녀와의 갈등이 나타나고 있으며, 취학 후 학부모회 등 학부모 활동 참여의 어려움과 자녀와의 대화 부족으로 어려움을 호소하고 있다.

⑤ 사회적 편견과 차별

결혼이주민은 우리 사회에 적응하는 과정에서 대부분 자국의 문화적 가치와 생활방식을 포기한 채 이전에는 경험하지 못했던 스트레스를 경험하게 된다. 우리 사회에 적응하는 데 필요한 규범과 양식, 언어 등을 습득하기 위해 노력하지만 주변의 도움 없이는 쉽지 않은 일이다. 일반적으로 결혼이주민의 경우 대부분 가족을 제외하고 한국에 자신이나 집안의 어려움을 의논하는 사람, 일자리와 관련해 의논하는 사람, 자녀교육과 관련해 의논하는 사람, 여가나 취미생활을 같이 할 사람, 몸이 아플 때 도움을 요청할 사람 등이 없는 것으로 나타났다. 대부분이 사회적 관계가 취약하고 사회적 관계를 형성하고 있어도 한국에서 생활하면서 외국 출신이라는 이유로 사회적 차별을 경험하고 있다. 이러한 이유로 각종 모임, 활동에 참여하는 것을 꺼리고 활동에 참여해도 어려움이 있는 것으로 나타났다(여성가족부, 2019). 특히 가족 내에서도 편견으로 인한 갈등을 야기하고 있고, 직장, 일터에서 차별을 받은 적이 많아 심각한 갈등요인으로 작용할 우려가 있다. 이처럼 한국사회에서의 선입견과 편견의 시각으로 인해 결혼이주민의 체류기간이 장기화되고 한국어 능력은 향상되었지만 사회적 관계는 개선되지 못한 채 오히려 소외 문제가 심각한 것이다. 또한 결혼이주민 자녀의 경우 단지 외모의 차이로 인해 따돌림을 당하거나 사회적 차별을 경험하고 있어 정체성의 혼란을 경험하고 있으며 사회 문제로까지 이어지고 있다. 특히 빈민국 출신의 결혼이주민가정의 자녀일 경우 가난한 나라라는 계층적 인식까지 담긴 이중적 차별을 경험하고 있다.

⑥ 부부 및 가족 간의 갈등

부부간에 결혼동기가 다를 경우 서로의 삶에 있어서 가치관의 차이를 보일 수 있으며, 이는 부부갈등을 야기할 수 있다. 국제결혼을 하여 행복한 가정을 영위하는 결혼이주민도 많이 있지만 배우자 간의 가치관 차이, 경제적인 어려움 등의 현실적인 문제로 인해 힘들게 결혼생활을 영위하는 가정도 많이 있다. 특히 결혼중개업체를 통해 결혼이민을 하는 비율이 높다 보니 배우자에 대한 거짓 정보가 많고 결혼 후 부부간의 충족되지 않은 기대감, 의사소통의 어려움, 고부갈등, 자녀양육 문제 등은 심각한 부부갈등으로 이어지고, 이는 가정해체 등의 다양한 문제로 이어지고 있다. 낯선 곳에서 새로운 생활에 대한 적응의 어려움으로 불안과 좌절을 경험하는 결혼이주민들의 경우 배우자의 지지가 중요한 부분이며, 그렇지 못할 경우 갈등을 경험하게 된다. 부부간의 성격 차이, 생활비 문제, 자녀의 교육 문제, 의사소통의 어려움, 문화·종교·가치관의 차이 등 다양한 문제로 인해 배우자와 다툰 경험이 있는 것으로 나타났다. 또한 전통적인 성역할을 유지하려고 하는 배우자의 경우 남성은 가족의 주된 생계부양자라는 인식이 강하고 여성은 가사를 우선해야 한다는 인식이 강하기 때문에 결혼이주민이 배우자의 도움 없이 낯선 환경에서 적응해 나가기는 쉽지 않다. 이처럼 실질적으로 결혼생활에 있어서 부부의 결혼 만족도는 이혼에 결정적인 영향을 미치며, 배우자, 가족 간의 갈등이 중요한 이혼 사유가 되고 있고, 꾸준히 증가하고 있는 추세이다(여성가족부, 2019).

2. 결혼이주민 지원 정책 및 서비스

결혼이주민이 겪고 있는 어려움을 극복하고 사회통합을 이루기 위해 2006년 다문화가족의 사회통합 지원대책을 시작으로 2008년에는 「다문화가족지원법」을 제정하면서 우리 정부는 다문화가정에 대한 다각적인 관심을 가지고 부처별 정책을 계획·수립하였다. 이를 계기로 다문화가족지원센터가 설립되어 다양한 사업을 전개하고 다문화가정의 삶의 질 향상과 사회통합을 위해 노력하고 있다(여성가족부, 2006). 실질적으로 다문화가족지원센터에서 결혼이주여성을 대상으로 실시하고 있는 다양한 정책 및 서비스는 긍정적인 영향을 미치고 있다고 할 수 있다(김유경, 이주연, 조애저, 최현미, 2008). 결혼이주민이 급증하기 시작한 2000년대 초중반의 태동기에는 한국어와 한국사회의 적응에 초점을 두는 정책들이 주를 이루었다(경기도 가족여성연구원, 2010). 그 이후 결혼이주민의 경제·사회적 자립지원 정책으로 다문화가족 구성원의 사회참여를 촉진하는 방향으로 변화되었다. 결혼이주민 수의 양적 증가와 맞물려 관련 결혼이주민 정책 환경도 빠른 속도로 변화하였다(여성가족부, 2019). 현재 다문화가족지원 체계는 여성가족부와 중앙관리기관, 거점센터, 시·군·구 센터의 체계를 중심으로 상위체계에서 다문화가족지원사업을 총괄하고 있다. 그러나 이러한 정책 환경의 변화에도 불구하고 실질적으로 결혼이주여성이 우리 사회의 구성원으로 살아가는 데 있어서 많은 제약이 따르는 것이 현실이다.

1) 결혼이주민 제도 및 정책의 문제점

정부는 2006년 4월에 '여성결혼이민자 가족의 사회통합 지원대책'과 '혼혈인 및 이주자 지원방안'을 발표하였고, 같은 해 5월에 '외국인정책 기본방향과 추진체계'를 확정하였다. 또한 이러한 정책을 실현하기 위한 법적 근거로 2007년 7월에 「재한외국인 처우 기본법」이, 2008년 3월에 「다문화가족지원법」이 제정됨으로써 다문화사회 형성의 토대를 마련하였다(정기선, 2007). 결혼이주민정책은 2008년도에 제정된 「다문화가족지원법」을 통해 제도적으로 성과를 보였다고 할 수 있으며, 2020년 현재 전국적으로 228개소의 다문화가족지원센터가 운영되고 있다. 또한 중앙정부와 지방자치단체를 중심으로 결혼이주민에게 필요한 여러 가지 정보 제공과 교육 및 학습, 학교 프로그램 등의 지원정책사업을 다양하게 실시하고 있다. 특히 「다문화가족지원법」 제3조의2에서 명시하고 있는 "여성가족부장관은 다문화가족 지원을 위하여 5년마다 다문화가족정책에 관한 기본계획을 수립해야 한다."를 바탕으로 1, 2차 기본계획에 이어 '참여와 공존의 열린 다문화사회'를 비전으로 2018년부터 2022년까지 제3차 기본계획을 수립하였다. 전국다문화가족실태조사를 바탕으로 '도입 및 성장기'에서 '정착기'로 패러다임이 변화하는 추세를 고려하여 2022년까지 추진계획을 수립하였으며, 중장기 관점에서 다문화 수용성을 제고할 수 있는 방안을 마련하는 것을 강조하였다. 부처 간의 협력관계를 구축하고 제3차 기본계획(안)을 발표하였는데 다문화가족 장기정착 지원, 결혼이주민 사회경제적 참여 확대, 다문화가족 자녀의 안정적 성장과 역량 강화, 상호존중에 기반한 사회적 다문화 수용성 제고, 협력적 다문화가족정책 운영을 위한 추진체계 강화 등을 큰 과제로 선정하였다. 하지만 여전히 결혼이주민을 바라보는 국민들의 인식은 부족하고, 우리 사회의 결혼이주민에 대한 차별과 배제가 있으며, 사회통합의 속성이 미흡한 것이 사실이다(여성가족부, 2019).

(1) 지원체계의 접근성 문제

결혼이주민과 관련한 정책적 접근은 결혼이주민가족의 생활 실태 전반을 파악하여 정책적 지원 방안을 강구하고, 결혼이주민이 원만히 한국사회에 적응할 수 있도록 통합에 중점을 두고 있다. 매년 결혼이주민과 관련한 사업을 실시함에 있어서 필요한 예산을 증액하고 결혼이주민의 안정적인 한국사회 정착을 위해 다양한 지원이 이루어지고 있다. 여러 부처에서 다양한 사업을 지원하고 있지만 중점적인 지원체계로서 전국의 다문화가족지원센터를 중심으로 결혼이주민의 사회적응을 위한 다양한 사업을 추진하고 있다. 대부분 결혼이주민의 경우 수도권에 밀집되어 거주하고 있지만 지원체계는 다소 부족한 상황이다. 이처럼 결혼이주민이 우리 사회에 적응하기 위한 다양한 지원체계에 쉽게 접근하는 데 있어서 한계가 있으며, 지원이 적절한 시기에 적합하게 제공되는지의 여부도 장담하기 어려운 부분이다. 의사소통에 어려움이 있고 우리 사회의 행정 시스템을 이해하지 못하는 상황에서 결혼이주민이 스스로 지원체계를 파악하고 서비스를 지원받는다는 것은 어려운 일이다.

(2) 정책의 중복성과 비효율성

결혼이주민을 위한 정책은 여성가족부가 주무 부처지만 업무 성격에 따라 여러 부처가 법을 따로 제정하고 정책을 추진하고 있다. 중앙부처 차원에서 결혼이주민과 관련한 다문화가족정책을 여성가족부, 보건복지부, 교육과학기술부, 법무부, 문화체육관광부, 농림수산식품부, 고용노동부, 행정안전부 등에서 추진하고 있다. 결혼이주민이라는 동일한 대상을 두고 부처의 특성에 따른 개별 정책을 실시하고 있는 것이다. 이러한 상황이다 보니 결혼이주민을 위한 정책이 부처 간 협의가 이루어지지 않은 각각의 개별적인 정책이 많고 중복되어 이루어지고 있는 실정이다. 이처럼 각 부처별 · 지방자치단체별로 다양한 정책이 시행되고 있지만 오히려 결혼이주민이 어떤 정책이 시행되고 있는지 모르는 경우가 많다. 다양한 정책을 시행하고 있지만 이러한 정책의 중복성은 결혼이주민에게 비효율적이다.

표 10-2 **부처별 중복적 다문화정책**

관련 부처	지원 분야	다문화사업 초점	중복지원 실태	중복지원 부처
여성가족부 (교육지원)	이주여성, 자녀	국제결혼복지	언어, 사회 문화 적응	문화체육관광부 보건복지부 교육부
고용노동부 (취업지원)	취업지원	한국사회 적응 및 교육	취업알선 업무교육	여성가족부 보건복지부 행정자치부
여성가족부 (한국생활)	생활적응	한국어교육 한국생활 적응	한국어지원 생활적응	법무부 문화체육관광부 (농림축산식품부는 농촌적응 지원)
보건복지부	의료지원	취약계층 의료지원	의료활동	여성가족부

출처: 우수명, 주경희, 김희주(2015).

(3) 통합적 접근의 미흡

급증한 국제결혼이주민의 비율은 한국사회의 인구 구조에 많은 변화를 가져왔고 다문화사회로의 전환에 영향을 미쳤다. 결혼이주민들의 다양하고 복합적인 욕구에 부합하는 통합적인 서비스를 제공하기 위해 노력하고 있다. 이에 따라 우리나라의 결혼이주민정책은 다문화가족정책으로 집중되어 발달해 왔으며, 다양한 정책을 통해 지원이 이루어졌다. 하지만 한국만의 문화가 아니라 이주민의 다양한 문화를 수용할 수 있는 결혼이주민을 위한 체계적인 정책 접근이 원활히 이루어지지 않고 있다. 각종 정책은 수립되어 있으나 정책 수요자인 결혼이주민에게 실제로 주어지는 통합적 접근을 통한 행정적 지원은 미흡한 실정이다. 이러한 상황이다 보니 결혼이주민이 우리 사회에 적응해 나가기 위한 정책적 지원의 직접적인 혜택을 적절하게 받고 있다고 볼 수는 없다. 또한 결혼이주민을 위한 정책들이 결혼이주민이 한국사회에서 살아가는 데 있어 반드시 필요한 내용들로 구성되어 있다고 보기는 어렵다. 이처럼 결혼이주민의 복합적인 욕구에도 개별적인 욕구 충족을 위한 서비스를 지원하고 있으며 통합적인 접근은 여전히 미흡한 상황이다.

2) 결혼이주민 전달체계 및 서비스의 문제점

우리 사회는 결혼이주민을 위한 기본 정책을 먼저 수립하고 관련 시스템을 구비하여 이주민을 받아들인 나라는 아니다. 결혼하지 못하는 남성의 증가, 혼자 사는 여성의 증가, 농촌 지역 거주 남성 등이 우리나라 여성의 결혼조건을 충족하지 못해 저개발국 여성을 선택하는 경우가 증가하고 저임금 외국인 고용정책으로 외국인의 한국 이주가 증가하는 경우 등으로 국제결혼이 증가하였다. 이처럼 결혼이주민이 증가하면서 다양한 사회 문제가 발생하고 이를 해결하기 위해 정책적 접근이 이루어지고 행정이 관여하는 형태로 발달하였다. 즉, 결혼이주민 관련 정책적 접근이 먼저 이루어진 것이 아니다. 그러다 보니 중앙부처와 지방자치단체가 수립한 결혼이주민정책이 중복되는 부분이 많이 있고 상호연관성이 없이 개별적인 정책으로 실시된 부분이 많았다. 그동안 여러 차례 부분적인 법 개정을 통해 결혼이주민을 위한 정책을 확대하고 강화시켜 중복사업에 대한 부분을 조정하고 보완해 왔다. 그럼에도 불구하고 지속적으로 나타나고 있는 결혼이주민의 우리 사회의 적응 문제, 가족의 문제, 자녀교육의 문제, 사회적 편견과 차별의 문제 등을 해결하기 위한 정책적 지원과 서비스 지원이 필요하다. 결혼이주민은 단순한 단기체류자가 아닌 우리 국민의 일원으로서 한국사회에 안정적으로 적응하는 일이 중요한 부분이다. 따라서 그들이 한국사회에 잘 적응할 수 있도록 체계적인 서비스를 지원해야 한다.

결혼이주민을 위한 지원 서비스는 다문화가족지원센터를 중심으로 실시되고 있으며 보건복지부 사업안내에 따라 기본 사업과 기타 사업을 실시하고 있다. 그 밖에 방문교육사업, 통·번역 서비스, 자녀 대상 언어발달지원사업, 영농기술교육사업 등을 실시하고 있다. 그 이외에도 건강가정지원센터, 종합사회복지관, 문화센터 등에서도 결혼이주민을 위한 다양한 서비스를 제공하고 있다. 결혼이주민을 위한 지원 서비스 중 가장 빈번하게 실시하고 있는 프로그램이 바로 한국어, 한국문화 이해를 위한 프로그램이다. 대부분의 사회적 지원이 결혼이주민의 전체 삶을 통하여 정기적이면서도 체계적으로 지원되고 있는 것이 아니라 특정 분야에 편중되어 있어 이미 한국사회에 정착한 지 몇 년이 지난 결혼이주민이라 하더라도 적절한 시기에 적절한 사회적 지원이 제공되었다고 보기는 어렵다. 또한 한국사회의 성공적인 정착을 위한 가장 중요한 단계, 즉 새로운 가족관계가 형성되고 결혼이주민으로서도 가장 힘든 시기라 할 수 있는 입국 초기에 제공되는 사회적 지원은 통합적으로 이루어지지 않아 한국사회에 적응하는 데 있어서 어려움을 경험하고 있다. 특히 현재 결혼이주민에 대한 각종 사회적 지원이 다양한 기관에서 제공되고 있음에도 불구하고 서비스가 어디서 어떻게 제공되고 있는지 잘 알지 못하는 경우가 많아 결혼이주민을 위한 체계적인 시스템 구비가 미흡한 실정이다.

3. 결혼이주민 사회통합을 위한 제언

1) 제도 및 정책적 제언

결혼이주민이 궁극적으로 한국사회에 안정적으로 적응하기 위해 필요한 서비스를 제공하고 결혼이주민을 위한 체계적인 제도를 마련하여 통합적 정책의 접근이 이루어질 필요가 있다. 결혼이주민을 위한 정책적 접근에 있어서 중장기 전략이 필요하며, 정책적 우선순위와 재원 배분을 통해 체계적인 시스템을 구축해야 한다. 결혼이주민에 대한 지원은 일반 가정의 관점에서 가족정책이 통합되고 개선되어야 한다. 결혼이주민을 다른 특별한 대상의 국민으로 바라보는 것이 아니라 한국 국민으로 바라보고 가족정책이 수립되고 개선되어야 한다. 이러한 관점에서 결혼이주민이 한국사회에 안정적으로 적용하기 위해 지원되어야 할 제도 및 정책적 대책을 살펴보고자 한다.

(1) 정책 추진체계 간의 협력 강화

정부는 결혼이주민의 안정적인 정착을 위해 많은 예산을 투입하여 다양한 정책을 추진하고 있다. 특히 결혼이주민의 안정적 정착 및 자립역량 강화, 자녀의 성장과 발달 지원, 정책 추진체계 정비, 사회적 이해 제고, 국제결혼 중개관리를 위한 정책을 실시하고 있다. 그동안 초기 다문화가족 지원정책들이 중복되었던 부분을 개선하기 위해 정부는 꾸준히 각 부처와 함께 다문화가족정책을 논의하고 부처 간 유사사업을 통합하고 조정해 왔다. 앞으로 결혼이주민을 위한 정책은 초기적응 중심의 정책에서 장기 정착화에 따른 정책으로 재편이 필요하며 결혼이주민 자녀의 경우 청소년의 비율이 높아짐에 따라 청소년기의 자녀 성장을 위한 정책을 강화할 필요성이 있다. 결혼이주민을 위한 중장기적인 정책 마련을 위해 정책을 추진하는 체계 간의 협력을 강화해 추진해 나가야 할 것이다. 뿐만 아니라 부처 간, 주요 상대국과의 협력체계를 지속하고 서비스 전달체계를 내실화하고, 다문화가족정책위원회, 외국인정책위원회 합동운영 추진, 정책 방향 및 기본계획 등 연계 등에 대한 부처 간의 협력을 강화해 나가야 한다. 결혼이주민을 출신국이 다른 배경을 가진 한 국민으로 바라보고 정책이 수립되어야 하며, 특히 다문화가족 이주여성들과 현장 실무자들의 의견이 충분히 반영될 수 있는 통합적인 정책과 시스템이 이루어져야 한다.

(2) 중앙정부, 지방자치단체 간 중복 서비스의 최소화

결혼이주민을 위한 정책은 여성가족부가 주무부처지만 업무 성격에 따라 여러 부처가 법을 따로 제정하고 정책을 추진하고 있다. 중앙부처 차원에서 결혼이주민과 관련한 다문화가족정책을 여성가족부, 보건복지부, 교육과학기술부, 법무부, 문화체육관광부, 농림수산식품부, 고용노동부, 행정안전부 등에서 추진하고 있다. 결혼이주민을 위한 정책이 부처 간 협의가 이루어지지 않은 각각의 개별적인 정책이 많고 중복되어 이루어지고 있는 실정이다.

이러한 정부의 중복 서비스를 최소화하기 위해 2006년에 다문화가족에 대한 범부처적 통합지원 방안을 마련하고 정책의 총괄 조정 기능을 위하여 다문화가족정책위원회를 구성하여 「재한외국인 처우 기본법」(2007), 「결혼중개의 관리에 관한 법률」 개정(2008), 「다문화가족지원법」(2008) 시행 등으로 법적 기반을 마련하였다. 이를 바탕으로 중앙정부, 지방자치단체 간의 중복되는 서비스를 조정하여 결혼이주민을 위한 서비스의 효율성과 효과성을 높여야 할 것이다. 지방자치단체의 다문화가족정책 추진을 위한 역량을 강화해 나가야 하며, 지역별 결혼이주민의 욕구를 반영한 지원체계에 대한 운영을 추진해 나가야 한다. 이는 곧 다문화가족지원센터의 서비스 역량을 제고해 결혼이주민들을 위한 질 높은 서비스를 제공해 나갈 수 있도록 하는 것이다.

(3) 적극적 경제활동 지원정책 추진

결혼이주민이 지속적인 경제활동에 참여함으로서 우리 사회의 구성원으로서의 역량 강화를 통해 성공적인 사회 적응을 해 나가는 데 있어서 가장 실질적으로 도움이 되는 정책은 결혼이주민의 경제적 자립을 돕는 일이다. 이에 따라 여성가족부(2019)도 결혼이주민의 사회경제적 진출 확대를 위한 직업훈련, 개인의 능력을 활용한 일자리 확충, 지역사회 참여를 통한 사회적 네트워크 강화를 통해 우리 사회의 실질적인 사회통합을 촉진할 계획이라고 밝혔다. 결혼이주민의 경제활동 참여는 단순히 소득 창출 기능만을 의미하기보다는 사회참여를 통한 개인적인 욕구 충족과 더불어 안정적인 가정생활을 영위하고 삶의 질 향상을 위한 긍정적인 사회통합을 하는 것을 의미한다(양인숙, 민무숙, 2010). 이렇듯 결혼이주민의 경제활동을 통한 경제적 안정은 매우 중요하며, 나아가 결혼이주민의 사회통합을 위해서도 가장 중요한 과제라고 할 수 있다(여성가족부, 2019). 결혼이주민은 우리 사회의 적응이라는 과제와 기혼여성으로서 일과 가정의 양립 문제가 결합되어 있는 경제활동 참여가 어려운 복합적인 상황에 처해 있다. 실질적으로 결혼이주민은 이주한 국가의 가족구성원으로서 육아 및 가사노동을 수행하면서 정착해야 하기 때문에 고용에 있어서 가족의 영향을 많이 받고 있다. 그러므로 결혼이주민이 경제활동에 적극적으로 참여할 수 있도록 자녀양육에 대한 정책도 함께 지원되어야 한다. 또한 결혼이주민은 경제활동 참여에 대한 욕구가 매우 높고 다양한 경제활동 참여를 통해 생계를 유지해 나가길 원하고 있다. 그러나 결혼이주민이 참여하고 있는 일자리는 대부분이 일용직 · 계약직으로서 장시간 근로에 저임금으로 질적 수준이 열악하다. 향후 결혼이주민의 경제활동 지원정책은 결혼이주민의 적성과 능력을 고려하여 직업교육훈련 및 취업연계 등의 프로그램이 이루어져야 할 것이다. 이를 바탕으로 결혼이주민 일자리 창출의 질적 향상이 도모될 수 있도록 적극적으로 노력해 나가야 한다.

(4) 기관 종사자의 전문성 강화

결혼이주민을 지원하는 기관은 증가하고 있지만 서비스를 지원할 수 있는 전문인력이 매우 부족한 상황이다. 결혼이주민의 욕구에 부합하는 서비스를 제공하고 실천하기 위해서는 결혼이주민에 대한 전문적인 지식과 기술을 갖춘 전문인력이 필요하다. 이러한 전문인력 양성을 위해서 결혼이주민의 특성을 파악하고 체계적인 서비스를 제공할 수 있도록 교육하고 훈련이 이루어져야 한다. 기존의 기관에서 이미 결혼이주민을 대상으로 서비스를 제공하는 인력에 대해서도 재교육을 통해 전문성을 확보할 수 있도록 해야 한다. 더불어 이주여성을 전문인력으로 활용하여 본국의 이주여성을 지원하는 방안도 적극적으로 검토할 수 있다.

또한 결혼이주민에게 질 높은 서비스를 제공하기 위해서는 종사자에 대한 처우 개선이 이루어져야 한다. 그러나 현실적으로 결혼이주민을 위한 실천현장의 종사자 대부분은 낮은 보수와 장시간 근무 등 열악한 업무 환경에서 종사하고 있다. 이러한 근무 환경은 높은 이직률과 낮은 근무 경력으로 인해 전문성 저하가 나타나고 있고, 결과적으로 복지 서비스의 질적 수준 문제로 이어지고 있다. 따라서 종사자의 전문성을 향상하기 위해서는 처우 개선을 비롯해 실천 현장에 맞는 다양한 전문적인 교육을 실시하고 소진을 예방할 수 있는 프로그램을 확대할 필요가 있다. 종사자의 전문성 향상은 결혼이주민에게 질 높은 서비스를 제공하는 데 있어서 가장 기본적으로 해결되어야 할 문제이다.

2) 전달체계 및 실천적 제언

결혼이주민의 특성이 출신국별, 입국시기별, 생애주기별 등 다양하고 복합적인 욕구를 보이고 있기 때문에 각각의 특성에 부합하는 서비스 지원이 이루어져야 한다. 결혼이주민이 필요로 하는 서비스를 제공하기 위해서는 결혼이주민의 욕구에 부합하는 다양한 서비스를 체계적으로 전달해야 한다. 결혼이주민의 안정적인 정착과 역량 강화를 위한 장기적인 관점에서 서비스가 제공될 수 있도록 해야 하며, 통합적인 접근을 통한 서비스 전달이 이루어져야 한다. 여기에서는 결혼이주민이 한국사회에 안정적으로 적응하기 위해 지원되어야 하는 실천적 대책을 살펴보고자 한다.

(1) 생애주기별 맞춤형 서비스 제공

다문화가족지원사업은 다문화가족의 안정적인 정착과 건강한 가족생활을 지원하기 위하여 가족교육과 상담, 통·번역 및 정보 제공, 가족 역량 강화지원 자녀교육, 사례관리사업 등 종합적인 서비스를 제공하여 결혼이주민의 적응과 사회경제적인 자립을 지원하고 있다. 임신과 신생아기, 유아기, 아동기 등 생애주기별로 자녀양육을 위한 서비스를 제공하고 있으며, 결혼이주민가족의 정착 및 가족 생애주기에 따른 상담과 정보 제공 등 가족의 상황에 맞는 서비스를 제공하고 있다. 이러한 서비스는 결혼이주민의 특성에

맞는 맞춤형 서비스로 확대하고 정책 대상자별, 생애주기별 프로그램을 제
공하여 서비스의 사각지대를 최소화해야 한다. 결혼이주민의 환경과 생활자
원을 고려하여 구성원의 정착, 성장 및 발달, 노후에 기여할 수 있도록 생애
주기별 연계성을 가지고 설계되어야 하며, 단발성의 사업이 아니라 지속적
으로 지원이 이루어져야 할 것이다. 결혼이주민의 욕구와 수요에 기반을 둔
실질적인 내용으로 구성되어야 하며 생활에 실질적으로 도움이 되는 서비스
가 이루어져야 한다.

(2) 결혼이주민 자녀의 역량 강화

결혼이주여성들은 우리 사회의 적응이라는 과제뿐만 아니라 자녀양육과
교육에 대한 스트레스까지 받고 있어서 어려움을 겪고 있다. 미취학아동보
다 취학 이후 학업, 진학, 진로 등에 대한 정보가 부족하고 교육비, 용돈 등
자녀에게 드는 경제적 비용이 부담되어 자녀양육에서 더 어려움을 경험하
고 있다. 결혼이주여성의 경우 우리말이 서툴기 때문에 자녀에게 직접 한글
을 가르치기 어렵고 한국어 등 교육을 하는 데 있어서 한계가 있을 수밖에
없다. 이러한 상황으로 다소 차이가 있긴 하지만 학교에서 결혼이주민가족
의 자녀들이 왕따를 당하거나 학습부진, 학교 부적응을 경험하고 있다(오윤
자, 2008). 실제 결혼이주민가족 아동의 언어지능 및 학업수행 능력은 일반
아동에 비해 낮은 수준으로 보고되고 있다. 따라서 결혼이주민 자녀의 역량
을 강화할 수 있는 지원 방안이 필요하다. 자녀의 발달주기에 따라 부모교
육 및 정보 제공을 강화하고 결혼이주민 자녀의 기초학습 능력 강화 프로그
램을 확대 운영해야 한다. 또한 자녀들이 성장함에 따라 청소년기 자녀 및
부모를 위한 상담지원을 강화하고 학교생활, 사회생활에 잘 적응할 수 있도
록 적합한 프로그램 지원이 이루어져야 한다. 이처럼 결혼이주민의 자녀들
이 건강하게 성장 · 발달해 갈 수 있는 환경을 조성하고 서비스를 지원해야
한다.

(3) 결혼이주민의 인권보호 및 다문화 인식 제고

결혼이주민은 의사소통의 어려움, 서로 다른 가치관, 자녀양육의 문제 등으로 부부 및 가족 간의 갈등을 경험하고 있으며, 이로 인해 심각한 경우 가정폭력으로까지 이어지고 있다. 가정폭력을 경험했을 때 그냥 참는다는 결혼이주민의 상황을 볼 때 이에 대한 서비스 확대가 시급하다. 결혼이주민이 다수 거주하는 지역을 중심으로 피해여성의 복합적인 문제를 원스톱으로 지원하는 체계를 구축하여 전문상담 실시, 방문지도사, 멘토링 사업 등을 강화해 나가야 한다. 가정폭력 피해 이주여성에 대해서 외국인 등록 여부와 상관없이 보호시설 입소가 허용되도록 해야 하며, 시설 퇴소 후 자립지원금 지원과 임대주택 주거지원을 확대해 나가야 한다(여성가족부, 2019).

또한 결혼이주민의 체류연장이나 국적취득 과정에서 피해가 발생하는 경우가 있고 위장결혼으로 인해 국민 배우자가 피해를 보는 경우도 있기 때문에 피해를 최소화하기 위한 개선이 필요하다. 국제결혼 중개업체가 단순히 국적 취득을 위해 위장결혼을 조장하거나 외국인 신부를 하나의 상품으로 여기는 사태를 바로잡아 인권침해가 일어나지 않도록 수시로 국제결혼 중개업체를 지도·점검해야 한다.

결혼이주민이 우리 사회의 중요한 구성원으로서 적응할 수 있도록 적극적으로 서비스를 지원하고 결혼이주민에 대한 인식의 변화가 필요하다. 결혼이주민을 다른 특별한 대상의 국민으로 바라보는 것이 아니라 한국 국민으로 바라보고 서비스 지원이 이루어져야 한다. 결혼이주민의 인권과 다양성이 존중되는 사회 환경을 조성하고 다문화 수용성 제고를 위한 적극적인 홍보를 하여 그들이 우리 사회의 완전한 구성원으로 수용되도록 해야 한다.

(4) 가족 상담 및 지원

낯선 환경과 문화적인 차이로 인해 타국에서 적응하며 결혼이주민으로 살아간다는 것은 쉽지 않은 일이다. 인종, 계층, 지역, 이념, 종교적 차이에 따른 갈등의 심화를 비롯하여 한국 사회와 문화에 대한 적응에 있어서 다양한 문제가 나타나고 있다. 결혼이주민들은 대부분 자국의 사회 · 문화와 생활방식을 유지하려고 하지만, 새로운 이주국의 사회에 적응하는 과정에서 이전에는 경험하지 못했던 스트레스를 경험하게 된다. 이처럼 결혼이주민의 가장 큰 어려움은 거주국에서의 적응이라고 할 수 있다. 결혼이주민 대부분이 의사소통의 어려움을 경험하고 있고, 이는 가족과의 대화를 기피하게 만들고 스스로 고립시키는 부정적인 결과를 초래해 궁극적으로 가족갈등으로 이어져 결혼생활을 어렵게 만들고 있다. 뿐만 아니라 임신과 출산의 어려움을 시작으로 육아 문제, 영유아의 언어 발달 지연, 교육의 어려움 등 자녀양육에 있어서 많은 어려움을 경험하고 있다. 자녀양육 방식이 부모나 배우자와 의견이 다를 때 가족 간의 갈등으로 이어져 어려움을 경험하는 것으로 나타났다(여성가족부, 2019).

따라서 가족지지 체계가 강화될 수 있도록 결혼이주민가족을 위한 적절한 상담 서비스 및 다양한 프로그램 지원이 필요하다. 결혼 초기에는 부부간에 서로를 이해할 수 있고 중기 이후에는 부부관계를 증진시킬 수 있는 프로그램을 운영하여 가족해체를 예방할 수 있도록 해야 한다. 또한 결혼이주민가족을 대상으로 가족통합교육, 다문화가족 이주여성의 경제활동 참여에 따른 시부모 · 배우자의 인식 개선 프로그램, 자녀와의 관계 형성 프로그램 등이 지속적으로 실시될 수 있도록 해야 한다. 이를 통해 결혼이주민들이 가족과 함께 한국사회에 적응해 나가면서 가사, 자녀양육 문제 등의 어려움을 이겨 낼 수 있도록 격려하고 지지해 주어야 한다. 아울러 국제결혼이 초혼뿐만 아니라 재혼, 이혼의 수도 증가하고 있어 이에 대한 지원도 반드시 필요하다.

(5) 자조모임 활성화의 적극적 지원

결혼이주민들은 낯선 환경과 문화적인 차이로 인해 한국생활 적응에 어려움을 경험하고 있으며 특히 정서적인 문제 또한 결혼이주여성들이 한국생활에서 겪는 가장 어려운 일 중 하나이다. 도움이 필요할 때 의논하거나 도움을 요청할 사람이 없는 등 사회적 소외가 심화되는 양상을 보이고 있다(여성가족부, 2019). 자조모임은 결혼이주민들이 같은 출신국의 여성들과 함께 활발한 상호작용과 정보교류를 함으로써 지역사회에 대한 이해를 높이고 사회성을 향상해 한국사회의 안정적 정착과 건강한 가족생활을 영위하는 데 실질적인 도움이 된다. 이처럼 자조모임은 결혼이주민이 한국생활에서 겪는 외로움을 극복하고 정착하는 데 있어서 무엇보다도 효과적이다. 서로에게 위로와 힘이 되고 많은 정보를 공유하며 한국생활에 적응하는 데 있어서 실질적인 도움이 될 수 있다. 따라서 자조모임을 활성화하는 데 있어서 적극적인 지원이 이루어질 수 있도록 해야 한다.

요약

결혼이주민의 개념은 2008년 3월 제정되고 2008년 9월 시행되어 2011년 4월 개정된 「다문화가족지원법」에는 주로 결혼이민자가족으로 한정하고 있다. 또한 「재한외국인 처우 기본법」 제2조 제3호의 결혼이민자(대한민국 국민과 혼인한 적이 있거나 혼인관계에 있는 재한 외국인)와 「국적법」 제2조부터 제4조까지의 규정에 따라 대한민국 국적을 취득한 자를 의미하며,「재한외국인 처우 기본법」 제2조 제3호의 결혼이민자와 「국적법」 제4조에 따라 귀화허가를 받은 자를 의미한다.

결혼이주민이 우리 사회에서 살아가면서 다양한 문제를 경험하고 있다. 첫 번째 문제는 한국사회의 적응 문제이다. 우리나라에서 생활하고 있는 결혼이주민의 대부분은 자국의 문화적 가치와 생활방식을 포기한 채 한국의 문화적 가치만을 강조하고 적응해 가야하는 어려움을 겪고 있다. 두 번째는 의사소통 문제이다. 의사소통이 원활하게 이루어져야 우리 사회의 구성원으로 살아가는 데 있어서 어려움이 없는데 언어가 습득이 되기 전 가족생활과 사회생활을 하면서 의사소통의 어려움을 경험하고 있다. 세 번째는 경제적 빈곤 문제이다. 한국으로 국제결혼을 택한 이유 중 가장 큰 부분이 본국에서의 경제적 어려움을 탈피하고자 했던 것도 있는데 오히려 한국생활이 경제적으로 열악한 상황에 처하거나 경제활동 참여 기회도 적어 경제적 어려움을 경험하고 있다. 네 번째는 자녀양육 문제이다. 임신과 출산의 어려움을 시작으로 육아 문제, 영유아의 언어 발달 지연, 교육의 어려움 등 자녀 양육에 있어서 많은 어려움을 경험하고 있다. 다섯 번째는 사회적 편견과 차별이다. 결혼이주민의 대부분이 사회적 관계가 취약하고 생활하면서 외국출신이라는 이유로 사회적 차별을 경험하고 있다. 여섯 번째는 부부 · 가족 간 갈등 문제이다. 결혼 후 부부 간의 충족되지 않은 기대감, 의사소통의 어려움, 고부갈등, 자녀양육 문제 등은 심각한 부부갈등으로 이어지고 이는 가정해체로까지 다양한 문제로 나타나고 있다.

또한 결혼이주민 제도 및 정책의 문제점으로, 첫째, 지원체계의 접근성의 문제이다. 결혼이주민이 우리 사회에 적응하기 위한 다양한 지원체계에 대해 쉽게 접근하는 데 한계가 있으며, 적절한 시기에 적합하게 제공되는지의 여부도 장담하기 어려운 부분이다. 둘째, 정책의 중복성과 비효율성이다. 각 부처별, 지방자치단체별로 다양한 정책이 시행되고 있지만 오히려 결혼이주민이 어떤 정책이 시행되고 있는지 모르는 경우가 많아서 정책의 중복성은 결혼이주민에게 비효율적이다. 셋째, 통합적 접근의 미흡한 부분이다. 결혼이주민의 복합적인 욕구에도 개별적인 욕구 충족을 위한 서비스를 지원하고 있으며 통합적인 접근은 여전히 미흡한 상황이다.

더불어, 결혼이주민 전달체계 및 서비스의 문제점은 결혼이주민에 대한 각종 사회적 지원이 다양한 기관에서 제공되고 있음에도 불구하고 서비스가 어디서 어떻게 제공되고 있는지 잘 알지 못하는 경우가 많아 결혼이주민을 위한 체계적인 시스템 구비가 미흡한 부분이다.

이러한 결혼이주민의 문제를 해결하고 결혼이주민 사회통합을 위한 제도 및 정책적 제언에 있어서, 첫째, 제도 및 정책적 제언으로는 정책추진체계 간의 협력 강화가 이루어져야 한다. 결혼이주민을 위한 중장기적인 정책 마련을 위해 부처 간, 주요 상대국과의 협력체계를 지속하고 서비스 전달체계를 내실화하고, 다문화가족정책위원회, 외국인정책위원회 합동운영 추진, 정책방향 및 기본계획 등 연계 등에 대한 부처 간의 협력을 강화해 나가야 한다. 둘째, 중앙정부, 지방자치단체 간의 중복 서비스의 최소화가 이루어져야 한다. 중앙정부, 지방자치단체 간의 중복되는 서비스를 조정하여 결혼이주민을 위한 서비스의 효율성과 효과성을 높여야 한다. 지방자치단체의 다문화가족정책 추진을 위한 역량을 강화해 나가야 하며, 지역별 결혼이주민의 욕구를 반영한 지원체계에 대한 운영을 추진해 나가야 한다. 셋째, 적극적 경제활동 지원정책이 추진되어야 한다. 결혼이주민의 경제활동 지원정책은 결혼이주민의 적성과 능력을 고려한 직업교육훈련 및 취업연계 프로그램 등의 지원을 통해 일자리 창출의 질적 향상을 도모하기 위해 적극적으로 노력해야 한다. 넷째, 기관 종사자의 전문성이 강화되어야 한다. 전문인력 양성을 위해서 결혼이주민의 특성을 파악하고 체계적인 서비스를 제공할 수 있도록 교육하고 훈련이 이루어져야 하며, 기존의 기관에서 이미 결혼이주민을 대상으로 서비스를 제공하는 인력에 있어서도 재교육을 통해 전문성을 확보할 수 있도록 해야 한다.

전달체계 및 실천적 제언으로는, 첫째, 생애주기별 맞춤형 서비스가 제공되어야 한다. 결혼이주민의 환경과 생활자원을 고려하여 구성원의 정착, 성장 및 발달, 노후에 기여할 수 있도록 생애주기와 연계성을 가지고 설계되어야 하며, 단발성의 사업이 아닌 지속적으로 지원정책이 이루어져야 한다. 둘째, 결혼이주민 자녀의 역량 강화가 이루어져야 한다. 자녀의 발달주기별에 따라 부모교육 및 정보제공을 강화하고 결혼이주민 자녀의 기초학습능력 강화 프로그램을 확대 운영해야 한다. 자녀들이 성장함에 따라 청소년기 자녀 및 부모를 위한 상담지원을 강화하고 학교생활, 사회생활에 잘 적응할 수 있도록 적합한 프로그램 지원이 이루어져야 한다. 셋째, 결혼이주민의 인권보호 및 다문화 인식 제고가 이루어져야 한다. 결혼이주민을 다른 특별한 대상의 국민으로 바라보는 것이 아니라 한국 국민으로 바라보고 서비스 지원이 되어야 한다. 결혼이주민의 인권과 다양성이 존중되는 사회 환경을 조성하고 다문화 수용성 제고를 위한 적극적인 홍보를 통해 우리 사회의 완전한 구성원으로 수용되도록 해야 한다. 넷째, 가족상담 및 지원이 이루어져야 한다. 가족지지체계가 강화될 수 있도록 결혼이주민가족을 위한 적절한 상담 서비스 및 다양한 프로그램 지원이 필요한 부분이다. 다섯째, 자조모임 활성화의 적극적 지원이 있다. 자조모임은 결혼이주민이 한국생활에서 겪는 외로움을 극복하고 정착하는 데 있어서 무엇보다도 효과적이다. 결혼이주민이 서로에게 위로와 힘이 되고 많은 정보를 공유하며 한국생활에 적응하는 데 있어서 실질적인 도움이 될 수 있다. 자조모임을 활성화하는 데 있어서 적극적인 지원이 이루어질 수 있도록 해야 한다.

🔆 생각해 봅시다

'가정폭력 · 이혼 후 살해' 베트남 출신 이주여성의 비극… 반복되는 이유는 최근 강원 원주의 한 아파트에서 발생한 '일가족 사망' 사건의 피해자가 베트남 이주여성으로 확인됐다. 이주여성에 대한 폭력 피해 대책이 필요하다는 지적이 나온다.

한국이주여성인권센터는 "남편의 가정폭력으로부터 벗어나고자 했으나 살해당한 베트남 이주여성과 자녀의 명복을 빈다."는 성명을 발표했다. 이 단체는 "피해 이주여성은 가정폭력으로부터 벗어나기 위해 이혼을 했다."면서 "가해자 한국인 남편은 집으로 찾아와 이주여성의 자녀를 무참히 살해하고 뒤늦게 귀가한 이주여성도 살해했다."고 설명했다.

결혼이주여성의 가정폭력 등 인권침해 문제는 매해 증가하고 있다. 하지만 결혼이주여성의 인권보호를 위한 지원정책은 미흡한 부분이 있다. 이들을 위해 우리가 앞으로 해결해 나가야 할 방향에 대해 함께 생각해 보고 토론해 보자.

참고문헌

경기도가족여성연구원(2010). 경기도 다문화가족 생활실태 및 지원정책 연구.

김선아(2013). 초기 청소년의 부모양육태도, 또래애착, 다문화수용성이 내외현 문제행동에 미치는 영향. 청소년문화포럼, 35(2013), 59-90.

김유경, 이주연, 조애저, 최현미(2008). 다문화시대를 대비한 복지정책방안 연구: 다문화가족을 중심으로. 한국보건사회연구원.

김이선, 주유선, 방미화(2012). 다문화가족 지원정책의 사각지대 대응방안 연구. 한국여성정책연구원.

김형태(2004). 북한이탈청소년의 남한사회 적응유형에 관한 통합적 비교연구. 숭실대학교 대학원 박사학위논문.

배경희, 서연숙(2011). 여성결혼이민자의 근로유무가 정신건강에 미치는 영향. 한국사회복지학, 63(4), 183-202.

설동훈(2005). 국제결혼 이주 여성 실태조사 및 보건·복지 지원 정책방안. 보건복지부.

설동훈, 한건수(2005). 국제결혼 이주여성 실태조사 및 보건복지지원 정책방안. 보건복지부.

설동훈, 이혜경, 조성남(2006). 결혼이민자 가족실태 조사 및 중장기 지원정책 방안연구. 여성가족부.

양인숙, 민무숙(2010). 여성결혼이민자의 경제활동 실태와 정책과제. 한국여성정책연구원.

여성가족부(2006). 2006년 여성결혼이민자 가족의 사회통합 지원 대책 수립.

여성가족부(2019). 2018년 전국다문화가족실태조사 연구.

오윤자(2008). 다문화가정 자녀의 생활 이해 및 아동양육지원 서비스. 다문화가정지원 전문 자원봉사자 양성교육 자료집.

우수명, 주경희, 김희주(2015). 다문화사회복지개론. 경기: 양서원.

유진희(2014). 다문화가정 이주여성의 경제활동 참여경험에 관한 연구. 숭실대학교 대학원 박사학위논문.

이영실, 김재경, 김봉순, 박용권, 조명희, 홍성희(2016). 가족복지론. 경기: 양서원.

정기선(2007). 경기도 내 국제결혼 이민자가족 실태조사 및 정책적 지원방안 연구.

채옥희, 홍달아기(2006). 사례로 본 여성결혼이민자의 가정생활실태와 갈등. 한국생활과

학회지, 15(5), 729-741.

쿠키뉴스(2020. 6. 19.). http://www.kukinews.com/newsView/kuk202006 190134

행정안전부(2018). 2017년 지방자치단체 외국인주민 현황.

다문화가족지원포털 다누리 http://www.liveinkorea.kr

보건복지부 http://www.mw.go.kr

안전행정부 http://www.mospa.go.kr

여성가족부 http://www.mogef.go.kr

통계청 http://www.kostat.go.kr

한국다문화가족지원센터협회 http://cafe.daum.net/kamfsc

제11장

외국인 근로자와 사회복지

우리나라는 1980년대 중반까지 인력 송출국이었으나 1980년대 후반부터 경제적 발전과 국제사회 내 지위 향상으로 인해 한국으로 들어오는 동남아시아계 외국인 근로자들이 점차 증가하고 있다. 2018년 12월 한국에 체류하고 있는 외국인 수는 236만 7,607명이다. 불법적으로 한국에 거주하는 외국인 근로자까지 포함한다면, 그 수는 더욱 증가한다. 한국인과 결혼하여 가정을 이루는 경우 이외에 대부분의 외국인 근로자 가정, 특히 불법적으로 체류하고 있는 가정은 법적·제도적 한계 속에서 교육 문제, 의료 문제, 노동 문제 등에 노출되어 있다. 따라서 이 장에서는 외국인 근로자와 그 가족의 욕구를 이해하고 관련 정책과 서비스의 현황을 파악하여 어떠한 문제점이 있는지 살펴보고, 사회통합적 관점에서 외국인 근로자를 위한 제도와 실천 방향에 대해 모색해 보고자 한다.

1. 외국인 근로자의 이해

1) 외국인 근로자의 개념 및 현황

UN(국제연합)의 '이주노동자권리협약'에서는 "이주노동자란 그 사람이 국적을 갖지 않는 나라에서 유급활동에 종사할 예정이거나, 이에 종사하고 있거나, 또는 종사하여 온 사람을 말한다."라고 외국인 근로자를 정의하고 있다. 또한 국가통계포털(KOSIS)의 통계설명자료의 정의에 따르면, 외국인 근로자(국적이 한국이 아닌 자로 합법, 불법을 모두 포함)는 합법적으로 취업비자를 소지한 사람과 산업기술연수생을 말한다. 이러한 외국인 근로자는 외국인 노동자, 이주 노동자로도 불린다. 즉, 외국인 근로자란 일자리를 찾기 위해 모국을 떠나 다른 나라로 들어온 외국인집단을 말하는 것이다. 2018년 기준 한국에 체류하고 있는 외국인 수는 236만 7,607명이다.

이러한 외국인 근로자는 1987년경 필리핀 근로자 등이 처음으로 한국의 노동시장에 유입되기 시작하여 1991년 산업연수제도라는 법적 기반을 통해 대거 입국하기 시작하였다. 그 후 산업연수제도의 비인권적인 문제들이 생기자 2000년 산업연수제도를 수정·보완한 취업연수제도를 시행하였고, 2003년에는 근로자들의 법적 권리를 강화하고 비인권적 처사를 종식시키기 위한 목적으로 고용허가제를 입법·시행하였다. 2007년에는 산업연수제도가 폐지되어 외국인 근로자는 고용허가제에 의해서 유입되었다.

표 11-1 **체류외국인 자격별 현황**   (2018. 12. 31. 기준, 단위: 명)

체류자격별	계	재외동포	비전문취업	방문취업	사증면제	단기방문	영주	기타
인원	2,367,607	444,880	280,312	250,381	228,194	218,743	149,474	795,623
비율	100%	18.8%	11.8%	10.6%	9.6%	9.2%	6.3%	33.6%

출처: 법무부 출입국·외국인정책본부(2018. 12.), p. 16.

| 표 11-2 | 취업자격 체류외국인 | | (2017. 12. 31. 기준, 단위: 명) |

구분	총계	전문인력	단순기술인력
총체류자	597,783	48,334	549,449
합법체류	539,463	43,376	496,087
불법체류	58,320	4,958	53,362

출처: 법무부(2017) 재구성.

외국인 취업자(2017. 12. 20. 통계청·법무부 보도자료 인용. 상주인구 기준)는 83만 4천 명이고, 귀화허가자는 3만 4천 명이다. 이들은 크게 합법체류 근로자와 미등록체류 근로자로 구분하며, 합법체류 근로자에는 사증의 유형에 따라 전문직 근로자, 비전문직 근로자, 연수취업자, 기타 직업용 사증 소지자와 산업연수제도상의 두 가지 형태의 연수생 등이 포함된다.

취업자격 체류외국인에 대해 자세히 살펴보면, 〈표 11-2〉와 같다. 전문인력 증가가 둔화되는 가운데 특정 활동(E-7) 자격은 소폭 증가하였으며, 비전문취업(E-9) 및 선원취업(E-10)은 예년 수준을 유지하였으나 취업방문(H-2) 자격은 전년도에 비해 10.7% 감소하는 등 취업자격 외국인은 전체적으로 소폭 감소하였다.

2016년 전문인력은 4만 8,334명이고 단순기술인력은 54만 9,449명으로 단순기술인력이 91.9%를 차지하고 있다. 취업자격으로 국내에 들어온 외국인 59만 7,783명 중 불법체류자는 5만 8,320명으로 9.8%가 불법체류인데, 전문인력은 0.8%, 단순기술인력은 8.5%가 불법체류를 하고 있다. 취업자격 외국인의 연도별 추이를 보면, 연구(E-3), 특정 활동(E-7), 비전문취업(E-9), 선원취업(E-10)은 계속 늘어나고 있다(〈표 11-3〉 참조).

이러한 외국인 근로자들의 증가로 1990년대부터 전국의 공단 지역과 서울 외곽에 이주노동자 집단밀집 거주지역이 형성되어 있다. 비용 부담과 접근성을 이유로 주로 수도권 일대에 거주하면서 외국인 근로자들의 독특한 문화가 형성되기 시작하였다.

표 11-3   **연도별 취업자격 외국인**

구분		2011년	2012년	2013년	2014년	2015년	2016년
총계		594,267	528,925	548,313	616,314	625,129	597,783
전문인력	소계	46,943	49,499	49,277	48,672	48,607	48,334
	단기취업(C-4)	679	460	460	593	685	594
	교수(E-1)	2,474	2,637	2,637	2,664	2,612	2,511
	회화지도(E-2)	22,541	21,603	20,030	17,949	16,144	15,450
	연구(E-3)	2,606	2,820	2,997	3,195	3,145	3,174
	기술지도(E-4)					192	187
	전문직업(E-5)					606	618
	예술흥행(E-6)	4,246	4,528	4,940	5,162	4,924	4,302
	특정활동(E-7)	14,397	17,451	18,213	19,109	20,299	21,498
비전문인력	소계	547,324	479,426	499,036	567,642	576,522	549,449
	비전문취업(E-9)	234,295	230,237	246,695	270,569	276,042	279,187
	선원취업(E-10)	9,661	10,424	12,163	14,403	15,138	15,312
	방문취업(H-2)	303,368	238,765	240,178	282,670	285,342	254,950

표 11-4   **외국인 근로자 집단밀집 거주지역 현황**

지역	특징
경기도 안산시 단원구 원곡동	각국 근로자 약 47,800여 명
경기도 남양주시 마석동	동남아 등 16개국 근로자 약 1,700여 명
서울특별시 종로구 창신동	베트남 근로자, 네팔거리
서울특별시 성동구 성수동	태국 등 동남아 근로자
서울특별시 구로구 구로동	중국 교포 약 30,000여 명
서울특별시 강남구 반포동 서래마을	프랑스인 약 600여 명
서울특별시 용산구 이태원동	무슬림 마을
서울특별시 용산구 동부이촌동	일본인 마을
서울특별시 중구 광희동	몽골타운

서울특별시 종로구 혜화동	필리핀 거리
서울특별시 서대문구 연희동	차이나타운
경상남도 남해군 삼동면 독일마을	독일 교포
인천광역시 중구 서린동	화교 차이나타운

2) 외국인 근로자의 복지 욕구

(1) 경제적 특성

고용허가제 외국인 근로자와 방문취업 외국인 노동자는 많은 부분에서 상이한 특성을 갖고 있다. 고용허가제 외국인 근로자는 한국 정부와 송출국가 간의 양해각서(MOU)에 의거해 취업희망자의 연령을 18~40세로 제한하고 있다. 따라서 취업자의 대부분은 육체적으로 힘든 3D 제조업에서 근무하고 있다. 또한 연령층은 대부분 젊고 남성이 다수를 차지하고 있는 실정이다. 법무부 출입국·외국인정책본부에서 시행한 정기선 등(2013)의 조사에 의하면, 고용허가제 외국인 노동자의 90%는 남성으로 남성의 비율이 여성에 비해 압도적으로 높고, 20~30대가 95%를 차지하고 있으며, 학력 수준은 48%가 고졸이고 2년제 이상 대학졸업 학력자도 32%로 확인되었다. 즉, 고졸 이상의 학력이 80%로 교육 수준은 높은 편이다. 임금 수준은 수당을 포함하여 월 155만 원으로 본국에서 받는 월급보다 평균 4.5배 이상 더 높은 것으로 조사되었다. 반면, 방문취업제로 유입된 중국 및 구소련 지역(러시아, 우즈베키스탄, 우크라이나, 키르키스스탄, 타지키스탄, 카자흐스탄)의 해외동포 외국인 근로자의 경우에는 40~50대층이 57%이며, 학력은 28%가 초·중 졸업자이고, 46%가 고졸 졸업자로 고용허가제 외국인 근로자에 비해 학력 수준이 낮은 것으로 나타났다. 이들이 가장 많이 일하는 업종은 제조업, 음식점업, 건설업 순으로 나타났다. 일부 20~30대 고학력의 젊은 층은 상대적으로 임금 수준이 높은 제조업에 집중해서 일하고 있고, 이들의 월평균 임금은 174만

원이다. 이는 중국에서 일하고 받을 수 있는 임금에 비해 약 2.9배 더 많은 금액인 것으로 확인되었다. 이처럼 경제적인 소득이 모국에 비해 크게 높으므로 외국인 근로자들이 한국의 열악한 노동 조건에서 일하지만 모국에 있는 가족의 삶의 질 수준이 향상이 되기 때문에 한국에서의 생활에 대체적으로 보통 이상 만족하는 것으로 나타났다(이주연, 2010).

(2) 사회적 지지

고용허가제 외국인 근로자들의 사회적 관계망은 모국인 중심이었고, 국내 체류기간 동안 경험하는 사회적 지지는 주로 모국인 친구 및 친인척인 것으로 확인되었다. 고용허가제를 통해 입국한 외국인 근로자들의 모국인 친구는 평균적으로 5.29명, 한국인 친구는 평균 1.35명인 것으로 나타났다. 외국인 근로자들은 한국인과의 관계망과 사회적 지지 정도가 매우 낮고, 한국사회로부터 고립되어서 주로 직장생활과 모국인과의 한정된 생활을 하고 있는 것으로 나타났다. 한편, 중국 동포는 고용허가제 외국인 근로자에 비해 한국인 동료와의 모임 참여가 저조하고, 인사하고 지내는 이웃의 수도 현저히 적은 것으로 보고되고 있다. 또한 중국 동포 외국인 노동자들 중 35~37%가 차별을 경험하였다고 응답하였다. 차별 경험이 가장 심한 곳은 일터 혹은 직장이라고 응답하였고, 4점 척도인 차별척도에서 2.32점인 것으로 나타났다(정기선 외, 2013).

(3) 문화적응 스트레스

외국인 근로자들은 다양한 형태의 문화적응 스트레스를 경험하는 것으로 보고되었다(김안나, 최승아, 2017; 김지현, 김보미, 2017; 이정환, 2016; 이순희 외, 2009; 임영규, 2007). 한국사회에서 적응할 때 언어소통 능력 부족으로 인한 차별, 지각된 차별, 고국에 있는 가족 및 친구에 대한 향수, 소외감, 문화적 충격, 정체성 혼란 등의 다양한 문화적응 스트레스를 경험하는 것으로 나타났다(김수재, 2008; 이순희 외, 2009).

임영규(2007)와 김수재(2008)의 연구에 따르면 외국인 근로자들은 직장에서의 문화적 갈등, 언어 장벽, 한국 음식문화 적응의 어려움, 한국사회의 문화적 배타성, 위계의식, 육체노동의 멸시, 차별 등의 문화적응 스트레스를 경험한다고 하였다. 또한 문화적응 스트레스 요인들 중 가족이나 친구들과의 인간관계에서 획득할 수 있는 사회적 지지의 상실로 인한 문화적응 스트레스를 경험한다(Ying, 2005). 이러한 다양한 유형의 문화적응 스트레스는 외국인 근로자들의 심리적 문제를 발생시키고 삶의 질에 부정적인 영향을 주는 것으로 나타났다.

(4) 취업 및 근무 환경

외국인 근로자들은 산업재해의 위험과 장시간의 강도 높은 육체노동, 열악한 주거 환경, 가족과 떨어진 외로움 등을 경험한다. 특히 한국 농·축산업에 종사하는 외국인 근로자들은 착취와 강제노동을 당하는 환경과 구조 속에 고통받고 있다고 보고되었다(Amnesty International, 2014). 이들은 월평균 휴일이 2.1일이었고, 최저임금 이하의 임금을 받는 외국인 근로자가 71.1%였다. 그리고 68.9%가 임금체불을 경험하였고, 67.7%가 가건물에 거주하며, 월평균 283.7시간의 장시간 노동 등으로 대부분 어려운 환경 속에서 일하는 것으로 조사되었다(국가인권위원회, 2013).

(5) 주거 환경

한국외국인력지원센터 등(2013)은 외국인 근로자들이 열악한 주거 환경에 방치되어 있다고 지적하고 있다. 국가인권위원회(2013)의 자료에 의하면, 농·축산업 종사 외국인 근로자들의 약 67% 정도는 컨테이너나 비닐하우스로 지은 가건물에서 생활하는 것으로 보고되었다. 특히 일반 작물 재배업 종사 외국인 노동자의 약 80% 정도는 냉난방 시설이 갖추어지지 않은 컨테이너나 비닐하우스에서 지내고 있는 것으로 나타났다. 따라서 외국인 근로자들의 최소한의 주거권을 보장하는 제도적 장치가 마련되어야 한다. 회사 및 사용자가 제공한 컨테이너 박스, 비닐하우스 등 개조된 불법 건축물에서 생활하는 외국인 근로자 중에서 고용허가제로 입국한 외국인 노동자는 규정상 사업장의 이동이 제한되어 있다. 즉, 사업장 변경이 자유롭지 못하기 때문에 열악한 주거환경임에도 불구하고 생활하고 있는 경우가 있다. 그러나 현행 「근로기준법」에서는 외국인 근로자를 위한 기숙사의 구조나 설비 기준에 대한 구체적인 규정 및 기준이 없다.

2. 외국인 근로자 지원 정책 및 서비스

1) 외국인 근로자 지원 정책과 및 서비스 현황

(1) 국제협약

외국인 근로자와 그 가족의 권리보호를 위해 1990년 12월 18일 UN은 모든 이주노동자와 그 가족의 권리보호에 관한 국제협약을 채택하였다. 이 협약에는 인권에 관한 UN의 기본적인 협약인 세계인권선언, 경제적·사회적 및 문화적 권리에 관한 국제협약, 시민적 및 정치적 권리에 관한 국제규약, 모든 형태의 인종차별 철폐에 관한 협약 등의 주요 원칙들을 근거로 만들어졌다.

본 협약의 대표적인 조항은 다음과 같다. '모든 이주노동자와 그 가족의 권리보호에 관한 국제협약' 제1조에서는 "이 협약은 별도로 언급되지 않는 한 성, 인종, 피부색, 언어, 종교 또는 신념, 정치적 또는 기타의 의견, 민족적·종교적 또는 사회적 출신, 국적, 연령, 경제적 지위, 재산, 혼인상의 지위, 출생 또는 다른 신분 등 어떠한 종류의 구별도 없이 모든 이주노동자와 그 가족에 대하여 적용된다."라고 규정하였다. 또한 '모든 이주노동자와 그 가족의 권리보호에 관한 국제협약' 제7조에서는 "당사국은 자국의 영토 내에 있거나 관할권하에 있는 모든 이주노동자와 그 가족에 대하여 성, 인종,

피부색, 언어, 종교 또는 신념, 정치적 또는 기타의 의견, 민족적·종교적 또는 사회적 출신, 국적, 연령, 경제적 지위, 재산, 혼인상의 지위, 출생 또는 다른 신분 등에 의한 어떠한 구별도 없이 인권에 관한 국제문서에 따라 이 협약에서 인정되는 권리를 존중하고 보장할 것을 약속한다."라고 하였다. 특히 이 협약에서 인정되는 이주자의 권리는 생명보장권, 노동권, 종교선택권, 표현의 자유, 사생활 보호, 재산권, 신체의 자유, 평등권, 재판권, 거주권과 강제추방 방지, 노동조합을 비롯한 단체참여권, 취업 및 직업선택권, 자녀교육권, 문화향유권, 선거권과 피선거권, 공무담임권, 공정한 납세권 등 모든 권리를 보장하도록 명시하였다.

또한 모든 이주노동자와 그 가족의 권리보호에 관한 국제협약 제3부의 제8조부터 제35조까지의 조문 28개는 모든 이주노동자와 그 가족의 인권과 관련하여 구성되어 있다. 우선, 자유권적 기본권과 관련하여 인신에 대한 자유권(제9조, 10조, 제11조 제1항~제2항), 정신적 활동에 관한 자유권(제12조, 제13조), 사생활에 관한 자유권(제14조) 및 경제생활에 대한 자유권(제15조)으로 구분되어 있다. 제15조의 경우, 이주노동자와 그 가족이 단독으로 또는 타인과 공동으로 소유하는 재산의 경우 자의적으로 박탈하지 않으며, 만약 취업국가의 국내법에 따라 이들의 재산의 전부 또는 일부가 수용되더라도 공정하고 적절하게 보상받을 수 있는 권리가 있다(제15조). 다음으로 사회적 기본권과 관련하여, 경제적·사회적 및 문화적 권리에 관한 국제규약이 보장되는 권리 가운데 보수 및 노동조건에 대해 취업국가 국민과 평등한 대우를 받을 권리(제25조), 노동조합 및 기타 단체에 가입하고 그 원조 및 지원을 구할 권리(제26조) 및 사회보장과 응급진료에 대한 권리(제27조, 제28조)가 있다. 사회보장과 관련하여 이주노동자와 그 가족이 취업국가의 해당법률에 문제가 없다면 취업국가의 국민과 동등한 대우를 받아야 하며, 응급진료와 관련하여 합법 또는 불법 체류를 불문하고 거절할 수 없으나 응급진료비와 관련하여 명문규정을 두고 있지 않은 한계점이 있다. 마지막으로, 이주노동자라는 신분에 따른 권리와 관련하여 이주노동자와 그 가족은 문화적 독자성의 존중과 그 출신지국과의 문화적 결합의 유지에 대한 권리(제32조), 소득과 저축 그리고 개인적 재산과 소지품을 국외로 이전시킬 권리(제32조) 및 이 협약에 의하여 발생하는 권리 및 입국조건, 해당국의 법률과 관행에 따른 그의 권리와 의무 및 해당국의 행정절차 또는 기타 절차를 준수할 수 있도록 하는 기타의 사항에 대해 통지할 권리를 가지며, 이에 관한 정보는 무료로 제공되어야 하고, 가능한 이해할 수 있는 언어로 제공되어야 한다(제33조).

(2) 외국인 근로자의 고용 등에 관한 법률

내국인 근로자에 대한 고용기회 보호의 원칙하에 외국인 근로자를 체계적으로 도입함으로써 인력 수급을 원활히 하여 중소기업 등의 인력 부족을 해소하고 지속적인 경제 성장을 도모하는 한편, 외국인 근로자에 대한 효율적인 고용관리와 근로자로서의 권익을 보호하기 위한 장치를 마련하려는 이유에서 2003년 8월에 「외국인 근로자의 고용 등에 관한 법률」이 제정되었다.

이 법에서 '외국인 근로자'란 대한민국의 국적을 가지지 아니한 사람으로서 국내에 소재하고 있는 사업 또는 사업장에서 임금을 목적으로 근로를 제공하고 있거나 제공하려는 사람을 말한다. 다만, 「출입국관리법」 제18조 제1항에 따라 취업활동을 할 수 있는 체류자격을 받은 외국인 중 취업 분야 또는 체류기간 등을 고려하여 대통령령으로 정하는 사람은 제외한다.

(3) 고용허가제

1991년에 외국인 근로자가 본격적으로 유입되면서 1993년 산업연수생제를 거쳐 2004년 8월 고용허가제로 발전하였는데, 고용허가제는 국내 인력을 구하지 못한 사업체가 적정규모의 외국인 근로자를 합법적으로 고용할 수 있도록 허용하는 제도를 말한다.

고용허가제에는 인력송출양해각서(MOU)를 체결한 국가의 외국인 구직자 명부 등록자 중 사용자와 근로계약을 체결하고 비전문취업(E-9) 체류자격으로 입국하여 합법적으로 취업한 외국인 근로자인 일반고용허가자와 방문취업비자(H-2)로 입국하여 취업교육을 이수하고 구직 등록을 한 후 합법적으로 취업한 외국국적동포인 특례고용허가자로 나뉜다. 이러한 고용허가제는 기존 산업연수생제도에서 문제가 되었던 근로자 부담 송출비용이 크게 줄었고, 불법체류율도 크게 감소하는 등의 문제를 해소시켰으며, 국내 노동인력 부족 문제 또한 해결하는 데 중요한 제도로 자리 잡게 되었다.

고용허가제는 정부가 인력도입 계약을 맺은 캄보디아, 베트남, 인도네시아, 몽골, 중국 등의 15개 국가 인력을 들여와 합법적인 근로자 신분을 보장하는 것으로 제조업, 건설업, 농축산업, 서비스업, 어업의 5개 업종에 취업비자(E-9)가 발급되고 체류기간은 3년으로 제한되며, 이들은 가족동반이나 초청이 허용되지 않는다(김두섭, 2017). 고용허가제에 따라 한국 취업을 희망하는 근로자는 한국어능력시험에 합격한 뒤 건강검진을 거쳐 송출기관에 구직신청서를 내야 한다. 인력송출기관은 신청서의 데이터를 입력해 명부를 만들어 한국산업인력공단으로 보내고 한국산업인력공단은 이들 명부를 인증해 취업 절차를 진행하도록 되어 있다. 외국인 근로자들의 한국어능력시험 유효기간은 2년이며, 나이 제한은 40세를 초과하면 결격 사유가 된다.

한국어능력시험(ESP-TOPIK)은 외국인 근로자 고용허가제의 일환으로 외국인 구직자에 대한 한국어 구사능력, 한국사회 및 산업안전에 관한 이해 등을 평가하는 시험으로 200점 만점 기준으로 총 득점 80점 이상 취득자 중 고득점자 순으로 선발하게 된다. 이와 같은 조건을 충족해야 고용허가제를 통해 한국에 근로자로 입국할 수 있는데, 예전에 시행하던 산업기술연수생은 한국에 입국하여 해당 사업장을 이탈하게 되면 불법이주 근로자가 되는 것이다. 돈을 벌려는 목적으로 입국하였기 때문에 기존의 사업장보다 임금을 조금이라도 더 준다든지 근로조건이 열악하면 불법체류자가 되는 한이 있더라도 바로 사업장을 이탈하는 사례가 자주 발생하여 사업주가 외국인 근로자의 여권을 보관한다는 명목으로 입수하여 이탈을 방지하다 보니 인권침해 요소도 있었다.

국가통계포털 자료를 보면, 2016년 고용허가제로 국내에 입국한 외국인은 베트남, 태국, 인도네시아, 스리랑카, 캄보디아, 네팔, 미얀마가 5,000명 이상이고, 중국, 파키스탄, 키르키스스탄, 티모르는 700명 미만이다.

(4) 지역사회 서비스

경기도에는 외국인 근로자의 사회문화적 적응 지원체계 구축을 위하여 「경기도 외국인주민 지원 조례」 제6조에 따라 2005년 남양주를 시작으로 수원, 시흥, 화성, 김포, 안산, 성남의 7개 지역에서 외국인복지센터를 설립·운영하고 있다. 경기도의 7개 외국인복지센터는 사회복지법인, 사단법인, 종교기관 등에 의해 민간위탁 형태로 운영되고 있다. 각각의 외국인복지센터는 지역의 특성과 외국인 근로자의 욕구를 반영한 다양한 프로그램을 지원하고 있다(최영미, 임민욱, 2017). 각 지역의 외국인복지센터는 기본적으로 한국어교육, 상담사업, 문화사업, 의료 및 여가 사업 그리고 외국인 주민 직업능력 개발 등의 서비스를 제공하여 한국사회의 적응을 돕고 있다. 최영미와 임민욱(2017)은 외국인복지센터를 이용하고 있는 외국인 근로자를 대상으로 심층면접을 실시하였는데 외국인복지센터 이용 만족도가 상당히 높은 것으로 나타났다. 외국인복지센터의 시설 및 프로그램에 대한 만족도가 높고 부당한 처우와 대우에 대하여 방패막 역할을 하고 있다고 인식하는 것으로 확인되었다.

2) 외국인 근로자 지원 정책과 서비스의 문제점

(1) 외국인 근로자 집단 거주지역의 슬럼화

국내 거주 외국인 근로자 수의 증가로 외국인 근로자의 집단 거주지역 또한 증가하고 있다. 외국인 근로자의 집단 거주지역은 빈곤과 범죄 등의 문제가 발생할 수 있으므로 개선이 필요하다.

특히 외국인 근로자 중심의 '신빈곤 지역' 형성은 기존의 저소득층 밀집지역인 불량노후 주거지역이 지속적인 재개발로 감소하는 반면에 주거 환경이

표 11-5   외국인 근로자 집단 거주지역의 특징

구분	근로자 거주지역	노후주거 지역	외국시설 지역	고급주거 지역
출신국가	동남아시아	중국 교포	다국적	프랑스 등 선진국
형성시기	1990년대 이후	1990년대 이후	역사가 깊음	1970~1980년대
대표적 지역	안산시 원곡동 시흥시 정왕동 남양주시 마곡동	서울 가리봉동 서울 대림동 서울 자양동	인천 선린동 부산 초량동 서울 이태원동	서울 프랑스마을 남해 독일마을 서울 일본마을 서울 한남동
특징	수도권 지방산업단지	저렴한 주택 교통편리	조계 군주둔지	대사관 외국인학교

열악한 지역 중심으로 외국인 근로자가 유입되면서 새로운 빈곤지역이 형성되고 있다. 만약 외국인 근로자 집단 거주지역이 국가나 지방자치단체의 정책지원으로부터 소외되고 앞으로 환경 수준이 계속 악화될 경우 빈곤 문제와 사회적 고립이 확대될 수 있다(김동진, 박인아, 윤구원, 2020).

(2) 고용허가제의 문제점

외국인 근로자의 고충은 사실상 2003년 제정된 「외국인고용법」하의 고용허가제 규율을 받는 저숙련 외국인 근로자들에게 한정된 것이다. 그 과정에서의 주요 문제점을 살펴보면 다음과 같다. 첫째, 외국인 근로자들은 입국과정에서 입국비용 등 많은 기회비용의 지출로 경제적인 어려움에 노출되어 있다. 또한 한국에 입국하려면 입국 전 근로계약을 체결하여야 하는데 이에 대한 정확한 정보 제공의 한계가 존재한다. 둘째, 외국인 근로자들은 사업장 변경에 있어서 근로계약 당사자임에도 불구하고 본인의 의사에 따라 신고하는 권리를 배제당한다. 근로계약의 종료 및 해고·해지에 관한 고용변동 신고는 사업주에게 신고의무가 있고, 그에 따른 불이익은 외국인 근로자가 감당하게 된다. 또한 장기체류자와 미등록 체류자의 증가로 인한 사회적 비용 증가의 문제가 있다. 이에 더하여 언어소통장애로, 각종 사고 및 잦은 산업

재해의 발생, 인권침해 문제가 여전히 지속되고 있다. 한국의 이주노동정책
은 관리와 규제, 차별과 배제를 요소로 하기 때문에 외국인 근로자가 가진
고충의 구조적 원인이 되고 있다. 셋째, 외국인 근로자의 사회보장 관련 문
제점으로 제도적 취지에 맞지 않는 귀국비용보험 신청요건이다. 귀국지원을
위한 보험 취지에 맞지 않게 귀국비용보험금을 신청하려면 항공권을 예매하
여야 한다. 그리고 보험금은 출국을 확인한 다음에나 이주노동자가 지급받
게 된다. 또한 사업주가 외국인 근로자의 임금에서 국민연금을 공제하고 실
제로는 공단에 납부하지 않아 외국인 근로자가 귀국 전 그동안 납부한 국민
연금을 환급받지 못하는 문제가 종종 있다. 넷째, 고용허가제의 제도상 쟁점
으로 고용허가제의 전면적 노동허가제 전환, 이주정책을 총괄하는 전담부서
신설, 중국 동포 및 구소련 동포의 자유 왕래·자유 취업 실현에 관한 논쟁
이 있다.

(3) 4대 보험제도의 문제점

국민건강보험의 경우 고용허가제 외국인 근로자에게 장기요양보험료를
징수하지 않는 시스템으로 변경해야 한다. 현행의 적용 제외를 신청한 시점
부터 외국인 근로자가 장기요양보험 적용에서 제외되는 것은 불합리하다.
일반 외국인 근로자는 사업장 변경기간에 국민건강보험의 임의가입 대상으
로 전환된다. 이를 근로계약 종료나 해지 등의 경우 지역 의료보험 의무가
입 대상자로 자동 전환하여야 한다. 외국인 근로자가 사업장 변경기간에 지
역 의료보험 없이 사망하면 건강보험의 적용을 받을 수 없기 때문이다. 현재
는 사업장 변경기간 내에 병원 치료 후 나중에 의료보험에 가입하여도 소급
하여 적용된다. 하지만 계약기간 해지나 종료 후 외국인 근로자가 구직기간
동안 사망한다면 의료 사각지대가 발생하게 된다. 현재 특례 외국인 근로자
의 경우 한국에 입국하고 3개월이 지나야 지역 의료보험에 가입할 수 있다.
각종 의무교육을 끝내고 특례고용 확인서를 가진 업체에 취업하면 근로 개
시부터 직장 의료보험이 적용된다. 그렇지 않을 경우 3개월 동안 지역 의료

보험 가입을 제한하고 있어 고령 외국인 근로자들의 병원비 고충이 크다. 국민건강보험공단의 재정 적자를 이유로 제한하고 있지만 국적을 이유로 차별한다는 비난을 피할 수 없다고 본다. 일반 고용허가제 비전문 취업자(E-9)는 고용보험 임의가입 대상이다. 이를 강제가입으로 전환하여 고용허가제의 핵심 지원단체인 외국인노동자지원(상담)센터 재원에 대한 시비를 차단하고 정당성을 확보해야 한다. 특례 고용허가제 방문취업자(H-2)는 사업장 변경의 횟수 제한이나 구직기간의 제한이 없다. 그래서 실업급여나 육아휴직급여를 신청할 수 있는 고용보험이 의미 있는 보험이 될 수 있다. 180일 이상 납입한 노동자에게 주어지는 실업급여나 육아휴직급여 등은 방문취업자에게는 의미 있는 사회보장제도 중 하나가 될 것이다.

산재보험은 외국인 근로자들이 열악한 환경과 산업재해 위험에 상시 노출된 사업장에서 근무하는 경우가 많기 때문에 중요한 사회보장제도 중 하나이다. 그런데 「산업재해보상보험법」 적용제외 사업장에서 산재를 당하여도 보상을 받기 힘든 상황에 놓이는 경우가 많다. 대표적으로 농업에서 비닐하우스 설치나 철거 작업이 빈번한데 대부분의 경우 4인 이하 산재 적용 제외 사업장이다. 오히려 산업재해보상보험이 더 절실하게 필요한 사업장이 적용에서 제외되어 적용되지 않는 것이다. 제도적 취지에 맞게 산업재해 적용 범위를 확대하는 것이 필요하다고 본다.

국민연금과 관련해서는 사업주가 임금에서 공제하고 공단에는 보험료를 납부하지 않은 경우가 문제가 된다. 이 경우 법에는 형사처벌이 규정되어 있지만 10여 년 이상의 실무 경험 동안 한 건도 처벌한 예를 듣지 못했다. 이에 위반하는 사업장에 대한 처벌을 강화하고 외국인 근로자 배정에 불이익을 주는 제도적 개선이 있어야 한다.

3. 외국인 근로자의 사회통합을 위한 제언

1) 외국인 근로자 제도의 방향

외국인 근로자가 한국사회에 안정적인 적응을 할 수 있도록 지원하기 위해 관련 정책을 재정비하고 필요한 서비스를 제공해야 한다. 외국인 근로자를 위해 지원되어야 하는 제도 및 정책적 대책을 살펴보고자 한다.

첫째, 선발 이민 국가들의 시행착오를 답습하지 말아야 한다. 상호문화주의 모형으로 정책 목표를 선택하여 이주정책을 실천하고, 캐나다의 '신속한 입국 시스템'과 같은 일반 외국인 근로자 선발체계의 과감한 개선이 필요하다.

둘째, 고용허가제 14주년 실태조사 및 영향 평가를 통하여 고용허가제에서 노동허가제로의 전환이 필요하다.

셋째, 각국의 이민전담 조직을 살펴보고 한국 실정에 맞는 이주 관련정책을 통합하여야 한다. 더불어 이를 전담하여 집행할 수 있는 기관을 신설하는 것이 필요하다.

넷째, 외국인 근로자 사회보장제도의 취지와 현실에 부합하는 개선이 필요하다. 4대 보험 개선안으로는 국민건강보험의 사각지대가 생기지 않게 사업장 변경기간에 의무가입과 장기요양보험 징수 원천 금지가 필요하다. 또한 외국인 근로자 지원 근거 논란 방지와 확대를 위한 고용보험 의무가입, 산재보험 적용 범위 확대, 국민연금 적용 배제나 미납부 실태조사와 처벌 강화도 필요하다. 외국인 근로자 전용보험 개선안으로는 귀국비용보험을 개선하거나 폐지하고, 출국만기보험 요율을 현실화하여야 한다. 그리고 보증보험의 보장 한도를 확대하고 상해보험을 보다 실효성 있는 제도로 전환하여야 한다.

2) 외국인 근로자 실천의 방향

(1) 외국인 근로자 주거 환경 개선

외국인 근로자들의 인권을 보호하고 주관적 삶의 질을 향상시키기 위해 고용허가제를 기초로 하여, 외국인 근로자 고용 허가 시 최소한의 주거 기준을 충족할 수 있도록 「근로기준법」이 개정되어야 한다. 현재 「외국인고용법」에는 주거에 대한 규정이 없기 때문에 컨테이너나 비닐하우스에서 생활하는 외국인 근로자들이 꾸준히 증가될 것으로 예상된다.

2017년 9월 외국인 근로자들의 주거복지 향상을 위한 '근로기준법·외국인고용법 개정안'이 발의되었다. 이 개정안은 외국인 근로자 고용 허가 시 기숙사 환경 충족을 골자로 외국인 노동자 근로 체결 시 기숙사 정보 사전 정보 등을 포함하고 있다. 외국인 근로자의 열악한 주거복지 문제가 지속적으로 제기되고 있는 현 시점에, 빠른 시일 내에 '근로기준법·외국인고용법 개정안'이 국회 본회의를 통과하여 외국인 근로자의 주거 환경이 개선되어야 할 것이다.

(2) 외국인 근로자의 정서적 지지와 삶의 질 개선

외국인복지센터, 다문화가족지원센터, 종교단체 및 외국인노동자쉼터 등에서의 자조모임을 통해 타국 및 자국 국가 출신의 노동자들과 유대관계를 맺고 정서적 지지를 경험한다면 외국인 근로자들의 주관적 삶의 질이 증진될 수 있을 것이다. 또한 언어소통의 어려움과 문화적 차이를 경험하는 외국인 근로자의 고충을 상담해 주고 한국생활에 적응할 수 있는 실질적인 도움이 되는 사회적 지지원이 중요하다. 따라서 효과적인 상담을 받을 수 있도록 외국인복지센터의 전문 상담사 및 사회복지사와의 연계망을 확보한다면 그들의 주관적 삶의 질이 증대될 수 있을 것이다.

(3) 외국인복지센터의 확대

현재 일부 지방자치단체가 자체적으로 조례를 만들어서 외국인 근로자를

위해 외국인복지센터를 운영하는 등의 노력을 하고 있다. 외국인복지센터
는 교육, 상담, 문화, 여가, 의료 등을 외국인 근로자 대상으로 실시하고 있
고, 외국인 대상자의 프로그램 참여 및 만족도가 높은 편이지만 외국인 근
로자를 대상으로 한 전국단위의 복지센터는 없는 현실이다. 따라서 경기도
내에서 운영되고 있는 외국인복지센터가 전국 단위의 사업으로 확대되어야
한다.

요약

이주노동자란 그 사람이 국적을 갖지 않는 나라에서 유급활동에 종사할
예정이거나, 이에 종사하고 있거나, 또는 종사하여 온 사람을 말한다(국제연
합의 '이주노동자권리협약'). 1987년경 필리핀 근로자 등이 한국의 노동시장
에 유입되기 시작되어 1991년 산업연수제도, 2000년 취업연수제도, 2003년
에는 고용허가제로 유입되어, 외국인 취업자는 83만 4천 명이다(2017. 12.
20. 기준).

외국인 근로자 중 고용허가제 외국인 근로자와 방문취업 외국인 노동자는
많은 부분에서 상이한 특성을 가지고 있다. 대부분은 경제적인 소득이 모국
에 비해 크게 높으므로 한국의 열악한 노동 조건에서 일하지만 모국에 있는
가족들의 삶의 질 수준이 향상이 되기 때문에 한국에서의 생활에 대체적으
로 보통 이상 만족하는 것으로 나타났다.

고용허가제를 통해 입국한 외국인 근로자들의 모국인 친구는 평균 5.29명
이고 한국인 친구는 평균 1.35명으로 한국인과의 관계망과 사회적 지지의
정도가 매우 낮고, 한국사회로부터 고립되어서 주로 직장생활과 모국인과의
한정된 생활을 하고 있다.

또한 외국인 근로자들이 한국사회에서 적응할 때 언어소통 능력 부족으로

인한 차별, 지각된 차별, 고국에 있는 가족 및 친구에 대한 향수, 소외감, 문화적 충격, 정체성 혼란 등의 다양한 문화적응 스트레스를 경험하였다.

근무환경과 관련하여 외국인 근로자들은 산업재해의 위험과 장시간의 강도 높은 육체노동, 열악한 주거환경, 가족과 떨어진 외로움 등을 경험하고 있다.

외국인 근로자에 대한 법제도에는 1990년 12월 18일 UN의 모든 이주노동자와 그 가족의 권리보호에 관한 국제협약, 2003년 8월에 「외국인 근로자의 고용 등에 관한 법률」, 2004년 8월 고용허가제 등이 있는데, 특히 고용허가제는 국내 인력을 구하지 못한 사업체가 적정 규모의 외국인 근로자를 합법적으로 고용할 수 있도록 허용하는 제도를 말한다.

외국인 근로자에 위한 지역사회 서비스로 경기도에는 외국인 근로자의 사회문화적 적응 지원체계 구축을 위하여 '경기도 외국인주민 지원 조례' 제6조에 따라 2005년 남양주를 시작으로 수원, 시흥, 화성, 김포, 안산, 성남 등의 7개 지역에서 외국인복지센터를 설립 운영하고 있는데 기본적으로 한국어교육, 상담사업, 문화사업, 의료 및 여가사업, 외국인주민 직업능력개발 등의 서비스를 제공하여 한국사회의 적응을 돕고 있다.

외국인 근로자의 집단 거주지역은 빈곤과 범죄 등의 문제가 발생할 수 있으므로 이에 개선이 필요하다. 이 밖에 고용허가제와 4대 보험제도가 외국인 근로자들의 삶과 직결되어 있어 다양한 문제가 발생하고 있는 현실이다.

외국인 근로자의 사회통합을 위해 외국인 근로자 제도에서는, 첫째, 캐나다의 '신속한 입국 시스템'과 같은 일반 외국인 근로자 선발체계의 과감한 개선, 둘째, 고용허가제에서 노동허가제로의 전환, 셋째, 한국 실정에 맞는 이주 관련정책을 통합하고 이를 전담하여 집행할 수 있는 기관 신설, 넷째, 외국인 근로자 사회보장제도의 취지와 현실에 부합하는 개선이 필요하다.

외국인 근로자의 실천을 위해서는, 첫째, 외국인 근로자 거주환경 개선, 둘째, 외국인 근로자의 정서적 지지와 삶의 질 개선, 셋째, 외국인복지센터가 전국적으로 확대되어야 한다.

> ## 생각해 봅시다
>
> 2020년 겨울에 발생한 문경 신기공단 공장에서 외국인 불법체류자 작업 중 추락 사망사
> 건(2020. 12. 2.)은 불법체류 중인 이주노동자의 안전 및 열악한 근무환경의 문제점을 보여
> 주는 안타까운 사건이다. 한 불법체류자 신분의 노동자를 위험으로부터 보호하지 못한 국
> 가정책, 그리고 이주노동자에 대한 배타적인 사회의 태도와 무관심 등 다층적 원인에 대
> 해 토론해 보자.
>
> 〈참고자료〉
>
> **"문경 신기공단 공장에서 외국인 불법체류자 작업 중 추락 '사망'"**
>
> 한국의 경제뉴스통신사-NSP통신(2020. 12. 2.) 기사 원문보기:
>
> http://www.nspna.com/news/?mode=view&newsid=469476

참고문헌

국가인권위원회(2013). 국가인권위원회 연간보고서.

김동진, 박인아, 윤구원(2020). 다문화복지론(2판). 경기: 공동체.

김두섭(2017). 2017 인구 영역의 주요 동향: 한국의 사회동향. 국가통계포털.

김범준(2017). 외국인 노동자의 문화적응스트레스가 주관적 삶의 질에 미치는 영향에
　　관한 연구: 사회적 지지의 조절효과를 중심으로. 강남대학교 사회복지전문대학원
　　사회복지학과 박사학위논문.

김수재(2008). 외국인노동자의 문화적 갈등과 대응: 인도네시아 노동자를 중심으로. 민
　　주문화논총, 38, 153-184.

김안나, 최승아(2017). 외국인 근로자의 삶의 만족도에 대한 영향요인 연구: 학력 미스매
　　치, 차별경험, 임파워먼트를 중심으로. 사회복지연구, 48, 331-357.

김지현, 김보미(2017). 외국인 근로자의 문화적응 스트레스 영향요인. 한국디지털학회,
　　15, 277-287.

김진열, 김도경, 이명은, 조예신(2019). 한국사회 다문화현상의 이해. 서울: 높이깊이.

법무부(2017). 2016 출입국ㆍ외국인정책통계월보.

법무부 출입국ㆍ외국인 정책본부(2018. 12.). 출입국ㆍ외국인 정책통계월보.

이순희, 이영주, 김숙영, 김신정(2009). 외국인 노동자의 사회적 지지와 문화적응 스트레스. 대한간호학회지, 39, 899-910.

이정환(2016). 외국인 근로자의 한국생활 만족도. 한국인구학, 39, 25-48.

이주연(2010). 한국사회 이주노동자의 삶의 질과 행복. 한국심리학회 연차 학술발표 논문집, 1, 298-299.

임영규(2007). 외국인 노동자들의 스트레스원, 스트레스 증후군, 일탈행동 간의 인과적 관련에 관한 연구. 사회과학논총, 26, 185-207.

정기선 외(2013). 2013년 체류외국인 실태조사: 고용허가제와 방문취업제 외국인의 취업 및 사회생활. 법무부 출입국ㆍ외국인정책본부.

최병규(2018). 이주노동자의 고충 사례에 근거한 고용허가제의 실태와 개선방안. 서울시립대학교 도시과학대학원 석사학위논문.

최영미, 임민욱(2017). 경기도 외국인복지센터 건립 가능성과 효율화 방안. 경기도가족여성연구원.

한국외국인력지원센터(2013). 외국인 근로자 주거환경 및 성희롱ㆍ성폭력 실태 조사 및 제도개선 연구 보고서.

Amnesty International. (2014). 고통을 수확하다.

Ying, Y. M. (2005). Variation in acculturative stressors over time: A study of Taiwanese students in the United States. International Journal of Intercultural Relations, 29, 59-71.

출입국외국인정책본부 http://www.immigration.go.kr

제 **12** 장

북한이탈주민과 사회복지

타 문화에서 살아온 이주민들에게 일반적인 복지혜택과 특별지원을 제공
하는 것은 이주민들의 정착과 사회통합에 중요한 기반이 된다. 그동안 약 3만
5천 명의 북한이탈주민이 남한사회에 입국하였으며 이 중 75%는 여성이다.
2012년 북한의 김정은 집권 이후 북한이탈주민 수가 줄었다고 하지만 매년
꾸준한 인원이 입국하고 있다(통일부, 2019). 이에 정부는 대립되는 체제에
서 살아온 북한이탈주민들의 보호와 지원을 위하여 「북한이탈주민의 보호 및
정착지원에 관한 법률」(이하 「북한이탈주민법」)을 제정하고 기본적인 적응, 주
거, 취업, 생계, 의료 욕구에 필요한 다양한 정책과 서비스를 제공해 왔다. 그
럼에도 불구하고 북한이탈주민이 한국사회에 정착하여 살면서 가족 문제, 자
녀교육 문제, 심리사회적 욕구 변화 등에 적절히 대응하지 못해 복지사각지대
가 오히려 확장되고 심각해지고 있는 실정이다. 따라서 이 장에서는 한국사회
시민으로서 북한이탈주민의 욕구를 이해하고 국가의 정책과 서비스의 현황을
파악하여 어떠한 문제점이 있는지 살펴보고, 사회통합적 관점에서 북한이탈
주민을 위한 제도와 실천의 방향에 대해 모색해 보고자 한다.

1. 북한이탈주민의 이해

1) 북한이탈주민의 개념 및 현황

'북한이탈주민'이란 군사분계선 이북지역(이하 '북한')에 주소, 직계가족, 배우자, 직장 등을 두고 있는 사람으로서 북한을 벗어난 후 외국 국적을 취득하지 아니한 사람을 말한다(「북한이탈주민법」 제2조). 2019년 12월 말 입국자 기준으로 북한이탈주민 수는 총 3만 3,523명이다. 남성이 9,363명이고, 여성이 2만 4,160명으로 72.1%를 차지한다. 김정은 정권이 들어선 2012년부터 입국 인원은 연간 1,300명대로 점차 감소하는 추세를 보이고, 2019년에는 1,047명이 입국하였다.[1]

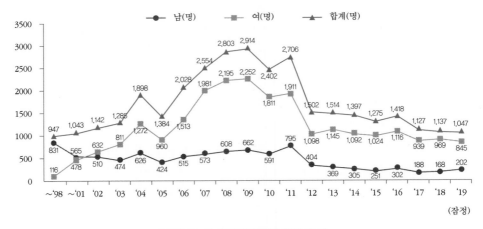

[그림 12-1] 북한이탈주민 입국 추세

출처: 통일부(2020).

---

[1] 코로나19 팬데믹 등의 영향으로 북-중 국경이 봉쇄되어 2020년 1분기 입국 북한이탈주민 수는 135명으로 줄어들었다.

한국에서 북한이탈주민의 생활 실태는 남북하나재단(2019)의 '북한이탈주민 정착실태조사'와 '북한이탈주민 사회통합조사' 등을 통해 파악할 수 있다. 북한이탈주민의 19%인 약 6천 명 정도는 거주한 지 5년 이내(법정보호기간) 였으며, 81%는 5년 이상 된 것으로 나타났다. 연령분포는 10대 이하 아동이 약 3%, 20대가 약 16%, 30~40대는 55% 이상이며, 50대 이상이 25% 이상이 었다. 청장년 비율이 70%로 높은 비율을 차지하며, 점차 고령화 추세를 보이고 있다. 1인 가구는 27.5%, 2인 가구는 29.2%로 가구원 수는 상대적으로 적은 것을 알 수 있다.

2) 북한이탈주민의 복지 욕구

(1) 경제적 욕구

북한이탈주민의 소득 부족 문제와 경제적 어려움의 문제는 심각하다. 일반 주민의 생계급여 수급률이 3.4% 수준(2018년)인 데 비해 북한이탈주민은 23.8%로 거의 10배에 가깝다. 그중에서도 북한이탈주민 여성과 60대 이상 고령자의 경우는 2배 정도 더 높다(통일부, 2019a).

〈표 12-1〉을 보면, 학력은 남한과 북한에서 학력을 통합하여 30% 정도가 전문대학 이상이었으나, 가구 내 취업자가 없는 경우가 24%를 차지하였다. 북한이탈주민의 40% 이상이 2천만 원 이하의 수입으로 생활하고 있다는 것을 알 수 있다. 북한이탈주민은 경제적 어려움으로 인해 공과금, 교육비, 병원비 부담이 큰 것으로 나타났다. 돈이 없어서 끼니를 거른 적이 있다는 경우가 2% 미만이었지만, 병원비, 교육비, 공과금을 못 낸 적이 있다는 비율은 각 9% 이상으로 높게 나타났다.

북한이탈주민의 열악한 경제적 상황은 상대적 박탈감으로 이어진다. '남북한의 경제적 지위의 차이'에 대해서 북한에서 하층 지위인 경우가 36.3% 였는데 남한에서는 45.9%로 약 10% 높았다. 반면에 북한에서 상층이라고 한 경우는 6.7%였는데 비해 남한에서는 2.1%만이 상층이라고 하였다. 전반

표 12-1 북한이탈주민 사회경제적 특성

(단위: %)

항목	내용	비율	항목	내용	비율
성별	여성	72	가구원 수	1명	27.5
	남성	28		2명	29.2
연령	20대 이하	18.9		3명	25.2
	30대	25.4		4명	14.4
	40대	30.5		5명 이상	3.7
	50대 이상	25.2	취업자 수	없음	24.0
남북통합 학력	중고등 졸업까지	70.0		1명	44.1
	전문대 졸업까지	14.0		2명	28.8
	대학교 졸업 이상	16.0		3명 이상	2.4
연 가구 소득	~1천만 원	17.2	경제적 어려움	돈이 없어 끼니를 거른 적 있음	1.9
	~2천만 원	23.1		병원비 부담으로 진료 못 받은 적 있음	9.0
	~3천만 원	18.4		교육비 마련 위해 돈을 빌린 적 있음	9.1
	~4천만 원	15.0		타인에 의한 실업을 경험한 적 있음	4.0
	~5천만 원	10.7		공과금을 내야 하는데 못 낸 적 있음	9.2
	5천만 원~	14.9		월세/전세가 올라 이사한 적 있음	4.1
북한에서 지위	상층	6.7	남한에서 지위	상층	2.1
	중간층	56.9		중간층	52.0
	하층	36.3		하층	45.9

출처: 남북하나재단(2019a).

적으로 북한에서보다 주관적 경제적 지위가 하향되었다고 느끼는 것을 알수 있다. 이러한 경제적 결핍감은 심리적 어려움과 연결되어 심각한 문제로이어질 수 있다. 자살충동을 느낀 경험이 있는 북한이탈주민의 경우, 23.5%가 경제적 어려움, 14.5%가 외로움과 고독 때문이라고 하였다(서울연구원, 2019).

(2) 사회적 지지 욕구

북한이탈주민이 남한사회에서 도움이 필요할 때 요청할 수 있는지에 관한사회적 지지망을 살펴보았을 때 남한주민에 비해 북한이탈주민의 사회적 지지망은 다소 낮은 비율임을 알 수 있다. 서울연구원(2019)의 조사에 의하면, 북한이탈주민은 어려운 일이 생겼을 경우 의지하는 사람으로 배우자 25.1%, 부모 17.1%, 자녀 13.1%, 친구 2.7%를 꼽았고, 동료나 이웃은 매우 미미하였다. 〈표 12-2〉를 보면 북한이탈주민은 일반 주민에 비해 도구적 지지망은 1%, 물질적 지지망은 6%, 정서적 지지망은 3% 정도로 낮았다. 구체적인사회활동 참여 정도를 살펴보면 북한이탈주민의 여가활동은 주로 휴식이나TV 시청 비율이 높으며, 주말에 여가활동을 같이 하는 사람이 없이 '혼자서'라고 한 경우가 일반 주민에 비해 6% 이상 높게 나타났다. 참여하는 사회단체에 대해서는 약 과반수의 북한이탈주민이 종교단체활동에 참여하고 있었

표 12-2 **북한이탈주민의 사회적 관계 특성**

구분	도구적 도움	물질적 도움	정서적 도움	여가	단체	봉사
사회적 관계	몸이 아파 집안일을 부탁할 경우	갑자기 많은 돈을 빌릴 일이 생길 경우	낙심하거나 우울해서 이야기 상대가 필요한 경우	혼자서 여가활동 하는 비율	친목 및 사교단체 참여율	자원봉사 활동 참여율
북한이탈주민	78.9	45.6	80.3	23.1	27.4	23.6
일반 주민	79.6	51.4	83.3	16.9	77.4	16.1

출처: 남북하나재단(2019b).

다. 반면에 27.4%만이 친목 및 사교 단체에 참여하고 있다고 하였다. 일반 주민에 비해 종교단체 참여율은 20% 이상 높았고, 친목단체 참여율은 50% 이상 낮았다. 자원봉사활동 참여율은 일반 주민보다 높았다.

(3) 가족 구조 및 관계 욕구

북한이탈주민의 청장년층 비율이 높은 만큼 아동·청소년 자녀를 둔 가족의 비율이 높다. 북한이탈주민 전체의 18.4%가 미취학 자녀가 있으며, 학생 자녀가 있는 경우는 전체의 40%였다(남북하나재단, 2019a). 이러한 자료를 근거로 추정되는 북한이탈주민가정의 미취학 자녀 수는 약 5천 명, 남한 출생 자녀는 약 6천 명 정도이다(한국청소년정책연구원, 2019). 여기에 탈북 학생 982명, 제3국 출생 학생은 1,549명 수준으로, 전일제 대안교육시설 학생 230명(교육부, 2019)을 합하게 되면, 북한이탈주민가정의 아동 수는 약 1만 4천 명 정도로 추정할 수 있다.[2]

특징적으로 북한이탈주민가구 유형은 한부모가족 비율이 높다. 이는 2인 가구 비율이 높았던 결과와 연결된다. 일반 청소년 중 한부모가족 비율은 8.7%였는데 비해 탈북청소년의 비율은 44.3%였다. 일반 청소년의 88.4%가 양 부모와 모두 함께 사는 것에 비해, 탈북청소년은 53%만이 양 부모와 살고 있다는 것이다(여성가족부, 2014).

게다가 탈북 아동·청소년의 경우, 부모와 이산해 있던 기간이 평균 55개월(4.6년)로 매우 길어 부모-자녀 관계와 양육 환경에 영향을 주고 있다(강구섭 외, 2014). 낯선 환경에서 자녀를 양육하고, 또 오래 떨어져 있다가 만난 부모와 생활하는 것은 자녀와 부모 모두에게 큰 도전이다. 부모로서 양육 효능감이 저하되고 경제적 어려움으로 사교육 지원이 어려운 상황이 심화된

---

2) 지금까지 입국한 시기의 북한이탈주민 수와 현황은 파악이 되지만, 남한사회에 거주하고 있는 북한이탈주민 세대규모, 자녀 수 등 가족단위 실태조사는 실시하고 있지 않다. 매년 실시되는 북한이탈주민 정착실태조사는 개인에게 가구 상황을 묻는 형식으로 가구 상황을 추정할 수 있을 뿐이다.

표 12-3 북한이탈주민가족 유형

구분	일반 청소년	탈북청소년(탈북 및 제3국 출생)			
	일반 청소년 중 %	전체(명)	북한이탈주민	제3국 출생자	%
양 부모	88.4%	896	359	537	53%
한부모	8.7%	749	335	414	44.3%

출처: 여성가족부(2014).

다. 남한 여성의 삶도 고단하고 어려운 상황에서 탈북여성의 삶은 더 어렵다. 직장생활과 양육을 병행해야 하는 탈북가정의 자녀(탈북 및 제3국 출생)의 10% 정도가 기숙형 대안학교를 선택하고 있다. 연령과 학력차로 일반학교에서 어려움이 있고, 부모와 동거하기 어려운 형편인 경우 탈북배경을 감안하여 대안학교와 같은 분리된 서비스가 일시적으로 디딤돌 역할을 해 줄 수 있겠지만, 장기적으로는 남한 학생들과 어울리면서 적응과 통합을 연습하지 못한다는 명백한 단점이 있다(한만길, 2019).

(4) 직업훈련 및 취업 욕구

북한이탈주민이 남한사회에서 안정적으로 정착과 통합을 하였는지 보여 주는 경제활동 지표를 살펴보면, 실업률이 일반 주민(3.6%)에 비해 7%로 두 배 수준이다(통일부, 2019a). 북한이탈주민의 취업 현황을 보면 특정 분야에 업종이 집중되어 있다. 제조업(23.7%), 음식숙박업(15.4%), 도소매업(10.7%), 보건업 및 사회복지서비스(9.8%) 비중이 상대적으로 높은데, 이들 4개 업종의 비중이 전체 업종의 59.6%을 차지한다. 일반 주민과 비교해 보면 북한이탈주민의 경우 제조업과 음식숙박업 취업자 비중이 거의 2배 높은 것으로 나타난다. 정착기간이 늘어나면 고용의 질이 완만하게 개선되기도 하지만[3] 여

---

3) 최근 3년간(2016~2018년) 경제활동 참여율은 57.9%에서 64.8%로, 고용률도 55%에서 60.4%로 높아지고 있다(남북하나재단, 2019a).

전히 월 150만 원 미만인 저소득자가 약 30%를 차지하는 등 대부분의 북한
이탈주민이 생계 유지에 어려움을 느끼는 '저숙련 함정'에 빠져 있다고 하
였다. 이러한 고용상황은 탈북 여성의 경우 더 심각해진다. 남성 고용률이
67.8%일 때 여성 고용률은 50.5%로 남녀 간 차이가 17.3%로 높게 나타났다.
직장 근속기간도 일반 남한 주민이 68개월일 때 북한이탈주민은 16.5개월이
었고, 탈북 여성은 15.9개월로 가장 짧았다. 당연히 탈북여성의 월평균 소득
은 130.3만 원으로 탈북남성 180.4만 원에 비해서 50만 원 차이가 났다. 이는
북한이탈주민의 낮은 취업역량, 여성의 출산과 육아 부담으로 경력단절 현
상, 남한 내 성별 노동시장 내 지위와 임금 격차의 영향과 북한이탈주민에 대
한 차별 문제가 가중되어 나타난 것으로 분석된다(박성재, 2019). 탈북여성들
은 단순노무 서비스직 중심의 열악한 일자리를 전전하는 경우가 많아 빈곤
의 악순환을 벗어나지 못하는 경우가 많다. 〈표 12-4〉를 보면 남한 주민 중
국민기초생활보장 수급자의 비율은 전체의 3.4%인데 비해, 북한이탈주민의
경우는 23.8%로 매우 높다. 그런데 자녀가 있는 경우에는 이 비율이 더 높아
진다. 탈북청소년이 기초생활수급자 가정이라고 한 경우가 63.6%였으며, 제
3국 출생 자녀의 경우도 54.9%나 되었다. 현재의 북한이탈주민의 빈곤 문제
는 그 자녀에게 대물림 될 가능성이 높다는 것을 알 수 있다.

표 12-4 북한이탈주민 기초생활수급 비율

구분	일반 주민	북한이탈주민		
	일반 주민	북한이탈주민 전체	북한 출생 탈북청소년	제3국 출생 청소년
국민기초생활 보장 수급률	3.4%	23.8%	63.6%	54.9%

출처: 신효숙(2015); 통일부(2019a).

(5) 지역사회 통합 욕구

물론 북한이탈주민은 정착 초기보다 거주기간이 길수록 사회적 관계와 고용률도 높아지고 일반 주민과의 관계도 넓어진다(양옥경, 최혜지, 이민영, 김선화, 김성남, 2017). 그러나 북한이탈주민 지역사회 서비스는 법정보호기간 5년 이내인 대상과 아닌 대상으로 구분되어 제공되면서, 정착기간에 따른 욕구와 서비스 필요도에 적절히 대응하지 못하고 있는 실정이다. 북한이탈주민의 지역사회 통합에 저해요인이 되는 것들을 정착기간에 따라 구분하여 살펴보니, 1년 이하 거주자는 외로움, 고향 생각, 문화 차이, 북한 사투리, 외래어 문제가 가장 컸으며, 3년 이하는 북한 사투리, 고향 생각, 취업과 대인관계의 어려움을 호소하였다. 5년 이하는 자녀양육 관련 어려움이 가장 컸고, 경제적 어려움과 취업의 어려움을 들었다. 5년 초과 북한이탈주민은 경제적 어려움과 취업의 어려움이 가장 높았다. 〈표 12-5〉에서 거주기간에 따른 지역사회 서비스 필요도를 살펴보면, 1년 이하 거주자의 경우는 직업 · 취업 훈련 프로그램의 필요도가 가장 높았고, 다음으로 가족 대상 프로그램과 남북한 주민통합 프로그램이었다. 3년 이하의 경우는 가족 대상 프로그램의 필요도가 가장 높았고, 직업 · 취업 훈련 프로그램과 문화활동에 대한 요구가 높았다. 5년 이하의 경우는 학업 · 법률 지원이 높았으며, 5년 초과의 경우는 경제적 · 의료적 지원의 필요도가 높았다. 거주기간이 길수록 사회적 관계나 취업 등의 사정이 나아지고 있음에도 정착주기에 대한 세심한 접근이 이루어지지 못함에 따라 5년의 법정보호기간이 경과한 후 경제적 지원과 취업직업훈련 등에 대한 요구가 더 커지고 있다는 것에 주목할 필요가 있다.

| 표 12-5 | 거주기간에 따른 지역사회 서비스 욕구 |

우선 순위	1년 이하	3년 이하	5년 이하	5년 초과
1	직업훈련 및 취업 관련 지원	가족대상 프로그램	학업 및 학습 관련 지원	경제적 지원
2	가족 대상 프로그램	직업훈련 및 취업 관련 지원	법률적 지원	의료적 지원
3	남북한 주민통합 프로그램	문화활동	경제적 지원	직업훈련 및 취업 관련 지원

출처: 양옥경 외(2017).

2. 북한이탈주민 지원 정책 및 서비스

1) 북한이탈주민 지원 정책 및 서비스 현황

(1) 지원 정책의 변화

「북한이탈주민의 보호 및 정착지원에 관한 법률」은 1962년 「국가유공자 및 월남 귀순자 특별 원호법」이 귀순자에게 국가유공자와 동등한 지위를 부여하여 원호 대상자로 우대하는 것에서 출발하였다. 1979년 「월남귀순용사특별보상법」으로 변경하여 귀순자를 자유민주주의를 위해 사선을 넘어온 귀순용사로 간주하고자 하였다. 1993년 「귀순북한동포법」으로 변경하면서는 귀순자를 생활능력이 결여된 생활보호대상자로 전환하여 정책 변화를 시도하였다. 1997년부터 「북한이탈주민의 보호 및 정착지원에 관한 법률」(이하 「북한이탈주민법」)을 제정하면서 귀순용사, 귀순자가 아니라 '북한이탈주민'으로 명칭을 변경하고 대한민국에 정착할 국민으로 지위를 부여하였다(〈표 12-6〉 참조).

이러한 법률을 기반으로 국가는 2000년까지는 보호 및 지원을 목적으로 생활안정, 취업보호 제도를 추진하였고, 2009년까지 '자립·자활 능력 배양'을

표 12-6 **북한이탈주민 정책의 변화**

구분	국가유공자 및 월남 귀순자 특별 원호법	월남귀순 용사특별 보상법	귀순북한 동포보호법	북한이탈 주민의 보호 및 정착지원에 관한 법률	북한이탈주민의 보호 및 정착지원에 관한 법률 〈개정〉	북한이탈주민의 보호 및 정착지원에 관한 법률 〈개정〉	북한이탈주민의 보호 및 정착지원에 관한 법률 〈개정〉
시기	1962.4~	1979.1~	1993.6~	1997.1.~	2006.12~	2014.5~	2017.5~
소관 부처	원호처 (국방부)	원호처 국가보훈처 (국방부)	보건 사회부	통일원 통일부	통일부		
주거 지원	국가융자권 주택 입주우선권	무상 15평 이상	15평 이상 무상·임 대보증금	25.7평 이하 무상·임대 보증금 지방거주 장려금	25.7평 이하 무상·임대보증금 (국민주택*) 지방거주장려금		
교육 보호	본인: 대학 까지 공납금, 학자금 자녀: 고등학 교까지 공과 금, 학자금	좌동	본인에 한해 국립: 면제 사립: 50%		본인에 한해 국립: 면제 사립: 50% 고교 25세 미만 대학 35세 미만		
취업 알선	국가·지자 체·일정 규모 이상의 기업 제는 전고용 인의 3% 이내 고용	본인·자녀 를 16인 이상 고용 업체에 3~ 8% 범위 내 의무 고용	본인에 한해 채용 알선, 기능 직 공무원 요청 시 우선 채용	취업희망 시 협조 요청 (2년간 임금 50% 지원)	취업희망 시 협조 요청 (고용지원 금 3년 연장 가능*)	자산형성지원 (고용지원금 직업훈련장학금 자격취득장려금 제한)	
생활 보호	상이자에게 수당지급	생계곤란 자구수당 (상이자 연금지급)	「생활보호법」에 의한 생활보호		「국민기초생활보장법」에 의한 생계급여, 주거급여, 교육급여, 의료급여, 해산급여, 장제급여, 자활급여		
국민 연금	특례 없음				입국 당시 50세 이상~60세 미만 시 국민연금 가입 특례 인정		
의료 보호	의료보호	의료보험	의료보호		본인과 가족의 「국민기초생활보장법」에 의한 의료급여		

구분	국가유공자 및 월남 귀순자 특별 원호법	월남귀순 용사특별 보상법	귀순북한 동포보호법	북한이탈 주민의 보호 및 정착지원에 관한 법률	북한이탈주민의 보호 및 정착지원에 관한 법률 〈개정〉	북한이탈주민의 보호 및 정착지원에 관한 법률 〈개정〉	북한이탈주민의 보호 및 정착지원에 관한 법률 〈개정〉
적응 교육	없음		부분적 실시	전체적 실시: 1997 북한이탈주민 후원회 2001 지원 지역협의회	전체적 실시: 2009 하나센터 2010 남북하나재단 2012 제2하나원 설립	전체적 실시: 맞춤형 멘토링 제3국 출생 자녀지원* 2016 통일 문화센터	전체적 실시: 생활밀착형 지원 통일국민 협약

* 정착금과 보로금 지원은 제외함.
출처: 최대혁(2019) 수정 및 보완.

목적으로 지역적응 교육 등을 실시하는 하나재단과 하나센터 전달체계를 정비하였다. 2014년부터는 자산형성 지원 등의 제도를 마련하였고, 2016년부터 '사회통합형 북한이탈주민 지원'을 정책의 기본 방향으로 미래통일주역 북한이탈주민 자녀, 청소년 교육 등에 중점을 두기 시작하였다. 2017년부터는 '생활밀착형' 정책을 강조하고 있다. 요컨대, 북한이탈주민 지원정책은 초기에 '신변보호와 경제적 지원'이 우선시되다가 1990년대 중반 대량탈북이 발생한 이후 경제적 '자립과 자활'을 기본 원칙으로 세우고, 한국사회 포용력과 북한이탈주민의 소속감을 제고하는 '생활밀착형 사회통합' 방향으로 변화하고 있다(통일부, 2018b).

(2) 정착지원 전달체계

한국의 북한이탈주민 지원 서비스는 '시설보호'의 단계인 북한이탈주민정착지원사무소(하나원)에서 서비스 전달체계가 시작되며, 이곳에서 12주간 기본적인 사회적응 교육을 마치고 퇴소한 이후, 거주지 지역사회에서 지역적응 교육을 비롯해 다양한 급여를 제공받는다. 입국 후 5년 동안 북한이탈

| 보호요청 및 국내이송 | • 보호요청 시 외교부, 관계부처에 상황 보고 및 전파
• 해외공관 또는 주재국 임시보호시설 수용
• 신원확인 후 주재국과 입국교섭 및 국내입국 지원 |

-------------------------------- 국내 입국 --------------------------------

| 조사 및 임시보호 조치 | • 입국 후 국정원이 보호결정 여부를 위한 조사 및 긴급한 치료 등 임시 보호조치 실시
• 조사종료 후 사회적응교육시설인 하나원으로 신병 이관 |

| 보호결정 | • 북한이탈주민대책협의회 심의를 거쳐 보호 여부 결정
• 보호결정 세대단위 결정 |

| 하나원 정착준비 | • 사회적응 교육(12주, 400시간)
　－심리안정, 우리 사회 이해 증진, 진로지도 상담, 기초 직업훈련
• 초기정착 지원: 가족관계 창설, 주거알선, 정착금·장려금 지원 등 |

-------------------------------- 거주지 전입 --------------------------------

| 거주지 보호 (5년) | • 사회적 안전망 편입(생계·의료급여 지급)
• 취업지원: 고용지원금, 무료 직업훈련, 자격인정 등
• 교육지원: 특례 편·입학 및 등록금 지원
• 보호담당관: 거주지·취업·신변보호 담당관 제도 운영 |

| 민간 참여 | • 북한이탈주민지원재단을 통한 종합서비스 제공
• 지역적응센터(전국 25곳) 지정·운영
• 정착도우미 제도: 민간자원봉사자 연계
• 북한이탈주민 전문상담사(82명)
　－종합상담 및 애로사항 해결 등 찾아가는 상담 서비스 제공 |

[그림 12-2] 북한이탈주민 정착지원 흐름도

출처: 통일부(2019b).

주민 특례 등 정착지원 서비스를 받게 되는데 보호담당관제[4]와 북한이탈주민지원지역협의회,[5] 북한이탈주민지원재단(남북하나재단), 민간위탁 사업인 지역적응센터(하나센터)와 북한이탈주민지원 민간단체 등이 정착지원 서비스 제공을 하고 있다. [그림 12-2]는 북한이탈주민이 해외에서 국내로 입국한 이후에 정착지원 과정을 도식화한 것이다.

(3) 사회보장 관련 정책

북한이탈주민은 남한사회에 입국하여 보호 결정을 받게 되면 시민권을 얻고 이에 기반하여 국가는 북한이탈주민의 사회보장수급권을 보장할 의무를 가진다. 북한이탈주민은 「북한이탈주민법」 제26조에 의거해 북한이탈주민의 생활보호를 위한 생계급여, 주거급여, 의료급여, 교육급여, 해산급여, 장제급여, 자활급여를 거주지 보호기간 5년의 범위에서 제공받을 수 있다(민기채, 고혜진, 2018).

생계에 대한 급여는 특례적용으로 근로무능력자로 구성된 가구에 대해서는 5년간, 근로능력자가 포함된 가구에 대해서는 3년간의 특례를 적용받는데, 이 특례기간 동안에는 정착금은 재산 산정에 반영하지 않고 부양의무자 기준도 적용하지 않으며, 근로능력자가 있는 가구는 6개월까지 근로 조건 제시를 유예받는다. 또한 근로 및 사업 소득 중 30%를 소득인정액에서 공제받을 수 있다. 연금에 대한 급여는 보호 결정 시점에 50세 이상 60세 미만인 자는 국민연금 특례를 적용받아, 60세가 되기 전에 가입기간이 5년 이상 10년

---

4) 신변보호담당관(경찰청 및 일선 경찰서, 취업보호담당관은 고용노동부 산하 전국의 고용센터 60여 개소 지정, 직업상담사를 지정), 거주지보호담당관(광역 및 기초 자치단체 230개 지역에 지정)이 있다(통일부, 2018a).

5) 2001년도에 중앙정부 주도적인 정착지원의 역할을 지방정부 차원에서도 개입할 수 있도록 하고자 북한이탈주민의 밀집지역을 중심으로 협의기구를 만든 것으로 거주지·취업·신변보호담당관, 지역 사회복지관, 자원봉사센터, 종교·민간단체, 북한이탈주민 고용 기업체, 민족통일협의회, 민주평화통일자문회의 등의 위원으로 구성하여 북한이주민 정착에 필요한 생활 실태 파악 등 각종 애로, 상담 창구 역할을 수행하고 있다. 전국에 116개가 구성되어 있다(통일부, 2018a).

미만 되는 사람은 60세가 되는 날부터 수령할 수 있으며, 60세가 된 후에 가입기간이 5년 이상 되는 사람은 가입자 자격을 상실한 날부터 연금 수령이 가능하다(「북한이탈주민법」 제26조).

의료에 대한 급여는 기초생활보장수급 기준보다 관대하게 적용하고 있다. 거주지 보호기간 내에 부양의무자 기준도 적용하지 않는다. 근로능력가구는 중위소득 50%, 근로무능력가구는 가구원 수를 1인 추가하고 중위소득 50%를 적용하고, 취업특례가구는 중위소득 160%를 적용하여 선정한다. 또한 보호대상자의 경제적 능력 등을 고려하여 국민건강보험료의 일부를 지원받을 수 있다(「북한이탈주민법」 제25조). 주거에 대한 급여는 하나원 퇴소 후 거주지 배정이 되는데 북한이탈주민은 국가의 책임하에 주거가 제공된다. 연령, 세대, 지역 등을 고려하여 주택이 알선되는데 2년간 소유권, 전세/임차권 등을 변경할 수 없다(「북한이탈주민법」 제20조). 24세 이하 무연고 탈북청소년의 경우, 19세 이상이 되어 개별 주택을 신청할 수 있기 전까지 공동생활시설을 이용할 수 있다.

북한이탈주민은 「초·중등교육법」 제2조에 따라 학교에 만 25세 미만에 입학 또는 편입학이 가능하며, 「고등교육법」 제2조에 따라 대학에 만 35세 미만에 입학 또는 편입학이 가능하다. 「평생교육법」에 따라 학력과 학위가 인정되는 평생교육시설, 「학점인정 등에 관한 법률」에 따라 인정받은 교육·훈련기관, 「근로자직업능력개발법」에 따라 학위과정을 운영하는 기능대학으로 입학 또는 편입학도 포함된다. 기본적으로 북한이나 외국에서 이수한 학력을 학력심의위원회를 통해 인정받을 수 있다. 「고등교육법」상 대학에 가는 경우는 거주지 보호기간 중이거나 고등학교 졸업 수준 이상의 학력이 인정된 후 5년 이내에 한하여 해당된다.

「북한이탈주민법」 제27조와 제48조에는 보호 대상자에 대한 보호 및 지원이 중지 또는 종료될 수 있는 급여제한 사항을 두고 있다. 1년 이상의 징역 또는 금고의 형을 선고받고 그 형이 확정된 경우, 고의로 국가이익에 반하는 거짓 정보를 제공한 경우, 사망선고나 실종선고를 받은 경우, 북한으로 되돌아가려고 기도(企圖)한 경우, 이 법 또는 이 법에 따른 명령을 위반한 경우와 대통령령으로 정하는 사유의 경우이다. 시행령 제48조의 보호변경의 사유는 보호대상자가 5급 이상 공무원, 고위공무원단에 속하는 일반직공무원 또는 영관급 장교로 특별임용된 경우, 보호대상자가 교수·연구원 등 전문직에 취업하거나 의사 등 전문자격을 인정받은 경우, 보조금을 포함하여 보호대상자의 취득자산 규모가 3억 원 이상인 경우, 보호대상자가 제3국으로 망명을 신청한 것이 확인된 경우, 보호대상자가 거짓이나 그 밖의 부정한 방법으로 보호 및 지원을 받거나 받으려고 한 경우, 보호대상자가 거짓이나 그 밖의 부정한 방법으로 다른 사람으로 하여금 보호 및 지원을 받게 하였거나 받게 하려고 한 경우, 보호대상자가 국가안전보장에 중대한 지장을 초래한 행위를 한 경우에 북한이탈주민에 대한 특별지원과 복지혜택을 제한받는다(국가법령정보센터, 2019).[6]

(4) 지역사회 서비스

지역사회 서비스는 북한이탈주민이 거주지 전입 이후 본격적으로 실시된다. 공공행정 전달체계(지역 내 거주지-취업-신변보호 담당관)와 민간 전달체계(정착도우미 프로그램-개별 민간기관)가 두 축으로 연계되어 있다. 공식적으로 북한이탈주민을 지원하는 지역사회 전달체계 기관은 하나센터이다. 북한이탈주민의 초기 지역사회 적응을 돕기 위해 설치된 지역적응센터로서 전국에 25개 운영되고 있으며(통일부, 2018a), 통일부와 지방자치단체로부터 민간이 위탁을 받아 통일부 및 남북하나재단을 통해 예산지원과 운영평가를 받는다. 하나센터의 사업은 초기정착지원, 초기집중교육, 지역적응지원 사업으로 구성된다. 첫째, 정착지원사업으로 신병인수와 정착도우미 사업이 있다. 신병인수는 하나원에 가서 지역으로 퇴소하는 북한이탈주민

들을 지역사회로 전입하는 전체 과정에 대해서 지원하는 것이다. 정착도우 미사업은 초기정착 단계에 있는 북한이탈주민의 일상생활 속에서 도움을 제 공하는 자원봉사자들을 매칭하여 지원을 돕는 사업이다. 둘째, 초기집중교 육은 북한이탈주민들이 지역에 전입한 직후 약 8~9일간 50시간 이루어지는 교육으로 편입된 주거지역에서 신속하게 적응하도록 지원하는 것을 목적으 로 한다. 실생활에 필요한 기본 정보와 제도를 안내하는 일상생활 교육, 지 역사회 이해, 진로탐색과 직업준비, 직업훈련 프로그램, 개인역량강화 교육, 인생설계, 금융, 생활법률, 언어교육 등의 기본교육과 거주지의 특성을 고려 한 교육, 각종 상담 및 보호 대상자 지원관련 기관 및 단체와의 서비스 연계 등을 포함하고 있다. 셋째, 지역적응 지원은 5년의 거주지 보호기간 내에 있 는 지역 거주 북한이탈주민을 대상으로 교육과 진학 지원, 진로 및 취업 지 원, 생계지원, 의료지원, 심리안정 지원, 법률지원, 주민과의 교류지원 등이 해당된다. 이 중 주민과의 교류지원 사업이 북한이탈주민과 지역 내 일반 주 민과 어울리는 기회를 제공하는 사회통합 프로그램이라 할 수 있다(통일부, 2018a). 통일부 주도의 공식적 전달체계인 하나센터가 운영되면서 기존의 다양한 비공식 민간 서비스들은 상당히 위축되었다. 보완적으로 지역사회 내 사회복지, 보건, 의료, 종교, 시민 자원봉사 조직 등 다양한 비영리기관이 북한이탈주민들에게 서비스를 제공하고 있다(이민영, 2019).

2) 북한이탈주민 지원 정책과 서비스의 문제점

(1) 사회보장 관련 정책 진단

1997년 「북한이탈주민법」이 제정될 때 제정 사유는 자유민주주의 체제에 적응할 수 있도록 각종 보호·혜택을 부여하는 등 우리 국민의 일원으로서 정착하여 보람된 삶을 영위할 수 있도록 지원하려는 것이었다(국가법령정보 센터, 2019). 지난 20년 동안 북한이탈주민의 교육, 주거, 의료, 생활보호, 취 업 등 다양한 측면에서 각종 보호와 혜택을 제공해 왔음에도 불구하고 북한이탈주민의 사회보장수급권은 전반적으로 취약하다고 평가된다. 취업보호를 제외한 모든 영역에서 임의규정으로 이루어져 있기 때문이라는 비판과 중앙정부 중심의 전달체계로 인해 지자체와 재정적·행정적 분업이 불명확한 이유로 중앙정부의 재정부담이 부족한 개별 사회보장 실현이 미흡하다는 지적이다. 또한 법정 보호기간인 5년이 초과되면 다양한 사회보장수급권이 박탈당하게 되는데, 이는 좋은 일자리를 찾기에 짧은 기간이라는 주장이 있다(민기채, 고혜진, 2018). 그러나 취업보호제도를 통해서 정부는 직업훈련, 고용지원금, 취업보호담당관 등 고용지원 서비스를 제공하고 있는데, 이에 대한 효과적인 정책 집행이 잘 이루어지고 있지 못해 보호기간 5년 후에도 북한이탈주민이 경제적으로 안정적인 생활을 하지 못한다는 것이다(박성재, 2019).

또한 북한이탈주민이 법률에 정해진 당연한 법적 권리를 수행하는 데 당사자의 목소리가 반영되는 절차가 미흡한 문제가 있다. 「북한이탈주민법」 제27조에서는 보호 처분 결정 및 변경을 자의적으로 변경하지 못하도록 제한하고 있지만, 급여 변경 과정과 내용에 대해 북한이탈주민 당사자의 의견과 동의가 충분히 확보되는 절차가 법제화되어 있지 않고, 이미 제시된 법적 권리도 남한 사법체계에 익숙하지 않는 북한이탈주민이 적극적으로 행사하기에는 어려움이 있다는 것이다.

(2) 지역사회 서비스 진단

남한사회가 양극화되고 취약계층이 확대되면서 북한이탈주민에 대한 지원이 형평성에 맞는가 하는 의문이 커지고 있다. '역차별'이라는 반발이 커지면서 북한이탈주민에 대한 '특별한 지원' 정책에 대한 일반 시민들의 공감대가 약해지고 있다. 특히 취약계층을 지원하는 지역사회 서비스 기관들은 이러한 불만과 거부감을 지역사회에서 직면하면서 북한이탈주민 지원 서비스를 제공하는 것에 정서적 어려움이 있음을 보고하고 있다. 하나센터를 중심으로 제공되는 북한이탈주민 정착지원 프로그램은 남한사회 적응을 목표로 적응교육 및 행사 중심의 단기적인 프로그램들 중심이었다. 사례관리사업이 강화되면서 개인과 가족 중심의 접근으로 변화되고 있지만, 실제적으로 북한이탈주민과 그 가정에 지역사회 자원을 수동적으로 연계하는 방법이 주를 이루고 있다. 개별적인 역량강화와 정보 제공에 초점을 두고 지역사회와의 교류와 자연스러운 소통에는 소홀하였다. 대부분의 서비스는 북한이탈주민만을 지원하는 특수하고 배타적인 전문적 성격이 강하고, 배정된 거주지의 관할 하나센터에만 지정되어 교육받아야 하는 것이었다. 사회통합이라는 목표에 필요한 '남한사회와의 공유 및 소통' 프로그램은 매우 소극적인 실정이다(이민영, 2019).

3. 북한이탈주민의 사회통합을 위한 제언

1) 북한이탈주민 제도의 방향

(1) '보호'와 '지원'의 분리

현 「북한이탈주민법」은 '보호'와 '지원'이라는 목적을 동시에 담고 있다. 군사분계선을 넘어 온 북한 출신에 대한 '보호'와 남한사회에 정착하여 살아가는 북한이주민에 대한 '지원'의 법률이 혼재되어 정책의 대상, 목적, 방법이 왜곡되는 문제가 있다. 합동조사, 신변보호 등이 필요한 보호대상자에 대한 안보적 접근과 교육과 정착지원 등이 필요한 이주민에 대한 복지적 접근이 법률과 전달체계에서 명료하게 구분되어 다루어질 필요가 있다.

(2) 시민으로의 지위 변화

한번 북한이탈주민이면 영원히 북한이탈주민이어야 하는 것처럼 느껴지게 하는 것이 현재의 지원제도이다. 북한이탈주민이 남한사회에 입국하면 동등한 시민의 지위를 가짐에도 불구하고 북한이탈주민만을 따로 분리하여 대상화하고 관리하는 것은 계속되고 있다. 이는 몇 십 년 동안 그냥 북한에서 넘어온 북한 사람으로 남아 있으라는 뜻으로 충분히 오해될 수 있다. 북한이탈주민이 보통의 남한 시민으로 살아가기 위해서는 북한이탈주민의 라벨을 떼고 지역사회의 일반적 서비스를 필요에 따라 선택할 수 있는 시민으로의 권리와 책임을 다하도록 지원의 관점을 전환해야 한다.

(3) 욕구에 맞는 지원체계 로드맵

현 북한이탈주민 지원체계는 법정보호기간 5년 이내와 그 이후로 이분화되어 있다. 법정보호기간 이내에는 신변보호부터 고용까지 집중적인 지원체계가 발동하면서 촘촘한 사회안전망이 작동되지만, 그 이후에는 정책 대상에서 소외되며 불안정한 삶에 처하게 되는 것이 현실이다. 특히 여성들은 남한사회에 견고한 사회적 지지망 없이 결혼과 출산으로 이어지는 고용단절의 문제에 더 큰 곤란함을 겪는다. 따라서 북한이탈주민의 욕구에 기반한 연속적이고 통합적인 지원체계가 필요하다. 사회적 지지망을 확대하여 사회보장서비스에 대한 권리를 실질적으로 접근 가능하도록 하며, 사회통합을 위한 지역사회 인식 개선과 정보제공, 교육훈련 등의 접근이 동시에 고려되어야 한다.

2) 북한이탈주민 실천의 방향

(1) 쌍방향 교류 체험 강화

그동안 북한이탈주민을 위한 사회복지실천은 일방적인 교육 중심의 프로그램을 통해 북한이탈주민이 남한사회에 적응하는 데 필요한 정보와 역량을 강화하는 데 초점을 두어 왔다. 하지만 이에 머무르지 않고 일반 시민들과 쌍방향으로 주고받는 북한이탈주민들의 교류역량을 강화하는 것으로 초점을 전환해야 한다. 북한이탈주민은 남한사회 속에서 자신의 강점을 인식하고 부족한 점을 배워 가는 자연스러운 과정을 경험할 것이다. 남한주민도 북한이탈주민의 강점을 지역사회 안에서 이해하고 인정할 수 있는 기회를 통해 이들을 자신들의 마을의 주민들 가운데서 동일한 주민으로 이해하게 되는 것이다. 이를 위해서는 북한이탈주민이 받은 정보와 교육의 내용이 실제 지역사회에서 생활하면서 조정되고 응용되는 과정을 비판적으로 공유할 수 있는 활동이 필요하다.

(2) 지역사회와의 접촉면 확장

그동안 북한이탈주민을 위한 사회통합 접근은 북한이탈주민 중심으로 관심 있는 남한 시민이 결합되는 형태가 대부분이었다. 이에 남한 시민의 다양한 활동에 북한이탈주민이 참여하여 지역사회와의 접촉면을 확장하는 접근을 지향해야 한다. 북한이탈주민의 정착지원을 위한 지역사회 기관들의 역할도 다양해지고 확대되어야 한다. 예컨대 하나센터 등 북한이탈주민 전문 서비스 기관들은 정착 초기의 북한이탈주민의 욕구에 맞는 사례관리 중심의 프로그램들을 운영하고, 지역사회와의 연계 프로그램을 확장하여 운영할 수 있다. 이때 연계 프로그램에서 핵심은 지역사회와 기관들이 북한과 북한이탈주민에 대한 민감성을 기를 수 있도록 정보를 제공하는 것에 있다.

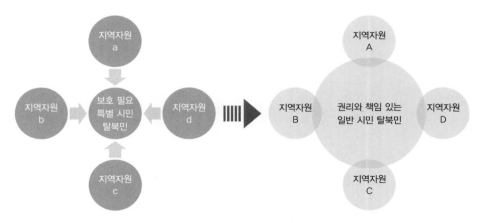

[그림 12-3] 지역사회와 북한이탈주민의 접촉면 변화

(3) 가족기반 사례관리

북한이탈주민가족 안에 부와 모, 북한출생 자녀, 제3국출생 자녀, 남한출생 자녀가 생활하고 있는 경우가 많다. 원칙적으로 개인을 대상으로 하는 북한 이탈주민 지원정책에서 이들 가족구성원들의 서비스 지위는 서로 다르다. 따라서 제도적 한계점을 보완하고 실질적으로 안정된 가족생활 유지를 돕기 위해서는 생활공동체인 '가족(가구)'의 욕구에 기반한 실천이 더욱 강화되어야 한다. 북한이탈주민 가족관계의 회복과 안정에 기반한 사례관리는 북한이탈 주민이 사회통합을 이루는 과정에서 중요한 접근방법이 될 것이다.

요약

남한에 거주하는 북한이탈주민은 3만 5천 명이 넘지만, 많은 이들이 경제적 결핍감과 빈곤한 생활을 하고 있으며 외로움과 고독감 등 심리적인 어려움을 겪고 있다. 게다가 어려운 일이 생겼을 경우 지지를 받을 수 있는 친구나 동료, 이웃은 매우 미미하다고 한다. 북한이탈주민가정은 한부모가족 비율이 높으며, 탈북 아동ㆍ청소년의 입장에서 부모와 이산해 있던 기간도 양육 환경에 영향을 주고 있다. 경제적 어려움으로 자녀에 대한 교육지원이 충분히 제공되지 못하고, 부모로서의 양육효능감도 낮았다. 직업훈련과 취업의 상황은 정착기간이 늘어날수록 고용의 질도 완만히 개선되지만, 여전히 낮은 취업역량으로 인한 저임금 및 저숙련 노동자로서 생활하는 비율이 높았다. 여성의 경우 일반적인 성별 노동시장 격차와 북한이탈주민에 대한 차별이 더해져 더 열악한 상황이었다. 그러나 북한이탈주민 정착주기에 대한 세심한 접근이 이루어지지 못함에 따라 거주기간이 길수록 사회적 관계나 취업 등의 사정이 나아지고 있음에도 장기 거주자들의 경제적 지원과 취업ㆍ직업훈련 등에 대한 요구가 더 커지고 있는 문제가 나타나고 있다.

　북한이탈주민에 대한 법제도는 「북한이탈주민의 보호 및 정착지원에 관한 법률」을 기반으로 한다. 국가는 북한이탈주민의 사회보장수급권을 보장할 의무를 가진다. 지역사회에서는 공공행정 전달체계(지역 내 거주지–취업–신변보호 담당관)와 민간 전달체계(정착도우미 프로그램–개별 민간기관)의 두 축으로 연계되어 있다. 통일부 주도의 전달체계인 하나센터가 운영되고 있으며, 지역사회 내 사회복지, 보건, 의료, 종교, 시민 자원봉사 조직 등 다양한 비영리기관이 서비스를 제공하고 있다. 그러나 북한이탈주민의 교육, 주거, 의료, 생활보호, 취업 등 다양한 측면에서 각종 보호와 혜택을 제공해 왔음에도 불구하고 경제적으로 안정적인 생활을 하지 못하는 경우가 많아지면서 이러한 북한이탈주민을 위한 '특별한 지원'에 일반 시민들의 공감대가 약해지고 있는 상황이다.

　이에 북한이탈주민의 복지정책과 실천의 방향을 사회통합적 관점에서 제시하였다. 제도적 측면에서는 법령에서 혼재된 '보호'와 '지원'의 목적과 방법을 구분하고 사회통합을 목적으로 하는 제도로 전환하여야 한다. 북한이탈주민을 특수한 집단이 아닌 권리와 책임이 있는 시민으로 지위를 인정하고, 욕구에 기반한 지원체계의 로드맵을 제시해야 한다. 실천적 측면에서는 다양한 활동에 북한이탈주민이 참여하여 지역사회와의 접촉면을 확장하는 접근을 통해 일반 시민들과 쌍방향으로 주고받는 북한이탈주민들의 교류역량을 강화하는 것으로 실천의 초점을 전환해야 한다. 북한이탈주민가족의 문제 상황 및 정착지원에 대한 이슈가 상이하기 때문에 가족관계 회복을 기반으로 남한사회에 정착하고 통합할 수 있도록 접근해야 할 것이다.

생각해 봅시다

2019년 여름에 일어난 서울 거주 탈북가정 모자 사망 사건(2019. 7. 31.)은 북한이탈주민의 복지와 권리 실현의 문제점을 그대로 드러내었다. 한국사회에 입국 후 10년이 지나 국가의 공식적 보호기간이 지났음에도 경제적인 어려움을 겪고 있던 탈북여성이 장애아가 있는 한부모가정이자 다문화가정임에도 지역사회와 공공 서비스로부터 분리되고 소외되어 있었다.

한 시민으로서 권리의 배제, 한 가족을 위험으로부터 보호하지 못한 국가정책, 북한이탈주민에 대한 배타적인 사회의 태도와 무관심 등 다층적 원인에 대한 토론을 해 보자.

〈참고자료〉

"탈북 모자의 죽음, 두 달간 아무도 몰랐다"

한겨레신문(2019. 8. 14.) 기사 원문보기:

http://www.hani.co.kr/arti/society/society_general/905709.html#csidxeaaeed817c6f7449c52ea07104d2b53

참고문헌

강구섭, 한만길, 김현철, 이향규, 김윤영, 이나리, 이은구(2014). 탈북청소년 교육종단연구(V). 한국교육개발원 연구보고서 RR, 7.

교육부(2019). 2018년 탈북학생 통계 현황. 교육부. (2018년 4월 기준)

국가법령정보센터(2019). 북한이탈주민의 보호 및 정착지원에 관한 법률 시행령.

김화순(2019). 제5장 식량난민에서 탈북이주민으로: 탈북 원인의 변화. 통합과 배제: 탈북인의 삶. 서울: 진인진.

남북하나재단(2019a). 2018 북한이탈주민 정착실태조사. 남북하나재단.

남북하나재단(2019b). 2018 북한이탈주민 사회통합조사. 남북하나재단.

민기채, 고혜진(2018). 북한이탈주민 사회보장수급권의 법적 쟁점. 입법과 정책, 10(1), 215-234.

박성재(2019). 저임금노동시장에 갇힌 북한이탈주민들. 통합과 배제: 탈북인의 삶. 서울: 진인진.

서울연구원(2019). 서울에 살고 있는 북한이탈주민의 삶' 보고서 서울거주 북한이탈주민 14% 자살충동. (중앙일보. 2019. 9. 17.)

신효숙(2015). 2015 북한이탈주민 사회조사(1). NKRF 실태조사. 남북하나재단.

양옥경, 최혜지, 이민영, 김선화, 김성남(2017). 북한이탈주민 생활밀착형 지원 프로그램 개발. 남북하나재단.

여성가족부(2014). 청소년종합실태조사. 여성가족부.

이민영(2019). 북한이탈주민의 분리된 적응과 지역사회 서비스. 통합과 배제: 탈북인의 삶. 서울: 진인진.

최대혁(2019). 국내 탈북자문제에 대한 역대 정권별 정책 비교연구. 고려대학교 국제관계학과 대학원 석사학위논문.

통계청(2015). 2015년 청소년 통계.

통일부(2018a). 북한이탈주민정착지원 지역적응센터 운영매뉴얼. 통일부

통일부(2018b). 통일부 업무보고 자료. https://www.unikorea.go.kr/unikorea/news/release/?boardId=bbs_0000000000000004&mode=view&cntId=54374&category=&pageIdx=1

통일부(2019a). 주요 통계 및 자료.
　　－국민기초생활보장수급 비율. http://kostat.go.kr/portal/korea/kor_nw/1/1/index.board?bmode=read&aSeq=335384
　　－북한이탈주민정책 개요. https://www.unikorea.go.kr/unikorea/business/statistics/ (접속일 2020. 6. 10.)
　　－통일정책 개요. https://www.unikorea.go.kr/unikorea/policy/project/task/convention/

통일부(2019b). 북한이탈주민 정착지원 실무편람. 통일부

통일부(2020). 2020년 북한이탈주민 정착지원 시행계획.

한국청소년연구원(2019). 이주배경 아동청소년의 성장기회 격차 해소를 위한 통계구축 방안 연구. 경제·인구사회연구회.

한만길(2019). 탈북청소년 교육: 언제까지 분리교육인가? 통합과 배제: 탈북인의 삶. 서울: 진인진.

제5부

·
·
·

다문화 사회복지의 향후 과제

제13장

다문화 사회복지의 과제와 전망

21세기 대한민국은 급속하게 다문화사회로 진입해 왔다. 이에 따라 사회복지 분야에서도 다문화사회에 대비하여 사회복지사의 역량을 강화할 필요성이 대두되고 있다. 이에 따라 사회복지교육협의회에서는 사회복지 분야에서 다문화 사회복지교육을 어떻게 시행해 나갈 것인지에 대해 고민하게 되었다. 이에 다문화 사회복지교육을 위해 교육 환경을 고려한 거시적 접근과 미시적 접근에 대해 구체적인 방안들을 모색하고자 한다.

이 장에서는 다문화 사회복지에 대한 실태와 과제 그리고 전망을 다문화 사회복지교육, 다문화 사회복지실천, 다문화 사회복지정책의 세 분야로 나누어 살펴보고자 한다.

1. 다문화 사회복지교육의 과제와 전망

1) 다문화 사회복지교육의 실태

2018년 제3차 다문화가족정책 기본계획(2018~2022년)에 의하면, 전체 다문화가구는 31.6만 가구(가구원 96만 명으로 전체 가구 대비 1.6%, 가구원 1.9%)를 차지하고 있다. 다문화사회로 진입한 현실에서 인권을 중히 여기는 사회복지교육에 있어서 다문화와 관련된 교육의 필요성은 강하게 대두되고 있다. 그동안 사회복지학계와 보건복지부는 2014년 국회 공청회를 거쳐 '사회복지와 문화다양성' 교과목을 전공 선택교과목으로 지정하기 위해 「사회복지사업법」 시행령 및 시행규칙 개정에 노력해 왔다. 2018년 11월 한국사회복지교육협의회에서는 2019~2020년도 사회복지학 교과목 지침서를 배포하면서 다문화 사회복지론(Multicultural Social Welfare Practice)을 비법정 선택과목으로 소개하였다.

다문화 사회복지교육이 대학 사회복지 교육과정에서 실시되어야 하는 이유는 2008년에 「다문화가족지원법」이 제정되고 시행된 이후, 대부분의 광역시와 지방자치단체에서도 「외국인 및 다문화가족 지원 조례」를 제정하여 시행 중에 있으며, 「다문화가족지원법」 제5조에서는 다문화가족에 대한 이해증진 교육을 규정하고 있다. 또한 2016년부터는 「초·중등교육법」 제2조와 「고등교육법」 제2조에서 다문화가족의 이해교육을 실시할 것을 규정하고 있다. 특히 「다문화가족지원법」 제12조에서는 다문화가족지원센터를 설치하도록 하고 시행규칙 제3조에서는 다문화가족지원센터에 전문인력 1인 이상을 채용하도록 규정하고 있는데, 그 전문인력은 건강가정사와 사회복지사로 규정함으로써 사회복지 교육과정에 다문화 사회복지교육이 필수적인 요소임을 보여 주고 있다.

한국사회복지교육협의회에 가입된 65개 대학교의 교과과정을 조사한 연구(한인영, 김유정, 2006)에 의하면 2006년 당시 국내의 다섯 개 대학에서 '국제사회복지'나 '세계화와 사회복지'라는 교과목으로 다양성 교육이 개설된 것으로 보고되고 있으나, 이들 교과목은 현재 한국의 다문화 현상에 대응하는 사회복지 전문인력을 양성하기에는 부족한 점이 있다. 예를 들어, 국제사회복지 교과목은 주로 저개발국이나 개발도상국의 경제 및 사회 개발, 선진국의 불평등과 사회 문제, 국제 원조 등을 다루고 있다는 점에서 우리나라에서 진행되고 있는 다문화 현상의 이해를 돕는 것과는 거리가 있다(정선영, 2012).

우리나라에서는 교육과학기술부의 지원으로 평택대학교에서 2007년부터 다문화 가족복지라는 전공을 통해 다문화 사회복지교육을 실시하였고(정선영, 2012), 다양한 영역에서 다문화 관련 교재와 프로그램을 개발하고 있으며, 2008년 「다문화가족지원법」 제정 이후 다문화 사회복지 관련 교재의 출판도 증가하고 있다. 사회복지학과에서 사용할 수 있는 다문화 사회복지 관련 교재로는 그동안 김범수와 서은주(2008)의 『다문화사회복지론』을 시작으로 하여 평택대학교다문화가족센터(2008)의 『다문화 사회복지론』, 최명민, 이기영, 최현미, 김정진(2009)의 『문화적 다양성과 사회복지』, 데럴드 윙 수(Derald Wing Sue)의 저서를 이은주(2010)가 번역한 『다문화 사회복지실천』, 이종복, 이성순, 김재열, 김현희, 정명희(2012)의 『다문화사회의 이해와 복지』, 김동진, 박인아, 윤구원(2013)의 『다문화복지론』, 최명민, 이기영, 김정진, 최현미(2015)의 『다문화사회복지론』, 우수명(2015)의 『다문화사회복지개론』, 이성순 등(2017)의 『다문화사회복지론』 등이 출판되어 각 대학 사회복지학과에서 활용되고 있다.

2) 다문화 사회복지교육의 과제

이민자 유입의 역사가 긴 미국, 캐나다, 호주와 같은 국가에서는 사회복지사의 교육과 훈련을 위해 교육과정의 내용과 구성에 다양성을 반영하려는 노력을 기울여 왔다. 예를 들어, 미국사회복지교육협의회(Council of Social Work Education: CSWE)는 이미 1968년부터 각 대학에서 교육과정의 개발뿐만 아니라 학생의 모집과 교수의 충원에도 문화다양성을 고려할 것을 요구하고 있으며 현재는 거의 모든 사회복지 전공과목에 문화다양성을 반영한 교육과정을 운영하고 있다(한인영, 김유정, 2006). 2004년에 개최된 국제사회복지교육협회(International Association of Schools of Social Work: IASW) 회의에서도 문화다양성에 따른 사회복지실천을 강조하고 전 세계의 사회복지교육에 문화인지적 교육과 실습교육을 실천하기 위한 지침을 공표한 바 있다(한인영, 김유정, 2006). 그러나 IASW에서 정립된 세계사회복지교육의 국제기준을 국내의 사회복지 교육과 훈련에 적용하여 분석한 김도희와 구차순(2008)은 국내의 사회복지 교육과 훈련이 아홉 개 항목 모두에서 국제적 기준에 미달하며 특히 교과과정 중 '다양성' 교육의 개발과 도입이 시급하다고 밝혔다. 그 후 2018년 11월 한국사회복지교육협의회가 발표한 2019~2020년도 사회복지학 교과목지침서에서는 비법정 선택과목으로 다문화사회복지론(Multicultural Social Welfare Practice)을 소개하였다.

다문화사회복지론의 교과목 목표와 개요는 다음과 같다.

첫째, 교과목 목표는 다음과 같다.

① 문화다양성에 관한 기본 지식을 습득하고 문화다양성과 사회복지의 연계성을 이해한다.
② 다문화 사회복지의 이론적 관점을 이해하고 사회적 소수자의 쟁점 분석에 적용한다.
③ 다문화 사회정책 패러다임을 이해하고 국가별 패러다임 선택의 배경과 동향을 파악한다.
④ 다문화 사회복지정책, 제도, 전달체계를 이해하고 다문화 사회복지 현장을 경험한다.
⑤ 문화적 역량을 이해하고 문화적으로 역량 있는 사회복지실천 기술을

훈련한다.

⑥ 사회적 소수자에 대한 기본 지식을 습득하고 사회적 소수자 차별의 구
조적 기제를 파악한다.

⑦ 사회적 소수자의 인권에 대한 현실 인식을 높이고 사회적 소수자 지원
을 위한 서비스를 이해한다.

둘째, 교과목 개요는 성별, 연령, 민족, 계급, 성적 정체성, 장애 유무 등, 집단의 경계를 가르는 기준에 따라 문화다양성을 무한히 확대하고 있다. 이로 인해 다문화는 시간과 공간을 넘은 인간 삶의 면면에서 다양한 방식으로 확인되고 있다. 문화적 배경은 개인이 생각하고 행동하는 방식에 영향을 미친다. 따라서 인간은 개인이 속한 다양한 문화적 요소가 결합한 존재로 이해해야 한다. 무엇보다 개인에 대한 사회적 처우와 사회적 권력 관계는 개인의 문화적 배경에 따라 결정되기 때문에 인간에 대한 이해와 성찰은 문화적 배경과의 연계 속에서 이루어져야 한다. 사회적 소수자의 인권운동, 노동과 자본의 전 지구적 이동 등을 배경으로 문화다양성이 확장됨에 따라, 인간을 문화적 총체로 이해하고 분석하며, 개인의 문화적 배경과 조화로운 방식으로 원조하는 역량이 사회복지사에게 요구된다.

이처럼 다문화사회복지론은 사회복지사를 향한 시대적 요구에 조응하는 것을 목적으로 한다. 따라서 이와 같은 목표와 목적을 효과적으로 달성할 수 있는 교재의 개발과 교육과정으로의 선택 등이 과제로 남아 있다.

3) 다문화 사회복지교육의 전망

(1) 동화주의에서 다문화주의로의 전환

우리 사회가 갖고 있는 단일민족이라는 폐쇄적 자긍심과 백인을 제외한 인종에 대한 부정적 인식은 다문화사회로 변하는 과정에서 다른 민족과 동거함에 걸림돌로 작용할 수 있다. 세계는 점점 다인종·다문화사회로 변해

가고 우리 사회도 점차 다문화사회로 진입하고 있다. 이런 시점에서 우리나라가 실시하는 다문화교육정책의 방향성에 대해 살펴볼 필요가 있다. 지금까지 우리의 다문화교육정책은 결혼이민자, 외국인 근로자, 북한이탈주민 등 한국 이주민에게 한국어와 한국문화를 강요하는 동화정책 위주로 실시해 왔다. 2012년까지 실시된 교육부의 다문화교육 지원정책도 다문화가정 학생들과 그 가정을 대상으로 동화주의를 바탕으로 실시되어 왔다. 그러나 이제 본격적인 다인종·다문화사회의 도래를 앞두고 미래사회를 이끌어 갈 아동과 청소년이 상생할 수 있도록 새로운 정책 방향에 대한 심도 있는 논의와 토론이 필요하다. 그동안 다문화가정 학생들 위주로 실시했던 지엽적인 정책들을 이제는 정규 초·중등 교육과정을 통하여 다문화이해 교육으로 활성화시켜야 한다. 특히 아동과 청소년이 다문화를 이해하고 수용할 수 있도록 효과적인 프로그램을 개발하여 시행해야 할 것이다. 무엇보다 이러한 프로그램을 어린 학생부터 시작하는 것이 편견을 해소하는 데 도움이 될 것이며 단순히 체험 위주 활동이 되지 않도록 구체적인 프로그램을 지속해서 실시하는 것이 필요하다. 정규학교 교육과정에 타 문화 이해, 문화적 차이, 사회통합과 관련된 내용을 포함하여 반인종주의 교육과 이주민에 대한 편견과 성찰을 통해 다문화주의의 가치를 지향해 나가야 한다.

(2) 상호문화 다양성 인정

우리나라 다문화정책은 단순 논리에 의한 정책으로 대부분 결혼이주민을 대상으로 추진되고 있다. 그리고 우리 사회가 가진 다른 민족과 인종에 대한 편견으로 '한국인'과 '이주민'을 다르게 생각하는 시각과 편협한 사고로 차별하고 있다. 다문화가정 자녀들은 그들의 선택이 아닌 부모 세대로 인해 사회에서 배제와 편견 그리고 빈곤과 차별을 받고 생활하고 있다. 그러나 우리의 다문화교육정책에는 이들에 대한 이해는 없고 이들의 학교 부적응과 학업 부진을 최우선으로 하는 정책들을 계획하고 실시하고 있다. 이러한 정책들은 결국 다문화학생을 학교 안에 수용하지 못하고 학교 밖으로 몰아내는 결과를 가져온다. 진정 다문화가정 자녀들을 학교교육에 적응하게 하려면 이들이 가진 가정 환경을 이해하고 고려하는 정책을 추진하는 것이 필요하다. 각기 다른 언어와 문화를 가진 부모를 인정하고 양쪽 언어와 문화를 인정하는 방향으로 다문화정책 방향을 전환해야 한다. 교육부는 2013년부터 일반 학생 상호이해 교육을 추진 전략으로 제시하고 2014년 모든 학생으로 대상을 확대하는 방안을 제시했다. 이것은 다문화사회로 점차 변해 가는 우리 사회에서 필요한 부분이다. 2014년부터 확대되어 실시하기 시작한 다문화 학생 교육지원 계획은 문화다양성을 수용하는 방안으로 검토하고 있다. 그러나 아직 우리 사회는 다문화가정 자녀들이 우리 사회의 구성원이라기보다는 배타적이고 이질적이라는 선입견과 편견이 있다. 이러한 선입견과 편견을 지양하고 다문화가정 자녀들이 가진 다양한 언어와 문화적 속성을 강점으로 활용한다면 자존감을 회복시켜 그들이 우리 사회의 구성원으로서 당당히 자리매김할 수 있을 것이다.

(3) 중앙 통제 시스템과 사회관계망 구축

앞서 우리는 최근 교육부의 다문화교육정책, 여성가족부의 다문화가족정책 그리고 법무부의 다문화교육정책을 검토하였다. 교육부는 다문화교육지원정책을 수립하여 다문화가정 학생에서 일반 학생으로 점차 확대 실시하고 있으며, 여성가족부에서는 다문화가족정책 기본계획을 수립하여 여러 관계부처와 협력하여 추진하고 있으며, 법무부는 외국인 관련 업무와 관련하여 다문화교육을 하고 있다. 그러나 문제점에서 제시된 바와 같이 이들 정부기관들은 서로 소통이 잘 이루어지지 않고 있다. 각각 관계부처의 특성에 따라 다문화교육정책을 수립하다 보니 정책의 일관성이 없고 단체들 사이의 협력 시스템 구축과 중복 프로그램의 실시에 관한 문제가 지적되고 있다. 각 관계부처의 다문화정책 프로그램은 지역으로 전달되고 많은 기관과 단체에 프로그램이 배정된다. 그러나 이들 기관 및 단체 사이를 통제할 시스템이 없어 서로 혼선을 빚는 경우가 발생한다. 이것을 해결하려면 중앙에서는 통제 시

스템을 구축해야 하며 중앙과 지역 간의 연계망을 개선해야 한다. 또 다문화
가정의 사회관계망 구축도 필요하다. 결혼이민자는 대부분 자국인들과의 활
동 위주로 하고 있으며, 지역주민 모임이나 민간단체 활동 참여율은 저조하
다. 이것은 한국어 능력과 사회관계망 부족에서 오는 경우가 많다. 아무리
좋은 다문화교육정책을 세운다고 하더라도 결혼이민자들이 그것을 직접 접
할 수 없다면 무용지물일 것이다. 마을이나 동·면 단위 등 다문화가정과 가
까운 곳부터 사회관계망을 구축하여 이들이 교육정책과 우리 사회에서 소외
되지 않도록 고려해야 한다.

(4) 전 국민을 대상으로 다문화교육 확대

한국사회의 외국인 주민 수는 2015년 11월 기준 171만 명으로 총인구 대
비 3.4%를 차지하는 것으로 조사되었다(행정안전부, 2016). 그중 국제결혼이
민자 가족 수가 급증하는 추세로 2008년 약 34만 명에서 2011년 약 55만 명
으로 증가하였으며 다문화가정 전체 구성원은 2020년 98.6만 명에 달할 것
으로 예상된다. 또 다문화가정 자녀 수도 2015년 19만 7,550명에서 2020년에
는 30만 2,692명으로 확대될 것으로 예상된다. 이처럼 한국사회는 점점 더 다
문화사회로 변모하고 있다. 교육부는 다문화 학생 지원교육 대상을 2013년부
터 다문화가정 학생에서 일반 학생으로 범위를 확대하고 있다. 점차 다문화
사회로 변화하는 한국사회에서 다문화교육 대상을 한정하여 실시하는 것은
시대를 역행하는 것과 같다. 사회 곳곳이 다인종화되는 현실을 인지하고 전
국민을 대상으로 다문화교육을 확대해야 할 것이다.

2. 다문화 사회복지실천의 과제와 전망

1) 다문화 사회복지실천의 실태

다문화가족을 위한 사회복지실천 현장으로는 다문화가족지원센터와 외국인근로자센터가 있고, 북한이탈주민의 정착지원을 위해 지역사회복지관과 인권센터 등 북한이탈주민후원회가 지원하는 민간단체협의회 소속단체가 있으며, 코시안 및 외국인 자녀와 가족 지원을 위해 혼혈아동기관이 운영되고 있다. 이러한 실천 현장의 전문인력으로는 사회복지사나 건강가정사, 또는 다른 전공자가 담당하고 있다.

우리나라 다문화 사회복지실천의 흐름은 여성가족부에서 발행한 가족사업안내서(2019)의 다문화가족 지원사업 개요를 통해서 살펴볼 수 있다. 2006년 4월 26일 범부처 차원에서 여성결혼이민자가족의 사회통합 지원방안을 마련하여 결혼이민자가족의 사회문화적 적응 지원체계 구축을 위하여 시·군·구별로 결혼이민자가족지원센터(21개소)를 지정·운영하기로 하여 국비지원센터의 수가 ('06) 21개소 → ('07) 38개소 → ('08) 80개소 → ('09) 100개소 → ('10) 159개소 → ('11) 200개소 → ('12) 200개소 → ('13) 211개소 → ('14) 211개소 → ('15) 211개소→ ('16) 211개소로 확대 운영되었다. 2007년 결혼이민자 아동양육지원 방문교육 시범사업이 29개소에서 추진되었고, 2008년에는 한국어교육 및 아동양육 방문교육사업을 통합하여 전국 서비스 전달체계를 구축하였다.

2008년 3월 「다문화가족지원법」을 제정하여 다문화가족지원센터로 명칭을 변경하여 9월부터 시행하였다. 2009년 다문화가족 자녀 언어발달지원사업 및 결혼이민자 통·번역 서비스를 실시하였고, 2009년 12월 「사회복지사업법」 개정으로 다문화가족지원센터의 사회복지시설 전환이 이루어졌다. 2011년 1월 엄마(아빠)나라 언어습득 지원을 위한 언어영재교실사업이 추진되었고, 2011년 4월 「다문화가족지원법」 개정으로 다문화가족의 범위가 '귀화·인지에 의한 국적취득자'와 결혼이민자 등으로 이루어진 가족도 '다문화가족'에 포함되는 것으로 확대되었다. 2012년 다문화가족 자녀생활 서비스가 추진되었고, 2012년 2월 「다문화가족지원법」 개정으로 다문화가족지원센터 설치 및 위탁운영 근거가 마련되었다. 2013년 8월에 개정되고 2014년 1월에 시행된 이혼 등의 사유로 해체된 다문화가족 자녀에 대한 지원 특례 규정이 마련되었다. 2014년 3월 한국어교육 운영 지원체계 개편이 이루어졌고, 7월에 다문화가족 이중언어 환경조성사업 실행방안 마련 및 시범사업이 실시되었다. 10월에는 다문화가족 방문교육 서비스 개선방안 마련 및 자녀생활 서비스 소득수준별 자기부담금 적용제도 도입 및 시범사업이 실시되었다. 다문화가족지원사업의 사업 영역 개편(가족, 성평등, 인권, 사회통합, 상담, 홍보 및 자원연계)으로 다문화가족에 대한 성평등·다문화가족 이중언어

표 13-1 다문화가족지원센터 프로그램

구분	공통필수	선택(예시)	비고
가족	• 다문화가족 이중언어 환경 조성 프로그램 (연간 10시간) • 다문화가족 학령기 자녀 입학 및 입시정보 제공 (부모 대상, 연간 4시간) ※상하반기 각 1회	• 가족의사소통 프로그램 • 가족관계 향상 프로그램 • 결혼과 가족의 이해 • 가족의 의미와 역할 • 아버지교육 • 부모-자녀관계 및 자긍심 향상 프로그램 • 자녀교육 프로그램 • 부모역할교육, 자녀건강지도 • 자녀생활지도 • 자녀성장 지원사업 등	연간 필수 14시간, 선택 26시간 이상 (이중언어코치 배치센터는 공통필수 중 이중언어 환경 조성 프로그램 160시간 이상)
성평등, 인권	• 가족 내 성평등 교육 • 다문화이해교육 • 인권감수성 향상교육	• 이주여성 대상 프로그램 • 이주여성과 한국인 배우자 대상 프로그램 등 • 다문화가족 관련 법과 제도 • 이주민과 인권	20시간 이상 실시

	• 취업기초소양교육 • 구직자 발굴 시 e새일시스템과 연계된 워크넷 등록 및 새일센터로 적극 연계 • 새일센터의 결혼이민자 대상 직업교육훈련 개설 시 적극 협조(교육과정 설계 모집 등)	−	e새일시스템과 연계된 워크넷 등록 및 새일센터 연계 (10건 이상)
사회 통합	• 다문화가족 나눔봉사단 소양교육 (4시간 이상) • 다문화가족 나눔봉사단 활동	• 한국사회적응교육 • 소비자 · 경제교육 • 학업지원반 운영 및 연계 • 다문화가족 자조모임 • 다문화인식 개선 • 결혼이민자 멘토링프로그램 • 결혼이민자 정착단계별 지원 패키지 프로그램(=결혼이민자 자립지원 패키지 프로그램) 등 −(미래찾기, 길찾기 등 미래설계 프로그램 중 선택) ※건가 · 다가 통합서비스 운영 기관은 공동 필수 사업으로 실시	15시간 이상 실시 (봉사자 소양교육 필수 4시간 포함)
상담	• 가족상담	• 개인상담 • 집단상담 • 사례관리 • 위기가족 긴급지원 • 외부상담기관 연계 등	연간 80회기 이상
홍보 및 자원 연계	• 지역사회 홍보 • 지역사회 네트워크 • 홈페이지 운영 등		센터홈페이지 프로그램 안내 게시판에 익월 프로그램에 대한 안내글 게시(매월 30일까지)

환경조성사업이 전국적으로 확대(센터 기본사업 포함)되었다. 2015년 12월 개정되고 2016년 6월 시행된 「다문화가족지원법」 일부개정으로 방문교육 비용 차등지원 근거 마련 등이 있었고, 다문화가족지원사업의 사업 영역 일부 통합(성평등, 인권 개별 영역을 성평등·인권으로 통합)이 있었다.

2019년 1월 1일 현재 건강가정·다문화가족지원센터로 통합되어 운영되는 곳은 183개소, 다문화가족지원센터로 운영되는 곳은 219개소이다. 다문화가족지원센터에서 실시하고 있는 프로그램을 제시하면 〈표 13-1〉과 같다.

결혼이민자들이 자국문화와의 충돌 속에서 한국사회에 적응하기 위해서는 구체적이고 실효성 있는 대책들이 방안으로 제시될 수 있다. 이들 가족 대상의 교육과 프로그램이 필요하고 지속적인 사례관리가 필요한 가족이 많으나 대개 1명의 담당 인력으로는 사례관리가 역부족일 때가 많다.

2) 다문화 사회복지실천의 과제

다문화가족을 위한 사회복지실천을 위해 다각적으로 노력해 오고 있으나 아직 우리나라 다문화 사회복지실천의 문제점은 여전히 존재하고 있다. 김영란(2010)은 한국 다문화 사회복지실천의 문제점을 다음과 같이 제시하였다.

(1) 편견과 차별

한국 사회복지실천 현장에서 나타나는 문제들을 살펴보면 다음과 같다. 첫째, 사회복지사와 클라이언트의 갈등과 오해는 효과적인 다문화 사회복지실천의 장애로 작용하고 있는데, 임상 사회복지와 치료는 클라이언트의 내적 역동성에 너무 초점을 맞추어 문제의 원인으로 외적 요인을 고려하지 못하는 경우가 있다. 아울러 사회복지사는 정신건강 서비스를 제공하면서 경제적 함의를 반드시 고려해야 한다. 사회경제적 지위와 관련이 있는 계층 한 계요인은 클라이언트의 고통이 가난 때문이며, 그들이 필요한 도움을 거절하고 있음을 나타낸다. 예를 들어, 농촌 거주 국제결혼가정 외국 여성의 경우 자가용을 가지고 있지 않거나, 거주지역에서 편리하게 대중교통을 이용할 수 없는 경우, 가난한 클라이언트는 원조를 받기 위해 사회 서비스 기관에 오는 것이 어렵다. 따라서 이런 경우 방문 서비스나 다른 형태의 지역복지 서비스가 필요하다. 그러나 방문 서비스를 받지 못하는 경우도 많다. 사회복지사가 관례로 가정방문 서비스를 한다면, 많은 임상 사회복지사는 클라이언트를 만나는 것이 내키지 않고 두렵고 불편할 것이다. 그들의 훈련방법은 사회복지사가 사무실에서 서비스를 제공하고 클라이언트가 사회복지사들을 찾아오는 것이다.

둘째, 사회복지실천에서 언어적 차이나 언어장애의 의미를 이해하려는 노력은 다문화사회의 도래 이전에는 특수한 경우(특수교육, 장애인복지 등)를 제외하고는 고려의 대상이 아니었다. 이중언어를 하는 사회복지사는 필요하다. 그러나 현실적으로 서비스 전달체계의 부족으로 언어적 소수집단을 위한 이중언어 사회복지사를 고용하기란 쉽지 않다. 다문화 사회복지실천의 상담과 치료에서 표준 한국어의 사용은 한국어를 잘 구사할 수 없는 사람이 불이익을 받을 수밖에 없게 되어 있다.

셋째, 한국사회에서 인종적·민족적 소수집단은 주류문화의 생활양식에 적응해야 한다는 강한 압박을 받고 있다는 점이다. 사회복지실천은 사회문화적 준거틀의 영향을 받는다. 문화는 사람들이 행동하고 생각하고 평가하고 향유하기 위해 역사로부터 전승된 모든 것으로 구성되었다. 그것은 사회구성원의 사고, 신념체계, 기술, 도구, 관습, 제도의 총체이다. 모든 사람이 현존하는 믿음, 가치, 실천의 문화적 맥락 속에 태어나는 것은 부인할 수 없다. 같은 문화적 기반을 공유하는 개인은 비슷한 가치와 신념체계를 가지고 있다. 사회화과정은 일반적으로 가족의 기능이고 많은 문화적 집단 참여 속에서 이루어진다. 대부분의 사회복지 전문가는 그들이 자신의 가치와 신념에 한국문화의 공통요인을 공유한다. 그 가치와 신념은 정신건강 서비스의 실제 과정에 영향을 미친다. 따라서 원조 전문가는 그의 감정 깊숙이 문화적으로 조건화된 측면을 가지고 있다는 점을 이해하고, 그것이 사회복지실천에서 어떻게 주류집단의 편견과 고정관념을 반영해 왔는가를 인정해야 한다.

넷째, 다문화 사회복지실천에서 사회복지사의 다문화 역량 강화가 시급하게 요청된다는 점이다. 사회복지사는 자신이 문화적 조건화의 희생자일 수 있다는 점을 깨달아야 한다. 한국사회가 가지고 있는 인종적인 편견과 선입관, 고정관념을 물려받았다는 점을 인정하고, 의식적 또는 무의식적으로 소수민족에 대한 억압에 참여했던 자신의 역할에 대한 책임을 인식해야 한다. 또한 방어적이지 않고 인종차별이 없는 방식으로 자신의 민족적 정체성을 능동적으로 재규명하기 위해 노력해야 한다.

(2) 문화적 역량의 강화

문화적 역량이란 개인과 가족 그리고 지역의 가치를 인정하고 지지하며 중요시하고 각각의 존엄성을 보호하고 간직하는 태도로 모든 문화나 언어, 계층, 인종, 민족적 배경, 종교, 또는 다른 다양한 요소를 가진 사람에게 개인이나 체계가 정중하고 효과적으로 반응하는 방식으로 정의할 수 있다. 거기에는 클라이언트와 클라이언트 체계의 발달을 최대화할 수 있는 조건을 만들어 내거나 행동을 취할 수 있는 능력이 포함된다. 따라서 문화적 역량이 있는 사회복지실천이란 서비스 제공자가 모든 집단에 좀 더 반응적인 새로운 이론과 실천, 정책, 조직 구조의 발전을 촉진하면서 다원주의적 민주사회가 조직적 · 사회적 수준에서 효율적으로 기능하는 데 요구되는 기술과 지식 및 인식(다양한 배경을 가진 클라이언트의 입장에서 의사소통하고 상호작용하며 협상하고 개입할 수 있는 능력)을 습득하는 것이라 할 수 있다.

이미 다문화사회로 접어든 한국의 상황에서 문화적 역량을 가진 사회복지사의 목표는 다음과 같이 네 가지로 구분할 수 있다. 첫째, 인간 행동, 가치, 편견, 선입관 그리고 개인적인 한계에 대한 자신의 정체성을 적극적으로 알아 가야 한다. 둘째, 자신과 문화적으로 다른 클라이언트의 세계관을 이해하려고 능동적으로 시도한다. 셋째, 자신과 다른 문화의 클라이언트와 일할 때 적절하고 섬세한 개입 전략과 기술을 적극적으로 발전시키고 실행한다. 넷째, 조직적이고 제도적인 힘이 문화적 역량의 발전을 어떻게 증진하거나 부정할 수 있는지 이해한다. 그러나 이 네 가지 목표는 한국적 현실에서 문화적 역량이 적극적이고 발전적이며 계속되는 과정에서 달성해야 하는 것이라기보다는 달성하기를 열망하는 것이라는 사실에 더 의미를 두고자 한다.

아울러 문화적 역량을 함양하기 위한 요소로서 다음의 네 가지를 들 수 있다. 첫째, 인간 행동에 대한 자신의 정체성과 가치 및 편견을 알아 가는 일이다. 사회복지사가 문화적으로 다양한 집단과 효과적인 관계를 만드는 능력을 가로막을 수도 있는 고정관념이나 편견 또는 신념을 가지고 있는가? 그렇다면 사회복지사는 문화적으로 다른 클라이언트에게 문화적인 차별을 하게 되거나 현실에 대한, 그리고 옳고 그름, 좋고 나쁨, 정상과 비정상에 대한 자신의 정의를 경솔하게 강요하게 될지도 모른다. 태도나 신념 그리고 문화적 차이에 대한 느낌 등의 감정적 영향은 자신을 검증하는 것을 어렵게 하는데, 이러한 요소는 무의식적인 인종차별주의나 성차별주의, 비장애인 우선주의, 연령차별주의 등을 유발한다. 문화적으로 역량이 있다는 것은 이러한 질문을 적절하게 다루며, 그와 연관된 편견이나 감정 또는 죄책감을 뚫고 나갈 수 있는 것을 의미한다.

둘째, 문화적으로 다양한 클라이언트의 세계관을 이해하는 것이다. 많은 소수집단이 그들이 속한 절대적으로 우세한 문화의 일원과는 다른 가치관을 갖는다는 사실은 이론의 여지가 없다. 가치관은 그 사람의 문화적 성장배경이나 인생 경험과 밀접하게 연관되어 있다. 또한 가치관은 사건에 대해 정의 내리며 결정하고 행동하는 방식에 영향을 미친다. 사회복지사가 문화적으로 다양한 클라이언트의 가치관을 이해하고 공유할 수 있다는 것은 매우 중요한 부분이다. 이것은 사회복지사가 클라이언트와 같은 세계관을 가져야 한다는 것이 아니라 자신의 것과는 다른 가치관을 판단하지 않는 자세로 바라보고 그대로 받아들여야 한다는 것을 의미한다. 사회복지사는 문화적 역할의 수용에서 클라이언트의 문화적 배경과 일상생활의 경험, 소망, 두려움, 염원 등과 같은 특징과 그 범위를 고려하는 실제적인 지식을 얻게 된다.

셋째, 적절한 개입 전략과 기술을 개발하는 일이다. 사회복지사는 문화적으로 다양한 개인 또는 단체와 일할 때 적절하고 효과적인 지지와 지도, 의사소통, 개입 전략을 발전시키는 과정을 시작해야 한다. 사회복지사가 클라이언트의 삶의 경험과 문화적 가치에 일치하는 개입 양식과 목표를 설정할 때, 대부분의 경우 클라이언트를 효과적으로 도울 수 있는 정도는 증가할 것이다. 모든 집단과 개인은 각기 다르므로 모든 상황과 모든 사람에게 다 같은 기술과 전략을 맹목적으로 적용하는 것은 지양해야 한다. 또한 많은 사회복지사는 체계적 개입 기술이 부족할 뿐만 아니라 사무실에서 벗어나는 것이 익숙하지 않고 불편함을 느낀다. 그러나 인종적·민족적 소수집단과 함께 작업하는 것은 사무실 밖의 장소나 활동(클라이언트 가정방문, 자원봉사 단체 및 협력기관 등) 등 다른 대안적 역할이 필요하고, 이것이 더 효과적이라는 것이 판명되었다.

넷째, 문화적 역량을 고취하거나 부정하는 조직적·제도적 힘을 이해하는 것이다. 클라이언트의 문제는 문화적 표현을 억압하는 제도에서 비롯될 수 있다. 그러므로 문화적 역량을 조직의 관점에서도 보는 것은 필수적이다. 한국사회가 진정으로 다양성에 가치를 두고 다문화를 지향한다면, 사회복지와 관련된 조직들—사업체, 산업체, 의료기관, 각급 학교, 정부기관, 전문 사회복지기관—은 다문화적인 방향으로 움직여야 한다. 새로운 규칙이나 규율, 정책, 실제 업무, 조직 내의 구조가 다문화를 확장할 수 있도록 고안되는 것이 중요하다. 그런 점에서 사회복지사는 제도적 힘이 문화적 역량을 증진할 것인지 혹은 부정할 것인지를 이해해야 한다. 다원적인 사회에서 다양성에 가치를 두는 단체는 단일문화적 단체의 특성인 오해와 충돌을 피할 수 있는 더 나은 위치에 있을 것이다. 단일문화적인 조직에서 다문화적인 조직으로 변하는 과정은 사회복지사가 클라이언트 자신의 특징을 이해하도록 요구한다. 어떠한 조직적 문화를 가졌는지를 규명하고 어떤 정책이나 관행이 문화적 다양성을 촉진하거나 저해하는지를 알고 변화를 어떻게 실행해야 하는가를 아는 것은 매우 중요하다.

(3) 다문화적 사회복지조직의 변화

사회복지실천은 지금까지 단일문화적 관점에서 수행되어 왔기에 다문화 사회로의 진입에 있어서 사회복지기관의 변화가 필요하다. 조직은 그들이 지향하는 더 큰 사회의 축소판이다. 결과적으로 더 큰 문화의 단일문화적 가치와 실천방법을 사회복지실천에 반영하게 된다. 조직은 필연적으로 변화에 저항하고 개인의 복종을 요구하지만, 다문화적 조직 발달이 요구될 때, 체계적 개입을 강조하는 대안적 원조 역할은 사회복지사 역할 범주의 일부여야 한다. 소수집단에 대한 지원과 원조는 조직기관이 단일문화적 지향에서 다문화적 지향으로 변화될 때 효과적이기 때문이다. 소수집단에 대한 표면적 또는 암묵적 배제나 지배적 주류집단의 이익을 대변하고 각각의 문화 특수적 방법을 인정하지 않거나 소수집단을 주류집단에 동화시키려는 태도는 지양되어야 한다. 이를 통하여 사회복지기관은 다문화적 조직으로 탈바꿈되어야 한다. 실천적인 부분에서는 다문화주의를 반영하는 관점에서 서비스를 제공하고, 클라이언트의 다양성을 중요시하고 그것을 자산으로 인정해야 하며, 기관의 임무, 운영, 서비스에 다양한 문화로 구성된 사회집단의 기여를 반영해야 한다. 다양한 소수집단의 개인적·사회적 욕구를 충족시키기 위해서는 사회복지기관이 문화적으로 역량을 갖춘 사회복지사를 고용할 뿐만 아니라 기관 자체가 '다문화적 역량'을 가지고 있어야 한다. 따라서 다문화적 역량을 갖추는 것은 개인적 실천 수준뿐만 아니라 원조 역할을 정의하는 방법의 변화와 사회복지 관련기관의 다문화적 가치 수용으로 이루어질 수 있다.

3) 다문화 사회복지실천의 전망

다문화가족이 새로운 사회에서 경험하는 문화 간 차이나 언어 장벽으로 인한 어려움은 당연할 수 있다. 하지만 무엇보다도 이들을 힘들게 하는 것은 정보의 부족과 가족의 폐쇄적인 태도로 인해 사회로부터 단절되고 소외된

채 살아간다는 점이다. 이들이 경험하는 열외(on the outside)의 느낌, 자신에 대한 부족한 느낌, 무엇인가 부적절하다는 느낌은 우리 사회가 가진 다문화가족에 대한 편견과 고정관념의 결과이다. 다문화가족에 대한 사회복지서비스가 증가하면서 사회복지실천 현장도 많은 도전이 되고 있다. 따라서 다문화 사회복지정책의 실태와 다문화정책의 과제를 파악하고 다문화 감수성과 문화역량 강화를 통한 전문성을 갖춘 사회복지사들을 양성해야 할 것이다.

(1) 전문인력의 체계적 활용

다문화 사회복지실천에 있어서 다음과 같이 전문인력을 체계적으로 활용할 필요가 있다.

첫째, 결혼이주여성들을 상대하는 센터의 사회복지사와 사례관리사, 한국어 강사 등 센터 종사자의 문화적 역량 및 감수성을 강화시켜야 한다. 결혼이주여성들에게 서비스를 제공하는 사회복지사, 사례관리사 등 전문가들의 다문화 감수성과 문화역량을 더욱 강화시키고 그에 따른 고도의 상담 기술도 익혀 결혼이주여성들의 적극적인 지원자가 되어야 할 것이다(정혜원, 2020).

둘째, 현재 다문화가족지원센터에서 시행하고 있는 방문지도사제도를 더욱 확충해 나가도록 해야 한다. 방문지도사들은 다문화가족지원센터를 방문할 수 없는 결혼이주여성들을 위해 가정을 방문하여 결혼이주여성에게 한국어를 지도하고 '자녀양육'에 대한 도움을 주고 있을 뿐만 아니라 부부상담 등을 하기도 한다. 따라서 이들은 한국인 남편들의 역량 강화에 간접적으로 기여하고 있으므로 이 제도를 더욱 확충시켜 나가야 할 것이다(정혜원, 2017).

(2) 서비스의 체계화

다문화 사회복지실천을 위한 서비스의 체계화가 다음과 같이 구축되어야 한다.

첫째, 다문화가족 사례관리사업을 확대 강화한다. 이를 위해 지역의 다문화가족지원센터에 이주여성의 인적사항이 통보되는 시스템을 운영하여 다문화가족지원센터가 중심이 되어 이주여성에게 먼저 연락하고 정기적으로 방문하여 정보에 취약한 이주여성들도 서비스를 받을 수 있도록 한다. 임원선과 정혜원의 연구(2019)에서도 알 수 있듯이 결혼이주여성들은 가정 외부와 차단된 생활을 하는 경우가 많으므로 정보의 사각지대에 있는 결혼이주여성을 지역사회에 합류할 수 있도록 도와주어야 한다. 이로서 결혼이주여성 개인의 욕구 충족뿐 아니라 지역사회에 건강한 구성원으로 자리 잡을 수 있도록 개인과 지역을 모두 고려한 중장기 사례관리를 체계화한다.

　둘째, 결혼이주여성 멘토링 사업을 강화한다. 임원선과 정혜원의 연구(2019)에서 결혼 해체과정을 경험하는 결혼이주여성들은 나름의 공적·사적 지지체계를 구축함으로써 경제적·사회적·정서적 자립에 도움을 받는 것으로 나타났다. 결혼이주여성들은 한국사회에 대한 문화와 정보가 부족할 뿐 아니라 사회적 관계망도 빈약하여 도움을 부탁하거나, 받을 사람이 없어 결혼생활에 어려움이 생겼을 때 혼자서 해결하려고 하다 보니 극단의 방법인 가출이나 도망을 하게 되었다. 그러므로 결혼 초기부터 가정 문제를 상담하고 지원해 줄 수 있는 지지체계가 형성된다면 어려움과 위기를 이겨 낼 수 있는 힘이 생길 것이다(임원선, 정혜원, 2019).

　셋째, 결혼이주여성의 생애주기별 일자리 지원정책을 체계화하고 일-가정 양립을 위한 보육정책을 실시한다. 대다수의 결혼이주여성은 결혼 해체뿐 아니라 결혼생활 중에도 생계비 마련을 위해 일자리를 찾아야 했다. 어린 자녀가 있는 경우 자녀양육과 함께 구직활동과 취업적응을 해야 하므로 일-가정 양립을 위한 보육지원이 절대적으로 필요하다. 또한 새로일하기센터 등에서 결혼이주여성에게 직업교육과 취업연계를 할 수 있도록 하며 고용노동부와 협력하여 결혼이주여성이 본국에서 취득한 자격증 등을 활용할 수 있는 정책을 마련하는 것이 필요하다(임원선, 정혜원, 2019).

　넷째, 결혼해체를 경험한 이주여성들의 주거와 의료 그리고 상담 서비스를 체계화한다. 임원선과 정혜원의 연구(2019)를 통해 결혼 해체에 직면한 이주여성들은 주거와 자녀양육의 어려움뿐 아니라 결혼생활과 해체과정에서 경험한 신체적·언어적·정서적 학대로 신체뿐 아니라 심리적인 어려움을 겪고 있는 것으로 확인되었다. 폭력피해 이주여성의 보호와 자립을 위해 전국에 쉼터 28곳, 공동생활가정 3곳 그리고 자활지원센터는 1곳 총 32개 보호시설이 운영되고 있으나, 이는 수요에 비해 턱없이 부족한 상태이다. 보호시설이 결혼 해체 이주여성들의 안정적인 정착을 위한 마중물 역할을 잘 감당할 수 있도록 보호시설의 확충과 함께 전문상담 서비스를 통해 이주여성들의 심리·정서적 안정을 도모한다(임원선, 정혜원, 2019).

다섯째, 결혼이주여성을 대상으로 하는 가족 프로그램을 실시할 때 결혼이주여성 가족만이 아니라 지역사회의 일반 가족들도 함께 참여하는 통합 프로그램을 실행하도록 한다. 이를 통해 결혼이주여성 가족 또한 우리 사회의 다양한 가족 유형 중 하나로 수용하여 결혼이주여성에 대한 편견이나 선입견을 재조정하는 기회가 되도록 한다(정혜원, 2020).

3. 다문화 사회복지정책의 과제와 전망

1) 다문화 사회복지정책의 실태

한국의 다문화정책은 1980년대 말 이후 급격히 증가한 외국인 근로자들에 의해 시작되었다. 2000년대에 들어서면서부터 급증한 국제결혼은 다문화교육정책을 전환하는 계기로 작용하였다. 2005년을 기준으로 다문화교육정책에 대한 전반적인 재검토가 시행되었고, 2006년부터 중앙부처와 지방정부의 다문화정책 관련사업이 본격적으로 시작되어 시행되고 있다.

(1) 다문화가족 지원정책의 도입

2000년대 들어서 국내 농촌 총각으로 대표되는 주변화된 남성들의 결혼 문제와 저출산 문제 등 한국사회의 내재한 문제에 대한 해결책으로 국제결혼이 추진되면서 결혼이민자가 증가하기 시작하였다. 특히 1990년대 농촌 총각 장가 보내기와 한·중 수교 이후 중국 조선족 여성과의 국제결혼이 급격하게 증가했으며 이후 대만과 일본이 국제결혼 강화정책을 실시하면서 동남아시아 지역의 이주 희망 여성들의 관심이 한국으로 향하게 되었다. 이와 같은 사회적 배경과 더불어 국제결혼 중개업체의 활발한 활동은 국내 국제결혼의 폭발적 증가라는 사회적 현상을 불러왔다. 이와 같은 시대적 흐름 속에서 정부는 2006년 4월 대통령 자문기구인 빈부격차·차별시정위원회와 여성가족부 등 12개 부처가 공동으로 여성 결혼이민자 가족의 사회통합지원 대책을 마련하였으며 2007년 「재한외국인 처우 기본법」과 2008년 「다문화가족지원법」을 제정·시행하여 국내 외국인 또는 이민자 등을 지원하기 위한 법률을 제정하고 이들의 한국사회 적응 및 사회통합을 위해 다양한 정책을 추진해 왔다. 특히 2009년 다문화가족지원사업의 총괄·조정을 위하여 국무총리실에 다문화가족정책위원회를 설치하였고, 2010년 5월 국무총리실과 관계부처 합동으로 다문화가족지원정책 기본계획을 수립하여 실시해 오고 있다.

(2) 다문화가족 지원정책의 현황

정부는 2017년에 '제2차 다문화가족지원정책 기본계획'이 완료되고 한국사회의 다문화사회 진전이 이루어짐과 함께 자녀 세대 성장, 취업 욕구 증가 등으로 정책 수요가 다양해지고 있고 사회 전반의 다문화 수용성도 확대되어야 할 상황에 직면함에 따라 제2차 기본계획의 연속성을 담보하면서 다문화가족의 수요 및 여건 변화에 맞추어 새로운 중장기 계획을 수립하여 2018년부터 '제3차 다문화가족 지원정책 기본계획'(2018~2022년)을 시행하고 있다. 제3차 기본계획은 참여와 공존의 열린 다문화사회를 비전으로 모두가 존중받는 차

비전	참여와 공존의 열린 다문화사회

목표	• 모두가 존중받고 차별 없는 다문화사회 규현 • 다문화가족의 사회 · 경제적 참여 확대 • 다문화가족 자녀의 건강한 성장 도모

정책 과제	다문화가족 장기정착 지원	1. 결혼이주여성 인권보호 강화(가정폭력예방 및 대응체계 구축) 2. 국제결혼 피해예방 지원 3. 안정된 가족생활 지원 4. 서비스 연계 활성화
	결혼이민자 다양한 사회참여 확대	1. 자립역량 강화 2. 취 · 창업 지원 서비스 내실화 3. 사회참여 기회 확대
	다문화가족 자녀의 안정적 성장지원과 역량 강화	1. 안정적 성장을 위한 환경 조성 2. 학업 및 글로벌 역량 강화 3. 진로준비 및 사회진출 지원 4. 중도입국자녀 맞춤형 지원
	상호존중에 기반한 다문화 수용성 제고	1. 정책환경에 대한 주기적 모니터링 실시 2. 다문화 이해교육 활성화 3. 다문화 수용성 제고를 위한 미디어 환경 조성 4. 지역 환경 조성 및 참여 · 교류 프로그램 활성화
	협력적 다문화가족 정책 운영을 위한 추진체계 강화	1. 정책추진체계 간 협력 강화 2. 다문화가족 지원체계 내실화

[그림 13-1] 제3차 다문화가족 지원정책 주요 추진 과제

별 없는 다문화사회 구현, 다문화가족의 사회·경제적 참여 확대, 다문화가족 자녀의 건강한 성장 도모 등을 목표로 5년간 법무부, 교육부 등 총 17개 중앙행정부처와 기관이 함께 5개 대과제, 17개 중과제 및 70개 소과제로 구성하여 추진하고 있다. 주요 중점 추진 과제는, 첫째, 다문화가족 장기정착 지원, 둘째, 결혼이민자 사회·경제적 참여 확대, 셋째, 다문화가족 자녀의 안정적 성장 지원과 역량 강화, 넷째, 상호존중에 기반한 사회적 다문화 수용성 제고, 다섯째, 협력적 다문화가족정책 운용을 위한 추진체계 강화 등이다.

2) 다문화 사회복지정책의 과제

국내 체류 외국인이 경험하는 문제는 크게 국적 취득 및 인권 문제, 사회문화적 적응의 문제, 사회통합의 문제 등으로 구분해 볼 수 있다.

(1) 국적 취득 및 인권 문제

첫 번째 범주의 문제는 국적 취득과 인권에 관련되어 주로 외국인 근로자와 국적 취득 전의 결혼이민자에 관한 문제이다. 결혼이주여성의 경우 최근까지 결혼 후 한국 국적을 취득하는 데 오랜 시간이 걸리거나 국적취득 과정에서의 비합리적 요소들(예: 남편의 동의가 필요한 조건 등)로 인하여 큰 어려움을 경험하였다. 최근 들어 이러한 불합리한 요소들이 시정되고 법적으로 향상된 조건이 부여되고 있으나 한국 남성과 결혼하는 외국 여성의 경우, 국적취득 과정은 기본적 인권 문제로서 정책적 배려가 지속적으로 요구되는 사안이다. 또한 결혼이주여성의 경우 인신매매성 국제결혼 중매, 결혼 후 가정폭력 및 학대의 문제가 자주 제기되고 있는데, 이는 중대한 기본권적 인권 침해로 지적될 수 있다. 외국인 근로자의 경우 오랜 기간 동안 기본권 배제와 인권유린의 문제가 지적됐다. 열악한 노동조건, 임금체불, 고용주의, 폭력 및 성폭력 문제 등이 이에 해당하는 문제인데, 불법체류 신분에 있는 외국인은 체류 신분의 불안정성과 불법성 때문에 더욱 심각한 인권유린을 경험하고 있다. 산업연수제도가 가지고 있는 제도적 모순점을 해결하고 인권 문제를 감소시킬 목적으로 고용허가제가 시행되면서 외국 노동 인력에 대한 노동 권리를 보장하고, 적어도 구조적으로 인권유린이 자행된다는 비판은 다소 면하게 되었다. 그러나 이들에 대한 정책은 외국인 근로자를 여전히 노동시장의 영역에서만 고려하는 차원으로서 제한되어 있고, 이들의 인간적 권리에 대한 배려는 매우 저조한 상황이다. 우리 정부의 외국인 노동정책은 여전히 단기순환정책(rotation policy)으로서 선진국들이 견지해 온 '차별 배제적' 이주노동자정책 모형을 지향하고 있고, 이들의 정주를 정책적 고려에 포함하고 있지 않다. 그러나 외국인 근로자의 불법체류 기간의 장기화는 점점 증가하고 있으며, 이들이 법적인 테두리 내에서 한국에 체류하는 동안에도 이들의 가족결합권(family reunification), 아동양육권, 여성모성보호권, 아동교육권 등 인간적인 차원의 권리가 보장되어야 한다는 주장이 높아지고 있다(국회민생정치연구회, 2006). 즉, 이들이 얼마를 한국에 머물더라도 한 사람의 인간이 누리는 보호적 환경을 조성한다는 차원에서 노동력 대책 차원을 넘어선 문화정책 차원의 지원과 프로그램을 개발하여야 한다는 주장이다(조옥라 외, 2006).

(2) 사회문화적 적응의 문제

두 번째 문제 영역은 외국인이 한국사회와 한국문화에 적응하는 과정에서 경험하는 어려움으로 다음과 같은 것들이 있다. 먼저, 사회적 관계 형성의 어려움으로 한국에 정착하는 외국인은 한국의 가부장적 가족 중심 문화, 지역주의, 연고주의 등 폐쇄적 사회 연결망 구조 속에서 사회에 적응하거나 그 관계를 넓혀 가기 어려운 조건이 형성되어 있다고 할 수 있다(조옥라 외, 2006). 문화적 갈등 혹은 문화적 배경에서 오는 억압은 결혼이민자의 경우, 가부장적 권위의 남편과 시댁의 문화적 차이에서 오는 문화갈등을 경험하고 있고, 민족우월주의에서 오는 여성 결혼이민자에 대한 차별적 시각을 경험하고 있다. 결혼이민자인 외국인 며느리와 한국인 시어머니 사이의 '고부갈등'은 '부부간의 갈등'에도 영향을 미치는 것으로 나타났다. 며느리가 된 결혼이주여성과 시어머니의 갈등은 한국사회 안에서 한국인 며느리와 시어머니 사이에서 일반적으로 나타는 '고부갈등'과는 달리 며느리가 결혼이주여성이라는 편견으로 인해 더 심한 것으로 나타났다. 한국인들이 갖고 있는 단일민족이라는 의식에서 비롯되는 배타성과 영어를 사용하는 백인에 대한 선망의식은 인종적 편견을 갖게 하여 백인만 환대하고 동남아권 외국인은 멸시하는 이중적인 차별을 하게 하였다. 또한 피부색뿐 아니라 가난한 나라에서 온 외국인이라는 편견으로 외국인 며느리인 결혼이주여성에 대해 거부감을 갖는 것으로 나타났다(정혜원, 2017).

한편, 이미 한국 여성에게서 포기된 '시부모 부양'의 전통에 대한 복종, 가사와 농사일의 이중부담이 결혼이주여성에게 요구되고 있으며, 전통적 며느리 역할에 대한 기대를 지속함으로써 이들에게 가부장적 가족문화 강화의 부담을 지우려 한다는 지적이 제기되고 있다(조옥라 외, 2006). 동남아시아 출신 여성, 특히 베트남을 비롯한 같은 유교 전통을 지닌 국가에서 온 결혼이주여성의 경우, 부모 부양, 제사 의식, 남편 공경 등과 같은 유교 전통을 지속하는 데 적합한 배우자로 호도하는 국내 결혼상담소의 상술과 이에 호응하는 한국의 결혼 상대자의 의식이 문제시될 수 있다. 이러한 문화적 배경 차이는 이미 부계가 아닌 양변적(bilateral) 가족 구조에서 성장한 남부 베트남, 태국, 필리핀 등의 국가 출신 여성에게 크게 나타나는 것으로 알려졌다. 이주하기 전 본국에서는 부부간의 문제, 가사, 자녀양육 등은 여성 자신 혹은 부부의 의견 조율에 의해서 결정되는 사항이었지만, 한국 이주 후 시어머니를 비롯한 시댁 식구가 관여하거나 강압적인 결정으로 일방적으로 따르기만을 요구하는 문화적 차이를 경험하고 있는 것이다(김이선, 김민정, 한건수, 2006). 지역사회의 문화적 대응력 미비는 현재 국제결혼가족이 다수 존재하는 지역사회의 내부 대응력 혹은 완충력이 확인되지 않고 있다. 즉, 지역주민의 부족한 의식, 문화적 접촉과 충격에 대한 공식적·제도적 대응정책이 부재한 상황에서 미래 지역사회 내의 다문화적 상황이 미지수로 남는다.

(3) 사회통합의 문제

국내 외국인이 경험하는 세 번째 문제 영역은 더욱 궁극적인 차원으로서, 사회통합의 문제로 볼 수 있다. 한국사회의 외국인과 외국문화에 대한 시각은 이중적이거나 서양화되어 있어 외국인의 피부색과 출신 국가에 따라 결정되고 있다고 할 수 있다. 즉, 흑인이냐 백인이냐의 인종적 기준의 토대 위에 한국보다 잘 사는 나라에서 왔느냐 혹은 못 사는 나라에서 왔느냐 하는 사회 구조적 기준이 더해져 흑인이나 흑인에 가까운 피부색을 가지는 외국인과 후진국 및 개발도상국에서 온 외국인을 상대적으로 차별하는 경향이 있다. 또한 재외동포에 대한 태도도 외국인에 대한 세계관과 비슷하게 위계적이고 이중적이다. 예를 들어, 북한 사투리를 쓰는 중국동포는 홀대하고 재미교포는 우대하는 경향을 보인다.

한편, 한국계 입양아에 대해서도 이들을 한국인으로 받아들이지 못하고 있다. 국내에서 태어난 혼혈인에 대한 차별은 여전히 한국의 혈통주의에 따라 심각하다. 특히 과거 한국이 경제적으로 낙후되어 있던 시절, 한국인 여성과 외국인 남성 사이에 태어난 혼혈아에 대한 차별과 멸시가 심각하여 혼혈인은 학업, 취업, 결혼 등에서 심각한 차별을 경험하고 있으며, 이러한 경향은 우리 사회에서 쉽게 사라지지 않고 있다.

3) 다문화 사회복지정책의 전망

다문화 사회복지정책을 준비함에 있어서 다문화가족의 증가에 대비한 사회복지정책의 기본원칙은 다음과 같은 방향에서 추진되어야 할 것이다. 첫째, 효율적인 정착을 위해서 가족관계 및 사회적응력을 제고한다. 둘째, 다문화시대에 사회통합을 위한 환경을 마련해야 한다. 셋째, 다문화가족 서비스의 효율화를 위하여 인프라 강화와 네트워크 구축 등 서비스 기반이 마련되어야 할 것이다. 넷째, 다문화가족에 대한 사회적 인식 개선과 이해 증진 방안이 선행되어야 할 것이며(김유경, 조애저, 최현미, 이주연, 2008), 경제능력 강화와 공동협의체 조직 등이 요구된다(정혜원, 2020).

(1) 다문화가족의 사회적응력 향상

다문화가족의 사회적응력 향상을 위해서는 다음과 같은 사항이 고려되어야 한다.

첫째, 포괄적인 정보 서비스 체계를 구축해야 한다. 사회복지 관련기관을 중심으로 취업, 법률, 의료 및 복지 서비스 제공 등 각종 정보교육 프로그램을 개발·보급한다. 또한 생활 정보, 서비스 및 제도 안내를 소개하는 다국어 매거진 발간, 방송, 신문 등 다양한 매체를 활용하여 정보 제공을 활성화한다.

둘째, 다문화가족의 정보화를 증진한다. 기관을 중심으로 컴퓨터 정보화 교육과정을 다국어로 개설하고 원격교육, 방문교육 등 맞춤형 교육을 확대한다. 특히 정보화교육은 한국어교육과 상호 연계하여 설계되고 보급되는 방식으로 진행되어야 할 것이다. 이와 함께 정보 접근 환경의 개선을 위하여 공공시설에 구축된 정보 이용시설을 결혼이민자가 이용할 수 있도록 다국어 프로그램 지원, 통역사 배치 등 부가적인 시스템이 마련되어야 할 것이다.

셋째, 각종 서비스 및 제도의 홍보 안내를 통해 인지도를 제고한다. 다문화가족을 대상으로 각종 서비스 및 사회보험, 공공부조 등 사회제도권 보장을 최대화하기 위해서 지역사회 내 기관 및 방송, 신문 등 다양한 매체 활용과 홍보 리플릿, 안내문 보급을 통하여 효과적인 안내와 홍보가 이루어져야 할 것이다.

(2) 사회통합을 위한 환경 조성

사회통합을 위한 환경 조성을 위해서는 다음과 같은 사항이 고려되어야 한다.

첫째, 맞춤형 언어교육 서비스를 제공한다. 언어교육의 접근성 제고를 위해 방문교육, 온라인교육, 방송교육 등 다양한 매체를 활용하여 시간대별로 제공해야 할 것이다. 또한 서비스 이용자의 국적 및 수준별로 세분된 교육 프로그램이 개발 · 지원되어야 할 것이다.

둘째, 한국인 배우자와 가족을 대상으로 언어교육 서비스를 제공한다. 결혼이민자와의 원활한 의사소통을 위하여 결혼이민자의 국적에 따라 일상생활에 필요한 언어교육 프로그램이 개발 · 제공되어야 할 것이다.

셋째, 언어교육 서비스의 홍보 안내를 통해 인지도를 제고한다. 다문화가족을 대상으로 지역사회 내 기관 및 방송, 신문 등 다양한 매체를 통해 지속적인 안내와 홍보가 이루어져야 할 것이다.

(3) 지역사회 중심의 다문화 사회복지정책

다문화가족의 생활에 밀착하여 직접적인 도움을 주는 것은 지방자치단체이기 때문에 지방자치단체의 역할과 기능 및 재정 확대가 중요하다. 캐나다, 독일, 일본 등 주요 선진국의 다문화정책의 공통점은 중앙정부에서 일괄적으로 정책을 개발하여 지역사회로 내려 보내 주기보다는 지역별 특성을 고려하고 있다는 점이다. 중앙이나 연방 정부는 전반적인 다문화정책의 방향성을 제시하고 재정적 지원을 하며, 지방자치단체에 자율성을 부여하고 있다. 우리나라의 다문화가족 지원정책은 중앙집권적인 특성을 보여 지역사회에 독자성을 반영한 정책이 미미한 것이 현실이므로 지역사회 중심의 현장을 반영한 다문화가족 사회복지정책이 마련될 필요가 있다.

(4) 경제적 능력 강화

결혼이주여성의 경제적 능력 강화를 위해서는 다음과 같은 사항이 고려되어야 한다.

첫째, 결혼이주여성의 경제적 안정을 위해서 취업지원을 강화해야 한다. 국내결혼 부부의 경우 맞벌이를 하는 가정이 전체 혼인가구의 50%를 육박하는 현실에서 결혼이주여성 또한 맞벌이에 대한 욕구가 강할 것이다. 이에 결혼이주여성의 능력과 적성에 맞는 직종을 개발하고 이에 부합하는 직업훈련을 하는 것이 필요하다. 이를 위해 다문화센터, 고용센터, 시 · 군 · 구, 지

역 기업들이 관련 정보를 공유하고 적극적인 일자리 창출 및 알선을 하도록
한다. 특히 고용센터는 결혼이주여성이 취업할 때 필요한 기초정보 제공 및
경력단절 결혼이주여성의 경우 재교육과 훈련 등 경제활동 참여에 필요한
비용지원도 제공하도록 한다.

　둘째, 소득 수준이 낮은 결혼이주여성에게는 보다 집중적인 맞춤형 정책
이 필요하다. 즉, 연령과 학력, 거주기간 및 한국어 구사능력을 고려하여 이
들에 적합한 맞춤형 심화교육 프로그램을 개발하여 결혼이주여성의 직업능
력을 향상시켜야 한다. 또한 기존에 시행되고 있는 많은 정책과 프로그램이
평일 주간을 기준으로 시행되고 있어 현재 일을 하고 있는 결혼이주여성들
은 이를 이용하기가 어려워 직업역량을 키울 기회를 갖지 못하는 실정이므
로 시간적 접근성을 고려하여 다양하게 시행할 필요가 있다.

　셋째, 결혼이주여성의 고용 확대를 위해 다문화가족지원센터에 일자리 알
선 성과에 따라 인센티브를 제공하며 또한 결혼이주여성을 고용하는 기업에
대해서도 다양한 지원책을 강구해야 한다. 다문화가족지원센터는 결혼이주
여성들이 한국에서 일차적으로 접근하고 도움을 받는 대표적인 기관이므로
다문화가족지원센터와 고용센터 간의 네트워크를 강화하여 결혼이주여성
의 고용 확대에 시너지 효과를 갖도록 한다.

(5) 의사소통 채널 구축을 위한 공동협의체 조직

　결혼이주여성들 중심의 공동협의체를 조직하여 통일된 의사소통 채널을
구축함으로써 보다 명확한 다문화정책이 수립되도록 해야 한다. 즉, 결혼이
주여성 당사자들 스스로 다문화정책과 관련된 어젠다를 수렴하고 정책 결정
과정에 참여함으로써 정책의 명확성과 효율성을 기할 수 있도록 해야 한다.
지금까지는 주로 관련 종사자들이 결혼이주여성들을 대변하거나 옹호하여
정책에 반영하였으나 이제는 양적으로나 질적으로 스스로 참여할 수 있는
역량을 갖춘 결혼이주여성들이 상당수 존재하고 있다. 따라서 이들이 보다
능동적으로 참여할 수 있는 통로를 구축할 필요가 있다.

요약

다문화 사회복지교육은 각 대학에서 교과목을 개설하고 각종 교재들이 개발되어 온 이후, 2018년 11월 한국사회복지교육협의회에서 2019~2020년도 사회복지학 교과목지침서를 배포하면서 다문화사회복지론(Multicultural Social Welfare Practice)을 비법정 선택과목으로 소개하여 다문화 사회복지교육에 대한 관심이 증가하고 있다. 다문화 사회복지교육의 과제는 다문화사회가 사회복지사들을 향한 요구에 효과적으로 부응할 수 있는 교재의 개발과 교육과정으로의 선택 등이 과제로 남아 있다. 다문화 사회복지교육의전망으로서 동화주의에서 다문화주의로, 상호문화 다양성 인정, 중앙 통제시스템과 사회관계망 구축, 전 국민을 대상으로 다문화교육 확대 등이 있다.

다문화 사회복지실천 현장은 2012년 2월 「다문화가족지원법」 개정으로다문화가족지원센터 설치 및 위탁운영 근거가 마련되었으며, 2019년 1월1일 기준 건강가정 · 다문화가족지원센터로 통합되어 운영되는 곳은 183개소, 다문화가족지원센터로 운영되는 곳은 219개소이다. 다문화 사회복지실천의 과제로는 편견과 차별, 문화적 역량 강화, 다문화적 사회복지 조직의변화 등이 강조되고 있다. 다문화 사회복지실천의 전망으로서 전문인력의체계적 활용, 서비스의 체계화 등이 요구된다.

다문화 사회복지정책의 실태로는 2008년 「다문화가족지원법」 제정을 통해 2010년 5월 국무총리실과 관계부처 합동으로 다문화가족 지원정책 기본계획을 수립하고 2018년부터 '제3차 다문화가족 지원정책 기본계획'(2018~2022년)을 시행한 것 등이 있다. 다문화 사회복지정책의 과제로 국적 취득 및 인권 문제, 사회문화적 적응 문제, 사회통합 문제 등이 있다. 다문화 사회복지정책의 전망으로서 다문화가족의 사회적응력 향상, 사회통합을위한 환경 조성, 지역사회 중심의 다문화 사회복지정책, 경제적 능력 강화, 의사소통 채널 구축을 위한 공동협의체 조직 등이 요구된다.

💡 생각해 봅시다

1. 다문화 사회복지교육의 효과적인 방법에 대해 논의해 보자.

2. 다문화 사회복지실천을 위해 준비해야 할 사항에 대해서 생각해 보자.

3. 다문화 사회복지정책 수립을 위해 필요한 거시적 차원의 방법에 대해서 생각해 보자.

참고문헌

국회민생정치연구회(2006). 이주민가족의 보호와 지원에 관한 법률(안) 공청회자료집, 2006. 11. 20. 국회도서관 대회의실.

김도희, 구차순(2008). 사회복지교육의 국제적 기준에 따른 한국 사회복지교육 분석. 한국사회복지교육, 4(2), 67-93.

김동진, 박인아, 윤구원(2013). 다문화복지론. 경기: 공동체.

김범수, 서은주(2008). 다문화 사회복지론. 경기: 양서원.

김영란(2010). 다문화 사회복지실천의 한국적 함의. 다문화콘텐츠연구, 9(4), 29-65.

김유경, 조애저, 최현미, 이주연(2008). 다문화시대를 대비한 복지정책방안 연구: 다문화가족을 중심으로. 한국보건사회연구원 연구보고서, 2008-14.

김이선, 김민정, 한건수(2006). 여성 결혼이민자의 문화적 갈등경험과 소통증진을 위한 정책과제. 한국여성정책연구원.

김현미(2018). 결혼여성이민자의 문화적 역량증진을 위한 다문화 사회복지실천방안 연구. 동국대학교 대학원 박사학위논문.

박종대, 박지해(2014). 한국다문화정책의 분석과 발전 방안 연구. 문화정책논총, 28(1), 35-63.

우수명(2015). 다문화 사회복지개론. 경기: 양서원.

이성순, 이종복, 김재열, 김민경, 김현희, 정명희, 정옥희, 안채리(2017). 다문화 사회복지론. 경기: 양서원.

이정금(2018). 미래사회 한국 다문화교육정책의 방향 탐색. 교육문화연구, 24(1), 549-

567.

이종복, 이성순, 김재열, 김현희, 정명희(2012). 다문화사회의 이해와 복지. 경기: 양서원.

임원선, 정혜원(2019). 이주여성의 결혼해체 과정에 관한 탐색적 연구. 한국비영리연구, 18(2), 41-66.

정선영(2012). 다문화 사회복지 관련 교과목의 현황과 제안. 한국사회복지학회 학술대회자 료집.

정혜원(2017). 다문화가정 한국인 남편의 성공적인 결혼적응. 한국콘텐츠학회. 17(5). 337-356.

정혜원(2020). 결혼이주여성의 사회적 고립감에 영향을 미치는 요인에 관한 연구. 한국 콘텐츠학회. 20(2), 320-337.

조옥라, 박재욱, 설동훈, 신광영, 이송희, 이은주, 정민자, 조은, 조희금, 최병두(2006). 다문화 개방사회를 위한 사회정책 연구. 빈부격차차별시정위원회.

최명민, 이기영, 최현미, 김정진(2009). 문화적 다양성과 사회복지. 서울: 학지사.

최명민, 이기영, 김정진, 최현미(2015). 다문화 사회복지론. 서울: 학지사.

최현미, 이혜영, 신은주, 최승희, 김연희(2008). 다문화가족복지론. 경기: 양서원.

평택대학교다문화가족센터(2008). 다문화 사회복지론. 경기: 양서원.

한인영, 김유정(2006). 사회복지교육 국제기준에 비추어 본 한국의 다양성 교육. 한국사 회복지교육. 2(1), 105-120.

행정안전부(2016). 외국인주민실태조사.

황미경, 정종화(2015). 사회복지교육과정에서의 다문화 사회복지 교육방안. 한국사회복 지교육.

Sue, D. W. (2010). 다문화 사회복지실천. (이은주 역). 서울: 학지사.

1. 원조전문직 문화역량 척도

• 각 문항의 _____에 환자, 클라이언트, 학생, 아동, 대상자 등 적합한 단어 사용.

• 5점 척도: ① 전혀 그렇지 않다, ② 대체로 그렇지 않다, ③ 보통이다, ④ 대체로 그렇다, ⑤ 매우 그렇다.

영역	문항
문화적 인식 (5문항)	① 내가 서비스를 제공하는 다문화 _____는 한국 사람과 같은 사회의 구성원이다. ② 다문화 _____가 한국사회에 적응하기 위해서는 우리나라 사람들이 먼저 그 차이를 이해하고 수용해야 한다. ③ 나는 내가 만나는 _____의 출신국가, 피부색, 종교에 따라 차별을 하지 않는다. ④ 나는 다문화 _____를 대할 때 한국의 서비스 이용자와 똑같은 태도로 대한다. ⑤ 나는 내가 만나는 다문화 _____의 다양한 문화가 강점임을 인정한다.
문화적 태도 (8문항)	⑥ 나는 나와 다른 문화의 사람들을 대할 때 나의 가치와 신념을 주입하려 하지 않는다. ⑦ 나는 도움을 제공하는 과정에서 내가 선호하는 것과 내가 만나는 다문화 _____가 선호하는 것이 다를 수 있음을 인식하고 있다. ⑧ 나는 돕는 전문가로서 나의 문화적 배경과 정체성을 알고 있다. ⑨ 나는 돕는 관계에서 다문화 _____와 신뢰를 형성하고 있다. ⑩ 나는 돕는 과정에서 다문화 _____에게 정확한 정보를 제공하기 위해 최대한 노력한다. ⑪ 나는 다문화 _____가 내가 제공하는 정보를 이해하지 못하여 반복적으로 정보를 제공해야 할 때도 최대한 친절하게 대한다. ⑫ 나는 다문화 _____와의 관계에서 공감적인 태도로 경청한다. ⑬ 나는 다문화 _____와 의사소통이 어려운 상황에서도 일관된 태도로 대한다.

지식 및 기술 (20문항)	⑭ 나는 내가 만나는 다문화 _____의 문화적 배경을 이해하기 위해 다양한 자료들을 찾아 학습한다. ⑮ 나는 다문화 _____의 욕구에 맞는 적절한 서비스를 개발하고 있다. ⑯ 나는 다문화 _____의 비언어적 의사소통의 의미를 알고 있다. ⑰ 나는 다문화 _____가 직면하고 있는 욕구를 해결하기 위해 필요한 서비스를 제공하고 있다. ⑱ 나는 다문화 _____가 어떤 도움이 필요한지를 정확하게 파악하고 있다. ⑲ 나는 다문화 _____를 위한 우리나라의 정책과 서비스를 알고 있다. ⑳ 나는 내가 만나는 다문화 _____의 강점을 활용하여 도움을 제공하고 있다. ㉑ 나는 내가 만나는 다문화 _____가 문제를 이해하고 해석하는 방식을 안다. ㉒ 나는 전문가로서 내가 전달하고자 하는 의미를 다문화 _____에게 정확하게 전달하고 있다. ㉓ 나는 나와 문화적 배경이 다른 _____에 대해 내가 어떻게 반응하고 있는지를 알고 다문화에 대한 나의 가치와 정체성을 항상 점검한다. ㉔ 나는 다문화 _____의 인종, 민족, 피부색 등에 대한 지식을 갖고 있다. ㉕ 나는 다문화 _____들의 종교, 사회계층, 성적 취향과 관련된 지식을 갖고 있다. ㉖ 나는 내가 만나는 다문화 _____가 한국사회의 구성원으로 생활할 수 있도록 돕고 있다. ㉗ 나는 다문화 _____를 만나면서 문화적 다양성에 대한 지식을 축적하고 있다. ㉘ 나는 다문화 _____와의 관계에서 어떻게 반응하고 대응해야 하는지를 알고 있다. ㉙ 나는 다문화 _____와 관계 형성을 위해 그 대상자가 속한 문화의 요소를 활용한다. ㉚ 나는 다문화 _____를 대할 때 어떤 상황에서 가치가 충돌하는지를 알고 있다. ㉛ 나는 다문화 _____에 대한 편견을 없애기 위해 지역사회의 여러 체계(기관)와 협력하고 있다. ㉜ 나는 다문화 _____의 권리향상과 옹호를 위한 노력을 실행에 옮긴다. ㉝ 나는 제공된 서비스에 대해 다문화_____의 평가(만족, 성과)를 정확하게 파악하고 있다.

척도출처: 최소연(2010). 원조전문직을 위한 문화적 역량 척도개발 연구. 한국지역사회복지학, 12(1), 23-53.

2. 원조전문기관 문화역량 척도

• 5점 척도: ① 전혀 그렇지 않다, ② 대체로 그렇지 않다, ③ 보통이다, ④ 대체로 그렇다, ⑤ 매우 그렇다.

요인	문항
의사소통 활성화 (5문항)	① 기관은 필요시 통역가를 활용하여 다문화 클라이언트에게 도움을 제공하고 있다. ② 기관은 다문화 클라이언트를 위해 통역가를 활용할 경우 비밀보장을 위한 방안을 마련하고 있다. ③ 기관은 다문화클라이언트를 효과적으로 돕기 위해 의사소통이 가능한 직원이나 봉사자를 활용하고 있다. ④ 기관은 다문화 이용자에게 정보를 제공하기 위해 클라이언트가 이해할 수 있는 의사소통방법을 활용하고 있다. ⑤ 기관은 다문화 클라이언트에게 도움을 제공할 때 그 이용자의 문화에 가장 적합한 직원을 연결하고 있다.
이용자 권익옹호 (7문항)	⑥ 기관은 다문화 클라이언트의 욕구를 해결하기 위해 적절한 서비스를 제공하고 있다. ⑦ 기관은 다문화 클라이언트를 위한 정책과 서비스의 개선 및 확충을 위해 노력하고 있다. ⑧ 기관은 서비스 이용자의 국적, 인종, 신념, 종교 등의 이유로 서비스 제공에 차등을 두지 않고 있다. ⑨ 기관은 필요시 다른(지역) 자원을 연결하여 다문화 클라이언트가 도움을 받을 수 있도록 하고 있다. ⑩ 기관은 서비스 과정상에서 알게 된 다문화 클라이언트의 개인적 정보에 대해 비밀보장의 방안을 마련하고 있다. ⑪ 기관은 다문화 클라이언트에 대한 지역사회의 인식개선을 위해 노력하고 있다. ⑫ 기관은 다문화 클라이언트의 욕구를 정기적으로 파악하고 있다.

서비스 품질제고 지원 (6문항)	⑬ 기관은 다문화 클라이언트가 서비스 과정에서 겪는 불평을 호소할 수 있는 창구를 마련하고 있다. ⑭ 기관은 다문화 클라이언트에게 제공된 서비스에 대한 만족도 조사를 실시하고 있다. ⑮ 기관은 질적 다문화 사업을 제공하기 위해 외부 자문과 슈퍼비전(지도감독)을 활용하고 있다. ⑯ 기관은 다문화 사업을 수행하는 직원들의 교육과 발전을 지원하고 있다. ⑰ 기관은 서비스를 제공하기 전에 다문화 클라이언트에게 충분한 정보를 제공하고 고지된 동의(잘 설명하고 동의)를 얻도록 절차를 마련하고 있다. ⑱ 기관은 다문화 클라이언트가 겪는 서비스 과정의 불만족을 개선하기 위해 노력하고 있다.

척도출처: 최소연, 이상철(2011). 원조전문기관 문화적 역량 척도개발 연구. 한국사회복지조사연구, 28, 147-168

찾아보기

저자 소개

김혜영(Kim Hye Young)
이화여자대학교 사회복지학 박사
현 수원과학대학교 사회복지학과 교수

〈저서〉
사회복지실천론(3판, 공저, 공동체, 2020)
사회복지실천기술론(공저, 공동체, 2017)

신영화(Shin Young Hwa)
서울대학교 사회복지학 박사
현 군산대학교 사회복지학과 교수

〈저서〉
사례로 배우는 가족상담(공저, 학지사, 2020)
영화로 읽는 젠더와 가족(공저, 학지사, 2015)

김성경(Kim Sung Kyung)
이화여자대학교 사회복지학과 박사
현 한국성서대학교 사회복지학과 교수

〈저서〉
사회복지실천론(3판, 공저, 공동체, 2020)
사회복지사례관리론(공동체, 2017)

임원선(Lim Won Sun)
숭실대학교 사회복지학 박사
현 신한대학교 사회복지학과 교수

〈저서〉
사회복지실천기술론(2판, 공저, 창지사, 2020)
사회복지실천과 사례관리(학지사, 2019)

최소연(Choi So Yun)
이화여자대학교 사회복지학 박사
현 남서울대학교 사회복지학과 교수

〈저서〉
사례관리론(양성원, 2019)
사회복지윤리와 철학(2판, 공저, 양서원, 2017)

임은의(Yim Eun Eui)
이화여자대학교 사회복지학 박사
현 극동대학교 사회복지학과 교수

〈저서〉
상상클래스(공저, 이프레스, 2021)
마이크로파이낸스의 이해와 실무(공저, 한국금융
　　　　연수원, 2010)

홍나미(Hong Na Mi)
이화여자대학교 사회복지학 박사
현 수원과학대학교 사회복지학과 교수

〈저서〉
현장사례관리(공저, 학지사, 2018)
아동권리와 복지(공저, 공동체, 2018)

전혜성(Jeon Hye Seong)
이화여자대학교 사회복지학 박사
현 단국대학교 행정법무대학원 교수

〈저서〉
사례로 배우는 가족상담(공저, 학지사, 2020)
현장사례관리(공저, 학지사, 2018)

이민영(Lee Min Young)
브리스톨대학교 사회복지학 박사
현 고려사이버대학교 사회복지학과 교수

〈저서〉
통일과 사회복지(공저, 나남, 2019)
배제와 통합-탈북인의 삶(공저, 진인진, 2019)

이은진(Lee Eun Jin)
성균관대학교 사회복지학 박사
현 수원과학대학교 사회복지학과 교수

〈저서〉
정신건강증진(공저, 포널스, 2018)

유진희(Yu Jin Hui)
숭실대학교 사회복지학 박사
현 부천대학교 사회복지과 교수

〈저서〉
사회복지현장실습(공저, 양서원, 2020)
프로그램 개발과 평가(공저, 어가, 2019)

박지현(Park Ji Hyun)
뉴욕주립대학교 사회복지학 박사
현 평택대학교 사회복지학과 교수

〈저서〉
지역사회복지론(공저, 양서원, 2018)
사회복지개론(공저, 양서원, 2016)

양경은(Yang Kyung Eun)
토론토대학교 사회복지학 박사
현 성공회대학교 사회복지학과 교수

〈저서〉
사회복지사를 위한 사회복지공부 반차별반억
   압관점(공저, EM실천, 2020)
Multicultural education in glocal perspectives:
   Policy and institutionalization(공저, Springer,
   2017)

사회복지와 문화다양성
Social Welfare and Cultural Diversity

2021년 2월 25일 1판 1쇄 발행
2023년 3월 20일 1판 3쇄 발행

엮은이 • 한국다문화복지학회
　　　　 김혜영 · 신영화 · 김성경 · 임원선 · 최소연 · 임은의 · 홍나미
　　　　 전혜성 · 이민영 · 이은진 · 유진희 · 박지현 · 양경은
펴낸이 • 김 진 환
펴낸곳 • (주) **학지사**
　　　　 04031 서울특별시 마포구 양화로 15길 20 마인드월드빌딩 5층
대표전화 • 02) 330-5114　　　팩스 • 02) 324-2345
등록번호 • 제313-2006-000265호
홈페이지 • http://www.hakjisa.co.kr
페이스북 • https://www.facebook.com/hakjisabook

ISBN 978-89-997-2298-1 93330

정가 **19,000원**

저자와의 협약으로 인지는 생략합니다.
파본은 구입처에서 교환하여 드립니다.

이 책을 무단으로 전재하거나 복제할 경우 저작권법에 따라 처벌을 받게 됩니다.

출판미디어기업 **학지사**

간호보건의학출판 **학지사메디컬** www.hakjisamd.co.kr
심리검사연구소 **인싸이트** www.inpsyt.co.kr
학술논문서비스 **뉴논문** www.newnonmun.com
원격교육연수원 **카운피아** www.counpia.com